핵심만 요약한
통계와 머신러닝
파이썬 코드북

지은이 조정임

이화여자대학교에서 중어중문학을 전공한 후, 스마트폰, 시스템 반도체 기업 등에서 해외영업 및 마케팅 업무를 하였다. 이후, 현장의 데이터들을 효과적으로 업무에 활용할 방법을 찾고자 노베이스 비전공자의 어려움을 무릅쓰고 데이터 과학의 세계에 뛰어들었다. 알아갈수록 새로운 것이 쏟아져 나오는 이 흥미로운 탐험을 계속하며, 하루하루 충실하게 살고 있다.

- 빅데이터 전문가 국비지원 교육 수료 (2021)
- 국가공인 자격증 데이터분석전문가 ADP 취득 (2022)
- KOPIS 빅데이터 분석 공모전 장려상 수상 (2022)
- KHIDI 공공데이터 활용 아이디어 공모전 우수상 수상 (2023)
- 농림축산식품 공공/빅데이터 활용 창업경진대회 팜맵 데이터 최우수상 수상 (2023)

핵심만 요약한 통계와 머신러닝 파이썬 코드북

초판 1쇄	2023년 4월 21일
개정1판 2쇄	2023년 11월 30일
지은이	조정임
발행처	알고보니
등 록	제 2023-000048호
주 소	서울시 송파구 문정로 5길 13
연락처	contact@algoboni.com
홈페이지	www.algoboni.com
ISBN	979-11-982763-1-5

©2023 AlgoBoni all rights reserved.
이 책의 저작권은 알고보니에 있습니다. 저작권법에 의해 보호를 받는 저작물이므로 무단 전재와 무단 복제를 금합니다.

잘못된 책은 구입처에서 교환해 드립니다.
이 책의 오탈자 및 잘못된 내용은 발행처 이메일로 알려주시기 바랍니다.

핵심만 요약한
통계와 머신러닝
파이썬 코드북

AlgoBoni

Introduction

이 책의 목적

이 책은 데이터 과학(data science)에 입문할 때 기본적으로 알아야 할 통계학의 개념들과 주요 머신러닝 알고리즘들을 빠르게 학습하는 것을 목적으로 한다. 머신러닝을 학습하기에 앞서 탐색적 자료 분석, 확률분포, 추정과 가설 검정, 공분산과 상관계수, 회귀 분석 등 기초 통계학을 살펴본 후, 머신러닝의 지도 학습 알고리즘과 비지도 학습 알고리즘을 학습하도록 목차를 구성하였다.

지도 학습 알고리즘으로는 의사결정나무와 앙상블, KNN, SVM, 나이브 베이즈 분류, 인공신경망을 살펴보고, 비지도 학습 알고리즘으로는 차원 축소, 계층적/비계층적 군집 분석, 연관규칙학습을 다룬다. 이밖에 시계열 분석에 대한 내용도 포함되어 있다.

이론적인 설명은 최대한 간략하게 소개하는 한편, 파이썬 코드를 통해 각종 개념들을 이해하고 다양한 알고리즘으로 모델을 구현하는 방법을 익히는 것에 중점을 두었다. 이 때문에 책의 분량의 상당 부분을 파이썬 예제 코드를 담는 것에 할애하였다. 또한, 각 학습 주제 별 연습문제를 통해 공부한 내용을 복습할 수 있다.

대상 독자

이 책으로 학습하기 위해서는 기본적인 파이썬 프로그래밍 능력과 데이터 과학에 대한 기초 지식이 필요하다. 이러한 배경지식이 없는 독자라면, 이 책의 내용을 학습하기 전에 기초적인 파이썬 언어 사용법을 익히고, 데이터 과학에 대한 기본 개념을 살펴보기를 권한다.

비록 이러한 배경지식이 없더라도, 이 책의 예제 코드들을 직접 작성하며 실행해보는 동시에, 그때 그 때 등장하는 모르는 개념들을 찾아가며 학습하는 방법도 시도해 볼 수 있다.

예제 소스 및 정오표

https://github.com/algoboni/pythoncodebook1-1

사용 가이드

이 책에 나온 파이썬 개발 환경(Integrated Development Environment)은 Jupyter lab version 3.0.12이다. 컴퓨터에 Jupyter lab을 설치한 후, 각종 라이브러리들을 추가로 설치해서 이 책의 코드들을 실행해 볼 수 있다.

이 방법이 여의치 않은 경우에는 별도의 설치가 필요 없는 Colaboratory를 사용하는 방법도 있다. 웹(https://colab.research.google.com/)을 통해서 코드를 작성하고 실행하기 때문에 디바이스나 장소에 구애 받지 않고 사용이 가능하다. 기본적인 라이브러리도 설치가 되어 있기 때문에 처음 개발 환경을 셋팅하느라 소요되는 시간을 절약할 수 있다. 다만 일부 라이브러리는 추가로 설치해야 한다.

일부 코드 블럭에서는 라이브러리나 클래스를 불러오는 과정이 생략되어 있으므로, 주요 파이썬 라이브러리의 약자와 클래스의 출처를 염두에 두고 학습하기를 권한다. 예를 들어, NumPy는 np, seaborn은 sns로 사용하며, Pandas에서 DataFrame, read_csv 등 클래스를 불러와 사용하는 경우이다.

이 책의 목차는 학습의 흐름에 맞는 순서대로 구성이 되어 있지만, 이미 알고 있는 부분은 건너뛰어도 무방하다. 각 학습 주제에 대해 추가적인 정보가 필요할 수 있으며, 구글링이나 다른 도서를 통해 내용을 보충하기를 권한다.

어떤 코드들은 데이터나 모델링 과정에서 무작위적(Random) 요소가 있어서 책에 나온 결과대로 출력이 되지 않을 수도 있지만, 이는 코드의 문제가 아닌 자연스러운 결과이다.

일부 시각화 출력은 편집 상 편의를 위해 크기를 조정하였기 때문에 실제 출력 크기와 다를 수 있다. 코드 번호가 중간에 한두줄 비는 경우도 편집된 경우이며 코드의 정상적 실행에는 영향을 미치지 않는다.

Study tips

20일 학습 계획표 - 2~3시간/일

회차	학습 내용		완료
	장	제목	
1	1장 탐색적 데이터 분석	1-1. 공통 / 1-2. 질적변수 / 1-3. 양적변수	
2	2장 전처리	2-1. 결측치 처리 / 2-2. 이상치 처리 / 2-3. 클래스 불균형 처리	
3		2-4. 변수 변환	
4	3장 표본추출, 데이터 분할, 교차 검증	3-1. 표본 추출 / 3-2. 데이터 분할 / 3-3. 교차 검증	
5	4장 확률분포	4-1. 특수한 이산형 확률분포들	
6		4-2. 특수한 연속형 확률분포들	
7	5장 추정과 가설 검정	5-1. 일표본 / 5-2. 이표본	
8		5-3. 분산분석의 가정 / 5-4. 분산분석: F분포	
9	6장 비모수 검정	6-1. 카이제곱검정 / 6-2. Run검정 / 6-3. 이항변수 데이터 검정	
10		6-4. 부호, 순위 데이터 검정 / 6-5. k표본 순위 데이터 검정	
11	7장 공분산과 상관계수	7-1. 공분산 / 7-2. 상관계수	
12	8장 회귀 분석	8-1. 선형 회귀 (단순 선형 회귀, 다중 선형 회귀, 규제 선형 회귀)	
13		8-1. 선형 회귀 (일반화 선형 회귀, 이상치에 강한 선형 회귀) / 8-2. 비선형 회귀	
14	9장 지도 학습 알고리즘	9-1. 의사결정나무와 앙상블	
15		9-2. KNN / 9-3. SVM / 9-4. 나이브 베이즈 분류 / 9-5. 인공신경망	
16	10장 비지도 학습 알고리즘	10-1. 차원 축소	
17		10-2. 군집 분석 / 10-3. 연관규칙학습	
18	11장 모델 평가 지표와 거리지표	11-1~3. 회귀/분류/군집 모델 평가지표 / 11-4. 거리 지표	
19	12장 시계열 분석	12-1. 시계열 탐색적 분석	
20		12-2. 시계열 데이터 전처리 / 12-3. 시계열 모델링 및 평가	

각 라이브러리에 대한 구체적인 활용법은 공식 문서로 익힌다.

라이브러리에서 제공하는 다양한 클래스들은 저마다 다양한 파라미터(Parameter), 어트리뷰트(Attribute), 메서드(Method) 등을 포함하고 있다. 제한적인 사용법을 아는 것에서 멈추지 말고, 라이브러리의 공식 문서를 살펴봄으로써 어떤 요소들이 있고 어떻게 더 활용할 수 있을지 구체적인 사용법을 살펴볼 것을 추천한다. 구글에서 라이브러리명과 클래스명을 검색하면 쉽게 공식 문서를 찾아 볼 수 있다. 예를 들어, "sklearn randomforest"를 검색하면 검색화면 상단에 scikit-learn.org의 문서가 나타난다.

유용한 각종 명령어 혹은 단축키를 기억한다.

새로운 라이브러리를 설치할 땐 !pip install 라이브러리명으로 간단히 설치할 수 있다.
help(클래스명)을 실행하면 해당 클래스에 대한 문서가 출력된다. 예를 들어 from scipy.stats import t를 실행해서 클래스 t를 불러왔는데 사용법이 헷갈리는 경우, 그 아래 줄에 help(t)를 실행하면 이에 대한 자세한 설명이 출력된다. help 외에도 해당 클래스 앞이나 뒤에 커서를 놓고 shift를 누른 채 tab을 누르면 설명화면이 나타난다.
코드들을 블록으로 선택한 후 tab을 누르면 한번에 해당 코드들이 들여쓰기가 되고, shift를 누른 상태에서 tab을 누르면 한번에 해당 코드들이 내어쓰기 된다.
또한, 코드 블럭을 실행하기 위해 마우스로 run 버튼을 누르는 대신, 코드 블럭 내에 커서를 둔 상태에서 shift를 누르고 enter를 누르면 해당 코드 블럭이 실행된다.

에러코드는 구글에 검색해본다.

에러코드가 발생했을 때는 맨 마지막에 있는 에러코드를 복사하여 구글에서 검색하는 방법을 시도해 볼 수 있다. 그러면 관련된 stackoverflow나 블로그 글들이 조회되는데 여기에서 에러코드를 해결할 실마리를 찾을 수 있다.

Contents

Introduction 006
Study tips 008

1장 탐색적 데이터 분석

1-1. 공통 021
    데이터 불러오기 021
    데이터 기본정보 확인 022
    기술 통계 024

1-2. 질적변수 025
    도수분포표, 상대도수분포표 025
    상관계수: 스피어만 순위상관계수, 켄달의 타우 025
    질적변수 탐색 시각화 026

1-3. 양적변수 027
    도수분포표, 상대도수분포표 027
    계산적 대푯값 028
    위치적 대푯값 029
    절대적 산포도 030
    상대적 산포도 031
    왜도, 첨도 031
    상관계수: 피어슨의 적률상관계수 032
    양적변수 탐색 시각화 033

● 연습문제와 풀이 037

2장 전처리

2-1. 결측치 처리 045

결측치 확인 045

Zero imputation & Constant imputation.. 047

대푯값으로 채우는 방법 049

단순확률대치법 050

다른 변수들로부터 모델링을 하여 결측값을 예측하는 방법 051

보간법 051

실제값과 대치값 비교 052

2-2. 이상치 처리 053

절단 054

조정 055

클리핑 056

2-3. 클래스 불균형 처리 057

클래스 불균형 데이터 생성하기 057

랜덤오버샘플링 058

SMOTE 060

Borderline SMOTE 061

K-means SMOTE 062

SVM SMOTE 063

ADASYN 064

오버샘플링된 데이터로 분류 학습 및 결과 비교 065

2-4. 변수변환 066

2-4-1. 수치형 변수 변환 066

표준화 067

최소최대 스케일링 068

Robust scaling 070

Contents

    Quantile scaling 071

    Feature scaling한 데이터로 로지스틱 회귀 분석 및 결과 비교 074

    로그 변환 075

    거듭제곱변환 077

    Target scaling한 데이터로 시각화, 선형 회귀 분석 및 결과 비교 078

    순위로 변환 079

    구간 분할 080

  2-4-2. 범주형 변수 변환 082

    원핫인코딩 083

    더미코딩 084

    숫자로 표현된 범주형 특성 변환 085

    레이블 인코딩 086

    특징 해싱 087

    빈도 인코딩 088

● 연습문제와 풀이 089

3장 표본추출, 데이터 분할, 교차 검증

3-1. 표본 추출 097

    단순랜덤추출법 097

    계통추출법 099

    집락추출법 100

    층화추출법 100

3-2. 데이터 분할 102

    일반적 데이터 분할 및 홀드아웃 방법 102

    Shuffle split 103

K-fold 분할 104

Stratified K-fold 분할 105

Group K-fold 분할 106

3-3. 교차 검증 107

분할 샘플들로 교차 검증 107

파라미터 후보들로 교차 검증 108

● 연습문제와 풀이 109

4장 확률분포

4-1. 특수한 이산형 확률분포들 114

베르누이 분포 114

이항분포 114

음이항분포 116

기하분포 118

초기하분포 120

포아송 분포 121

4-2. 특수한 연속형 확률분포들 123

균일분포 123

정규분포와 표준정규분포 124

지수분포 126

감마분포 127

카이제곱분포 128

t분포 128

F분포 129

● 연습문제와 풀이 130

Contents

5장 추정과 가설 검정

5-1. 일표본 (One-sample) 135
    모평균의 추정과 가설 검정: Z분포, t분포 136
    모비율의 추정과 가설 검정: Z분포 140
    모분산의 추정과 가설 검정: 카이제곱분포 142

5-2. 이표본 (Two-sample) 144
    독립표본 모평균 차이의 추정과 가설 검정: Z분포, t분포 144
    대응표본 모평균 차이의 추정과 가설 검정: Z분포, t분포 150
    모비율 차이의 추정과 가설 검정: Z분포 154
    모분산 비의 추정과 가설 검정: F분포 156

5-3. 분산분석의 가정 158
    정규성 검정 158
    k표본 등분산 검정 (Levene) 160
    k표본 등분산 검정 (Bartlett) 162

5-4. 분산분석: F분포 162
    등분산인 one-way ANOVA 163
    이분산인 one-way ANOVA 168
    등분산인 two-way ANOVA (모수인자-모수인자) 170
    등분산인 two-way ANOVA (모수인자-변량인자) 173

● 연습문제와 풀이 177

6장 비모수 검정

6-1. 카이제곱검정: 카이제곱분포 188
    적합성 검정: 다항모집단 비율의 차이 188

독립성 검정: 한 모집단 내 여러 수준의 차이 189

동질성 검정: 여러 (부)모집단 간 여러 수준에 대한 차이 191

6-2. Run 검정: Run 검정표, Z분포 192

일표본 Run 검정 192

이표본 Run 검정 195

6-3. 이항변수 데이터 검정: 카이제곱분포 196

맥니머 검정 196

코크란Q 검정 197

6-4. 부호, 순위 데이터 검정 199

일표본 부호 검정: 이항분포, Z분포 199

이표본 부호 검정: 이항분포, Z분포 201

일표본 윌콕슨 부호순위 검정: 윌콕슨 부호순위 검정표, Z분포 203

이표본 윌콕슨 부호순위 검정: 윌콕슨 부호순위 검정표, Z분포 204

윌콕슨 순위합 검정(만 위트니 U검정): 윌콕슨 순위합 검정표, Z분포 .. 206

6-5. k표본 순위 데이터 검정 208

크러스컬 월리스 검정: 크러스컬 월리스 검정표, 카이제곱분포 208

프리드먼 검정: 프리드먼 검정표, 카이제곱분포 210

● **연습문제와 풀이** 212

7장 공분산과 상관계수

7-1. 공분산 217

7-2. 상관계수 218

● **연습문제와 풀이** 225

Contents

8장 회귀 분석

8-1. 선형 회귀 227

    8-1-1. 단순 선형 회귀 229

    8-1-2. 다중 선형 회귀 234

        영향치 판단 235

        VIF 계산 237

        변수 선택과 가능도 238

        잔차 분석 242

    8-1-3. 규제 선형 회귀 244

        릿지 회귀 245

        라쏘 회귀 246

        엘라스틱 넷 248

    8-1-4. 일반화 선형 회귀 249

        로지스틱 회귀 250

        포아송 회귀 257

    8-1-5. 이상치에 강한 선형 회귀 263

        Robust regression 263

        Quantile regression 265

8-2. 비선형 회귀 266

    다항 회귀 266

    스플라인 회귀 268

● **연습문제와 풀이** 270

9장 지도 학습 알고리즘

9-1. 의사결정나무와 앙상블 277
    9-1-1. 의사결정나무 277
    9-1-2. 앙상블 284
        배깅 284
        부스팅 286
        랜덤 포레스트와 Extra-trees 291
        스태킹 294

9-2. KNN 295

9-3. SVM 298

9-4. 나이브 베이즈 분류 301
    베이즈 통계 301
    나이브 베이즈 분류 303

9-5. 인공신경망 307
    다층 퍼셉트론 309

● **연습문제와 풀이** 314

10장 비지도 학습 알고리즘

10-1. 차원 축소 319
    주성분 분석 320
    요인 분석 325
    독립성분 분석 327
    음수 미포함 행렬 분해 329
    다차원 척도법 331
    원본 데이터와 차원 축소 데이터로 적합한 모델 성능 비교 334

Contents

10-2. 군집 분석 335

    10-2-1. 계층적 군집 분석 336

    10-2-2. 비계층적 군집 분석 340

        K-means clustering 340

        DBSCAN 343

        혼합분포군집 346

        SOM 349

10-3. 연관규칙학습 352

- **연습문제와 풀이** 358

11장 모델 평가 지표와 거리 지표

11-1. 회귀모델 평가 지표 365

11-2. 분류모델 평가 지표 370

11-3. 군집모델 평가 지표 380

    실제 군집값이 없는 경우 380

    실제 군집값이 있는 경우 380

11-4. 거리 지표 383

    연속형 변수의 거리들 383

    범주형 변수의 거리들 386

- **연습문제와 풀이** 389

12장 시계열 분석

12-1. 시계열 탐색적 분석 391

    12-1-1. 일반적 EDA 392

    12-1-2. 시계열에 특화된 EDA 393

정상성 확인 ··· 393
　　　자기상관 확인 ·· 394
　　　시계열 분해 ·· 396
12-2. 시계열 데이터 전처리 ·· 399
　　　시계열 데이터 다루기 ·· 399
　　　시계열 빈도 변경 (업샘플링, 다운샘플링) ································· 402
　　　결측치 처리 ·· 403
　　　차분과 변환 ·· 405
12-3. 시계열 모델링 및 평가 ··· 407
　　　박스-젠킨스 방법과 ARIMA ·· 407
　　　자동 차수 선택 방법과 ARIMA ··· 410
● 연습문제와 풀이 ··· 413

Index ··· 418
Reference ··· 424

1장 탐색적 데이터 분석

탐색적 데이터 분석(EDA, Exploratory data analysis)은 본격적으로 데이터를 분석하기에 앞서 데이터를 대략적으로 파악하기 위해 진행한다. 데이터 내 변수의 종류가 질적변수(Qualitative variable)인지 양적변수(Quantitative variable)인지에 따라 데이터를 탐색하는 방법이 다르다. 질적변수는 명목척도(예: 성별, 국가)와 서열척도(예: 학년, 등급)에 해당하는 개념이며, 도수분포표, 상대도수분포표, 상관계수, 막대 그래프, 파이 그래프 등으로 탐색한다.

양적변수는 실수와 정수로 표현되는 수치형 데이터로서 등간척도(예: 온도, 시간)와 비율척도(예: 몸무게, 가격)에 해당하는 개념이며, 도수분포표, 상대도수분포표, 대푯값, 산포도, 왜도, 첨도, 상관계수, 줄기잎그림, 히스토그램, 오자이브, 상자그림, 산점도 등으로 탐색한다.

다음의 "1-1_titanic.csv"는 타이타닉 탑승자의 특성과 생존 여부를 포함하는 데이터이다. 해당 데이터로 탐색적 데이터 분석을 실시하고자 한다.

1-1. 공통

데이터 불러오기

Pandas의 read_csv를 통해 csv 파일을 데이터프레임의 형태로 불러올 수 있는데, 이를 print로 출력해 보면 데이터의 내용을 확인할 수 있다. 예제에서는 데이터의 앞 2개 행만 출력하였다. 변수들을 살펴보면, PassengerId(승객고유번호), Survived(생존여부, 1=생존, 0=사망), Pclass(티켓 클래스, 1=1st, 2=2nd, 3=3rd), Name, Sex, Ticket(티켓 번호), Cabin(객실번호), Embarked(승선항, C=Cherbourg, Q=Queenstown, S=Southampton)는 질적변수로 볼 수 있고, Age, SibSp(동승한 형제자매 및 배우자의 수), Parch(동승한 부모 및 자녀의 수), Fare는 양적변수로 판단할 수 있다.

```
1  # [데이터 출처] https://www.kaggle.com/competitions/titanic
2  from pandas import read_csv
3  titanic =
   read_csv('https://raw.githubusercontent.com/algoboni/pythoncodebook1-
   1/main/1-1_titanic.csv')
4  print(titanic.head(2))
```

```
   PassengerId  Survived  Pclass  \
0            1         0       3
1            2         1       1

                                                Name     Sex   Age  SibSp  \
0                            Braund, Mr. Owen Harris    male  22.0      1
1  Cumings, Mrs. John Bradley (Florence Briggs Th...  female  38.0      1

   Parch    Ticket     Fare Cabin Embarked
0      0  A/5 21171   7.2500   NaN        S
1      0   PC 17599  71.2833   C85        C
```

데이터 기본 정보 확인

데이터프레임 객체에 .info()를 함으로써 변수 별 결측치의 개수와 데이터 타입을 확인할 수 있다.

```
1  print(titanic.info())
```

```
<class 'pandas.core.frame.DataFrame'>
RangeIndex: 891 entries, 0 to 890
Data columns (total 12 columns):
 #   Column       Non-Null Count  Dtype
---  ------       --------------  -----
 0   PassengerId  891 non-null    int64
 1   Survived     891 non-null    int64
 2   Pclass       891 non-null    int64
 3   Name         891 non-null    object
 4   Sex          891 non-null    object
 5   Age          714 non-null    float64
 6   SibSp        891 non-null    int64
 7   Parch        891 non-null    int64
 8   Ticket       891 non-null    object
 9   Fare         891 non-null    float64
 10  Cabin        204 non-null    object
 11  Embarked     889 non-null    object
dtypes: float64(2), int64(5), object(5)
```

먼저, 결측치를 살펴 보면, Age, Cabin, Embarked는 결측치가 있는 것으로 확인된다. Cabin은 결측치가 과반수 이상이기 때문에 특성을 삭제하기로 하며, 이와 더불어 결측치는 없지만 수치적 의미가 없는 것으로 보이는 PassengerId도 삭제한다.

Age와 Embarked의 결측치는 별도의 처리를 통해 보충할 수 있는데, 이 부분은 〈2-1. 결측치 처리〉에서 자세히 다루기로 한다.

다음으로 변수 별 데이터 타입을 살펴 보면, 수치로 표현된 데이터의 타입은 int64(정수), float64(실수)로, 텍스트로 표현된 데이터의 타입은 object로 되어 있는 것을 알 수 있다.

질적변수임에도 불구하고 양적변수로 표시된 Survived, Pclass와 나머지 질적변수들의 데이터 타입은 아래와 같이 category 타입으로 변경할 수 있다.

```
1  # feature 삭제
2  del_feat = ['PassengerId', 'Cabin']
3  titanic = titanic.drop(del_feat, axis=1)
4
5  # 질적변수의 데이터 타입을 category로 변경
6  qual = ['Survived', 'Pclass', 'Name', 'Sex', 'Ticket', 'Embarked']
7  quan = ['Age', 'SibSp', 'Parch', 'Fare']
8  for col in qual:
9      titanic[col] = titanic[col].astype('category')
10 print(titanic.info())
```

```
<class 'pandas.core.frame.DataFrame'>
RangeIndex: 891 entries, 0 to 890
Data columns (total 10 columns):
 #   Column    Non-Null Count  Dtype
---  ------    --------------  -----
 0   Survived  891 non-null    category
 1   Pclass    891 non-null    category
 2   Name      891 non-null    category
 3   Sex       891 non-null    category
 4   Age       714 non-null    float64
 5   SibSp     891 non-null    int64
 6   Parch     891 non-null    int64
 7   Ticket    891 non-null    category
 8   Fare      891 non-null    float64
 9   Embarked  889 non-null    category
dtypes: category(6), float64(2), int64(2)
```

기술 통계

데이터프레임 객체에 .describe()를 함으로써 각 데이터 타입 별로 데이터의 기술 통계를 확인할 수 있다.

질적변수에 대해서는 count(데이터 개수), unique(범주형 변수의 level의 개수), top(빈도가 가장 높은 level), freq(top level의 빈도)라는 정보를 제공한다. 예를 들어, Embarked라는 질적변수는 889개의 데이터를 가지고 있고, 3개의 level을 가지고 있으며 그 중 빈도가 가장 높은 level은 S인데 그 빈도는 644개라는 의미이다.

양적변수는 count(데이터 개수), mean(평균), std(표준편차), min(최솟값), 25%(1사분위수), 50%(2사분위수 혹은 중앙값), 75%(3사분위수), max(최댓값)라는 정보를 제공한다. 예를 들어, Age라는 양적변수는 데이터 개수가 714개이고, 평균은 29.69살이며 표준편차는 14.52살이고, 나이의 최솟값은 0.42살이고, 최댓값은 80살인데 1, 2, 3사분위수는 차례로 20.12, 28, 38살이라는 뜻이다.

.describe()의 파라미터 include를 'all'로 설정하면 모든 데이터 타입의 변수에 대해 기술 통계를 제공하고, include=['float64', 'int64']와 같이 특정 데이터 타입의 리스트를 입력하면 해당 데이터 타입에 대한 기술 통계만 확인할 수 있다.

한편, 질적변수 중 Ticket은 681개라는 과도한 level을 가지고 있는 것을 확인하였고, 질적변수로서 분석할 의미가 없다고 판단하여 분석에서 삭제하기로 한다.

```
1 print(titanic.describe(include=['float64', 'int64']))
```

	Age	SibSp	Parch	Fare
count	714.000000	891.000000	891.000000	891.000000
mean	29.699118	0.523008	0.381594	32.204208
std	14.526497	1.102743	0.806057	49.693429
min	0.420000	0.000000	0.000000	0.000000
25%	20.125000	0.000000	0.000000	7.910400
50%	28.000000	0.000000	0.000000	14.454200
75%	38.000000	1.000000	0.000000	31.000000
max	80.000000	8.000000	6.000000	512.329200

```
1 print(titanic.describe(include=['category']))
```

	Survived	Pclass	Name	Sex	Ticket	Embarked
count	891	891	891	891	891	889
unique	2	3	891	2	681	3
top	0	3	Abbing, Mr. Anthony	male	1601	S
freq	549	491	1	577	7	644

1-2. 질적변수

도수분포표, 상대도수분포표

질적변수의 데이터들은 .value_counts(), DataFrame()을 사용해서 도수분포표, 상대도수분포표로 나타낼 수 있다. 특히, value_counts를 사용할 때 normalize=True를 적용하여 간단하게 상대도수를 계산할 수 있다. 다음은 변수 Survived의 예제이다.

```
1  # 도수분포표
2  from pandas import DataFrame
3  freq = DataFrame(titanic['Survived'].value_counts())
4  print(freq)
```

```
   Survived
0       549
1       342
```

```
1  # 상대도수분포표 추가
2  freq['상대도수'] = titanic['Survived'].value_counts(normalize=True)
3  freq = freq.rename(columns={'Survived':'도수'}) #'Survived'를 '도수'로 컬럼명 변경
4  print(freq)
```

```
    도수    상대도수
0   549   0.616162
1   342   0.383838
```

상관계수: 스피어만 순위상관계수, 켄달의 타우

스피어만(Spearman)의 순위상관계수와 켄달(Kendall)의 타우(Tau)는 질적변수 중에서도 관측치가 서열척도로 된 변수들 간의 상관관계를 나타낸다. 상관계수에 대한 자세한 설명은 〈7-2. 상관계수〉에서 다루기로 한다.

다음 예제에서 질적변수인 Survived와 Pclass가 음의 상관관계(-0.340, -0.324)를 가지며, 이 상관계수가 통계적으로 유의하다(p-value가 0.05 이하)는 것을 알 수 있다.

```
1  from scipy.stats import spearmanr, kendalltau
2  corr, p = spearmanr(titanic['Survived'], titanic['Pclass'])
3  print("스피어만 상관계수는 {:.3f}, p-value는 {:.3f}".format(corr, p))
4
5  corr2, p2 = kendalltau(titanic['Survived'], titanic['Pclass'])
6  print("켄달타우 상관계수는 {:.3f}, p-value는 {:.3f}".format(corr2, p2))
```

```
스피어만 상관계수는 -0.340, p-value는 0.000
켄달타우 상관계수는 -0.324, p-value는 0.000
```

질적변수 탐색 시각화

막대 그래프, 파이 그래프 등으로 데이터를 시각화 하기 위해서 Matplotlib 라이브러리를 사용한다. 그래프를 그리기에 앞서 그래프 환경 설정을 하는데 plt.rcParams로 그래프 크기, 글꼴, 글꼴 크기, 마이너스 표기 등 각 항목을 설정할 수 있다. 그래프에 한글을 적용하려면 한글을 지원하는 글꼴로 설정을 해주어야 한다. Window 환경에서는 'Malgun Gothic', Mac 환경에서는 'AppleGothic'을 적용하면 된다. 아래 예제에서는 'D2Coding'이라는 글꼴을 별도로 설치하여 그래프에 적용하였다.

막대 그래프의 경우, 히스토그램과 달리 각 계급이 분리되어 있다는 것을 강조하기 위해서 막대가 서로 분리되어 있다. 파이 그래프의 부채꼴 각도는 각 계급의 상대도수에 대응하는데 아래에서는 0이라는 계급의 상대도수가 0.61이므로 그 부채꼴 각도는 0.61 * 360도= 219.6도로 나타난다.

```python
# plotting 환경 설정
import matplotlib.pyplot as plt
plt.rcParams["figure.figsize"] = (5, 5) # 그래프 크기
plt.rcParams["font.family"] = 'D2Coding' # 글꼴
plt.rcParams["font.size"] = 12 # 글꼴 크기
plt.rcParams['axes.unicode_minus'] = False # 마이너스 표기
fig, ax = plt.subplots(1,2, figsize=(10, 5)) # 그래프 구성

# 막대 그래프
ax[0].set_title('Survived 막대 그래프')
freq['도수'].plot.bar(ax=ax[0], color=['yellow', 'purple'])

# 파이 그래프
ax[1].set_title('Survived 파이 그래프')
ax[1].pie(freq['도수'].values, labels=freq['도수'].index,
          autopct="%.2f%%", colors=['yellow', 'purple'])
plt.show()
```

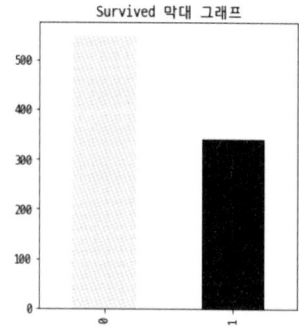
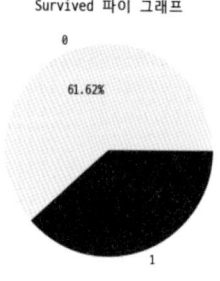

1-3. 양적변수

양적변수는 도수분포표, 상대도수분포표, 대푯값, 산포도, 왜도, 첨도, 상관계수, 줄기잎그림, 히스토그램, 오자이브, 상자그림, 산점도 등으로 데이터를 탐색해 볼 수 있다.

도수분포표, 상대도수분포표

양적 변수의 도수분포표를 그리기 위해서는 먼저 계급을 설정해주어야 한다. 일반적으로 계급의 개수는 5~20개 사이로 설정하며, 계급의 크기는 (자료의 최댓값 − 최솟값)/(계급의 수)로 구한다.

Pandas 라이브러리의 cut을 사용하면 손쉽게 도수분포표와 상대도수분포표를 생성할 수 있다. 방법은 두 가지가 있는데, 계급의 개수를 지정하거나 계급의 범위를 지정해서 bins라는 파라미터에 입력함으로써 분포표를 생성하는 방법이다.

cut을 통해 얻은 결과는 각 데이터가 어떤 계급에 속하는지를 나타내기 때문에, 해당 데이터에 .value_counts()를 적용하고, reset_index()로 인덱스를 리셋한 후에 계급과 빈도로 column명을 변경하는 절차를 거쳐 도수분포표를 얻을 수 있다. 이 때 도수분포표는 빈도수의 내림차순으로 되어 있으므로, 계급을 기준으로 오름차순 정렬을 원하는 경우, .sort_values(by='계급')을 적용해야 한다. 아래에서는 상대도수를 구하기 위해 .apply(lambda x:)를 사용하여 각 도수들(x)을 도수의 합(sum)으로 나누었다.

```
1  # 계급의 개수를 지정하여 도수분포표 생성
2  from pandas import cut
3  result1 = cut(titanic['Age'], bins=5)
4  freq1 = DataFrame(result1.value_counts()).reset_index()
5  freq1 = freq1.rename(columns={'index':'계급', 'Age':'도수'}).sort_values(by='계급')
6
7  # freq1의 상대 도수분포표 추가
8  freq1['상대도수'] = freq1['도수'].apply(lambda x: x / freq1['도수'].sum())
9  print(freq1)
```

```
              계급      도수    상대도수
2    (0.34, 16.336]   100   0.140056
0   (16.336, 32.252]  346   0.484594
1   (32.252, 48.168]  188   0.263305
3   (48.168, 64.084]   69   0.096639
4    (64.084, 80.0]    11   0.015406
```

bins에서 계급의 범위를 지정할 때 right=True를 지정하면 계급의 범위 중 왼쪽 값 초과 오른쪽 값 이하로 계급의 범위가 설정되고, right=False로 지정하면 왼쪽 값 이상 오른쪽 값 미만으로 계급의 범위가 설정된다. 예를 들어, right=False로 지정하면 아래와 같이 0 이상 20 미만, 20 이상 40 미만, 40 이상 60 미만, 60 이상으로 계급을 설정하게 된다. Float('inf')는 양의 무한대를 가리킨다.

```
1  # 계급의 범위를 지정하여 도수분포표 생성
2  result2 = cut(titanic['Age'], bins=[0, 20, 40, 60, float('inf')], right=False)
3  freq2 = DataFrame(result2.value_counts()).reset_index()
4  freq2 = freq2.rename(columns={'index':'계급', 'Age':'도수'}).sort_values(by='계급')
5
6  # freq2의 상대도수 추가
7  freq2['상대도수'] = freq2['도수'].apply(lambda x: x / freq2['도수'].sum())
8  print(freq2)
              계급   도수   상대도수
1   [0.0, 20.0)   164  0.229692
0   [20.0, 40.0)  387  0.542017
2   [40.0, 60.0)  137  0.191877
3   [60.0, inf)    26  0.036415
```

계산적 대푯값

계산적 대푯값에는 산술평균(Arithmetic mean), 기하평균(Geometric mean), 조화평균(Harmonic mean), 절사평균(Trimmed mean), 평방평균(Quadratic mean) 등이 있다.

- 산술평균: 주어진 수의 합을 수의 개수로 나눈 값.
- 기하평균: n개의 양수의 곱의 n제곱근의 값으로서, 물가 변동률, 경제성장률, 임금 인상률 등 시간적으로 변화하는 비율의 대푯값.
- 조화평균: 역수의 산술평균의 역수로서, 평균 작업 속도, 평균 속도 등 시간적으로 계속 변화하는 속도의 대푯값.
- 절사평균: 자료의 총 개수에서 일정 비율만큼 가장 큰 부분과 작은 부분을 제거한 후 산출한 산술평균.
- 평방평균: 주어진 수를 각각 제곱하여 산술평균을 구하고 제곱근을 취한 것으로서, 비정상적 관측치의 영향을 부각시킬 때 사용.

동일한 데이터일지라도 대푯값의 종류에 따라 값이 다르게 나온다. 평방평균의 경우, 라이브러리에서 지원하는 클래스가 없어서 직접 계산하였다. 리스트 내 각 요소의 제곱을 구하기 위해서 데이터 타입을 리스트에서 어레이로 변경한 후 계산하였다.

```python
from scipy.stats.mstats import gmean, hmean, tmean
import numpy as np

example = [1, 2, 3, 4, 5, 10]
print("산술평균: {:.2f}".format(np.mean(example)))
print("기하평균: {:.2f}".format(gmean(example)))
print("조화평균: {:.2f}".format(hmean(example)))

# 1이상 5이하의 범위를 벗어나는 값을 제외
print("절사평균: {:.2f}".format(tmean(example, (1,5))))

# 평방평균
qm = np.sqrt(np.mean(np.array(example)**2)) #list를 array로 변경한 후 계산
print("평방평균: {:.2f}".format(qm))
```

```
산술평균: 4.17
기하평균: 3.26
조화평균: 2.52
절사평균: 3.00
평방평균: 5.08
```

위치적 대푯값

위치적 대푯값으로는 중위수(Median), 최빈값(Modes), 사분위수(Quartile), 분위수(Quantile), 백분위수(Percentile)가 있다.

이 중, 중위수와 2사분위수, 0.5분위수, 50백분위수는 서로 동일한 값을 가리킨다.

```python
import numpy as np
print("중위수: ", titanic['Fare'].median())
print("최빈값: ", titanic['Fare'].mode()[0])
print("1사분위수: ", titanic['Fare'].quantile(q=0.25))
print("2사분위수: ", titanic['Fare'].quantile(q=0.5))
print("3사분위수: ", titanic['Fare'].quantile(q=0.75))
print("50백분위수: ", np.percentile(titanic['Fare'], 50))
print("75백분위수: ", np.percentile(titanic['Fare'], 75))
```

```
중위수:    14.4542
최빈값:    8.05
1사분위수:  7.9104
2사분위수:  14.4542
3사분위수:  31.0
50백분위수: 14.4542
75백분위수: 31.0
```

절대적 산포도

절대적 산포도로는 범위(Range), 사분위범위(IQR, Interquartile range), 평균편차(MD, Mean deviation), 사분편차(QD, Quartile deviation), 분산 (Variance), 표준편차(SD, Standard deviation)가 있다.

- 범위: 관측값의 최댓값에서 최솟값을 뺀 값.
- 사분위범위: 3사분위수에서 1사분위수를 뺀 값.
- 평균편차: 편차의 절댓값의 산술평균.
- 사분편차: 사분위범위/2.
- 분산: 편차의 제곱의 산술평균.
- 표준편차: 분산의 양의 제곱근.

다음 예제의 파라미터 ddof는 delta degrees of freedom으로서 자유도(Degrees of freedom)를 결정하는 파라미터이다. ddof=0으로 설정하면 (n-0)을 자유도로, ddof=1로 설정하면 (n-1)을 자유도로 설정하게 된다. 따라서 ddof=0은 모분산 혹은 모표준편차를 구할 때, ddof=1은 표본분산 혹은 표본표준편차를 구할 때 사용한다.

```python
print("범위: %.2f" %(titanic['Fare'].max() - titanic['Fare'].min()))

iqr = titanic['Fare'].quantile(0.75) - titanic['Fare'].quantile(0.25)
print("사분위범위: %.2f" %(iqr), "\n")

md = np.mean(np.abs(np.array(titanic['Fare']) - np.mean(titanic['Fare'])))
print("평균편차: %.2f" %(md))
print("사분편차: %.2f" %(iqr/2), "\n")

print("모분산: %.2f" %(titanic['Fare'].var(ddof=0)))
print("표본분산: %.2f" %(titanic['Fare'].var(ddof=1))) # 자유도 n-1을 의미

print("모표준편차: %.2f" %(titanic['Fare'].std(ddof=0)))
print("표본표준편차: %.2f" %(titanic['Fare'].std(ddof=1)))
```

```
범위: 512.33
사분위범위: 23.09

평균편차: 28.16
사분편차: 11.54

모분산: 2466.67
표본분산: 2469.44
모표준편차: 49.67
표본표준편차: 49.69
```

상대적 산포도

상대적 산포도에는 사분위편차계수(CQD, Coefficient of quartile deviation), 평균편차계수(CMD, Coefficient of mean deviation), 변동계수(CV, Coefficient of variance)가 있다.

- 사분위편차계수: 사분편차를 중앙값으로 나눈 값.
- 평균편차계수: 평균편차를 산술평균으로 나눈 값.
- 변동계수: 표준편차를 산술평균으로 나눈 값. 자료의 단위가 다르거나 평균의 차이가 클 때 평균에 대한 표준편차의 상대적 크기를 비교.

```python
1  print("사분위편차계수: %.2f" %(iqr/2/titanic['Fare'].median()))
2  print("평균편차계수: %.2f" %(md/titanic['Fare'].mean()))
3  print("모집단 변동계수: %.2f" %
       (titanic['Fare'].std(ddof=0)/titanic['Fare'].mean()))
4  print("표본집단 변동계수: %.2f" %
       (titanic['Fare'].std(ddof=1)/titanic['Fare'].mean()))
```

```
사분위편차계수: 0.80
평균편차계수: 0.87
모집단 변동계수: 1.54
표본집단 변동계수: 1.54
```

왜도, 첨도

왜도(Skewness)는 관측값 분포의 비대칭 정도를 나타낸다. 왜도가 음수일 경우 분포의 왼쪽 부분에 긴 꼬리를 가지며, 왜도가 양수일 경우 오른쪽 부분에 긴 꼬리를 가진다. 정규분포의 왜도는 0이다.

첨도(Kurtosis)는 관측값 분포의 모양이 얼마나 뾰족한 지를 나타낸다. 극단적인 편차나 이상치가 많을 수록 큰 값을 나타낸다. 첨도가 3보다 큰 경우 정규분포보다 뾰족하고 꼬리가 얇은 분포를 가지며, 첨도가 3보다 작은 경우 정규분포보다 뾰족하지 않고 꼬리가 두꺼운 분포를 가진다. 정규분포의 첨도는 3이다.

Pandas와 SciPy의 왜도와 첨도는 다소 다르게 나타나는데, Pandas는 bias 수정이 적용되지 않은 상태이고, SciPy는 bias 수정을 적용했기 때문이다. SciPy에서 bias=False로 설정하면 둘은 동일한 결과를 얻게 된다.

```
1  # pandas
2  print("왜도: %.3f, 첨도: %.3f" %(titanic['Fare'].skew(), titanic['Fare'].kurt()))
3
4  # scipy
5  from scipy.stats import skew, kurtosis
6  ssF = skew(titanic['Fare'], bias=False)
7  skF = kurtosis(titanic['Fare'], bias=False)
8  ssT = skew(titanic['Fare'], bias=True)
9  skT = kurtosis(titanic['Fare'], bias=True)
10 print("왜도: %.3f(%.3f), 첨도: %.3f(%.3f)" %(ssF, ssT, skF, skT))
```

왜도: 4.787, 첨도: 33.398
왜도: 4.787(4.779), 첨도: 33.398(33.204)

상관계수: 피어슨의 적률상관계수

피어슨(Pearson)의 적률상관계수는 양적변수의 상관관계를 나타낸다. 다음 코드에 의하면 Age와 Fare의 상관계수는 0.093인데 이는 상관성이 거의 없다고 볼 수 있다.

한편, 해당 상관계수의 p-value 0.013을 보면 유의수준 0.05보다 작기 때문에 표본의 상관계수가 모상관계수 0과 차이가 없다는 귀무가설을 기각할 수 있다. 따라서 해당 상관계수는 통계적으로 유의하다고 본다.

피어슨 상관계수에 대한 자세한 설명은 <7-2. 상관계수>에서 다룬다.

```
1  from scipy.stats import pearsonr
2  # PassengerId, Cabin이 없는 titanic에서 추가로 Age의 결측치가 있는 행을 삭제
3  titanic = titanic.dropna(axis=0)
4  corr, p = pearsonr(titanic['Age'], titanic['Fare'])
5  print("피어슨 상관계수 {:.3f}, p-value {:.3f}".format(corr, p))
```

피어슨 상관계수 0.093, p-value 0.013

양적변수 탐색 시각화

양적변수를 탐색할 때 사용하는 시각화 방법으로는 줄기잎그림, 히스토그램, 오자이브, 상자그림, 산점도 등이 있다.

줄기잎그림(Stem-and-leaf plot)은 데이터 세로선을 기준으로 줄기와 잎 두 부분으로 나누어 구분함으로써 데이터의 대략적 분포를 확인할 수 있게 한다. 자료의 개수가 많지 않을 경우에 사용하며, 자료가 많은 경우에는 히스토그램을 사용한다.

```
1  import stemgraphic
2  stemgraphic.stem_graphic(titanic['Age'])
3  plt.show()
```

히스토그램(Histogram)은 도수분포의 상태를 도수분포표의 계급과 도수를 이용하여 기둥 모양으로 나타낸 그래프이다. x축에는 연속형 변수의 계급을 표시하고, y축에는 빈도를 표시한다. 아래에서는 기본 히스토그램, 계급의 개수를 설정한 히스토그램, 계급의 범위를 설정한 히스토그램을 각각 그려보았다.

```
1  fig, ax = plt.subplots(1,3, figsize=(12,4))
2  ax[0].hist(titanic['Age'])
3  ax[0].set_title("기본 히스토그램")
4  ax[1].hist(titanic['Age'], bins=4)#bin number 설정
5  ax[1].set_title("bins=4 설정 히스토그램")
6  ax[2].hist(titanic['Age'], bins=[i for i in range(0,90,10)])#bin edges 설정
7  ax[2].set_title("bins=범위 설정 히스토그램")
8  plt.show()
```

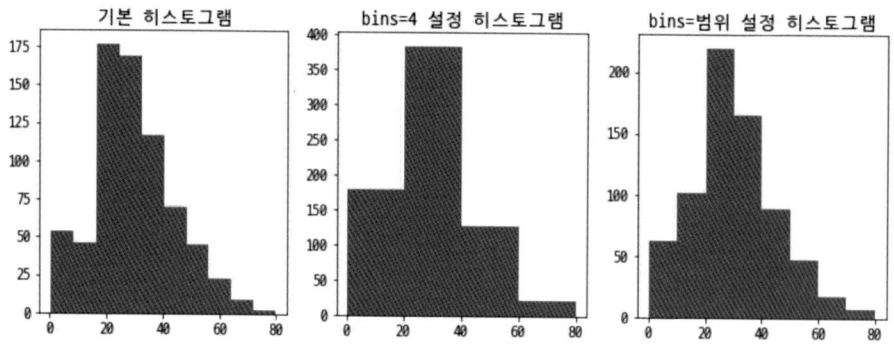

오자이브(Ogive)는 누적도수다각형의 각 계급구간의 누적도수에 대응하는 기둥의 맨 위 중간점들을 직선으로 연결했을 때 나타나는 그래프이다.

```
1  # 오자이브 그리기
2  from pandas import cut
3  #도수분포표 생성
4  result1 = cut(titanic['Age'], bins=[i for i in range(0,90,10)])
5  freq1 = DataFrame(result1.value_counts()).reset_index().rename(columns=
   {'index':'계급', 'Age':'도수'}).sort_values(by='계급')
6  freq1['누적도수'] = freq1['도수'].cumsum() #누적도수 계산하여 표에 추가
7  freq1['계급값'] = freq1['계급'].apply(lambda x: np.median([x.left, x.right]))
8  print("[도수분포표]\n", freq1, "\n")
9
10 plt.plot(freq1['계급값'], freq1['누적도수'], marker='o')
11 plt.xticks(freq1['계급값'])
12 plt.ylabel('누적도수')
13 plt.xlabel('계급값')
14 plt.title("Ogive")
15 plt.show()
```

[도수분포표]
```
      계급    도수  누적도수  계급값
4   (0, 10]    64     64     5.0
2  (10, 20]   115    179    15.0
0  (20, 30]   230    409    25.0
1  (30, 40]   154    563    35.0
3  (40, 50]    86    649    45.0
5  (50, 60]    42    691    55.0
6  (60, 70]    16    707    65.0
7  (70, 80]     5    712    75.0
```

상자그림(Box plot)은 통계학자 존 튜키가 고안하였는데, 상자수염그림이라고도 하며 5가지 요약 수치인 최솟값, 최댓값, 1, 2, 3사분위수를 통해 데이터의 산포도를 구체적으로 시각화 한다. 가운데 박스의 왼쪽 변이 1사분위수, 가운데 선이 2사분위수(중위수), 오른쪽 변이 3사분위수를 나타내고, 박스를 벗어난 양 옆의 수염이 각각 최솟값과 최댓값을 나타낸다. 동그라미로 표시된 데이터는 이상치를 가리킨다.

```
1  from matplotlib import pyplot as plt
2  # vert=False는 수평, True는 수직 상자그림, medianprops의 color는 중위수 색상
3  titanic[['Age']].boxplot(vert=False, medianprops={'color':'red'})
4  plt.title('Box plot')
5  plt.yticks(ticks=[1], labels=['Age'])
6  plt.show()
```

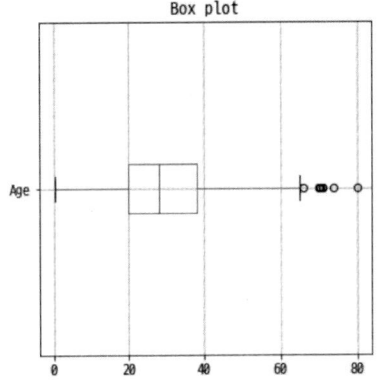

산점도(Scatter plot)는 두 변수의 2차원 데이터를 좌표평면 위에 점으로 나타낸 그래프이다. 다음 그래프에서 보듯이 변수 Age와 Fare는 선형적 상관관계가 없는 것으로 나타난다. 반면, Xs, Ys는 산점도에서 선형적 상관관계를 확인할 수 있다.

```
1  fig, ax = plt.subplots(1,2, figsize=(8,4))
2  plt.subplots_adjust(wspace=0.3)
3
4  ax[0].scatter(titanic['Age'], titanic['Fare'])
5  ax[0].set_title('Scatter plot (corr: %.2f, p: %.2f)' %
   (pearsonr(titanic['Age'], titanic['Fare'])))
6  ax[0].set_xlabel('Age')
7  ax[0].set_ylabel('Fare')
8
```

```
 9  Xs = [1, 3, 5, 7, 9, 15, 20, 10]
10  Ys = [10, 20, 45, 76, 70, 100, 80, 90]
11  ax[1].scatter(Xs, Ys)
12  ax[1].set_title('Scatter plot (corr: %.2f, p: %.2f)' %(pearsonr(Xs, Ys)))
13  ax[1].set_xlabel('Xs')
14  ax[1].set_ylabel('Ys')
15
16  plt.show()
```

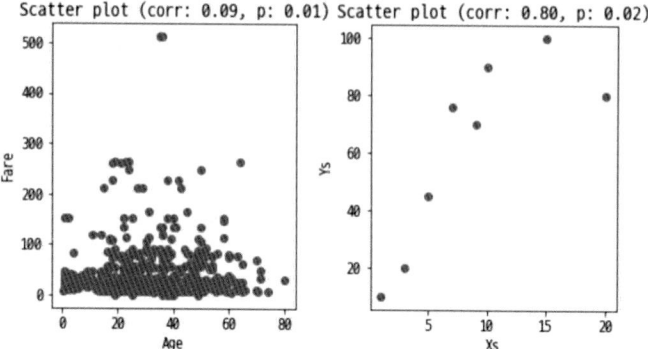

연습문제

1. 다음은 포르투갈 은행의 정기예금 프로모션 전화 데이터이다. 데이터는 고객의 특징을 나타내는 입력 변수들과 고객이 정기예금에 가입했는지 여부를 나타내는 출력 변수로 구성되어 있다. 데이터 컬럼 정의서는 아래와 같을 때, 시각화 방법을 포함하여 다음 데이터를 탐색적 분석하시오. (데이터 링크는 아래 코드 참조)

```
[입력 변수]                          [출력 변수]
1. age: 나이                         11. y: 고객이 정기예금에 가입했는지 여부
2. job: 직업의 형태
3. marital: 결혼 상태
4. education: 학력
5. default: 신용 불이행 여부
6. balance: 은행 잔고
7. housing: 부동산 대출 여부
8. loan: 개인 대출 여부
9. contact: 연락 수단
10. month: 마지막으로 연락한 달

[출처] UCI machine learning repository, https://archive.ics.uci.edu/dataset/222/bank+marketing
```

```
1 from pandas import read_csv
2 df = read_csv('https://raw.githubusercontent.com/algoboni/pythoncodebook1-1/main/practice1_bank.csv')
3 print(df.head(3))
   age          job  marital  education default  balance housing loan  \
0   30   unemployed  married    primary      no     1787      no   no
1   33     services  married  secondary      no     4789     yes  yes
2   35   management   single   tertiary      no     1350     yes   no

   contact month   y
0 cellular   oct  no
1 cellular   may  no
2 cellular   apr  no
```

2. 어느 회사의 연도별 임금상승률을 조사하였더니, 아래 표와 같이 나타났다. 이 회사의 평균 임금상승률을 구하기 위해 어떤 대푯값을 구해야 하는지 설명하고, 그 값을 계산하시오.

년도	2018	2019	2020	2021	2022
임금상승률	4%	3%	5%	10%	8%

3. 한 회사원이 집에서 회사를 갈 때 시속 5km/h로 출근하고, 퇴근할 때 시속 7km/h로 돌아왔다면, 이 회사원의 평균 속도를 구하기 위해 어떤 대푯값을 구해야 하는지 설명하고, 그 값을 계산하시오.

4. A 브랜드의 햄버거는 평균 무게 200g, 분산 49g인 정규 분포를 따르고, 샌드위치는 평균 무게 190g, 분산 36g인 정규 분포를 따른다고 한다. 방금 구매한 A 브랜드 햄버거와 샌드위치의 무게가 모두 210g이라면, 상대적으로 어느 것이 더 무거운가.

햄버거			샌드위치		
평균 무게	분산	분포	평균 무게	분산	분포
200g	49g	정규분포	190g	36g	정규분포

5. A학교와 B학교 학생들을 대상으로 100명을 추출하여 용돈을 조사하였더니, A학교는 평균 10만원, 표준편차 2만원, B학교는 평균 8만원, 표준편차 1만원으로 나타났다. 어느 학교에서 용돈의 격차가 더 심하다고 볼 수 있는가.

A학교		B학교	
평균	표준편차	평균	표준편차
10만원	2만원	8만원	1만원

풀이

1번 문제 풀이:

```
1  # 1. 데이터는 총 11개의 변수로 되어 있는데 이 중, age, balance는 양적 변수이고,
   job, marital, education, default, housing, loan, contact, month, y는 질적 변수이
   다. 전체 데이터의 크기는 4,521이며, 결측치는 없는 것으로 확인되었다.
2  df.info()
```

```
<class 'pandas.core.frame.DataFrame'>
RangeIndex: 4521 entries, 0 to 4520
Data columns (total 11 columns):
 #   Column     Non-Null Count  Dtype
---  ------     --------------  -----
 0   age        4521 non-null   int64
 1   job        4521 non-null   object
 2   marital    4521 non-null   object
 3   education  4521 non-null   object
 4   default    4521 non-null   object
 5   balance    4521 non-null   int64
 6   housing    4521 non-null   object
 7   loan       4521 non-null   object
 8   contact    4521 non-null   object
 9   month      4521 non-null   object
 10  y          4521 non-null   object
dtypes: int64(2), object(9)
memory usage: 388.6+ KB
```

```
1  # 수치형 변수인 age와 balance의 기술통계는 다음과 같다. age의 평균은 41.17이고,
   표준편차는 10.58이며 최솟값은 19, 최댓값은 87이다. 1/2/3사분위수는 각각 33, 39,
   49이다. balance의 평균은 1422.66이고 표준편차는 3009.64이며 최솟값과 최댓값은 각
   각 -3313, 71188이다. 1/2/3사분위수는 각각 69, 444, 1480이다.
2  quan_feat = [feat for feat in df.columns if df[feat].dtypes== int]
3  print(df[quan_feat].describe().round(2))
```

```
           age   balance
count  4521.00   4521.00
mean     41.17   1422.66
std      10.58   3009.64
min      19.00  -3313.00
25%      33.00     69.00
50%      39.00    444.00
75%      49.00   1480.00
max      87.00  71188.00
```

```
1  # 질적변수들을 살펴보면, job은 12개의 수준을 가지고 있고, 그 중 management라는 수
   준의 빈도가 969로 가장 높게 나타났다. marital의 경우 3개의 수준을 가지고 있고,
   married라는 수준의 빈도가 2797로 가장 높게 나타났다. 다른 질적변수들도 이와 같은
   방식으로 해석할 수 있다. 타겟변수 y의 경우, 2개의 클래스를 가지는데 no가 4000개의
   빈도로 전체 4521개 데이터의 대부분을 차지하기 때문에 클래스 불균형이라고 할 수 있
   다.
2  qual_feat = [feat for feat in df.columns if df[feat].dtypes== object]
3  print(df[qual_feat].describe().round(2))
```

```
               job  marital  education  default  housing  loan  contact  month  \
count         4521     4521       4521     4521     4521  4521     4521   4521
unique          12        3          4        2        2     2        3     12
top     management  married  secondary       no      yes    no cellular    may
freq           969     2797       2306     4445     2559  3830     2896   1398

           y
count   4521
unique     2
top       no
freq    4000
```

```
1  # 양적변수와 질적변수의 데이터 시각화 방법은 차이가 있기 때문에 아래와 같이 각각
   시각화를 진행하고자 한다. 먼저 양적변수인 age, balance에 대하여, 히스토그램, 상자
   그림으로 시각화한 결과는 다음과 같다.
2  from matplotlib import pyplot as plt
3  plt.rcParams['font.family'] = 'D2Coding'
4  plt.rcParams['axes.unicode_minus'] = False
5  plt.rcParams['figure.figsize'] = (10, 5)
6  
7  # 히스토그램을 통해 두 변수 모두 데이터가 왼쪽으로 쏠려 있고, 오른쪽 꼬리를 가지
   는 데이터 분포임을 알 수 있다.
8  print("[히스토그램]")
9  df[quan_feat].hist()
10 plt.show()
11 
12 # 상자그림을 통해 두 변수 모두 이상치를 가지고 있음을 확인하였고, 특히 balance의
   경우 극단적인 이상치가 관찰된다.
13 print("[상자그림]")
14 df[quan_feat].plot(kind='box', subplots=True)
15 plt.show()
```

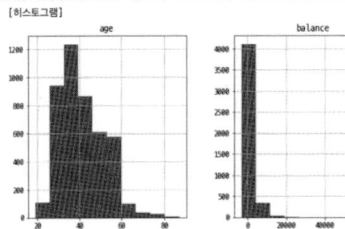
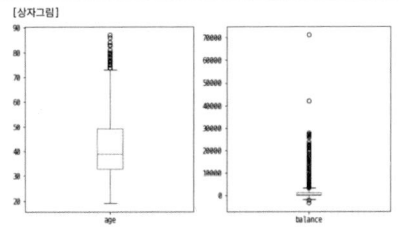

1장 탐색적 데이터 분석 / 41

```python
# 질적변수들은 막대 그래프와 파이 그래프로 시각화 할 수 있으며 그 결과는 다음과
  같다. 막대그래프로 각 변수들의 범주의 빈도를 비교할 수 있고, 파이그래프로 범주가
  차지하는 비율을 확인할 수 있다.

print("[막대 그래프]")
fig, axes = plt.subplots(2,5, figsize=(20, 9))
plt.subplots_adjust(hspace=0.5)
for ax, feature in zip(axes.ravel(), qual_feat):
    ax.set_title(feature)
    df[feature].value_counts().plot.bar(ax=ax, rot=60)
plt.show()

from pandas import DataFrame
print("[파이 그래프]")
fig, axes = plt.subplots(2,5, figsize=(18, 9))
for ax, feature in zip(axes.ravel(), qual_feat):
    ax.set_title(feature)
    table = df[feature].value_counts()
    ax.pie(table.values, labels=table.index, autopct="%.1f%%")
plt.show()
```

2번 문제 풀이:

```python
from scipy.stats import gmean
import numpy as np
data = [0.04, 0.03, 0.05, 0.1, 0.08]
data = np.array(data)+1
a1 = gmean(data)-1
print("[라이브러리 계산] {:.4f}".format(a1))

a2 = (1.04*1.03*1.05*1.1*1.08)**(1/5)-1
print("[수기 계산] {:.4f}".format(a2))

# 정답: 기하평균, 5.97%
```

```
[라이브러리 계산] 0.0597
[수기 계산] 0.0597
```

3번 문제 풀이:

```python
from scipy.stats import hmean
data = [5, 7]
a1 = hmean(data)
print("[라이브러리 계산] {:.4f}".format(a1))

a2 = 2*(5*7)/(5+7)
print("[수기 계산] {:.4f}".format(a2))

#정답: 조화평균, 5.83km/h
```

```
[라이브러리 계산] 5.8333
[수기 계산] 5.8333
```

4번 문제 풀이:

```
1  import numpy as np
2  hamburger = (210 - 200) / np.sqrt(49)
3  sandwich = (210 - 190) / np.sqrt(36)
4  print("햄버거 {:.2f}, 샌드위치 {:.2f}".format(hamburger, sandwich))
5
6  # 표준화한 점수로 두 개체의 무게를 비교해야 한다. 표준화 점수가 더 높은 샌드위치
    의 무게가 상대적으로 무겁다. 정답: 샌드위치
```

햄버거 1.43, 샌드위치 3.33

5번 문제 풀이:

```
1  A = 2 / 10
2  B = 1 / 8
3  print("A {:.2f}, B {:.2f}".format(A, B))
4  # 해당 문제는 두 학교의 상대적 산포도인 변동계수를 구하여 비교해야 한다. A학교의
    변동계수가 더 크기 때문에 격차가 더 심하다고 볼 수 있다. 정답: A학교
```

A 0.20, B 0.12

2장 전처리

본격적인 데이터 분석에 앞서 자료를 탐색적으로 분석하고 전처리(Preprocessing)를 하는 이유는 모델을 성공적으로 학습시키기 위함이다. 데이터에 결측치, 이상치, 영향치가 있거나 클래스가 불균형한 경우, 모델이 데이터를 올바르게 학습하기 어렵다. 또한, 학습하려는 모델에 적합하게 변수를 전처리함으로써 모델의 성능을 향상시키고, 유의미한 모델을 생성할 수 있다.

2-1. 결측치 처리

데이터 결측치 처리 방법으로는 0이나 특정한 상수(Constant)로 대치하는 방법이 있고, 대푯값으로 채우는 방법, 단순확률대치법, 다른 변수들로부터 모델링을 하여 결측값을 예측하는 방법, 결측값 여부를 새로운 특징으로 추출하는 방법 등이 있다. 시계열 데이터의 경우, 일반적으로 보간법으로 결측치를 처리한다. 데이터 양에 비해 결측치가 극소수이거나 절대다수인 경우에는, 아예 결측치가 있는 데이터의 행이나 열 자체를 삭제하고 분석을 진행하기도 한다.

결측치 확인

wine은 세 종류(Class)의 와인들의 특성들(Alcohol, Malicacid, Ash 등)을 측정한 데이터셋이다. 다음에서 보듯이 해당 데이터는 결측치가 없기 때문에 임의로 결측치가 있는 데이터 'wine_m'을 생성하였다. 데이터프레임 객체에 .isna()를 하면 결측치가 있는 셀은 True 없는 셀은 False로 표시가 되는데, 여기서 .sum()을 하면, True는 1, False는 0으로 계산되어 각 컬럼 별로 결측치의 합계를 확인할 수 있다.

한편, missingno 라이브러리를 활용하면 결측치를 시각화 할 수 있다.

```python
1  # [데이터 출처] https://archive-beta.ics.uci.edu/dataset/109/wine
2  from pandas import read_csv
3  import numpy as np
4  wine = read_csv('https://raw.githubusercontent.com/algoboni/pythoncodebook1-
   1/main/2-1_wine.csv', index_col=0).filter(['Alcohol', 'Malicacid', 'Ash',
   'Magnesium', 'Hue']) #일부 특징만 사용
5  print("**원본 데이터:\n", wine.isna().sum())
6
7  # 결측치가 없으므로 두 개의 컬럼 Alcohol과 Ash에 임의로 결측치를 입력
8  from numpy.random import randint
9  wine_m = wine.copy()
10 for col in ['Alcohol', 'Ash']:
11     random_idx = randint(0, len(wine), 25)
12     wine_m.loc[random_idx, col] = np.nan
13 print("\n**결측치 생성 데이터:\n", wine_m.isna().sum())
```

```
**원본 데이터:
 Alcohol      0
Malicacid     0
Ash           0
Magnesium     0
Hue           0
dtype: int64

**결측치 생성 데이터:
 Alcohol     24
Malicacid    0
Ash         24
Magnesium    0
Hue          0
dtype: int64
```

```python
1  # plotting 환경 설정
2  import matplotlib.pyplot as plt
3  plt.rcParams["figure.figsize"] = (5, 5)
4  plt.rcParams["font.family"] = 'D2Coding' #PC에 설치된 글꼴 사용
5  plt.rcParams["font.size"] = 12
6  plt.rcParams['axes.unicode_minus'] = False
7
8  fig, ax = plt.subplots(1,2, figsize=(8,4))
9  plt.subplots_adjust(wspace=0.5)
10
11 import missingno as msno
12 msno.matrix(df = wine, figsize=(5,5), fontsize=12, ax=ax[0], sparkline=False)
13 ax[0].set_ylabel('원본 데이터')
14
15 msno.matrix(df = wine_m, figsize=(5,5), fontsize=12, ax=ax[1],
   sparkline=False)
16 ax[1].set_ylabel('결측치 생성 데이터')
```

```
18 plt.show()
```

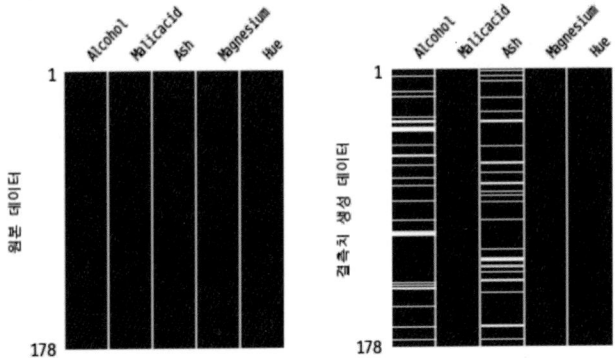

Zero imputation & Constant imputation

결측값을 0이나 특정 상수로 대치하는 방법이다. Pandas의 데이터프레임 객체에 .fillna(대치값)로 결측치를 간단하게 대치할 수 있다.

앞서 생성한 결측치가 있는 데이터프레임 wine_m의 앞 10개 행의 데이터를 살펴보면 다음과 같다. 데이터를 살펴볼 때는 wine_m 데이터 중에서도 결측치가 있는 변수인 'Alcohol'과 'Ash'의 데이터만 확인해 보았다.

```
1 # 대치 전: wine_m
2 print(wine_m[['Alcohol', 'Ash']].head(10))
```

```
   Alcohol   Ash
0    14.23  2.43
1    13.20   NaN
2    13.16  2.67
3    14.37  2.50
4      NaN   NaN
5    14.20  2.45
6    14.39  2.45
7    14.06   NaN
8    14.83  2.17
9    13.86  2.27
```

```
1  # 0으로 대치 후: wine_imp
2  wine_imp = wine_m.fillna(0)
3  print(wine_imp[['Alcohol', 'Ash']].head(10))
```

```
   Alcohol   Ash
0    14.23  2.43
1    13.20  0.00
2    13.16  2.67
3    14.37  2.50
4     0.00  0.00
5    14.20  2.45
6    14.39  2.45
7    14.06  0.00
8    14.83  2.17
9    13.86  2.27
```

```
1  # 1000으로 대치 후: wine_imp
2  wine_imp = wine_m.fillna(1000)
3  print(wine_imp[['Alcohol', 'Ash']].head(10))
```

```
   Alcohol      Ash
0    14.23     2.43
1    13.20  1000.00
2    13.16     2.67
3    14.37     2.50
4  1000.00  1000.00
5    14.20     2.45
6    14.39     2.45
7    14.06  1000.00
8    14.83     2.17
9    13.86     2.27
```

대푯값으로 채우는 방법

해당 변수의 결측 되지 않은 다른 값들로 구한 평균값, 중앙값, 최빈값 등의 대푯값으로 결측치를 대치하는 방법이다. 로그 변환 등을 통해 치우침이 적은 분포로 데이터를 변환한 후 대푯값을 구해 대치하기도 한다.

```
1  # 대푯값으로 채우기 전: wine_m
2  print(wine_m[['Alcohol', 'Ash']].head(10))
```

```
   Alcohol  Ash
0   14.23   2.43
1   13.20   NaN
2   13.16   2.67
3   14.37   2.50
4   NaN     NaN
5   14.20   2.45
6   14.39   2.45
7   14.06   NaN
8   14.83   2.17
9   13.86   2.27
```

```
 1  # 결측치를 대푯값 'mean'으로 대치한 데이터셋: wine_imp1
 2  from sklearn.impute import SimpleImputer
 3  from pandas import DataFrame
 4  # strategy = 'mean', 'median' or 'most_frequent'
 5  imputer = SimpleImputer(missing_values=np.nan, strategy='mean')
 6  wine_imp1 = imputer.fit_transform(wine_m)
 7  wine_imp1 = DataFrame(wine_imp1, columns = wine_m.columns)
 8
 9  Al_mean = wine_m['Alcohol'].mean()
10  As_mean = wine_m['Ash'].mean()
11
12  print("Alcohol mean: {:.2f}, Ash mean: {:.2f}".format(Al_mean, As_mean))
13  print(wine_imp1[['Alcohol', 'Ash']].head(10).round(2))
```

```
Alcohol mean: 12.99, Ash mean: 2.36
   Alcohol  Ash
0   14.23   2.43
1   13.20   2.36
2   13.16   2.67
3   14.37   2.50
4   12.99   2.36
5   14.20   2.45
6   14.39   2.45
7   14.06   2.36
8   14.83   2.17
9   13.86   2.27
```

단순확률대치법

단순확률대치법(Single stochastic imputation)은 유사한 데이터 셋에서 랜덤하게 샘플링한 값으로 대치하는 방법이다.

Hot-deck과 Cold-deck 방법이 있다. Hot-deck 대치법은 현재 진행 중인 연구에서 비슷한 성향을 갖는 데이터들 중 랜덤하게 선택하는 방법이고, Cold-deck 대치법은 외부 출처 혹은 이전의 비슷한 연구에서 대체할 자료를 가져오는 것이다. 데이터프레임.sample()로 랜덤 샘플링 할 수 있다.

아래에서는 wine 데이터가 wine_m 데이터와 비슷한 성향을 가진 연구 중 데이터라고 가정하고 Hot-deck 대치를 진행하였다.

```python
# 결측치를 HotDeck 방법으로 대치한 데이터셋: wine_imp2
# wine 데이터가 wine_m 데이터와 비슷한 성향을 가졌다고 가정하고 wine 데이터에서 랜덤하게 데이터를 선택하여 wine_m의 결측치를 대치함
wine_imp2 = wine_m.copy()
for feat in ['Alcohol', 'Ash']:
    missing_idx = wine_imp2[wine_imp2[feat].isna()==True].index
    wine_imp2.loc[missing_idx, feat] = wine[feat].sample(len(missing_idx)).values

wine_imp2.isna().sum()
```

```
Alcohol      0
Malicacid    0
Ash          0
Magnesium    0
Hue          0
dtype: int64
```

```python
print(wine_imp2.head(10))
```

```
   Alcohol  Malicacid   Ash  Magnesium   Hue
0    14.23       1.71  2.43        127  1.04
1    13.20       1.78  2.26        100  1.05
2    13.16       2.36  2.67        101  1.03
3    14.37       1.95  2.50        113  0.86
4    13.88       2.59  2.65        118  1.04
5    14.20       1.76  2.45        112  1.05
6    14.39       1.87  2.45         96  1.02
7    14.06       2.15  2.48        121  1.06
8    14.83       1.64  2.17         97  1.08
9    13.86       1.35  2.27         98  1.01
```

다른 변수들로 모델링을 하여 결측값을 예측하는 방법

KNN Imputer는 대푯값 대치법보다 정확할 때가 많지만, 전체 데이터셋을 메모리에 올려야 해서 메모리가 많이 필요하고 이상치에 민감하다. KNN 외에도 기타 회귀 및 분류 알고리즘을 통해 결측값을 예측하는 모델을 만들어 대치에 활용할 수 있다.

```python
# KNNImputer로 결측치를 대치한 데이터셋: wine_imp3
from sklearn.impute import KNNImputer
imputer=KNNImputer(n_neighbors=3)
wine_imp3 = imputer.fit_transform(wine_m)
wine_imp3 = DataFrame(wine_imp3, columns=wine_m.columns)
wine_imp3.isna().sum()
```

```
Alcohol       0
Malicacid     0
Ash           0
Magnesium     0
Hue           0
dtype: int64
```

보간법

보간법(Interporation)은 주로 시계열 데이터의 결측치를 대치할 때 사용한다. 선형(Linear) 보간법, 다항식(Polynomial) 보간법, 스플라인(Spline) 보간법 등이 있다.

Pandas의 데이터프레임 객체에 .interpolate()으로 파라미터에 보간법 종류를 입력함으로써 다양한 방법으로 데이터의 결측치를 대치할 수 있다. 'linear'는 선형보간, 'zero', 'slinear', 'quadratic', 'cubic'은 0차, 1차, 2차, 3차의 스플라인 보간을 의미한다. 'spline'과 'polynomial'은 order 파라미터에 차수를 지정하여 사용한다.

맨 앞의 결측치는 보간이 되지 않기 때문에 단순하게 그 다음 값으로 채우기도 한다.

```python
# 선형보간법으로 결측치를 대치한 데이터셋: wine_imp4
wine_imp4 = wine_m.interpolate(method='linear')
wine_imp4.isna().sum()
```

```
Alcohol       0
Malicacid     0
Ash           0
Magnesium     0
Hue           0
dtype: int64
```

실제값과 대치값의 비교

앞서 여러가지 방법으로 구한 대치값들이 실제값과 얼마나 차이가 나는지 MAE와 MSE를 구하여 아래와 같이 비교해 보았다.

```
1  # Alcohol feature 기준으로 결측치를 전처리한 결과를 비교
2  feature = 'Alcohol'
3  report = DataFrame({'실제값': wine[feature], "mean대치": wine_imp1[feature],
   'Hotdeck': wine_imp2[feature], 'KNN대치': wine_imp3[feature], '선형보간':
   wine_imp4[feature]})
4
5  # 실제값과 대치한 값 사이의 차이를 비교
6  score_report = DataFrame(index = ['MAE', 'MSE'])
7  from sklearn.metrics import mean_absolute_error, mean_squared_error
8  for col in report.columns:
9      mae = mean_absolute_error(report['실제값'], report[col])
10     mse = mean_squared_error(report['실제값'], report[col])
11     score_report.loc['MAE', col] = mae
12     score_report.loc['MSE', col] = mse
13 print(score_report.round(3))
14 # 실제값-선형보간대치값의 차이가 가장 작게 나타남
```

	실제값	mean대치	Hotdeck	KNN대치	선형보간
MAE	0.0	0.091	0.127	0.089	0.052
MSE	0.0	0.081	0.194	0.090	0.030

```
1  # Ash feature 기준으로 결측치를 전처리한 결과를 비교
2  feature = 'Ash'
3  report = DataFrame({'실제값': wine[feature], "mean대치": wine_imp1[feature],
   'Hotdeck': wine_imp2[feature], 'KNN대치': wine_imp3[feature], '선형보간':
   wine_imp4[feature]})
4
5  # 실제값과 대치한 값 사이의 차이를 비교
6  score_report = DataFrame(index = ['MAE', 'MSE'])
7  from sklearn.metrics import mean_absolute_error, mean_squared_error
8  for col in report.columns:
9      mae = mean_absolute_error(report['실제값'], report[col])
10     mse = mean_squared_error(report['실제값'], report[col])
11     score_report.loc['MAE', col] = mae
12     score_report.loc['MSE', col] = mse
13 print(score_report.round(3))
14 # 실제값-mean대치값의 차이가 가장 작게 나타남
```

	실제값	mean대치	Hotdeck	KNN대치	선형보간
MAE	0.0	0.032	0.042	0.032	0.040
MSE	0.0	0.013	0.018	0.014	0.019

2-2. 이상치 처리

특정 데이터가 이상치(Outlier)인지 여부를 진단할 때 다음과 같은 기준을 사용할 수 있다. 아래의 정상적인 데이터의 범위를 벗어난 데이터들을 이상치로 본다.

  (1) ESD(Extreme studentized deviation):

    평균 - 3*표준편차 < normal data < 평균 + 3*표준편차

  (2) 기하평균 - 2.5*표준편차 < normal data < 기하평균 + 2.5*표준편차

  (3) Q1 - 1.5*IQR < normal data < Q3 + 1.5*IQR

  (4) 군집 분석을 통한 이상치 진단: scikit-learn의 DBSCAN 군집 분석을

    통해 -1로 분류되는 값을 이상치로 진단

이상치는 변수들 사이의 보편적인 관계를 왜곡시키기 때문에 잘못된 학습 결과를 얻게 할 수 있다. 따라서 적절한 이상치 처리를 한 후 데이터 분석을 실시해야 한다. 다만, 이상치 탐색이 목적이거나 연구 상 이상치를 포함시키는 것이 더 의미가 있다고 판단될 경우에는 이상치를 처리하지 않고 분석을 진행하기도 한다.

이상치를 처리하는 방법으로는 절단, 조정, 클리핑 등이 있다. 앞서 사용한 wine 데이터를 사용하여 Malicacid 변수의 이상치를 진단하고 여러가지 방법으로 처리해보고자 한다. 이상치 진단은 위의 (3)번 기준으로 진단하기로 한다.

```
1  from pandas import read_csv
2  wine = read_csv('https://raw.githubusercontent.com/algoboni/pythoncodebook1-
   1/main/2-1_wine.csv', index_col=0).filter(['Alcohol', 'Malicacid', 'Ash',
   'Magnesium', 'Hue']) #일부 특징만 사용
```

```
1  # 이상치 찾기
2  IQR = wine['Malicacid'].quantile(0.75) - wine['Malicacid'].quantile(0.25)
3  top = wine['Malicacid'].quantile(0.75) + IQR * 1.5
4  down = wine['Malicacid'].quantile(0.25) - IQR * 1.5
5
6  #상한선보다 크고, 하한선보다 작은 데이터의 인덱스를 찾음
7  out_id = wine[(wine['Malicacid']>=top) | (wine['Malicacid']<=down)].index
8  print("이상치의 index", out_id)
```

이상치의 index Int64Index([123, 137, 173], dtype='int64')

절단

절단(Trim or Truncation)은 경계값 너머의 이상치들을 제거하는 방법이다. 앞서 찾은 이상치들의 인덱스를 아래와 같이 데이터에서 .drop()함으로써 절단할 수 있다.

wine 데이터의 Malicacid의 이상치 처리를 한 결과, 다음과 같이 3개의 이상치가 발견되어 절단 처리되었다. 다만, 이상치를 절단한 후에 데이터의 분포가 달라짐에 따라, 이상치가 아니었던 데이터가 새로운 이상치로 진단되기도 한다. 이를 추가적으로 이상치 처리할지 여부는 분석가가 상황에 맞게 결정하면 된다.

```python
# 절단
prep_df = wine[['Malicacid']].drop(out_id, axis=0)

# 전후 시각화
from matplotlib import pyplot as plt
plt.rcParams['figure.figsize'] = (10, 5)
plt.rcParams['font.size'] = 12
plt.rcParams['axes.unicode_minus'] = False

fig, axes = plt.subplots(1,2)
for data, ax, title in zip([wine[['Malicacid']], prep_df], axes, ['Before', 'After']):
    data.boxplot(ax=ax)
    ax.set_title("{} ({})".format(title, len(data)))
plt.show()
```

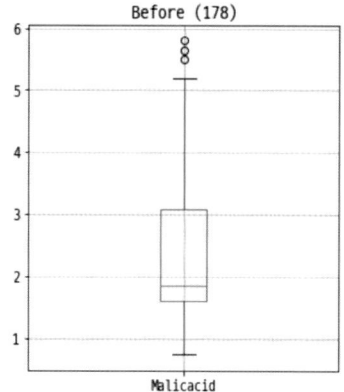
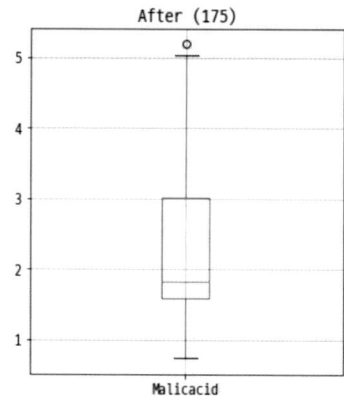

조정

조정(Winsorizing)은 이상치를 이상치의 상한과 하한선 값으로 보정하는 방법이다. 앞서 사용한 이상치 진단 기준에 의해 정해진 상한과 하한선 값으로 아래와 같이 이상치를 조정하였다. 그 결과, 절단과는 달리 전체 데이터의 소실이 없기 때문에 이상치 조정 전후의 데이터 크기가 동일하며, 이상치는 사라진 것으로 나타난다.

```
1  # 조정
2  prep_df2 = wine[['Malicacid']].clip(down, top)
3
4  # 전후 시각화
5  from matplotlib import pyplot as plt
6  plt.rcParams['figure.figsize'] = (10, 5)
7  plt.rcParams['font.size'] = 12
8  plt.rcParams['axes.unicode_minus'] = False
9
10 fig, axes = plt.subplots(1,2)
11 for data, ax, title in zip([wine[['Malicacid']], prep_df2], axes, ['Before',
   'After']):
12     data.boxplot(ax=ax)
13     ax.set_title("{} ({})".format(title, len(data)))
14 plt.show()
```

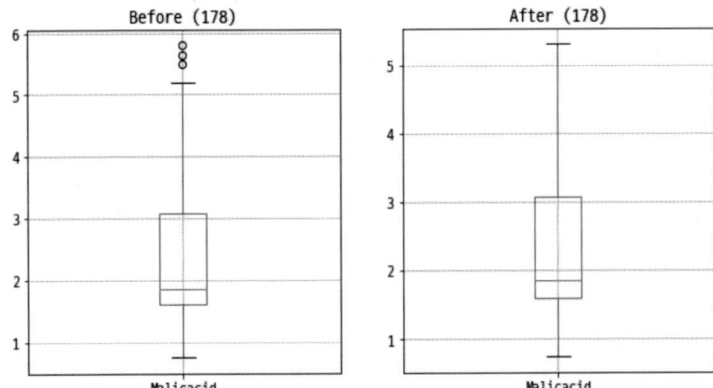

클리핑

클리핑(clipping)은 이상치의 상한값과 하한값을 특정 값으로 지정해서 해당 범위를 벗어나는 값을 상한값과 하한값으로 조정하는 방법이다. 이상치 경계값에 대한 확실한 정보를 가지고 있거나, 데이터를 특정 경계값으로 제한하고 싶을 때 사용한다.

아래는 상한값을 5, 하한값을 1로 지정하여 클리핑한 결과이다.

```
1  # 클리핑
2  prep_df3 = wine[['Malicacid']].clip(1, 5)
3
4  # 전후 시각화
5  from matplotlib import pyplot as plt
6  plt.rcParams['figure.figsize'] = (10, 5)
7  plt.rcParams['font.size'] = 12
8  plt.rcParams['axes.unicode_minus'] = False
9
10 fig, axes = plt.subplots(1,2)
11 for data, ax, title in zip([wine[['Malicacid']], prep_df3], axes, ['Before', 'After']):
12     data.boxplot(ax=ax)
13     ax.set_title("{} ({})".format(title, len(data)))
14 plt.show()
```

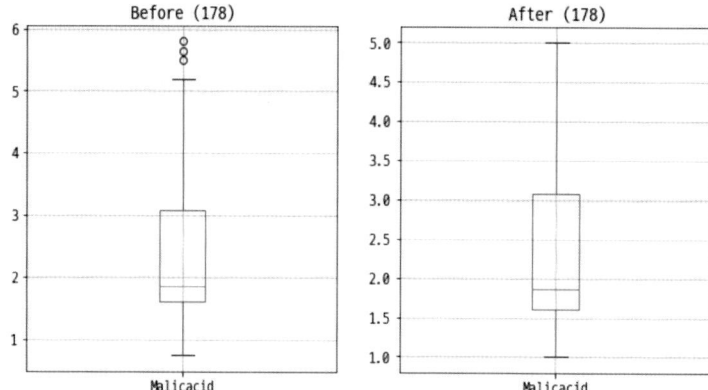

2-3. 클래스 불균형 처리

클래스 불균형이란, 전체 데이터에서 타겟변수의 클래스 별 비율이 유사하지 않고 불균형한 상태를 뜻한다. 예를 들어, 0과 1의 클래스로 구성된 데이터 100개 중 10개가 1이고 90개가 0인 경우이다.

실제로 현실 세계의 데이터들은 이처럼 클래스가 불균형한 경향이 있다. 이 때문에 데이터 수가 적은 클래스의 분포를 적절히 학습하지 못하고 다수 클래스에 과대적합 되어 대부분의 데이터를 다수 클래스로 분류하는 문제가 발생하기도 한다.

이러한 문제를 해결하기 위해 오버샘플링 혹은 언더샘플링으로 클래스 불균형을 조정하는 방법이 있다. 클래스 불균형 데이터는 소수 클래스의 데이터 수가 부족한 경우가 많기 때문에 언더샘플링보다는 주로 오버샘플링을 실시한다.

오버샘플링 및 언더샘플링을 위해 imbalanced-learn 라이브러리의 아래와 같은 함수들을 사용한다.

- 오버샘플링: RandomOverSampler, SMOTE, BorderlineSMOTE, KMeansSMOTE, SVMSMOTE, ADASYN 등
- 언더샘플링: RandomUnderSsampler, ClusterCentroids, CondensedNearestNeighbour, AllKNN 등

클래스 불균형 데이터 생성하기

scikit-learn에서 제공하는 데이터셋 중 'breast cancer' 데이터를 불러와서 클래스 불균형 데이터를 생성하고, 각종 방법으로 오버샘플링 해보고자 한다. 'breast cancer' 데이터는 환자들의 특성 데이터로서, 유방암에 걸린 환자를 1, 유방암이 아닌 환자를 0으로 분류한 데이터이다. 전체 특성이 너무 많으므로 편의 상, 그 중 일부 특성만 골라 사용하기로 한다.

원본 데이터는 클래스 0과 1의 비율이 비교적 균형을 이루고 있는데, 이를 클래스 0이 소수인 데이터가 되도록 클래스 별로 불균형하게 랜덤샘플링하여 다음과 같이 연결하였다.

```python
1  from sklearn.datasets import load_breast_cancer
2  from pandas import DataFrame, concat
3  import numpy as np
4  from collections import Counter
5  # sklearn의 데이터 불러오기
6  data = load_breast_cancer()
7  df = DataFrame(np.c_[data['data'], data['target']],
8                 columns = list(data.feature_names) + ['target'] )
9  # 3개의 feature와 target을 추출
10 df = df.filter(['mean radius', 'mean texture', 'mean area', 'target'])
11 print("데이터 앞 3개의 행 확인: \n", df.head(3), "\n")
12 print("original data의 class 분포: ", Counter(df['target']))
13
14 # 클래스 불균형한 imb_df 생성
15 df1 = df[df['target']==0].sample(50)
16 df2 = df[df['target']==1].sample(250)
17 imb_df = concat([df1, df2]).reset_index(drop=True)
18 print("imbalanced data의 class 분포: ", Counter(imb_df['target']))
19
20 features = imb_df.drop('target', axis=1)
21 target = imb_df['target']
```

```
데이터 앞 3개의 행 확인:
   mean radius  mean texture  mean area  target
0        17.99         10.38     1001.0     0.0
1        20.57         17.77     1326.0     0.0
2        19.69         21.25     1203.0     0.0

original data의 class 분포:  Counter({1.0: 357, 0.0: 212})
imbalanced data의 class 분포:  Counter({1.0: 250, 0.0: 50})
```

랜덤오버샘플링

랜덤오버샘플링(Random oversampling)은 기존에 존재하는 소수의 클래스를 단순 복제하여 클래스가 불균형 하지 않도록 비율을 맞춰주는 방법이다. 분포의 변화는 없으나 소수 클래스인 데이터가 많아지면서 해당 클래스에 대한 가중치가 높아지게 된다. 한편, 단순히 동일한 데이터의 개수가 늘어난 것이기 때문에 과적합 될 수 있다는 단점이 있다.

다음과 같이 RandomOverSampler를 통해 랜덤오버샘플링된 데이터 포인트들은 산점도에 겹쳐져서 찍히기 때문에 원본보다 색상이 진하게 나타난다.

```python
1  from imblearn.over_sampling import RandomOverSampler
2  os = RandomOverSampler(random_state=0)
3  bal_features, bal_target = os.fit_resample(features, target)
4  print('imbalanced data의 class 분포: %s' % Counter(target))
5  print('oversampled data의 class 분포: %s' % Counter(bal_target))
6
7  import seaborn as sns
8  over_df1 = DataFrame(np.c_[bal_features, bal_target], columns = imb_df.columns)
9
10 from matplotlib import pyplot as plt
11 fig, ax = plt.subplots(1,2, figsize=(10,5))
12 ax[0].set_title("imbalanced")
13 sns.scatterplot(x='mean radius', y='mean texture', hue='target', data=imb_df,
   ax=ax[0], alpha=0.5, style='target', markers=['s', '>'])
14
15 ax[1].set_title("oversampled")
16 sns.scatterplot(x='mean radius', y='mean texture', hue='target', data=over_df1,
   ax=ax[1], alpha=0.5, style='target', markers=['s', '>'])
17 plt.show()
```

imbalanced data의 class 분포: Counter({1.0: 250, 0.0: 50})
oversampled data의 class 분포: Counter({0.0: 250, 1.0: 250})

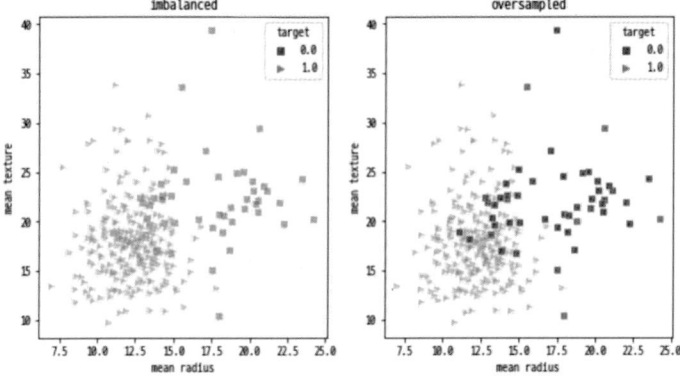

SMOTE

SMOTE(Synthetic minority oversampling technique)는 임의의 소수 클래스 데이터로부터 인근 소수 클래스 사이에 새로운 데이터를 생성하는 방법이다. 임의의 소수 클래스에 해당하는 x를 잡고 그로부터 가장 가까운 k개의 이웃을 찾은 다음, 이 k개의 이웃과 x 사이에 임의의 새로운 데이터 x'를 생성한다.

```
from imblearn.over_sampling import SMOTE
os = SMOTE(random_state=0, k_neighbors=3)
bal_features, bal_target = os.fit_resample(features, target)
print('imbalanced data의 class 분포: %s' % Counter(target))
print('oversampled data의 class 분포: %s' % Counter(bal_target))

import seaborn as sns
over_df2 = DataFrame(np.c_[bal_features, bal_target], columns = imb_df.columns)

from matplotlib import pyplot as plt
fig, ax = plt.subplots(1,2, figsize=(10,5))
ax[0].set_title("imbalanced")
sns.scatterplot(x='mean radius', y='mean texture', hue='target', data=imb_df,
ax=ax[0], alpha=0.5, style='target', markers=['s', '>'])

ax[1].set_title("oversampled")
sns.scatterplot(x='mean radius', y='mean texture', hue='target', data=over_df2,
ax=ax[1], alpha=0.5, style='target', markers=['s', '>'])
plt.show()
```

```
imbalanced data의 class 분포: Counter({1.0: 250, 0.0: 50})
oversampled data의 class 분포: Counter({0.0: 250, 1.0: 250})
```

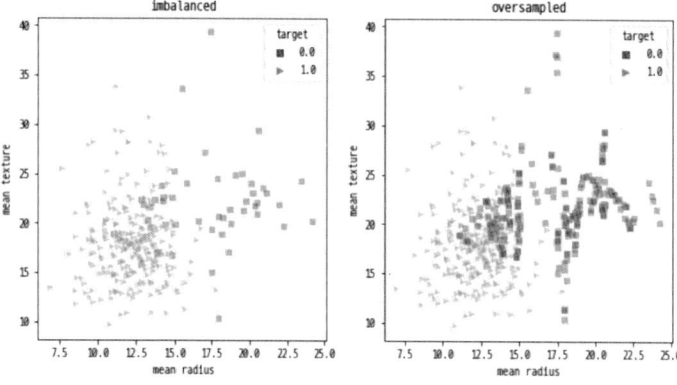

Borderline SMOTE

다수의 클래스와 소수의 클래스를 구분하는 선을 그을 때 서로 인접해 있는 경계선에 있는 소수 클래스의 데이터에 대해서 SMOTE를 적용하는 방법이다.

먼저, 임의의 소수 클래스 데이터 x와 근접하는 데이터들의 클래스를 살펴보고 여기에 소수와 다수 클래스가 모두 존재하면 이 데이터 x를 경계 데이터로 분류한다. 그렇지 않은 경우의 소수 클래스 데이터 x는 고려하지 않는다. Borderline SMOTE는 이러한 경계 데이터만 사용하여 SMOTE를 적용하고 새로운 데이터들을 생성한다.

```python
from imblearn.over_sampling import BorderlineSMOTE
os = BorderlineSMOTE(random_state=0, k_neighbors=3)
bal_features, bal_target = os.fit_resample(features, target)
print('imbalanced data의 class 분포: %s' % Counter(target))
print('oversampled data의 class 분포: %s' % Counter(bal_target))

import seaborn as sns
over_df3 = DataFrame(np.c_[bal_features, bal_target], columns = imb_df.columns)

from matplotlib import pyplot as plt
fig, ax = plt.subplots(1,2, figsize=(10,5))
ax[0].set_title("imbalanced")
sns.scatterplot(x='mean radius', y='mean texture', hue='target', data=imb_df,
ax=ax[0], alpha=0.5, style='target', markers=['s', '>'])

ax[1].set_title("oversampled")
sns.scatterplot(x='mean radius', y='mean texture', hue='target', data=over_df3,
ax=ax[1], alpha=0.5, style='target', markers=['s', '>'])
plt.show()
```

```
imbalanced data의 class 분포: Counter({1.0: 250, 0.0: 50})
oversampled data의 class 분포: Counter({0.0: 250, 1.0: 250})
```

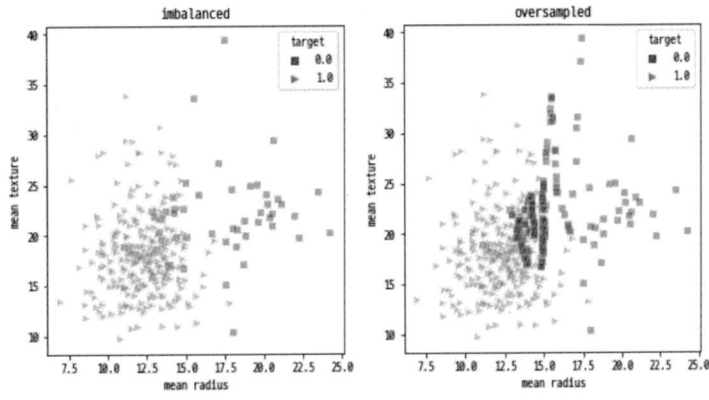

K-means SMOTE

K-means SMOTE는 K-means 클러스터링 알고리즘을 사용하여 전체 데이터를 클러스터링하고, 소수 클래스 샘플이 적게 포함된 군집에 소수 클래스 샘플을 추가하는 방법이다.

```python
from imblearn.over_sampling import KMeansSMOTE
os = KMeansSMOTE(random_state=0, k_neighbors=3)
bal_features, bal_target = os.fit_resample(features, target)
print('imbalanced data의 class 분포: %s' % Counter(target))
print('oversampled data의 class 분포: %s' % Counter(bal_target))

import seaborn as sns
over_df4 = DataFrame(np.c_[bal_features, bal_target], columns = imb_df.columns)

from matplotlib import pyplot as plt
fig, ax = plt.subplots(1,2, figsize=(10,5))
ax[0].set_title("imbalanced")
sns.scatterplot(x='mean radius', y='mean texture', hue='target', data=imb_df,
ax=ax[0], alpha=0.5, style='target', markers=['s', '>'])

ax[1].set_title("oversampled")
sns.scatterplot(x='mean radius', y='mean texture', hue='target', data=over_df4,
ax=ax[1], alpha=0.5, style='target', markers=['s', '>'])
plt.show()
```

```
imbalanced data의 class 분포: Counter({1.0: 250, 0.0: 50})
oversampled data의 class 분포: Counter({0.0: 251, 1.0: 250})
```

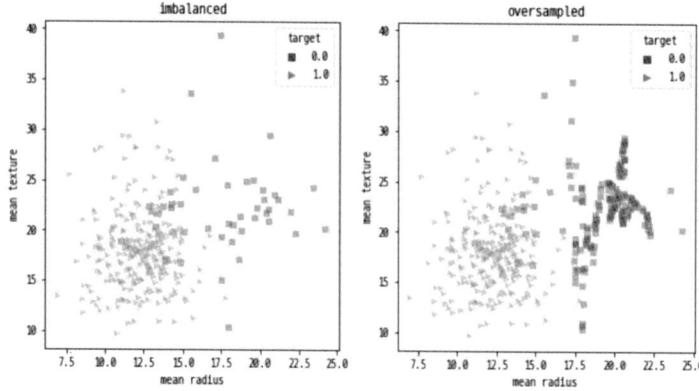

SVM SMOTE

SVM SMOTE는 SVM(Support vector machine) 알고리즘으로 데이터를 학습함으로써 생성되는 support vector를 활용한다. 소수 클래스인 support vector 데이터들을 경계 데이터로 삼고 SMOTE를 적용하는 방법이다.

```python
from imblearn.over_sampling import SVMSMOTE
os = SVMSMOTE(random_state=0, k_neighbors=3)
bal_features, bal_target = os.fit_resample(features, target)
print('imbalanced data의 class 분포: %s' % Counter(target))
print('oversampled data의 class 분포: %s' % Counter(bal_target))

import seaborn as sns
over_df5 = DataFrame(np.c_[bal_features, bal_target], columns = imb_df.columns)

from matplotlib import pyplot as plt
fig, ax = plt.subplots(1,2, figsize=(10,5))
ax[0].set_title("imbalanced")
sns.scatterplot(x='mean radius', y='mean texture', hue='target', data=imb_df,
ax=ax[0], alpha=0.5, style='target', markers=['s', '>'])

ax[1].set_title("oversampled")
sns.scatterplot(x='mean radius', y='mean texture', hue='target', data=over_df5,
ax=ax[1], alpha=0.5, style='target', markers=['s', '>'])
plt.show()
```

```
imbalanced data의 class 분포: Counter({1.0: 250, 0.0: 50})
oversampled data의 class 분포: Counter({0.0: 250, 1.0: 250})
```

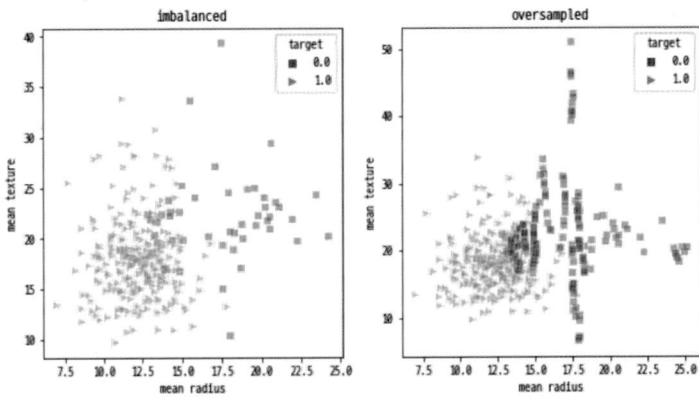

ADASYN

ADASYN(Adaptive synthetic sampling)은 가중치를 통해 SMOTE를 적용시키는 방식이다. 인접한 데이터의 소수 클래스와 다수 클래스의 비율에 따라 생성되는 샘플의 개수가 정해진다. 생성되는 샘플의 개수는 소수 클래스의 밀도에 반비례한다.

```
from imblearn.over_sampling import ADASYN
os = ADASYN(random_state=0, n_neighbors=3)
bal_features, bal_target = os.fit_resample(features, target)
print('imbalanced data의 class 분포: %s' % Counter(target))
print('oversampled data의 class 분포: %s' % Counter(bal_target))

import seaborn as sns
over_df6 = DataFrame(np.c_[bal_features, bal_target], columns = imb_df.columns)

from matplotlib import pyplot as plt
fig, ax = plt.subplots(1,2, figsize=(10,5))
ax[0].set_title("imbalanced")
sns.scatterplot(x='mean radius', y='mean texture', hue='target', data=imb_df, ax=ax[0], alpha=0.5, style='target', markers=['s', '>'])

ax[1].set_title("oversampled")
sns.scatterplot(x='mean radius', y='mean texture', hue='target', data=over_df6, ax=ax[1], alpha=0.5, style='target', markers=['s', '>'])
plt.show()
```

```
imbalanced data의 class 분포: Counter({1.0: 250, 0.0: 50})
oversampled data의 class 분포: Counter({0.0: 255, 1.0: 250})
```

오버샘플링된 데이터로 분류 학습 및 결과 비교

불균형 데이터와 각종 방법으로 오버샘플링된 데이터들로 각각 로지스틱 회귀 모델링을 하고, 정확도 및 F1-score를 계산하였다.

그 결과, Test F1-score를 기준으로 K-means SMOTE 데이터로 학습한 모델이 가장 높은 분류 성능을 나타냈다. 이는 불균형 데이터로 학습한 모델보다 개선된 성능을 나타낸 것이다. 반면, Borderline SMOTE 데이터로 학습한 모델은 가장 낮은 분류 성능을 나타냈다.

```python
from sklearn.linear_model import LogisticRegression
from sklearn.model_selection import train_test_split
from sklearn.metrics import f1_score, accuracy_score
data = [imb_df, over_df1, over_df2, over_df3, over_df4, over_df5, over_df6]
data_title=['no oversampling', 'RandomOverSampler', 'SMOTE', 'BorderlineSMOTE',
'KMeansSMOTE', 'SVMSMOTE', 'ADASYN']

scores = DataFrame(index=['Train acc', 'Test acc', 'Train F1', 'Test F1'],
columns=data_title)

for df, title in zip(data, data_title):
    features = df.drop('target', axis=1)
    target = df['target']
    X_train, X_test, y_train, y_test = train_test_split(features, target)
    lr = LogisticRegression(max_iter=300)
    lr.fit(X_train, y_train)
    pred_train = lr.predict(X_train)
    pred_test = lr.predict(X_test)
    scores.loc['Train acc', title]= accuracy_score(y_train, pred_train)
    scores.loc['Test acc', title]= accuracy_score(y_test, pred_test)
    scores.loc['Train F1', title]= f1_score(y_train, pred_train)
    scores.loc['Test F1', title]= f1_score(y_test, pred_test)
print(scores)
```

	no oversampling	RandomOverSampler	SMOTE	BorderlineSMOTE	\
Train acc	0.928889	0.837333	0.834667	0.842667	
Test acc	0.92	0.832	0.896	0.76	
Train F1	0.958974	0.848635	0.845	0.841823	
Test F1	0.952381	0.837209	0.894309	0.754098	

	KMeansSMOTE	SVMSMOTE	ADASYN
Train acc	0.957333	0.848	0.828042
Test acc	0.960317	0.856	0.80315
Train F1	0.958549	0.849604	0.818942
Test F1	0.96124	0.861538	0.8

2-4. 변수변환

변수변환(Feature scaling)은 특성(Feature)의 척도(Scale)를 바꾸는 것을 의미하며, 일반적으로 각 특성에 대해 개별적으로 수행한다.

회귀분석 모델의 경우, 특성의 관측치의 범위가 크거나 특성들의 척도가 크게 상이하면 회귀계수가 왜곡되기 쉽다. 신경망 모델의 경우에도, 특성들 간의 값의 척도가 크게 다르면 학습이 잘 진행되지 않는다. 거리 기반 모델들도 마찬가지이다. 이처럼 사용하려는 모델이 특성의 척도에 민감하다면 데이터 학습 전에 반드시 변수변환을 진행해야 한다.

반면, 트리 기반 모델들은 특성의 척도에서 자유롭기 때문에 변수변환이 필수적이지 않다.

2-4-1. 수치형 변수변환

수치형 변수변환 방법은 크게 선형변환(표준화, 최소최대 스케일링, Robust scaling, Quantile scaling 등)과 비선형변환(로그 변환, Box-cox, Yeo-Johnson 등)으로 나눌 수 있으며 이외에도 구간분할(Binning), 순위로 변환 등이 있다.

수치형 변수변환 예제를 위해 다음과 같이 'diabetes' 데이터셋을 불러 왔다. 'diabetes'는 환자의 특성들과 당뇨병 여부를 포함하는 분류 데이터이다. 여러 특성들 중에서 편의 상 4개의 특성만 사용하기로 한다.

```
1  # [데이터 출처] https://www.kaggle.com/datasets/akshaydattatraykhare/diabetes-
   dataset?select=diabetes.csv
2  from pandas import read_csv
3  diabetes = read_csv('https://raw.githubusercontent.com/algoboni/pythoncodebook1-
   1/main/2-4_diabetes.csv')
4  X = diabetes.filter(['Pregnancies', 'BloodPressure', 'BMI', 'Age']) #4개 특성
5  y = diabetes['Outcome']
6  print("특성: \n", X.head(1), '\n')
7  print("타겟: \n", y.head(1))
```

```
특성:
   Pregnancies  BloodPressure  BMI   Age
0            6             72  33.6   50

타겟:
 0    1
Name: Outcome, dtype: int64
```

표준화

표준화(Standardization)는 각 특성 별로 표준점수(Z-score)를 구하는 변수변환 방법으로서 (각 데이터 포인트-데이터의 평균)/데이터의 표준편차로 계산한다. 이를 통해 각 특성의 평균을 0, 분산을 1로 변경하여 모든 특성이 같은 크기를 가지게 한다.

표준점수인 z는 원수치인 x가 평균에서 얼마나 떨어져 있는지를 나타낸다. z값이 음수이면 평균 이하, 양수이면 평균 이상이다. 그러나 이 방법은 특성의 최솟값과 최댓값의 크기를 제한하지는 않는다.

다음의 예제 코드를 통해 표준화 스케일링의 결과를 확인할 수 있다. 스케일링 전, 특성들의 데이터는 저마다 다른 평균과 범위를 가지고 분포되어 있다. 표준화 스케일링을 통해 각 특성들은 0에 가까운 평균을 가지게 되었으며, 대등하게 비교할 수 있는 스케일을 갖게 되었다.

```python
print("[Before] feature 별 데이터 분포 확인:")
print(X.describe().loc[['mean', 'std', 'max', 'min'], :], '\n')

# sklearn의 StandardScaler로 feature scaling
from sklearn.preprocessing import StandardScaler
ss = StandardScaler()
ss_X = ss.fit_transform(X)
ss_X = DataFrame(ss_X, columns = X.columns)
print("[After] feature 별 데이터 분포 확인:")
print(ss_X.describe().loc[['mean', 'std', 'max', 'min'], :])
```

```
[Before] feature 별 데이터 분포 확인:
       Pregnancies  BloodPressure       BMI         Age
mean      3.845052      69.105469   31.992578   33.240885
std       3.369578      19.355807    7.884160   11.760232
max      17.000000     122.000000   67.100000   81.000000
min       0.000000       0.000000    0.000000   21.000000

[After] feature 별 데이터 분포 확인:
       Pregnancies   BloodPressure          BMI            Age
mean  -6.476301e-17    1.503427e-17   2.590520e-16   1.931325e-16
std    1.000652e+00    1.000652e+00   1.000652e+00   1.000652e+00
max    3.906578e+00    2.734528e+00   4.455807e+00   4.063716e+00
min   -1.141852e+00   -3.572597e+00  -4.060474e+00  -1.041549e+00
```

```python
1  # scaling 전후 데이터 분포 비교 시각화
2  import seaborn as sns
3  from matplotlib import pyplot as plt
4  fig, ax = plt.subplots(1,2, figsize=(15,5))
5  for col, a in zip(X.columns, [0.02, 0.1, 0.6, 1]):
6      sns.kdeplot(X[col], alpha=a, legend=True, ax=ax[0], shade=True, color='r')
7  ax[0].legend(X.columns)
8  ax[0].set_xlabel('features')
9  ax[0].set_title('Before scaling')
10
11 for col, a in zip(ss_X.columns, [0.02, 0.2, 0.6, 1]):
12     sns.kdeplot(ss_X[col], alpha=a, legend=True,ax=ax[1], shade=True,
   color='r')
13 ax[1].legend(ss_X.columns)
14 ax[1].set_xlabel('features')
15 ax[1].set_title('After scaling')
16 plt.show()
```

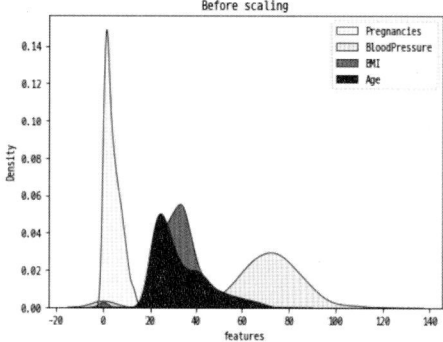
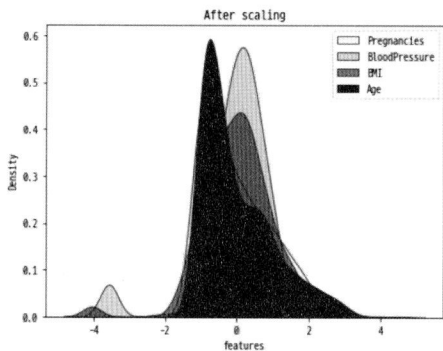

최소최대 스케일링

최소최대 스케일링(Min-max scaling)은 모든 특성이 정확하게 0과 1 사이에 위치하도록 데이터를 변경하는 것이다. (데이터값-최솟값)/(최댓값-최솟값)으로 계산한다. 이미지 데이터의 픽셀값과 같이 처음부터 0~255로 범위가 정해진 변수는 최소최대 스케일링을 이용하는 게 자연스러울 수 있다.

반면, 변환 후의 평균이 정확히 0이 되지 않고, 이상치의 악영향을 받기 쉽다는 단점이 있어서 이 방법보다는 표준화 방법이 더 자주 쓰인다.

```python
1  print("[Before] feature 별 데이터 분포 확인:")
2  print(X.describe().loc[['mean', 'std', 'max', 'min'], :], '\n')
3
4  # sklearn의 MinMaxScaler로 feature scaling
5  from sklearn.preprocessing import MinMaxScaler
6  mm = MinMaxScaler()
7  mm_X = mm.fit_transform(X)
8  mm_X = DataFrame(mm_X, columns = X.columns)
9  print("[After] feature 별 데이터 분포 확인:")
10 print(mm_X.describe().loc[['mean', 'std', 'max', 'min'], :])
```

```
[Before] feature 별 데이터 분포 확인:
       Pregnancies  BloodPressure       BMI        Age
mean      3.845052      69.105469  31.992578  33.240885
std       3.369578      19.355807   7.884160  11.760232
max      17.000000     122.000000  67.100000  81.000000
min       0.000000       0.000000   0.000000  21.000000

[After] feature 별 데이터 분포 확인:
       Pregnancies  BloodPressure       BMI        Age
mean       0.22618       0.566438   0.476790   0.204015
std        0.19821       0.158654   0.117499   0.196004
max        1.00000       1.000000   1.000000   1.000000
min        0.00000       0.000000   0.000000   0.000000
```

```python
1  # scaling 전후 데이터 분포 비교 시각화
2  import seaborn as sns
3  from matplotlib import pyplot as plt
4  fig, ax = plt.subplots(1,2, figsize=(15,5))
5  for col, a in zip(X.columns, [0.02, 0.1, 0.6, 1]):
6      sns.kdeplot(X[col],alpha=a,legend=True,ax=ax[0], shade=True, color='r')
7  ax[0].legend(X.columns)
8  ax[0].set_xlabel('features')
9  ax[0].set_title('Before scaling')
10
11 for col, a in zip(mm_X.columns, [0.02, 0.2, 0.6, 1]):
12     sns.kdeplot(mm_X[col],alpha=a,legend=True,ax=ax[1],shade=True,color='r')
13 ax[1].legend(mm_X.columns)
14 ax[1].set_xlabel('features')
15 ax[1].set_title('After scaling')
16 plt.show()
```

Robust scaling

특성들이 같은 스케일을 갖게 된다는 통계적 측면에서는 표준화 스케일링과 비슷하지만 평균과 분산 대신 중앙값과 사분위수를 사용한다는 점에서 차이가 있다. 이 덕분에 Robust scaling은 이상치의 영향을 받지 않는다. (데이터값-중앙값)/(3사분위수-1사분위수)로 계산한다.

```python
print("[Before] feature 별 데이터 분포 확인:")
print(X.describe().loc[['mean', 'std', 'max', 'min'], :], "\n")

# sklearn의 RobustScaler로 feature scaling
from sklearn.preprocessing import RobustScaler
rs = RobustScaler()
rs_X = rs.fit_transform(X)
rs_X = DataFrame(rs_X, columns = X.columns)
print("[After] feature 별 데이터 분포 확인:")
print(rs_X.describe().loc[['mean', 'std', 'max', 'min'], :])
```

```
[Before] feature 별 데이터 분포 확인:
       Pregnancies  BloodPressure        BMI        Age
mean      3.845052      69.105469  31.992578  33.240885
std       3.369578      19.355807   7.884160  11.760232
max      17.000000     122.000000  67.100000  81.000000
min       0.000000       0.000000   0.000000  21.000000

[After] feature 별 데이터 분포 확인:
       Pregnancies  BloodPressure        BMI        Age
mean      0.169010      -0.160807  -0.000798   0.249464
std       0.673916       1.075323   0.847759   0.691778
max       2.800000       2.777778   3.774194   3.058824
min      -0.600000      -4.000000  -3.440860  -0.470588
```

```python
# scaling 전후 데이터 분포 비교 시각화
import seaborn as sns
from matplotlib import pyplot as plt
fig, ax = plt.subplots(1,2, figsize=(15,5))
for col, a in zip(X.columns, [0.02, 0.1, 0.6, 1]):
    sns.kdeplot(X[col],alpha=a,legend=True,ax=ax[0], shade=True, color='r')
ax[0].legend(X.columns)
ax[0].set_xlabel('features')
ax[0].set_title('Before scaling')

for col, a in zip(rs_X.columns, [0.02, 0.2, 0.6, 1]):
    sns.kdeplot(rs_X[col],alpha=a,legend=True,ax=ax[1],shade=True,color='r')
ax[1].legend(rs_X.columns)
ax[1].set_xlabel('features')
ax[1].set_title('After scaling')
plt.show()
```

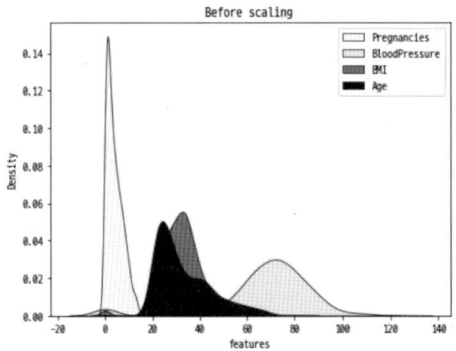 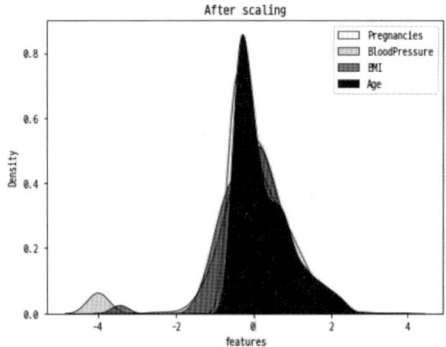

Quantile scaling

분위수를 사용하여 스케일링하는 방법이다. scikit-learn에서 제공하는 QuantileTransformer의 파라미터 output_distribution을 'uniform' 혹은 'normal'로 설정함으로써 균등 분포 혹은 정규 분포에 가깝게 데이터를 변환할 수 있다.

QuantileTransformer의 균등 분포 방법은 데이터의 1000개의 분위를 사용하여 분포를 재배치하는 것이다. 이 방법은 Robust scaling과 마찬가지로 이상치에 민감하지 않으며 전체 데이터를 0과 1 사이로 압축한다. 몇 개의 분위를 사용할지는 n_quantiles 매개변수에서 설정할 수 있으며 기본값은 1000이다. 기본값보다 작은 크기의 데이터가 입력될 경우, 데이터의 개수대로 n_quantiles의 값이 설정된다.

QuantileTransformer의 정규 분포 방법은 Rank Gauss 방법으로서 수치형 변수를 순위로 변환한 뒤 순서를 유지한 채 정규분포가 되도록 변환하는 방법이다. 전체 데이터를 -5와 5 사이로 압축한다.

```
1  print("[Before] feature 별 데이터 분포 확인:")
2  print(X.describe().loc[['mean', 'std', 'max', 'min'], :], "\n")
3
4  # sklearn의 QuantileTransformer로 feature scaling
5  from sklearn.preprocessing import QuantileTransformer
6  qtu = QuantileTransformer(output_distribution = 'uniform', n_quantiles=len(X))
7  qtu_X = qtu.fit_transform(X)
8  qtu_X = DataFrame(qtu_X, columns = X.columns)
9  print("[After] feature 별 데이터 분포 확인:")
10 print(qtu_X.describe().loc[['mean', 'std', 'max', 'min'], :])
```

```
[Before] feature 별 데이터 분포 확인:
       Pregnancies  BloodPressure       BMI        Age
mean      3.845052      69.105469  31.992578  33.240885
std       3.369578      19.355807   7.884160  11.760232
max      17.000000     122.000000  67.100000  81.000000
min       0.000000       0.000000   0.000000  21.000000

[After] feature 별 데이터 분포 확인:
       Pregnancies  BloodPressure       BMI        Age
mean      0.489773       0.499110   0.499977   0.496769
std       0.303331       0.290718   0.289383   0.294365
max       1.000000       1.000000   1.000000   1.000000
min       0.000000       0.000000   0.000000   0.000000
```

```python
# scaling 전후 데이터 분포 비교 시각화
import seaborn as sns
from matplotlib import pyplot as plt
fig, ax = plt.subplots(1,2, figsize=(15,5))
for col, a in zip(X.columns, [0.02, 0.1, 0.6, 1]):
    sns.kdeplot(X[col],alpha=a,legend=True,ax=ax[0], shade=True, color='r')
ax[0].legend(X.columns)
ax[0].set_xlabel('features')
ax[0].set_title('Before scaling')

for col, a in zip(qtu_X.columns, [0.02, 0.2, 0.6, 1]):
    sns.kdeplot(qtu_X[col], alpha=a, legend=True, ax=ax[1], shade=True, color='r')
ax[1].legend(qtu_X.columns)
ax[1].set_xlabel('features')
ax[1].set_title('After scaling')

plt.show()
```

```python
1  print("[Before] feature 별 데이터 분포 확인:")
2  print(X.describe().loc[['mean', 'std', 'max', 'min'], :], "\n")
3
4  # sklearn의 QuantileTransformer로 feature scaling
5  from sklearn.preprocessing import QuantileTransformer
6  qtn = QuantileTransformer(output_distribution = 'normal', n_quantiles=len(X))
7  qtn_X = qtn.fit_transform(X)
8  qtn_X = DataFrame(qtn_X, columns = X.columns)
9  print("[After] feature 별 데이터 분포 확인:")
10 print(qtn_X.describe().loc[['mean', 'std', 'max', 'min'], :])
```

```
[Before] feature 별 데이터 분포 확인:
      Pregnancies  BloodPressure        BMI        Age
mean     3.845052      69.105469  31.992578  33.240885
std      3.369578      19.355807   7.884160  11.760232
max     17.000000     122.000000  67.100000  81.000000
min      0.000000       0.000000   0.000000  21.000000

[After] feature 별 데이터 분포 확인:
      Pregnancies  BloodPressure        BMI        Age
mean    -0.518602      -0.137647  -0.034756  -0.270105
std      2.066619       1.426041   1.150066   1.696606
max      5.199338       5.199338   5.199338   5.199338
min     -5.199338      -5.199338  -5.199338  -5.199338
```

```python
1  # scaling 전후 데이터 분포 비교 시각화
2  import seaborn as sns
3  from matplotlib import pyplot as plt
4  fig, ax = plt.subplots(1,2, figsize=(15,5))
5  for col, a in zip(X.columns, [0.02, 0.1, 0.6, 1]):
6      sns.kdeplot(X[col],alpha=a,legend=True,ax=ax[0], shade=True, color='r')
7  ax[0].legend(X.columns)
8  ax[0].set_xlabel('features')
9  ax[0].set_title('Before scaling')
10
11 for col, a in zip(qtn_X.columns, [0.02, 0.2, 0.6, 1]):
12     sns.kdeplot(qtn_X[col], alpha=a, legend=True, ax=ax[1], shade=True, color='r')
13 ax[1].legend(qtn_X.columns)
14 ax[1].set_xlabel('features')
15 ax[1].set_title('After scaling')
16 plt.show()
```

2장 전처리 / 73

Feature scaling한 데이터로 로지스틱 회귀 분석 및 결과 비교

각종 방법으로 특성에 대해 변수 변환을 한 데이터와 스케일링을 하지 않은 데이터로 로지스틱 회귀 분석을 실시하고 결과를 비교해 보았다. 그 결과, Test F1-score를 기준으로 분류 성능을 비교할 때 균등 분포의 Quantile scaling을 한 데이터로 학습한 모델의 성능이 가장 높게 나타났다.

```
1  from sklearn.linear_model import LogisticRegression
2  from sklearn.model_selection import train_test_split
3  from sklearn.metrics import accuracy_score, f1_score
4
5  data = [X, ss_X, mm_X, rs_X, qtu_X, qtn_X]
6  y = diabetes['Outcome']
7  data_title=['no scaling', 'StandardScaler', 'MinMaxScaler', 'RobustScaler',
   'QuantileUniform', 'QuantileNormal']
8  scores = DataFrame(index=['Train acc', 'Test acc', 'Train F1', 'Test F1'],
   columns=data_title)
9  coeffs = DataFrame(index=data_title, columns = X.columns)
10 for df, title in zip(data, data_title):
11     X_train, X_test, y_train, y_test = train_test_split(df, y, random_state=0)
12     lr = LogisticRegression(max_iter=300)
13     lr.fit(X_train, y_train)
14     pred_train = lr.predict(X_train)
15     pred_test = lr.predict(X_test)
16     scores.loc['Train acc', title]= accuracy_score(y_train, pred_train)
17     scores.loc['Test acc', title]= accuracy_score(y_test, pred_test)
18     scores.loc['Train F1', title]= f1_score(y_train, pred_train)
19     scores.loc['Test F1', title]= f1_score(y_test, pred_test)
20     coeffs.loc[title, :] = lr.coef_
21 print(scores)
```

	no scaling	StandardScaler	MinMaxScaler	RobustScaler	QuantileUniform
Train acc	0.6875	0.689236	0.682292	0.689236	0.701389
Test acc	0.692708	0.692708	0.682292	0.692708	0.692708
Train F1	0.470588	0.471976	0.403909	0.471976	0.50289
Test F1	0.40404	0.40404	0.26506	0.40404	0.427184

	QuantileNormal
Train acc	0.680556
Test acc	0.697917
Train F1	0.468208
Test F1	0.395833

한편, 변수 변환을 한 데이터와 하지 않은 데이터로 학습한 모델들이 얻은 회귀계수를 살펴보면 다음과 같다. 변수 변환을 하지 않은 데이터에 비해서, 변수 변환을 한 데이터들로 얻은 회귀계수들은 특성들의 영향력을 더 구별하기 쉽다. 각 회귀계수들은 BMI, Age, Pregnancies 순으로 당뇨병 여부에 영향을 미친다는 동일한 결론을 냈다.

```
from matplotlib import pyplot as plt
fig, ax = plt.subplots(1,1, figsize=(10,5))
ax.set_title("scaling 별 회귀계수 비교")
for i, marker in enumerate(['s', 'o', 'x', '+', '.', '*']):
    coeffs.T.iloc[:, i].plot(ax = ax, marker=marker, ms=10)
ax.legend()
plt.show()
```

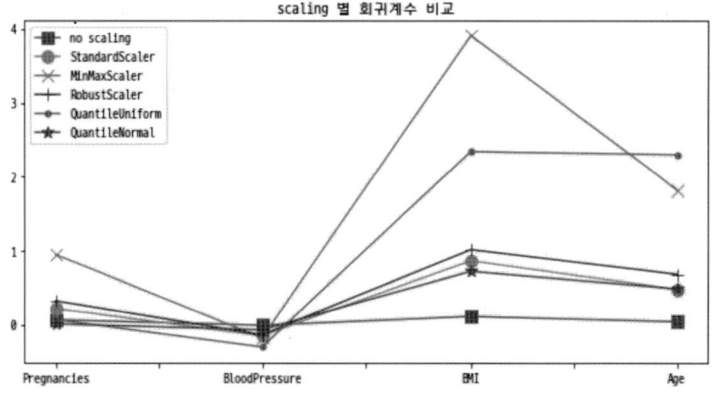

로그 변환

로그함수는 큰 수의 범위를 압축하고 작은 수의 범위를 확장하는 기능을 한다. log(x)에서 x = [1,10]의 범위를 log(x) = [0,1] 범위로, x = [10,100] 범위를 log(x) = [1,2] 범위로 변환하는 것이다. 덕분에 두꺼운 꼬리 분포(Heavy-tailed distribution)를 갖는 양수로 된 데이터를 로그 변환으로 효과적으로 다룰 수 있다.

이번 예제에서 사용할 'realestate'는 인도의 벵갈루루 부동산 가격과 관련된 특성들과 부동산 가격으로 구성된 회귀용 데이터이다. 로그 변환은 타겟 변수인 부동산 가격에 적용함으로써 타겟 스케일링을 진행한다.

```python
1  # [데이터 출처] Bangalore Housing Prices:
   https://www.kaggle.com/datasets/aryanfelix/bangalore-housing-prices
2  from pandas import read_csv
3  realestate = read_csv('https://raw.githubusercontent.com/algoboni/pythoncodebook1-
   1/main/2-4_BHP.csv').dropna().reset_index(drop=True) # 결측치 삭제 후, 인덱스 리셋
4  X = realestate[['bath', 'balcony']] # 수치형 변수 두개만 사용
5  y = realestate[['price']]
6  print(realestate.head(3))
```

```
          area_type   availability                 location        size  \
0  Super built-up  Area       19-Dec    Electronic City Phase II   2 BHK
1            Plot  Area  Ready To Move           Chikka Tirupathi  4 Bedroom
2  Super built-up  Area  Ready To Move           Lingadheeranahalli  3 BHK

    society  total_sqft  bath  balcony   price
0    Coomee        1056   2.0      1.0   39.07
1   Theanmp        2600   5.0      3.0  120.00
2   Soiewre        1521   3.0      1.0   95.00
```

로그 변환은 NumPy 라이브러리를 통해서 간단하게 변환할 수 있다. 상용로그, 자연로그, 데이터가 0인 경우 음의 무한대가 되는 것을 방지하기 위해 데이터에 1을 더한 후 자연로그를 적용하는 방법, 데이터의 절댓값에 자연로그 변환을 한 후 데이터의 원래 부호를 붙이는 방법 등이 있다.

```python
1  import numpy as np
2  example_y = 39.07
3  print(f"원본 데이터: {example_y:.3f}")
4
5  # 상용로그
6  y_log = np.log10(example_y)
7  y_log_inv = 10**(y_log)
8  print(f"상용로그: {y_log:.3f} <---> {y_log_inv:.3f}")
9
10 # 자연로그
11 y_log2 = np.log(example_y)
12 y_log2_inv = np.exp(y_log2) # 변환 전 값으로 되돌리기
13 print(f"자연로그: {y_log2:.3f} <---> {y_log2_inv:.3f}")
14
15 # 데이터에 1을 더한(plus) 후 자연로그
16 y_log3 = np.log1p(example_y)
17 y_log3_inv = np.expm1(y_log3) # 변환 전 값으로 되돌리기
18 print(f"자연로그1p: {y_log3:.3f} <---> {y_log3_inv:.3f}")
19
20 # 데이터의 절댓값에 자연로그 변환을 한 후, 데이터의 원래 부호 붙임
21 y_log4 = np.sign(example_y)*np.log(np.abs(example_y))
22 y_log4_inv = np.sign(y_log4)*np.exp(np.abs(y_log4))
23 print(f"절댓값+자연로그+부호: {y_log4:.3f} <---> {y_log4_inv:.3f}")
```

```
원본 데이터: 39.070
상용로그: 1.592 <---> 39.070
자연로그: 3.665 <--> 39.070
자연로그1p: 3.691 <--> 39.070
절대값+자연로그+부호: 3.665 <--> 39.070
```

거듭제곱변환

로그 변환을 일반화한 것으로서, 분산 안정화 변환이라고도 한다. scikit-learn에서 제공하는 PowerTransformer를 통해 변환할 수 있으며 Box-cox 방법과 Yeo-Johnson 방법이 있다.

- Box-cox: 주된 용도는 데이터를 정규분포에 가깝게 만들거나 데이터의 분산을 안정화 하는 것으로, 정규성을 가정하는 분석법이나 정상성을 요구하는 분석법을 사용하기에 앞서 데이터의 전처리에 사용한다. 양수인 데이터에만 적용할 수 있다.
- Yeo-Johnson: Box-cox와 마찬가지로 데이터의 분산을 안정화하는 방법이며, Box-cox와 달리 음수를 포함하는 실수 전체에 대해 적용할 수 있다.

PowerTransformer를 통해 타겟 데이터를 변환한 상태에서 모델을 학습하고 예측값을 얻었다면, 얻은 예측값에 inverse_transform()을 적용함으로써 원본 데이터와 동일한 스케일로 되돌릴 수 있다.

```
1  from sklearn.preprocessing import PowerTransformer
2  PTB = PowerTransformer(method='box-cox')
3  PTY = PowerTransformer(method='yeo-johnson')
4  y_ptb = DataFrame(PTB.fit_transform(y), columns=y.columns)
5  y_pty = DataFrame(PTY.fit_transform(y), columns=y.columns)
6  y_ptb_inv = DataFrame(PTB.inverse_transform(y_ptb), columns=y.columns)
7  print("원본: ", y.head(1).values)
8  print("box-cox 변환: ", y_ptb.head(1).values)
9  print('box-cox 변환 되돌리기: ', y_ptb_inv.head(1).values)
```

```
원본:  [[39.07]]
box-cox 변환:  [[-1.07789457]]
box-cox 변환 되돌리기:  [[39.07]]
```

Target scaling한 데이터로 시각화, 선형 회귀 분석 및 결과 비교

다음의 시각화 결과를 통해 타겟 스케일링 전과 스케일링(log10, log, Box-cox) 후의 차이를 볼 수 있다. log와 log1p, sign+abs+log의 변환 결과가 유사하고, Box-cox와 Yeo-johnson의 변환 결과가 유사하기 때문에 일부 변환 값은 시각화에서 생략하였다.

```
1  noscaling, log10, log, boxcox = y, np.log10(y), np.log(y), y_ptb
2  data = [noscaling, log10, log, boxcox]
3  data_title=['no scaling', 'log10', 'log', 'box-cox']
4  alphas = [0.1, 0.02, 0.2, 1]
5  fig, ax = plt.subplots(1, 2, figsize=(15,5))
6  for i, df, a in zip(range(len(data)), data, alphas):
7      if i==0:
8          sns.kdeplot(df['price'], ax=ax[0], alpha=a, shade=True, color='red')
9          ax[0].legend(data_title[0])
10         ax[0].set_title('Before scaling')
11     else:
12         sns.kdeplot(df['price'], ax=ax[1], alpha=a, shade=True, color='red')
13         ax[1].legend(data_title[1:])
14         ax[1].set_title('After scaling')
15 plt.show()
```

각기 다르게 타겟 스케일링한 데이터로 학습한 선형 회귀 모델들의 성능을 비교해 보면, Test R^2 기준으로 원본 데이터에 비해 스케일링한 데이터들의 결정계수 값이 더 높은 것을 확인할 수 있다.

```python
1  # Target scaling한 데이터로 선형회귀분석한 결과 비교
2  noscaling, log10, log, log1p, sblog, bc, yj = y, np.log10(y), np.log(y), np.log1p(y),
   np.sign(y)*np.log(np.abs(y)), y_ptb, y_pty
3  data = [noscaling, log10, log, log1p, sblog, bc, yj]
4  data_title=['no scaling', 'log10', 'log', 'log1p', 'sign+abs+log', 'box-cox', 'yeo-
   johnson']
5
6  from sklearn.model_selection import train_test_split
7  from sklearn.linear_model import LinearRegression
8  scores = DataFrame(index=['Train r2', 'Test r2'], columns=data_title)
9  for df, title in zip(data, data_title):
10     X_train, X_test, y_train, y_test = train_test_split(X, df, random_state=0)
11     lr = LinearRegression()
12     lr.fit(X_train, y_train)
13     scores.loc['Train r2', title]= lr.score(X_train, y_train)
14     scores.loc['Test r2', title]= lr.score(X_test, y_test)
15 print(scores)
```

```
          no scaling      log10       log     log1p  sign+abs+log   box-cox  \
Train r2    0.354048   0.548043  0.548043  0.548732      0.548043  0.521241
Test r2     0.352965   0.547998  0.547998  0.548598      0.547998  0.524295

          yeo-johnson
Train r2     0.521324
Test r2      0.524158
```

순위로 변환

수치형 변수를 순위로 변환하는 방법이다. 데이터를 순위로 변환한 후 순위를 전체 데이터의 개수로 나누면 모든 데이터 값이 0부터 1의 범위에 들어가기 때문에 다루기 쉬워진다. 다만, 이 방법으로 데이터를 변환하면 수치의 크기나 간격 정보는 소실 된다.

이 방법은 Pandas의 데이터프레임 객체에 .rank()를 적용함으로써 간단하게 구현할 수 있다. 기본적으로 ascending=True로 되어 있기 때문에 오름차순으로 순위를 매겨서 값이 클수록 순위값이 크다. 가장 큰 값이 1위가 되도록 하려면 ascending=False를 설정함으로써 역순으로 순위를 매기면 된다. 값이 동일한 데이터 포인트들은 그들의 평균 순위로 동일한 순위 값을 갖게 된다.

```
1  print("[Before] feature 별 데이터 분포 확인:")
2  print(X.describe().loc[['mean', 'std', 'max', 'min'], :], '\n')
3
4  rank_X = X.rank(ascending=False)
5  print("[After] feature 별 데이터 분포 확인:")
6  print(rank_X.describe().loc[['mean', 'std', 'max', 'min'], :])
```

```
[Before] feature 별 데이터 분포 확인:
          bath     balcony
mean   2.458378   1.629936
std    0.881128   0.780127
max    9.000000   3.000000
min    1.000000   0.000000

[After] feature 별 데이터 분포 확인:
            bath       balcony
mean   3748.500000   3748.50000
std    1926.118911   2010.62683
max    7282.500000   7295.50000
min       2.000000    503.00000
```

구간 분할

구간 분할(Binning)은 수치형 변수를 구간 별로 나누어 범주형 변수로 변환하는 방법이다. 구간 분할을 하면 순서가 있는 범주형 변수가 되므로 순서를 수치화해 사용하거나, 범주형 변수로서 원핫인코딩 등을 적용할 수도 있다.

구간 분할 방법으로는 같은 간격으로 분할하는 방법, 구간을 지정하여 분할하는 방법 등이 있다. Pandas의 cut이나 scikit-learn의 KBinsDiscretizer를 사용하여 간단히 구간 분할 할 수 있다.

- cut: bins 파라미터에 bin수를 지정하거나 bin의 범위를 지정하여 구간 분할 한다.
- KBinsDiscretizer: n_bins 파라미터에 구간의 수를 지정하여, 각 구간을 하나의 특성으로 삼는 원핫인코딩을 적용한다. 해당 데이터 행이 특정 구간에 속하는 경우 나머지 열은 0, 속하는 열은 1로 표시하는 희소 행렬을 반환한다.

```python
1  # pd.cut으로 구간분할
2  from pandas import cut, DataFrame
3  binned = cut(X['bath'], 4) #bin수 지정
4  freq_df = DataFrame(binned.value_counts()).reset_index().rename(columns={'index':'계급', 'bath': '빈도'}).sort_values(by='계급', ascending = True)
5  print("bin수 지정:\n", freq_df, "\n")
6
7  bin_edges = [0, 2, 4, 6, float('inf')]
8  #right=False: 0이상~2미만, 2이상~4미만, 4이상~6미만, 6이상~
9  binned2 = cut(X['bath'], bin_edges, right=False) #bin의 범위 지정
10 freq_df2 = DataFrame(binned2.value_counts()).reset_index().rename(columns={'index':'계급', 'bath': '빈도'}).sort_values(by='계급', ascending = True)
11 print("bin범위 지정: \n", freq_df2, "\n")
```

```
bin수 지정:
        계급      빈도
0  (0.992, 3.0]  6774
1    (3.0, 5.0]   642
2    (5.0, 7.0]    77
3    (7.0, 9.0]     3

bin범위 지정:
        계급    빈도
2   [0.0, 2.0)   428
0   [2.0, 4.0)  6346
1   [4.0, 6.0)   642
3   [6.0, inf)    80
```

```python
1  # sklearn.preprocessing.KBinsDiscretizer로 구간 분할
2  from sklearn.preprocessing import KBinsDiscretizer
3  kb = KBinsDiscretizer(n_bins=3, strategy='quantile')
4  kb.fit(np.array(X['bath']).reshape(-1,1)) #reshape필요
5  print("bin edges: ", kb.bin_edges_[0]) #3개의 bin 구간이 생김
6
7  kbbin = kb.bin_edges_[0]
8  bin_edges = [] #구간 리스트인 bin_edges를 만듦
9  for i in range(len(kbbin)):
10     if len(kbbin)-1 != i:
11        tup = (int(kbbin[i]), int(kbbin[i+1]))
12        bin_edges.append(tup)
13 kbinned = kb.transform(np.array(X['bath']).reshape(-1,1))
14 result = DataFrame(kbinned.toarray(), columns=bin_edges)
15 print(result.head(3))
```

```
bin edges: [1. 2. 3. 9.]
   (1, 2)  (2, 3)  (3, 9)
0     0.0     1.0     0.0
1     0.0     0.0     1.0
2     0.0     0.0     1.0
```

2-4-2. 범주형 변수 변환

범주형 변수 변환 방법에는 원핫인코딩(One-hot-encoding), 더미코딩(Dummy coding), 숫자로 표현된 범주형 특성 변환, 레이블 인코딩(Label encoding, Ordinal encoding), 특징 해싱(Feature hashing), 빈도 인코딩(Frequency encoding) 등이 있다.

예제는 앞서 사용한 'realestate'를 계속해서 사용한다.

```
1  # [데이터 출처] Bangalore Housing Prices:
   https://www.kaggle.com/datasets/aryanfelix/bangalore-housing-prices
2  from pandas import read_csv
3  realestate = read_csv('https://raw.githubusercontent.com/algoboni/pythoncodebook1-
   1/main/2-4_BHP.csv').dropna().reset_index(drop=True) # 결측치 삭제 후, 인덱스 리셋
4  print(realestate.info(), "\n")
5
6  print("범주형 변수 기술 통계: ")
7  print(realestate.describe(include='object')) #Dtype이 object인 변수들의 기술 통계
```

```
<class 'pandas.core.frame.DataFrame'>
RangeIndex: 7496 entries, 0 to 7495
Data columns (total 9 columns):
 #   Column        Non-Null Count  Dtype
---  ------        --------------  -----
 0   area_type     7496 non-null   object
 1   availability  7496 non-null   object
 2   location      7496 non-null   object
 3   size          7496 non-null   object
 4   society       7496 non-null   object
 5   total_sqft    7496 non-null   object
 6   bath          7496 non-null   float64
 7   balcony       7496 non-null   float64
 8   price         7496 non-null   float64
dtypes: float64(3), object(6)
memory usage: 527.2+ KB
None
범주형 변수 기술 통계:
               area_type    availability     location  size  society  \
count                7496            7496         7496  7496     7496
unique                  4              74          634    15     2592
top     Super built-up Area  Ready To Move  Whitefield  2 BHK   GrrvaGr
freq                 6017            5709          397  3411       80

       total_sqft
count        7496
unique       1682
top          1200
freq          172
```

원핫인코딩

원핫인코딩(One-hot-encoding)은 범주형 변수의 모든 수준(Level)들을 각각 새로운 특성으로 삼아서 0 또는 1의 값을 가지도록 데이터를 변환하는 것이다. 통계학의 더미코딩(Dummy coding)과 유사하지만, 더미코딩은 모든 수준 중에서 한 가지 수준은 제외하고 나머지 수준들로 새로운 특성을 삼는다는 점에서 차이가 있다.

다음은 데이터의 변수들 중에서도 area_type 특성의 데이터를 원핫인코딩한 결과이다. 원본 데이터의 area_type과 일치하는 컬럼의 데이터가 1로 표시되고 나머지 컬럼들은 0으로 표시된다.

```
1  # 원본 데이터
2  print("범주형 변수의 수준 개수: ", realestate[['area_type']].nunique())
3  print(realestate[['area_type']].head(5), "\n")
4
5  # 원핫인코딩한 데이터
6  from sklearn.preprocessing import OneHotEncoder
7  ohe = OneHotEncoder()
8  result = DataFrame(ohe.fit_transform(realestate[['area_type']]).toarray(), columns = ohe.get_feature_names())
9  print("원핫인코딩 결과 feature의 개수: ", result.shape[1])
10 print(result.head(5))
```

```
범주형 변수의 수준 개수:  area_type    4
dtype: int64
          area_type
0   Super built-up  Area
1             Plot  Area
2   Super built-up  Area
3   Super built-up  Area
4             Plot  Area
원핫인코딩 결과 feature의 개수:  4
   x0_Built-up Area  x0_Carpet Area  x0_Plot Area  x0_Super built-up Area
0               0.0             0.0           0.0                     1.0
1               0.0             0.0           1.0                     0.0
2               0.0             0.0           0.0                     1.0
3               0.0             0.0           0.0                     1.0
4               0.0             0.0           1.0                     0.0
```

더미코딩

더미코딩(Dummy coding)은 범주형 변수의 수준이 n개일 때 가변수를 n개 만들어버리면 다중공선성이 생기므로 이를 방지하기 위해 n-1개의 가변수를 만드는 방법이다.

Pandas의 get_dummies를 사용하고, 파라미터를 drop_first = True로 설정함으로써 간단하게 더미코딩 할 수 있다.

범주형 변수의 수준의 개수가 너무 많을 경우, 특징의 개수도 덩달아 증가하기 때문에 정보가 적은 특징이 대량 생산될 수 있다. 이 경우 학습 시간이나 필요한 메모리가 급증할 수 있으므로, 범주형 변수의 수준이 너무 많을 때는 다른 인코딩 방법을 검토하거나, 범주형 변수의 수준의 개수를 줄이는 방법을 생각해 볼 수 있다.

```python
# 원본 데이터
print("범주형 변수의 수준 개수: ", realestate[['area_type']].nunique())
print(realestate[['area_type']].head(5), '\n')

# 더미코딩한 데이터
from pandas import get_dummies
result2 = get_dummies(realestate[['area_type']], drop_first=True)
print("더미코딩 결과 feature의 개수: ", result2.shape[1])
print(result2.head(5))
```

```
범주형 변수의 수준 개수:  area_type    4
dtype: int64
            area_type
0   Super built-up  Area
1             Plot  Area
2   Super built-up  Area
3   Super built-up  Area
4             Plot  Area

더미코딩 결과 feature의 개수:  3
   area_type_Carpet  Area  area_type_Plot  Area  \
0                      0                      0
1                      0                      1
2                      0                      0
3                      0                      0
4                      0                      1

   area_type_Super built-up  Area
0                              1
1                              0
2                              1
3                              1
4                              0
```

숫자로 표현된 범주형 특성 변환

숫자로 기재된 범주형 변수의 경우, 데이터를 불러오면 일반적으로 수치형 변수로 인식 한다. 하지만 명목척도인 변수임에도 불구하고 데이터 작성 규칙에 따라 단순히 숫자로 입력되어 있는 경우라면, 이 변수는 연속형 변수로 다루면 안된다. 이러한 변수들을 범주형 변수로 다루기 위해서는 해당 특성의 데이터 타입을 범주형으로 변경하는 방법을 사용할 수 있다.

```
1  # area_type의 데이터값이 숫자로 되어 있다고 가정
2  realestate['area_type'] = realestate['area_type'].map({'Super built-up  Area':0,
   'Plot  Area':1, 'Built-up  Area':2, 'Carpet  Area':3})
3  print(realestate.info())
4  print(realestate[['area_type']].describe(include='all'))
5  # area_type의 0, 1, 2, 3은 서열의 의미가 없는데 수치형 변수로 해석된다.
```

```
<class 'pandas.core.frame.DataFrame'>
RangeIndex: 7496 entries, 0 to 7495
Data columns (total 9 columns):
 #   Column        Non-Null Count  Dtype
---  ------        --------------  -----
 0   area_type     7496 non-null   int64
 1   availability  7496 non-null   object
 2   location      7496 non-null   object
 3   size          7496 non-null   object
 4   society       7496 non-null   object
 5   total_sqft    7496 non-null   object
 6   bath          7496 non-null   float64
 7   balcony       7496 non-null   float64
 8   price         7496 non-null   float64
dtypes: float64(3), int64(1), object(5)
memory usage: 527.2+ KB
None
        area_type
count  7496.000000
mean      0.365662
std       0.763294
min       0.000000
25%       0.000000
50%       0.000000
75%       0.000000
max       3.000000
```

```
1  # 데이터 타입을 category로 변경: 수치형이지만 범주형 변수로 해석된다.
2  realestate['area_type'] = realestate['area_type'].astype('category')
3  print(" 기술 통계: \n", realestate[['area_type']].describe(include='all'))
```

```
기술 통계:
       area_type
count       7496
unique         4
top            0
freq        6017
```

레이블 인코딩

15개의 수준이 있는 범주형 변수는 레이블 인코딩(Label encoding)을 통해 각 수준을 0~14까지의 수치로 라벨링하게 된다. 레이블 인코딩은 Pandas 시리즈에 replace 혹은 map을 적용하거나 scikit-learn의 LabelEncoder를 활용할 수 있다.

범주형 변수가 서열척도라면 순서의 정보를 가지는 수치형 레이블을 그대로 사용할 수 있지만, 명목척도라면 각 수준의 레이블의 수치는 의미가 없다. 따라서 이런 경우에는 처음부터 원핫인코딩이나 더미코딩과 같은 변수 변환을 하는 것이 낫다.

다음 예제에서는 15개의 수준을 가지고 있는 size 변수를 부동산의 크기에 대응하도록 레이블 인코딩하였다. 직접 범주들의 값을 확인하여 부동산 사이즈가 가장 작은 '1RK'부터 가장 큰 '11BHK'까지 0에서 14로 각각 인코딩한 것이다.

scikit-learn의 경우, 범주명을 오름차순으로 정렬하여 자동으로 레이블의 수치를 매기기 때문에 수준의 서열과 대응하고 있는지 classes_로 확인이 필요하다.

```
1  # 변수 'size'의 수준들을 확인: B(Bedroom), H(Hall), K(Kitchen), R(Room)을 의미
2  print(sorted(realestate['size'].unique()), "\n")
3  print(realestate[['size']].head(3))# 원본 데이터 확인
```

```
['1 BHK', '1 RK', '11 BHK', '2 BHK', '2 Bedroom', '3 BHK', '3 Bedroom', '4 BHK', '4
Bedroom', '5 BHK', '5 Bedroom', '6 BHK', '6 Bedroom', '7 BHK', '9 BHK']

      size
0    2 BHK
1    4 Bedroom
2    3 BHK
```

```
1  # Pandas의 Series에 .replace() 혹은 .map()을 사용
2  case1 = realestate['size'].replace({'1 RK':0, '1 BHK':1, '2 Bedroom':2, '2 BHK':3, '3
   Bedroom':4, '3 BHK':5, '4 Bedroom':6, '4 BHK':7, '5 Bedroom':8, '5 BHK':9, '6
   Bedroom':10, '6 BHK':11, '7 BHK':12, '9 BHK':13, '11 BHK':14})
3  print(case1.values[:5])
```

```
[3 6 5 3 6]
```

```
1  # sklearn의 LabelEncoder
2  from sklearn.preprocessing import LabelEncoder
3  le = LabelEncoder()
4  case2 = le.fit_transform(realestate['size'])
5  print(case2[:5])
6  print(le.classes_) #label에 대응하는 수준을 확인 (위에 직접 지정한 것과 다름)
```

```
[3 8 5 3 8]
['1 BHK' '1 RK' '11 BHK' '2 BHK' '2 Bedroom' '3 BHK' '3 Bedroom' '4 BHK'
 '4 Bedroom' '5 BHK' '5 Bedroom' '6 BHK' '6 Bedroom' '7 BHK' '9 BHK']
```

특징 해싱

범주의 수준이 많은 변수를 원핫인코딩이나 더미 코딩으로 데이터를 변환하게 되면 너무 많은 특징을 갖게 된다. 특징 해싱(Feature hashing)은 늘어날 특징의 개수를 한정하면서 변수 변환을 하는 방법이다. Hashing trick이라고도 한다.

특징 해싱은 변환 후의 특징의 개수를 사전에 정하고, 해시 함수를 이용하여 수준별로 1로 표시할 위치를 결정한다. 원핫인코딩에서는 수준마다 서로 다른 위치에 1을 표시하지만, 특징 해싱에서는 해시 함수에 따른 계산에 의해 다른 수준에서도 같은 위치에 1을 표시할 수 있다. 결과는 희소행렬로 반환된다.

모델 학습 비용을 줄이고, 희귀 범주 처리를 쉽게 한다는 장점이 있다. 반면, 선형 또는 커널 모델에만 적합하고 해시된 특징은 해석이 불가하다는 단점이 있다.

변수 size에 특징 해싱을 하게 되면 15개의 범주를 5개의 특징으로 변환할 수 있다.

```
1  from sklearn.feature_extraction import FeatureHasher
2  fh = FeatureHasher(n_features=5, input_type='string') #변환 후 특징 개수 5개
3  hash_df = fh.transform(realestate['size'].values)
4  hash_df = DataFrame(hash_df.todense(), columns = [f"feature_{i}" for i in range(n)])
5  print(hash_df.value_counts(), "\n")
6  print(realestate['size'].value_counts())
```

feature_0	feature_1	feature_2	feature_3	feature_4	
-1.0	1.0	0.0	0.0	1.0	3412
0.0	0.0	0.0	0.0	1.0	3024
-1.0	0.0	-1.0	0.0	1.0	700
1.0	1.0	-1.0	2.0	2.0	193
2.0	1.0	0.0	2.0	2.0	139
1.0	2.0	0.0	2.0	2.0	16
-1.0	0.0	0.0	0.0	1.0	10
		-2.0	0.0	1.0	1
		0.0	1.0	1.0	1

2 BHK		3411
3 BHK		3012
1 BHK		353
4 BHK		347
4 Bedroom		193
3 Bedroom		120
2 Bedroom		16
5 Bedroom		16
1 RK		10
5 BHK		9
6 BHK		3
6 Bedroom		3
9 BHK		1
11 BHK		1
7 BHK		1

빈도 인코딩

빈도 인코딩(Frequency encoding)은 각 수준의 빈도로 범주형 변수를 대체하는 방법이다. 각 수준의 출현 빈도와 타겟변수 간에 관련성이 있을 때 유효하다.

동일한 값이 발생할 수 있으니 주의해야 하며, 학습 데이터와 검증용 데이터에 대해 동일한 기준으로 빈도 인코딩해야 한다.

```python
1  # 반복문으로 value_counts, map을 사용하여 빈도 인코딩
2  fe = realestate[['availability', 'society', 'total_sqft']]
3  for col in ['availability', 'society', 'total_sqft']:
4      freq = fe[col].value_counts()
5      fe[col] = fe[col].map(freq)
6  print(fe.head(3))
```

```
   availability  society  total_sqft
0           157        5          11
1          5709       11          10
2          5709       22           4
```

```python
1  realestate[['availability', 'society', 'total_sqft']].head(3)
```

```
   availability    society  total_sqft
0        19-Dec     Coomee        1056
1  Ready To Move  Theanmp        2600
2  Ready To Move  Soiewre        1521
```

```python
1  # availability 변수의 수준별 빈도 확인: 19-Dec(157건), Ready To Move(5709건)
2  realestate['availability'].value_counts()
```

```
Ready To Move    5709
18-Dec            180
18-May            171
19-Dec            157
18-Apr            148
                ...
16-Oct              1
20-Feb              1
16-Jan              1
15-Dec              1
20-May              1
Name: availability, Length: 74, dtype: int64
```

연습문제

1. 다음은 포르투갈 은행의 정기예금 프로모션 전화 데이터이다. 데이터는 고객의 특징을 나타내는 입력 변수들과 고객이 정기예금에 가입했는지 여부를 나타내는 출력 변수로 구성되어 있다. 데이터 컬럼 정의서는 아래와 같을 때, 시각화 방법을 포함하여 다음 데이터의 결측치와 이상치를 확인하고 합리적인 전처리를 진행하시오. (데이터 링크는 아래 코드 참조)

[입력 변수]
1. age: 나이
2. job: 직업의 형태
3. marital: 결혼 상태
4. education: 학력
5. default: 신용 불이행 여부
6. balance: 은행 잔고
7. housing: 부동산 대출 여부
8. loan: 개인 대출 여부
9. contact: 연락 수단
10. month: 마지막으로 연락한 달

[출력 변수]
11. y: 고객이 정기예금에 가입했는지 여부

[출처] UCI machine learning repository, https://archive.ics.uci.edu/dataset/222/bank+marketing

```
1 from pandas import read_csv
2 df = read_csv('https://raw.githubusercontent.com/algoboni/pythoncodebook1-1/main/practice1_bank.csv')
3 print(df.head(3))
```

```
    age          job  marital  education default  balance housing loan  \
0   30   unemployed  married    primary      no     1787      no   no
1   33     services  married  secondary      no     4789     yes  yes
2   35   management   single   tertiary      no     1350     yes   no

   contact month    y
0 cellular   oct   no
1 cellular   may   no
2 cellular   apr   no
```

2. 해당 데이터에 있는 범주형 변수를 전처리 하는 방법을 2가지 이상 설명하고, 각 범주형 변수에 대한 적절한 전처리를 진행하시오.

3. 해당 데이터에 있는 수치형 변수를 전처리 하는 방법을 2가지 이상 설명하고, 각 수치형 변수에 대한 적절한 전처리를 진행하시오.

4. 해당 데이터에 클래스 불균형이 있는지 확인하고, 그렇게 생각한 이유를 작성하시오.

5. 클래스 불균형이 있는 데이터를 처리하는 방법들 중 2가지를 들어 그 방법의 장단점을 서술하고, 그 중 하나를 선택하여 전처리를 진행하시오.

풀이

1번 문제 풀이:

```
1  # 해당 데이터에는 결측치가 없다.
2  print(df.isna().sum(), "\n")
```

```
age          0
job          0
marital      0
education    0
default      0
balance      0
housing      0
loan         0
contact      0
month        0
y            0
dtype: int64
```

```
1  # 전체 데이터 중, 수치형 변수인 age와 balance에서 이상치가 발견되었다. 다만, age의 경
   우, 이상치가 합리적인 수준의 데이터라고 판단되어 이상치 처리를 하지 않기로 결정하였
   다. balance의 경우 이상치가 전체 데이터 대비 극단적이라고 생각하여 데이터의 소실이 없
   는 조정을 적용하기로 결정하였다.
2  from matplotlib import pyplot as plt
3  plt.rcParams['figure.figsize'] = (10, 5)
4  plt.rcParams['font.size'] = 12
5  plt.rcParams['axes.unicode_minus'] = False
6  df.plot(kind='box', subplots=True)
7  plt.show()
```

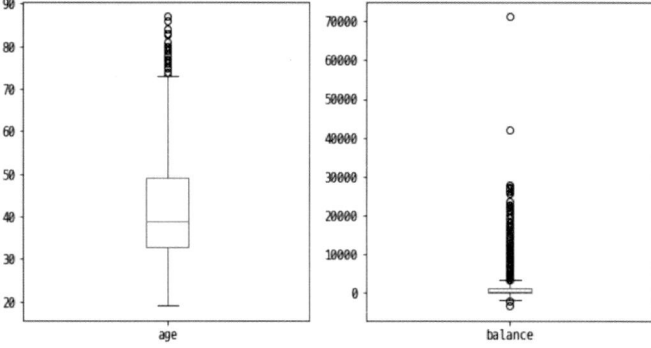

```
1  # 이상치 찾기
2  IQR = df['balance'].quantile(0.75) - df['balance'].quantile(0.25)
3  top = df['balance'].quantile(0.75) + IQR * 1.5
4  down = df['balance'].quantile(0.25) - IQR * 1.5
5  df2 = df.copy()
6  df2['balance'] = df['balance'].clip(down, top)
7
8  # 이상치 조정 전후 시각화 결과, 다음과 같이 이상치가 사라진 것을 확인할 수 있다.
9  fig, axes = plt.subplots(1,2)
10 for data, ax, title in zip([df, df2], axes, ['Before', 'After']):
11     data[['balance']].boxplot(ax=ax)
12     ax.set_title("{} ({})".format(title, len(data)))
13 plt.show()
```

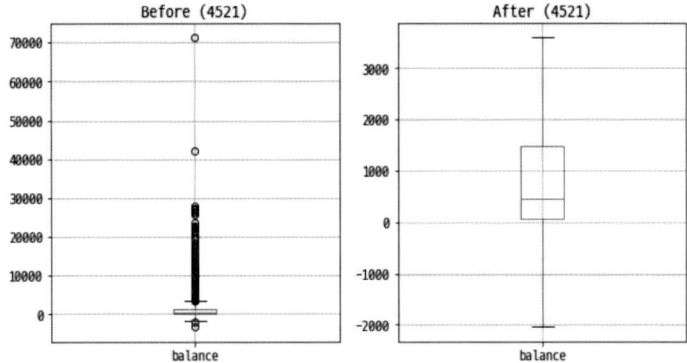

2번 문제 풀이:

```
1  # age와 balance를 제외한 나머지 변수들은 모두 범주형 변수이다. 범주형 변수를 전처리하
   는 방법으로는 원핫인코딩, 더미코딩, 레이블 인코딩, 특징 해싱 등이 있다. 그 중에서도
   더미코딩은 범주형 변수의 수준이 n개일 때 가변수 n-1개를 생성함으로써 다중공선성을 방
   지하는 변수변환 방법이다. 레이블 인코딩은 문자열인 수준들을 숫자로 맵핑하는 변수변환
   방법이다.
2  # 아래에서 이진변수와 서열척도인 범주형 변수의 경우, 레이블 인코딩을 진행하고, 명목척
   도인 범주형 변수의 경우 더미코딩을 하기로 한다.
3
4  df3 = df2.copy()
5  # 이진변수 레이블 인코딩
6  for col in ['default', 'housing', 'loan', 'y']:
7      df3[col] = df3[col].map({'yes':1, 'no':0})
8
```

```
 9  # 서열척도 변수 레이블 인코딩
10  df3['education'] = df3['education'].map({'primary':1, 'secondary':2, 'tertiary':3,
    'unknown':0})
11
12  # 명목척도 더미코딩
13  from pandas import get_dummies
14  df3 = get_dummies(df3, columns=['marital', 'job', 'contact', 'month'])
15  print(df3.head(3))
   age  education  default  balance  housing  loan  y  marital_divorced  \
0   30          1        0   1787.0        0     0  0                 0
1   33          2        0   3596.5        1     1  0                 0
2   35          3        0   1350.0        1     0  0                 0

   marital_married  marital_single  ...  month_dec  month_feb  month_jan  \
0                1               0  ...          0          0          0
1                1               0  ...          0          0          0
2                0               1  ...          0          0          0

   month_jul  month_jun  month_mar  month_may  month_nov  month_oct  month_sep
0          0          0          0          0          0          1          0
1          0          0          0          1          0          0          0
2          0          0          0          0          0          0          0
```

3번 문제 풀이:

```
1  # age와 balance는 수치형 변수인데 이 변수들의 단위는 차이가 크다. 모델을 학습할 때 값
   의 범위가 큰 특성이거나, 특성 간에 척도가 크게 다를 경우 회귀계수가 왜곡되거나 학습이
   제대로 이루어지지 않을 수 있기 때문에 변수 변환이 필요하다.
2  # 일반적으로 feature scaling에 사용하는 방법으로 표준화(standardization)와 최소최대
   스케일링(Min-max scaling)이 있다. 표준화를 통해 각 특성들은 0에 가까운 평균을 가지게
   되며, 대등하게 비교할 수 있는 스케일을 갖게 된다. 반면, 여전히 이상치의 영향을 받으
   며, 최솟값과 최댓값의 크기를 제한하지 않기 때문에 특성의 범위가 여전히 클 수 있다는
   단점이 있다.
3  # 최소최대 스케일링은 모든 특성이 정확하게 0과 1 사이에 위치하도록 데이터를 변경하기
   때문에 이미지 데이터의 픽셀값과 같이 처음부터 범위가 정해진 변수는 최소최대 스케일링
   을 이용하면 자연스럽다. 반면, 변환후 평균이 정확히 0이되지 않고 이상치의 영향을 받기
   쉽다는 단점이 있다.
4
5  from sklearn.preprocessing import StandardScaler
6  ss = StandardScaler()
7  scaled = ss.fit_transform(df3[['age', 'balance']])
8  df3[['age', 'balance']] = scaled
9  print(df3[['age', 'balance']].head(3))
        age   balance
0 -1.056270  0.655937
1 -0.772583  2.114953
2 -0.583458  0.303580
```

4번 문제 풀이:

```
1  # 해당 데이터는 불균형이라고 할 수 있다. 데이터 불균형이란 타겟변수의 클래스 수가 불
    균형한 데이터 상황을 뜻하는데, 본 데이터의 타겟변수인 y의 클래스 비율을 살펴보면 아래
    와 같이 88% : 12%로 차이가 많이 나기 때문이다.
2  from pandas import DataFrame
3  table = DataFrame(df3['y'].value_counts())
4  table['%'] = df3['y'].value_counts(normalize=True)
5  print(table.round(2))
```

```
      y     %
0  4000  0.88
1   521  0.12
```

5번 문제 풀이:

```
1  # 불균형 데이터를 처리하기 위한 방법으로는 오버샘플링과 언더샘플링이 있는데, 본 데이
    터와 같이 데이터 크기가 비교적 작은 경우에는 오버샘플링을 진행한다. 오버샘플링 방법들
    에는 랜덤오버샘플링, SMOTE, Borderline SMOTE, K-means SMOTE, SVM SMOTE, ADASYN이 있
    다.
2  # 랜덤오버샘플링은 기존에 존재하는 소수의 클래스를 단순 복제하여 클래스가 불균형 하지
    않도록 비율을 맞춰주는 방법이다. 분포의 변화는 없으나 소수 클래스의 숫자가 늘어나기
    때문에 더 많은 가중치를 받게 되어 유효하다고 본다. 예측변수가 질적변수이거나 결측치가
    있어도 전처리가 필요없다. 반면, 과적합의 위험이 있다.
3  # SVM SMOTE는 SVM 알고리즘으로 데이터를 학습함으로써 생성되는 support vector 데이터들
    중에서 소수 클래스 데이터들을 경계 데이터로 삼아 SMOTE를 적용하는 방법이다. 이 때문에
    support vector로서 유효한 소수 클래스 데이터들이 오버샘플링된다는 장점을 가진다. 반
    면, 데이터를 학습해서 생성해야 하기 때문에 랜덤오버샘플링보다는 시간이 좀 더 걸릴 수
    있고, 예측변수들의 값이 모두 수치형이어야 하고, 결측값이 없어야한다는 단점이 있다.
4
5  from imblearn.over_sampling import RandomOverSampler, SVMSMOTE
6  X = df3.drop('y', axis=1)
7  y = df3[['y']]
8  os = SVMSMOTE()
9  balX, baly = os.fit_resample(X, y)
10 print('랜덤오버샘플링 결과')
11 print(baly.value_counts(), "\n")
12 # 앞서 불균형이었던 타겟변수의 클래스가 동일하게 오버샘플링된 것을 확인할 수 있다.
```

```
랜덤오버샘플링 결과
y
0    4000
1    4000
```

3장 표본추출, 데이터 분할, 교차검증

3-1. 표본추출

표본추출 방법으로는 단순랜덤추출법, 계통추출법, 집락추출법, 층화추출법이 있다.

단순랜덤추출법

단순랜덤추출법(Simple random sampling)은 각 샘플에 번호를 부여하여 임의의 n개를 추출하는 방법으로 각 샘플은 선택될 확률이 동일하다. 추출한 요소(Element)를 다시 집어 넣어 추출하면 복원 추출, 다시 집어넣지 않고 추출하면 비복원 추출이다.

단순랜덤추출을 하기 위해 Pandas, random, NumPy를 사용할 수 있다.

다음에서 scikit-learn의 내장 데이터 'iris'에 대해 여러가지 방법으로 단순랜덤추출을 해보고자 한다.

```
1  # Scikit learn의 내장 데이터 iris 불러오기
2  from sklearn.datasets import load_iris
3  from pandas import DataFrame
4
5  data = load_iris()
6  iris_cols = list(data['feature_names']) + ['target']
7  iris = DataFrame(np.c_[data['data'], data['target']], columns =
   [col.replace(" (cm)", "") for col in iris_cols])
8  print(iris.head(5))
```

	sepal length	sepal width	petal length	petal width	target
0	5.1	3.5	1.4	0.2	0.0
1	4.9	3.0	1.4	0.2	0.0
2	4.7	3.2	1.3	0.2	0.0
3	4.6	3.1	1.5	0.2	0.0
4	5.0	3.6	1.4	0.2	0.0

```
1  # 복원하지 않고 3개를 랜덤추출
2  print(iris.sample(n=3, replace = False))
```
```
     sepal length  sepal width  petal length  petal width  target
148           6.2          3.4           5.4          2.3     2.0
71            6.1          2.8           4.0          1.3     1.0
39            5.1          3.4           1.5          0.2     0.0
```

```
1  # frac 파라미터로 전체 데이터의 3%를 랜덤추출
2  print(iris.sample(frac=0.03))
```
```
    sepal length  sepal width  petal length  petal width  target
61           5.9          3.0           4.2          1.5     1.0
33           5.5          4.2           1.4          0.2     0.0
50           7.0          3.2           4.7          1.4     1.0
79           5.7          2.6           3.5          1.0     1.0
```

```
1  # 3개의 열(axis=1)을 랜덤 추출
2  print(iris.sample(3, axis=1).head(3))
```
```
   sepal width  sepal length  petal width
0          3.5           5.1          0.2
1          3.0           4.9          0.2
2          3.2           4.7          0.2
```

```
1  # 리스트에서 단순랜덤추출하기
2  import random
3  import numpy as np
4  data_list = [1,2,3,4,5,'a', 'b', 'c']
5  print("random.sample: ", random.sample(data_list, 4))
6  print("np.random.choice", np.random.choice(data_list, 4, replace = True))
```
```
random.sample:  [3, 2, 1, 5]
np.random.choice ['4' '3' '4' 'a']
```

```
1  # [참고] 난수 생성하기
2  print("0~10 사이의 정수 중 3개의 난수 생성: ", np.random.randint(0, 10, 3))
3  print("0~1 사이의 실수를 2*2 배열로 생성:\n", np.random.rand(2,2))
```
```
0~10 사이의 정수 중 3개의 난수 생성:   [1 8 5]
0~1 사이의 실수를 2*2 배열로 생성:
 [[0.63118582 0.68940394]
 [0.89957364 0.02340038]]
```

계통추출법

계통추출법(Systematic sampling)은 단순랜덤추출법의 변형된 방식이다.

먼저, 번호를 부여한 샘플을 나열한다. 총 N(30)개의 모집단에서 n(5)개의 샘플을 추출하기 위해서 N/n으로 구간을 나눈다. 이 경우, 각 구간에 들어있는 샘플의 수는 K(6)가 된다. K(6)개의 샘플이 들어 있는 첫 구간에서 임의로 샘플을 하나 선택하고, K(6)개씩 띄어서 각 구간에서 하나씩 샘플을 추출한다.

```
1  # 계통추출법으로 표본 추출
2  data, n = iris, 8 #모집단 데이터프레임, 추출할 샘플 수
3  N = len(data) #모집단 데이터 크기
4  K = N//n #구간 내 샘플 수
5  index = data[:K].sample(1).index #첫 구간에서 임의로 선택한 샘플 인덱스
6  #첫 샘플로부터 K개씩 띄어서 각 구간에서 하나씩 샘플을 추출
7  sys_df = DataFrame()
8  while len(sys_df) < n:
9      sys_df = sys_df.append(data.loc[index, :])
10     index += K
11
12 print(f"N: {N}")
13 print(f"n: {n}")
14 print(f"K: {K}")
15 print(sys_df)
```

```
N: 150
n: 8
K: 18
     sepal length  sepal width  petal length  petal width  target
12            4.8          3.0           1.4          0.1     0.0
30            4.8          3.1           1.6          0.2     0.0
48            5.3          3.7           1.5          0.2     0.0
66            5.6          3.0           4.5          1.5     1.0
84            5.4          3.0           4.5          1.5     1.0
102           7.1          3.0           5.9          2.1     2.0
120           6.9          3.2           5.7          2.3     2.0
138           6.0          3.0           4.8          1.8     2.0
```

집락추출법

집락추출법(Cluster random sampling)은 군집별로 랜덤추출법을 수행하여 표본을 얻는 방법이다. 지역표본추출과 다단계표본추출이 이에 해당한다. 이 경우, 군집 내 요소들은 상이하지만, 군집과 군집은 비교적 유사한 특성을 띤다. 아래 층화추출법에서 층을 집락으로 대치하면 된다.

층화추출법

층화추출법(Stratified random sampling)은 계층별로 랜덤추출법을 수행하여 표본을 얻는 방법이다. 비례층화추출법과 불비례층화추출법이 이에 해당한다. 각 층(Stratum) 내 요소들은 유사하지만, 층과 층의 요소들은 상이하다.

```python
1  # target을 층 혹은 집락이라고 가정!
2  # 원본 데이터의 분포 확인
3  from pandas import DataFrame, concat
4  print(iris['target'].value_counts())
```

```
0.0    50
2.0    50
1.0    50
Name: target, dtype: int64
```

```python
1   # 데이터, 층/집락 정보를 가진 컬럼명, 추출표본 개수
2   data, stratum, sampling_no = iris, 'target', 9
3
4   # 비례층화추출법: 원본 데이터의 비율대로 추출
5   levels = data[stratum].unique()
6   total = data[stratum].value_counts().sum()
7   prop_val = data[stratum].value_counts()/total
8   no = prop_val * sampling_no
9   result = DataFrame()
10  for level in levels:
11      temp_df = data[data[stratum]==level].sample(int(no[level]))
12      result = concat([result, temp_df])
13  print(result)
```

```
     sepal length  sepal width  petal length  petal width  target
17            5.1          3.5           1.4          0.3     0.0
43            5.0          3.5           1.6          0.6     0.0
7             5.0          3.4           1.5          0.2     0.0
82            5.8          2.7           3.9          1.2     1.0
88            5.6          3.0           4.1          1.3     1.0
66            5.6          3.0           4.5          1.5     1.0
101           5.8          2.7           5.1          1.9     2.0
140           6.7          3.1           5.6          2.4     2.0
137           6.4          3.1           5.5          1.8     2.0
```

```python
# 불비례층화추출법: 임의로 정한 특정 비율대로 샘플링
# 데이터, 층/집락 정보를 가진 컬럼명, 추출표본 개수, 각 층/집락의 비율
data, stratum, sampling_no, proportion = iris, 'target', 10, {0:0.2, 1:0.5, 2:0.3}

levels = list(proportion.keys())
prop_val = np.array(list(proportion.values()))
total = sum(prop_val)
no = prop_val * sampling_no
result = DataFrame()
for level in levels:
    temp_df = data[data[stratum]==level].sample(int(no[level]))
    result = concat([result, temp_df])
print(result)
```

	sepal length	sepal width	petal length	petal width	target
31	5.4	3.4	1.5	0.4	0.0
21	5.1	3.7	1.5	0.4	0.0
82	5.8	2.7	3.9	1.2	1.0
83	6.0	2.7	5.1	1.6	1.0
64	5.6	2.9	3.6	1.3	1.0
68	6.2	2.2	4.5	1.5	1.0
69	5.6	2.5	3.9	1.1	1.0
111	6.4	2.7	5.3	1.9	2.0
127	6.1	3.0	4.9	1.8	2.0
135	7.7	3.0	6.1	2.3	2.0

3-2. 데이터 분할

데이터를 학습용과 시험용으로 분할하여 학습하고 검증하는 이유는, 과적합을 피함으로써 일반화된 성능을 확보하기 위함이다. 데이터 분할 방법에는 일반적인 데이터 분할 및 홀드아웃방법이 있고, Shuffle split, K-fold, 층화 K-fold, Group K-fold, Stratified Group K-fold 등이 있다.

일반적 데이터 분할 및 홀드아웃 방법

일반적으로는 학습용(Train set) 70%, 검증용(Test set) 30%의 비율에 따라 랜덤으로 데이터를 분할하여 모델 학습에 사용한다. 여기서 홀드아웃(Hold-out) 방법이란, 학습용과 검증용의 비율을 50:50으로 하는 것을 말한다. scikit-learn의 train_test_split의 파라미터 test_size에서 test set의 비율을 지정함으로써 간단하게 데이터를 분할할 수 있다. random_state에 상수를 입력하지 않으면, 코드를 실행할 때마다 다른 구성으로 데이터가 분할되며, 상수를 입력하면 매번 동일한 구성으로 데이터가 분할된다.

```python
from sklearn.model_selection import train_test_split
X = iris.drop('target', axis=1)
y = iris.filter(['target'])

# 일반적 데이터 분할
X_train, X_test, y_train, y_test = train_test_split(X, y, test_size=0.3)
print("X_train(y_train): %d(%d), X_test(y_test): %d(%d)"%(len(X_train),
    len(y_train), len(X_test), len(y_test)))
print("X_train의 비율: %0.2f, X_test의 비율: %0.2f" %(len(X_train)/len(X),
    len(X_test)/len(X)), "\n")

# 홀드아웃방법
X_train, X_test, y_train, y_test = train_test_split(X, y, test_size=0.5)
print("X_train(y_train): %d(%d), X_test(y_test): %d(%d)"%(len(X_train),
    len(y_train), len(X_test), len(y_test)))
print("X_train의 비율: %0.2f, X_test의 비율: %0.2f" %(len(X_train)/len(X),
    len(X_test)/len(X)))
```

```
X_train(y_train): 105(105), X_test(y_test): 45(45)
X_train의 비율: 0.70, X_test의 비율: 0.30

X_train(y_train): 75(75), X_test(y_test): 75(75)
X_train의 비율: 0.50, X_test의 비율: 0.50
```

Shuffle Split

무작위 순열 교차 검증(Random permutation cross-validator)에 사용한다. 데이터 크기가 작은 경우, 분할 샘플들이 유사할 수도 있다.

scikit-learn의 ShuffleSplit을 사용해서 간단하게 무작위 순열 교차 검증을 진행할 수 있다. 파라미터 train_size와 test_size에 전체 데이터 대비 학습용 데이터와 검증용 데이터의 비율을 입력함으로써 각 데이터의 크기를 설정하고, n_splits로 샘플 분할 횟수를 지정한다.

```python
from sklearn.model_selection import ShuffleSplit
ss = ShuffleSplit(test_size=0.5, train_size=0.5, n_splits=4)
for i, (train_index, test_index) in enumerate(ss.split(X)):
    print(f"Sample {i} ==> train_index: {train_index[:3]}, test_index: {test_index[:3]}")
    X_train, X_test, y_train, y_test = X.iloc[train_index, :], X.iloc[test_index], y.iloc[train_index], y.iloc[test_index]
    print("\tX_train의 비율: %0.2f, X_test의 비율: %0.2f" %(len(X_train)/len(X), len(X_test)/len(X)))
    print("\ty_train의 타겟 구성:", Counter(y_train['target']))
    print("\ty_test의 타겟 구성:", Counter(y_test['target']), "\n")
```

```
Sample 0 ==> train_index: [ 91 107  42], test_index: [103 109  98]
        X_train의 비율: 0.50, X_test의 비율: 0.50
        y_train의 타겟 구성: Counter({0.0: 28, 1.0: 27, 2.0: 20})
        y_test의 타겟 구성: Counter({2.0: 30, 1.0: 23, 0.0: 22})

Sample 1 ==> train_index: [130 111 115], test_index: [109   4  43]
        X_train의 비율: 0.50, X_test의 비율: 0.50
        y_train의 타겟 구성: Counter({2.0: 29, 1.0: 27, 0.0: 19})
        y_test의 타겟 구성: Counter({0.0: 31, 1.0: 23, 2.0: 21})

Sample 2 ==> train_index: [44 53 69], test_index: [ 40  45 134]
        X_train의 비율: 0.50, X_test의 비율: 0.50
        y_train의 타겟 구성: Counter({0.0: 28, 1.0: 26, 2.0: 21})
        y_test의 타겟 구성: Counter({2.0: 29, 1.0: 24, 0.0: 22})

Sample 3 ==> train_index: [  9 137  54], test_index: [140 130  84]
        X_train의 비율: 0.50, X_test의 비율: 0.50
        y_train의 타겟 구성: Counter({2.0: 27, 0.0: 24, 1.0: 24})
        y_test의 타겟 구성: Counter({1.0: 26, 0.0: 26, 2.0: 23})
```

K-fold 분할

데이터를 K개의 집단으로 분할한 뒤 K-1개 집단의 데이터를 학습용 데이터로 삼고, 나머지 1개 집단의 데이터를 검증용 데이터로 삼는 방법이다. 이 과정을 K번 반복하여 모든 데이터가 학습과 검증에 사용될 수 있도록 하고, 이 과정에서 얻은 여러 평균제곱오차(MSE)들의 평균을 해당 모델의 MSE값으로 사용한다.

학습용 데이터와 검증용 데이터의 크기는 fold를 몇개로 정하는지에 따라 정해진다. 5-fold이면, 학습용은 전체 데이터의 4/5, 검증용 데이터는 전체 데이터의 1/5이 되고, 10-fold이면, 학습용은 전체 데이터의 9/10, 검증용 데이터는 전체 데이터의 1/10이 된다.

```
1  from sklearn.model_selection import KFold
2  from collections import Counter
3  #n_splits=fold 개수, shuffle=데이터 분할 전 shuffle 여부
4  kf = KFold(n_splits=4, shuffle=False)
5  for i, (train_index, test_index) in enumerate(kf.split(X)):
6      print(f"Sample {i} ==> train_index: {train_index[:3]}, test_index: {test_index[:3]}")
7      X_train, X_test, y_train, y_test = X.iloc[train_index, :], X.iloc[test_index], y.iloc[train_index], y.iloc[test_index]
8      print("\tX_train의 비율: %0.2f, X_test의 비율: %0.2f" %(len(X_train)/len(X), len(X_test)/len(X)))
9      print("\ty_train의 타겟 구성:", Counter(y_train['target']))
10     print("\ty_test의 타겟 구성:", Counter(y_test['target']), "\n")
```

```
Sample 0 ==> train_index: [38 39 40], test_index: [0 1 2]
        X_train의 비율: 0.75, X_test의 비율: 0.25
        y_train의 타겟 구성: Counter({1.0: 50, 2.0: 50, 0.0: 12})
        y_test의 타겟 구성: Counter({0.0: 38})

Sample 1 ==> train_index: [0 1 2], test_index: [38 39 40]
        X_train의 비율: 0.75, X_test의 비율: 0.25
        y_train의 타겟 구성: Counter({2.0: 50, 0.0: 38, 1.0: 24})
        y_test의 타겟 구성: Counter({1.0: 26, 0.0: 12})

Sample 2 ==> train_index: [0 1 2], test_index: [76 77 78]
        X_train의 비율: 0.75, X_test의 비율: 0.25
        y_train의 타겟 구성: Counter({0.0: 50, 2.0: 37, 1.0: 26})
        y_test의 타겟 구성: Counter({1.0: 24, 2.0: 13})

Sample 3 ==> train_index: [0 1 2], test_index: [113 114 115]
        X_train의 비율: 0.75, X_test의 비율: 0.25
        y_train의 타겟 구성: Counter({0.0: 50, 1.0: 50, 2.0: 13})
        y_test의 타겟 구성: Counter({2.0: 37})
```

Stratified K-fold 분할

K-fold 방법으로 분류용 데이터를 분할하는 과정에서, 어떤 분할에서는 학습용 데이터나 검증용 데이터에 타겟 변수의 일부 클래스가 포함되지 않거나 클래스 불균형인 채로 분할되는 경우가 생길 수 있다. 이를 방지하기 위해 데이터를 K개의 집단으로 나눌 때, 타겟 변수의 클래스들이 각 fold 별로 일정한 비율로 배치되도록 하는 것이 Stratified K-fold 분할 방법이다.

앞서 살펴 본 K-fold 예제 속 샘플들의 타겟 구성은 불균형인 반면, 다음의 Stratified K-fold 샘플들의 타겟 구성은 비교적 균형 잡힌 것을 볼 수 있다.

```
1  from sklearn.model_selection import StratifiedKFold
2  skf = StratifiedKFold(n_splits=4)
3  # 분할 시 y를 고려해야 하기 때문에 split에 y를 입력!
4  for i, (train_index, test_index) in enumerate(skf.split(X, y)):
5      print(f"Sample {i} ==> train_index: {train_index[:3]}, test_index: {test_index[:3]}")
6      X_train, X_test, y_train, y_test = X.iloc[train_index, :], X.iloc[test_index], y.iloc[train_index], y.iloc[test_index]
7      print("\tX_train의 비율: %0.2f, X_test의 비율: %0.2f" %(len(X_train)/len(X), len(X_test)/len(X)))
8      print("\ty_train의 타겟 구성:", Counter(y_train['target']))
9      print("\ty_test의 타겟 구성:", Counter(y_test['target']), "\n")
```

```
Sample 0 ==> train_index: [13 14 15], test_index: [0 1 2]
        X_train의 비율: 0.75, X_test의 비율: 0.25
        y_train의 타겟 구성: Counter({1.0: 38, 0.0: 37, 2.0: 37})
        y_test의 타겟 구성: Counter({0.0: 13, 2.0: 13, 1.0: 12})

Sample 1 ==> train_index: [0 1 2], test_index: [13 14 15]
        X_train의 비율: 0.75, X_test의 비율: 0.25
        y_train의 타겟 구성: Counter({1.0: 38, 0.0: 37, 2.0: 37})
        y_test의 타겟 구성: Counter({0.0: 13, 2.0: 13, 1.0: 12})

Sample 2 ==> train_index: [0 1 2], test_index: [26 27 28]
        X_train의 비율: 0.75, X_test의 비율: 0.25
        y_train의 타겟 구성: Counter({0.0: 38, 2.0: 38, 1.0: 37})
        y_test의 타겟 구성: Counter({1.0: 13, 0.0: 12, 2.0: 12})

Sample 3 ==> train_index: [0 1 2], test_index: [38 39 40]
        X_train의 비율: 0.75, X_test의 비율: 0.25
        y_train의 타겟 구성: Counter({0.0: 38, 2.0: 38, 1.0: 37})
        y_test의 타겟 구성: Counter({1.0: 13, 0.0: 12, 2.0: 12})
```

Group K-fold 분할

Group K-fold 분할은 범주형 변수인 group의 수준 별 데이터들을 각 분할마다 검증용 데이터로 사용하도록 K-fold를 진행하는 방법이다. 이때문에 group의 수준의 개수는 fold의 개수와 같거나 fold 개수보다 커야 한다.

다음 예제에서 4개의 수준을 가지는 group 변수를 임의로 생성하여 Group K-fold 분할을 진행하였다. 각 검증용 데이터는 1종류의 그룹으로 구성됨을 알 수 있다.

```
1  # group 변수가 있는 데이터를 생성
2  ## group의 수준은 g0, g1, g2, g3의 4종류가 있다.
3  iris2 = iris.copy()
4  iris2['group'] = iris2['target'].apply(lambda x:
   f"g{int(np.random.randint(0,4,1))}")
5  print(Counter(iris2['group']))
6  print(iris2.head(3))
```

```
Counter({'g1': 49, 'g2': 39, 'g3': 32, 'g0': 30})
   sepal length  sepal width  petal length  petal width  target  group
0           5.1          3.5           1.4          0.2     0.0     g0
1           4.9          3.0           1.4          0.2     0.0     g3
2           4.7          3.2           1.3          0.2     0.0     g2
```

```
1  from sklearn.model_selection import GroupKFold
2  X = iris2.drop(['target', 'group'], axis=1)
3  y = iris2.filter(['target'])
4  group = iris2.filter(['group'])
5  gkf = GroupKFold(n_splits=4)
6  # 분할 시 group을 고려해야 하기 때문에 split에 group를 입력!
7  for i, (train_index, test_index) in enumerate(gkf.split(X, y, group)):
8      print(f"Sample {i} ==> train_index: {train_index[:3]}, test_index:
   {test_index[:3]}")
9      X_train, X_test, y_train, y_test = X.iloc[train_index, :], X.iloc[test_index],
   y.iloc[train_index], y.iloc[test_index]
10     print("\tX_train의 비율: %0.2f, X_test의 비율: %0.2f" %(len(X_train)/len(X),
   len(X_test)/len(X)))
11     print("\ttrain의 타겟 구성:", Counter(y_train['target']))
12     print("\ttest의 타겟 구성:", Counter(y_test['target']))
13     print("\ttrain의 그룹 구성:", Counter(group.iloc[train_index]['group']))
14     print("\ttest의 그룹 구성:", Counter(group.iloc[test_index]['group']), "\n")
```

```
Sample 0 ==> train_index: [0 1 2], test_index: [3 4 8]
        X_train의 비율: 0.67, X_test의 비율: 0.33
        train의 타겟 구성: Counter({2.0: 36, 0.0: 34, 1.0: 31})
        test의 타겟 구성: Counter({1.0: 19, 0.0: 16, 2.0: 14})
        train의 그룹 구성: Counter({'g2': 39, 'g3': 32, 'g0': 30})
        test의 그룹 구성: Counter({'g1': 49})

Sample 1 ==> train_index: [0 1 3], test_index: [ 2  7 12]
        X_train의 비율: 0.74, X_test의 비율: 0.26
        train의 타겟 구성: Counter({0.0: 40, 1.0: 37, 2.0: 34})
        test의 타겟 구성: Counter({2.0: 16, 1.0: 13, 0.0: 10})
```

```
        train의 그룹 구성: Counter({'g1': 49, 'g3': 32, 'g0': 30})
        test의 그룹 구성: Counter({'g2': 39})
Sample 2 ==> train_index: [0 2 3], test_index: [1 5 6]
        X_train의 비율: 0.79, X_test의 비율: 0.21
        train의 타겟 구성: Counter({0.0: 41, 1.0: 40, 2.0: 37})
        test의 타겟 구성: Counter({2.0: 13, 1.0: 10, 0.0: 9})
        train의 그룹 구성: Counter({'g1': 49, 'g2': 39, 'g0': 30})
        test의 그룹 구성: Counter({'g3': 32})
Sample 3 ==> train_index: [1 2 3], test_index: [ 0 10 16]
        X_train의 비율: 0.80, X_test의 비율: 0.20
        train의 타겟 구성: Counter({2.0: 43, 1.0: 42, 0.0: 35})
        test의 타겟 구성: Counter({0.0: 15, 1.0: 8, 2.0: 7})
        train의 그룹 구성: Counter({'g1': 49, 'g2': 39, 'g3': 32})
        test의 그룹 구성: Counter({'g0': 30})
```

3-3. 교차 검증

특정한 학습용 데이터와 검증용 데이터에만 최적화되도록 모델을 만들어가면 해당 데이터 세트에만 잘 동작하는 모델이 만들어질 수 있다. 따라서 학습용 데이터와 검증용 데이터를 앞서 언급한 분할 방법들로 다양하게 분할하고, 여러 파라미터 조건 하에 학습하여 교차 검증함으로써 최적화된 일반화 모델을 완성할 수 있다.

분할 샘플들로 교차 검증

데이터 구성이 다른 샘플들을 통해 교차 검증(Cross validation)을 할 수 있다. scikit-learn의 cross_validate을 사용하면 각 케이스의 적합 소요 시간, 검증 소요 시간, 테스트 셋 스코어, 트레인 셋 스코어가 반환된다.

```python
1 from sklearn.model_selection import cross_validate, StratifiedKFold
2 from sklearn.linear_model import LogisticRegression
3 X = iris.drop('target', axis=1)
4 y = iris['target']
5 LOGREG = LogisticRegression(max_iter = 300, C = 0.1) # 학습 모델 정의
6 SKF = StratifiedKFold(n_splits=4) # 데이터 분할 방법 정의
7 result = cross_validate(LOGREG, X, y, cv = SKF, return_train_score=True) #교차 검증
8 print(DataFrame(result))
```

```
   fit_time  score_time  test_score  train_score
0  0.024765    0.002182    0.894737     0.955357
1  0.017696    0.001794    0.947368     0.964286
2  0.018460    0.001895    0.945946     0.955752
3  0.020559    0.001763    1.000000     0.938053
```

파라미터 후보들로 교차 검증

분할된 샘플들뿐만 아니라 파라미터 후보들을 포함하여 교차 검증을 진행할 수도 있다. 파라미터 별 평균 적합 시간, 적합 시간 편차, 분할 별 테스트 스코어, 평균 테스트 스코어, 테스트 스코어 편차, 테스트 스코어 랭킹 등을 반환한다. 최적의 매개변수 조합은 best_params_를 통해 확인할 수 있다.

```python
from sklearn.model_selection import GridSearchCV
LOGREG = LogisticRegression(max_iter = 300) # 학습 모델 정의
param_grid={'C':[0.01, 0.1, 1], 'solver':['lbfgs', 'liblinear']} #파라미터 후보 정의
SKF = StratifiedKFold(n_splits=4) # 데이터 분할 방법 정의
grid = GridSearchCV(LOGREG, param_grid, cv = SKF) #교차 검증
grid.fit(X, y)
print("최상의 교차 검증 점수: {:.2f}".format(grid.best_score_))
print("최적의 매개변수: {}".format(grid.best_params_))
print(DataFrame(grid.cv_results_))
```

```
최상의 교차 검증 점수: 0.97
최적의 매개변수: {'C': 1, 'solver': 'lbfgs'}
   mean_fit_time  std_fit_time  mean_score_time  std_score_time param_C  \
0       0.012633      0.001947         0.001974        0.000203    0.01
1       0.002517      0.000178         0.001723        0.000059    0.01
2       0.018816      0.001285         0.001765        0.000030     0.1
3       0.002247      0.000101         0.001536        0.000013     0.1
4       0.027849      0.003706         0.002001        0.000142       1
5       0.004570      0.002461         0.002332        0.000648       1

  param_solver                             params  split0_test_score  \
0        lbfgs        {'C': 0.01, 'solver': 'lbfgs'}           0.815789
1    liblinear    {'C': 0.01, 'solver': 'liblinear'}           0.684211
2        lbfgs         {'C': 0.1, 'solver': 'lbfgs'}           0.894737
3    liblinear     {'C': 0.1, 'solver': 'liblinear'}           0.815789
4        lbfgs           {'C': 1, 'solver': 'lbfgs'}           0.973684
5    liblinear       {'C': 1, 'solver': 'liblinear'}           1.000000

   split1_test_score  split2_test_score  split3_test_score  mean_test_score  \
0           0.894737           0.783784           0.945946         0.860064
1           0.684211           0.648649           0.648649         0.666430
2           0.947368           0.945946           1.000000         0.947013
3           0.842105           0.837838           0.783784         0.819879
4           0.973684           0.945946           1.000000         0.973329
5           0.947368           0.864865           1.000000         0.953058

   std_test_score  rank_test_score
0        0.063947                4
1        0.017781                6
2        0.037221                3
3        0.023109                5
4        0.019114                1
5        0.055266                2
```

연습문제

1. 다음은 포르투갈 은행의 정기예금 프로모션 전화 데이터이다. 데이터는 고객의 특징을 나타내는 입력 변수들과 고객이 정기예금에 가입했는지 여부를 나타내는 출력 변수로 구성되어 있다. 데이터 컬럼 정의서는 아래와 같다.

다음 데이터를 랜덤 포레스트 알고리즘의 파라미터 max_depth의 후보 4개를 토대로 교차분석을 진행하고, 그 결과를 표로 나타내시오. (데이터 링크는 아래 코드 참조)

[입력 변수]
1. age: 나이
2. job: 직업의 형태
3. marital: 결혼 상태
4. education: 학력
5. default: 신용 불이행 여부
6. balance: 은행 잔고
7. housing: 부동산 대출 여부
8. loan: 개인 대출 여부
9. contact: 연락 수단
10. month: 마지막으로 연락한 달

[출력 변수]
11. y: 고객이 정기예금에 가입했는지 여부

[출처] UCI machine learning repository, https://archive.ics.uci.edu/dataset/222/bank+marketing

---

```
1  from pandas import read_csv
2  df = read_csv('https://raw.githubusercontent.com/algoboni/pythoncodebook1-1/main/practice1_bank.csv')
3  print(df.head(3))
```

```
   age         job  marital  education default  balance housing loan  \
0   30  unemployed  married    primary      no     1787      no   no
1   33    services  married  secondary      no     4789     yes  yes
2   35  management   single   tertiary      no     1350     yes   no

   contact month    y
0  cellular   oct   no
1  cellular   may   no
2  cellular   apr   no
```

풀이

1번 문제 풀이:

```python
1  # 범주형 변수들을 레이블 인코딩을 통해 전처리 한다.
2  df2 = df.copy()
3  for col in [i for i in df.columns if df[i].dtypes==object]:
4      DICT = dict(zip(df[col].unique(), [i for i in range(df[col].nunique())]))
5      df2[col] = df2[col].map(DICT)
6  print(df.head(3))
7
8  # 마지막 변수의 DICT 확인
9  print("\nDICT 생성 확인")
10 print(df[col].unique())
11 print([i for i in range(df[col].nunique())])
12 print(DICT)
```

```
   age         job  marital  education default  balance housing loan  \
0   30  unemployed  married    primary      no     1787      no   no
1   33    services  married  secondary      no     4789     yes  yes
2   35  management   single   tertiary      no     1350     yes   no

  contact month   y
0 cellular   oct  no
1 cellular   may  no
2 cellular   apr  no

DICT 생성 확인
['no' 'yes']
[0, 1]
{'no': 0, 'yes': 1}
```

```python
1  from sklearn.model_selection import GridSearchCV, StratifiedKFold
2  from sklearn.ensemble import RandomForestClassifier
3
4  rf = RandomForestClassifier() # 학습 모델 정의
5  param_grid={'max_depth':[5, 6, 7, 8]} #파라미터 후보 정의
6  SKF = StratifiedKFold(n_splits=6) # 데이터 분할 방법 정의
7  grid = GridSearchCV(rf, param_grid, cv = SKF) #교차 검증
8
9  X = df2.drop('y', axis=1)
10 y = df2['y']
11 grid.fit(X, y)
12
13 print("최상의 교차 검증 점수: {:.2f}".format(grid.best_score_))
14 print("최적의 매개변수: {}".format(grid.best_params_))
15 print(DataFrame(grid.cv_results_))
16 # 매개변수들을 활용한 교차분석 결과, max_depth가 7일 때 가장 높은 성능을 보이는 것으
   로 확인하였다.
```

```
최상의 교차 검증 점수: 0.88
최적의 매개변수: {'max_depth': 7}
   mean_fit_time  std_fit_time  mean_score_time  std_score_time  \
0       0.220673      0.022650         0.015120        0.001630
1       0.224396      0.006214         0.014856        0.000865
2       0.241268      0.008658         0.015578        0.000848
3       0.251823      0.004222         0.016674        0.000590

   param_max_depth            params  split0_test_score  split1_test_score  \
0                5  {'max_depth': 5}           0.885942           0.884615
1                6  {'max_depth': 6}           0.887268           0.883289
2                7  {'max_depth': 7}           0.887268           0.883289
3                8  {'max_depth': 8}           0.885942           0.884615

   split2_test_score  split3_test_score  split4_test_score  split5_test_score  \
0           0.883289           0.885790           0.884462           0.884462
1           0.880637           0.887118           0.885790           0.883134
2           0.884615           0.887118           0.884462           0.883134
3           0.884615           0.885790           0.885790           0.883134

   mean_test_score  std_test_score  rank_test_score
0         0.884760        0.000896                3
1         0.884539        0.002395                4
2         0.884981        0.001657                1
3         0.884981        0.000993                1
```

4장 확률분포

확률변수(Random variable)는 일정한 확률을 가지고 발생하는 사상(Event)에 수치가 부여된 변수를 말한다. 일반적으로 확률변수는 X, Y, Z와 같이 대문자로 표기하고, 확률변수의 값은 x, y, z와 같이 소문자로 표기한다.

확률분포에는 이산형 확률분포(Discrete probability distribution)와 연속형 확률분포(Continuous probability distribution)가 있다.

이산형 확률분포는 확률 변수가 가질 수 있는 값이 명확하고 셀 수 있는 이산형인 경우의 분포이다. 확률변수 X가 취하는 확률값은 확률질량함수(Probability mass function)를 이용하여 계산한다. 확률값은 항상 0이상 1이하이며, 모든 확률변수의 확률값의 합은 1이다. 베르누이, 기하분포, 이항분포, 다항분포, 포아송 분포, 초기하분포, 음이항분포 등이 있다.

연속형 확률분포는 확률변수가 가질 수 있는 값이 연속적인 실수여서 셀 수 없는 경우의 분포이며, 확률값은 확률밀도함수(Probability density function)를 이용하여 계산한다. 확률밀도함수의 그래프는 항상 수평축 위에 있고, 어떤 구간에서 그래프 아래의 면적이 확률의 의미를 갖는다. 즉, 확률밀도함수를 적분함으로써 그래프 아래의 면적인 확률값을 계산한다. 또한, 연속확률변수는 한 점에서의 확률이 0이므로 구간의 끝점에 등호를 붙이거나 떼거나 확률은 동일하다. 확률밀도곡선 아래의 전체 면적은 항상 1이다. 균일분포, 정규분포, 지수분포, t-분포, 카이제곱분포, F분포 등이 있다.

각종 확률분포의 확률값은 확률분포표를 보거나 SciPy 라이브러리를 사용하여 쉽게 얻을 수 있다. SciPy 라이브러리에는 특정 확률분포의 여러가지 조건 하의 확률값을 계산하는 메서드(Method)들이 있다. 예를 들어 .pmf()는 probability mass function, .cdf()는 cumulative distribution function, .ppf()는 percent point function을 반환한다.

4-1. 특수한 이산형 확률분포들

베르누이 분포

동등한 실험 조건 하에서 실험의 결과가 단지 두 가지의 가능한 결과만을 가질 때 이러한 실험을 베르누이 시행이라 하는데, 성공의 횟수를 확률변수 X라 하면, 확률변수 X는 성공률이 p(실패할 확률 q = 1-p)인 베르누이 분포(Bernoulli distribution)를 따른다고 한다. 확률변수 X가 모수 p를 갖는 베르누이 시행을 다음과 같이 표현한다.

$$X \sim B(1, p)$$

해당 분포의 확률질량함수, 기댓값, 분산을 구하는 공식은 아래와 같다.

- $f(x) = p^x(1-p)^{1-x}, \quad x = 0, 1, \quad 0 \leq p \leq 1$
- $E(X) = p$
- $Var(X) = p(1-p)$

```
1  # 베르누이 분포
2  p = 0.3 #성공할 확률
3  q = 1-p #실패할 확률
4  E = p #기댓값
5  V = p*q #분산
6  print('[수기] 해당 분포의 기댓값은 {:.3f}, 분산은 {:.3f}'.format(E, V))
7  from scipy.stats import bernoulli
8  E2, V2 = bernoulli.stats(p)
9  print('[라이브러리] 해당 분포의 기댓값은 {:.3f}, 분산은 {:.3f}'.format(E2, V2))
```

[수기] 해당 분포의 기댓값은 0.300, 분산은 0.210
[라이브러리] 해당 분포의 기댓값은 0.300, 분산은 0.210

이항분포

어떤 실험에서 성공의 확률이 p인 베르누이 시행을 독립적으로 n번 반복 시행했을 때 성공의 횟수를 확률변수 X라 하면 확률변수 X는 시행횟수 n과 성공의 확률 p를 모수로 갖는 이항분포(Binomial distribution)를 따른다.

$$X \sim B(n, p)$$

이항분포 B(n, p)는 n≥20, np≥5, n(1-p)≥5일 때 정규분포 N(np, np(1-p))로 근사한다. 또한, p≤0.1, np=0.1~10, n≥50일 때 포아송 분포 P(np)로 근사한다.

해당 분포의 확률질량함수, 기댓값, 분산을 구하는 공식은 다음과 같다.

- $f(x) = {}_nC_x p^x (1-p)^{n-x}, \quad x = 0, 1, \ldots, n$
- $E(X) = np$
- $Var(X) = np(1-p)$

```
1  # 이항분포
2  from scipy.stats import binom
3  import numpy as np
4  from numpy import math
5  fac = math.factorial
6  def combi(a, b): #combination 함수 정의
7      result = fac(a)/fac(b)/fac(a-b)
8      return result
9
10 # 근로자가 내년에 회사를 떠날 확률이 0.1이라고 추정한 경우,
11 # 근로자 3명을 무작위로 뽑은 상황
12 n = 3 #근로자 샘플 개수
13 p = 0.1 #떠날 확률
14
15 # 근로자가 떠날 확률에 대해 기대값과 분산 계산하기
16 E = n*p
17 V = n*p*(1-p)
18 print("[수기] 해당 분포의 기대값은 {:.3f}, 분산은 {:.3f}".format(E, V))
19 E2, V2 = binom.stats(n, p)
20 print("[라이브러리] 해당 분포의 기대값은 {:.3f}, 분산은 {:.3f}".format(E2, V2))
```

[수기] 해당 분포의 기대값은 0.300, 분산은 0.270
[라이브러리] 해당 분포의 기대값은 0.300, 분산은 0.270

```
1  # 확률질량함수 계산하기: 1명이 금년에 회사를 떠날 확률은?
2  x = 1 #떠날 샘플 개수 **확률변수 X
3  pmf = combi(n, x) * p**x * (1-p)**(n-x)
4  print("[수기] 해당 분포의 확률질량함수(pmf): %.3f" %(pmf))
5  print("[라이브러리] 해당 분포의 확률질량함수(pmf): ", binom.pmf(x, n, p))
```

[수기] 해당 분포의 확률질량함수(pmf): 0.243
[라이브러리] 해당 분포의 확률질량함수(pmf): 0.243

```
1  # 누적확률질량함수 계산하기: 1명 이하로 떠날 확률은?
2  cdf = 0
3  for i in range(0,x+1): # 확률변수의 확률값들을 합함 # 0명 떠날 확률 + 1명 떠날 확률
4      cdf += binom.pmf(i, n, p)
5  print("[수기] 해당 분포의 누적확률질량함수(cdf): ", cdf)
6  print("[라이브러리] 해당 분포의 누적확률질량함수(cdf): ", binom.cdf(x, n, p))
```

[수기] 해당 분포의 누적확률질량함수(cdf):   0.972
[라이브러리] 해당 분포의 누적확률질량함수(cdf):   0.972

```
1  # 이항분포의 정규분포 근사
2  from scipy.stats import norm
3  x, n, p = 10, 30, 0.5
4  b_result = binom.pmf(x, n, p)
5  E = n*p
```

```
 6  sigma = np.sqrt(E*(1-p))
 7  zstat1 = (x-0.5-E)/sigma #이항분포의 x에서 -0.5
 8  zstat2 = (x+0.5-E)/sigma #이항분포의 x에서 +0.5
 9  n_result = norm.cdf(zstat2) - norm.cdf(zstat1)
10
11  print("이항분포로 계산하면 {:.3f} 정규분포로 근사계산하면 {:.3f}".format(b_result,
    n_result)) # 결과값이 근사한 것을 볼 수 있다.
```

이항분포로 계산하면 0.028 정규분포로 근사계산하면 0.028

```
1  # 이항분포의 포아송분포 근사
2  from scipy.stats import poisson
3  x, n, p = 10, 100, 0.05
4  b_result = binom.pmf(x, n, p)
5  E = n*p
6  p_result = poisson.pmf(x, E)
7  print("이항분포로 계산하면 {:.3f} 포아송분포로 근사계산하면 {:.3f}".format(b_result,
   p_result)) # 결과값이 근사한 것을 볼 수 있다.
```

이항분포로 계산하면 0.017 포아송분포로 근사계산하면 0.018

음이항분포

성공의 확률이 p인 베르누이 시행을 독립적으로 반복 시행할 때 k번 성공할 때까지의 시행횟수를 확률변수 X로 하는 경우 (1)과 k번 성공할 때까지의 실패횟수를 확률변수 X로 하는 경우 (2)의 확률변수 X는 모두 k, p를 모수로 갖는 음이항분포(Negative binomial distribution)를 따른다.

$$X \sim NB(k, p)$$

음이항분포의 X는 셀 수는 있지만 값이 무한한 무한확률변수이다. 음이항분포에서 k=1이면, 음이항분포는 기하분포가 된다.

음이항분포는 확률변수 X를 (1) 시행횟수로 놓거나, (2) 실패횟수로 정할 수 있다. 일반적으로 분석자들은 (1)번에 관심을 갖는다. 확률변수 X에 따라 해당 분포의 확률질량함수, 기댓값, 분산은 아래와 같다.

(1) 확률변수 X = 시행횟수

- $f(x) = {}_{(x-1)}C_{(k-1)} p^k (1-p)^{x-k}, \quad x = k, k+1, \ldots, \quad k > 0$
- $E(X) = k/p$
- $Var(X) = k(1-p)/p^2$

(2) 확률변수 X = 실패횟수

- $f(x) = {}_{(x+k-1)}C_{(k-1)} p^k (1-p)^x, \quad x = 0, 1, 2, \ldots, \quad k > 0$
- $E(X) = k(1-p)/p$
- $Var(X) = k(1-p)/p^2$

```python
# 음 이항분포
# A가 승리할 확률이 0.3일 때, 5번 경기를 치르는 상황
from scipy.stats import nbinom
from numpy import math
fac = math.factorial
def combi(a, b):
    result = fac(a)/fac(b)/fac(a-b)
    return result

n = 5 # 총 시행횟수
k = 2 # 총 성공횟수
p = 0.3 # 성공확률
q = 1-p # 실패확률
case = 2
if case ==1: # 확률변수 X가 k번 성공할 때까지의 시행횟수 x인 경우
    x = n # **확률변수
    E = k / p
    V = k*q / p**2
    pmf = combi(x-1, k-1) * p**k * q**(x-k)
    E2, V2 = np.nan, np.nan ## 라이브러리 지원 안 함
    pkg_pmf, pkg_cdf = np.nan, np.nan ## 라이브러리 지원 안 함
    cdf = 0
    for i in range(k, x+1): # 확률변수의 확률값들을 합함
        cdf += combi(i-1, k-1) * p**k * q**(i-k)

elif case ==2: # 확률변수 X가 k번 성공할 때까지의 실패횟수 x인 경우
    x = n - k # **확률변수
    E = k*q / p
    V = k*q / p**2
    pmf = combi(x+k-1, k-1) * p**k * q**(x)
    E2, V2 = nbinom.stats(k, p)
    pkg_pmf, pkg_cdf = nbinom.pmf(x, k, p), nbinom.cdf(x, k, p)
    cdf = 0
    for i in range(0, x+1): # 확률변수의 확률값들을 합함
        cdf += nbinom.pmf(i, k, p)

# 기대값과 분산 계산하기
print("[수기] 해당 분포의 기대값은 {:.3f}, 분산은 {:.3f}".format(E, V))
print("[라이브러리] 해당 분포의 기대값은 {:.3f}, 분산은 {:.3f}".format(E2, V2), '\n')

# 확률질량함수 계산하기: 5번째 경기에서 2번째로 이길 확률은?
print("[수기] 확률질량함수(pmf): ", pmf)
print("[라이브러리] 확률질량함수(pmf): ", pkg_pmf, '\n')
```

```
45  # 누적확률질량함수 계산하기: 2번째 이하로 이길 확률은?
46  print("[수기] 누적확률질량함수(cdf): ", cdf)
47  print("[라이브러리] 누적확률질량함수(cdf): ", pkg_cdf)
```

[수기] 해당 분포의 기대값은 4.667, 분산은 15.556
[라이브러리] 해당 분포의 기대값은 4.667, 분산은 15.556

[수기] 확률질량함수(pmf): 0.12347999999999996
[라이브러리] 확률질량함수(pmf): 0.12348000000000002

[수기] 누적확률질량함수(cdf): 0.4717799999999999
[라이브러리] 누적확률질량함수(cdf): 0.4717799999999999

기하분포

성공의 확률이 p인 베르누이 시행을 처음으로 성공할 때까지의 시행횟수를 확률변수 X라 하는 경우 (1)과 처음 성공할 때까지의 실패횟수를 확률변수 X라 하는 경우 (2)의 확률변수 X는 성공확률 p를 모수로 갖는 기하분포(Geometric distribution)를 따른다.

$$X \sim G(p)$$

기하분포의 X는 셀 수는 있지만 값이 무한한 무한확률변수이다. 기하분포는 이산확률분포 중에서 유일하게 무기억성의 성질을 갖는다. 무기억성이란 실패를 많이 했다고 해서 실패가 앞으로 성공할 가능성에 영향을 미치지 않는다는 성질이다.

기하분포는 확률변수 X를 (1) 시행횟수로 놓거나, (2) 실패횟수로 정할 수 있다. 일반적으로 분석자들은 (1)번에 관심을 갖는다. 확률변수 X에 따라 해당 분포의 확률질량함수, 기댓값, 분산은 아래와 같다.

(1) 확률변수 X = 시행횟수

- $f(x) = p(1-p)^{x-1}, \quad x = 1, 2, 3, \ldots$
- $E(X) = 1/p$
- $Var(X) = (1-p)/p^2$

(2) 확률변수 X = 실패횟수

- $f(x) = p(1-p)^x, \quad x = 0, 1, 2, \ldots$
- $E(X) = (1-p)/p$
- $Var(X) = (1-p)/p^2$

```python
1  # 기하분포
2  # 하나의 주사위를 세번 던질 때 세번째 시행에서 앞면 숫자가 6이 나올 확률은?
3  from scipy.stats import geom
4  n = 3 # 총 시행횟수
5  p = 1/6 # 성공확률
6  q = 1-p # 실패확률
7
8  case = 1
9  if case ==1: # 확률변수 X가 처음으로 성공할 때까지의 시행횟수 x인 경우
10     x = n # **확률변수
11     E = 1 / p
12     V = q / p**2
13     pmf = q**(x-1) * p
14     E2, V2 = geom.stats(p, moments = 'mv') # mean, variance
15     pkg_pmf, pkg_cdf = geom.pmf(x, p), geom.cdf(x, p)
16     cdf = 0
17     for i in range(1, x+1): # 확률변수의 확률값들을 합함
18         cdf += q**(i-1) * p
19
20 elif case ==2: # 확률변수 X가 처음으로 성공할 때까지의 실패횟수 x인 경우
21     x = n - 1 # **확률변수
22     E = q / p
23     V = q / p**2
24     pmf = q**x * p
25     E2, V2 = np.nan, np.nan ## 라이브러리 지원 안 함
26     pkg_pmf, pkg_cdf = np.nan, np.nan ## 라이브러리 지원 안 함
27     cdf = 0
28     for i in range(0, x+1): # 확률변수의 확률값들을 합함
29         cdf += q**i * p
30
31 # 기대값과 분산 계산하기
32 print("[수기] 해당 분포의 기대값은 {:.3f}, 분산은 {:.3f}".format(E, V))
33 print("[라이브러리] 해당 분포의 기대값은 {:.3f}, 분산은 {:.3f}".format(E2, V2),
   '\n')
34
35 # 확률질량함수 계산하기
36 print("[수기] 확률질량함수(pmf): ", pmf)
37 print("[라이브러리] 확률질량함수(pmf): ", pkg_pmf, '\n')
38
39 # 누적확률질량함수 계산하기: 2번째 이하로 이길 확률은?
40 print("[수기] 누적확률질량함수(cdf): ", cdf)
41 print("[라이브러리] 누적확률질량함수(cdf): ", pkg_cdf)
```

[수기] 해당 분포의 기대값은 6.000, 분산은 30.000
[라이브러리] 해당 분포의 기대값은 6.000, 분산은 30.000

[수기] 확률질량함수(pmf): 0.11574074074074076
[라이브러리] 확률질량함수(pmf): 0.11574074074074076

[수기] 누적확률질량함수(cdf): 0.42129629629629634
[라이브러리] 누적확률질량함수(cdf): 0.4212962962962963

초기하분포

크기 N의 유한모집단 중 크기 n의 확률표본을 뽑을 경우, N개 중 k개는 성공으로, 나머지 (N-k)개는 실패로 분류하여 비복원으로 뽑을 때 성공 횟수를 X라 하면, 확률변수 X는 N, k, n을 모수로 갖는 초기하분포(Hypergeometric distribution)를 따른다고 한다.

$$X \sim HG(N, k, n)$$

첫 시도 결과에 따라 시도들이 달라지는 종속 관계가 있는 경우 해당 분포를 따른다. 초기하분포는 모집단의 크기 N이 충분히 큰 경우, n개 시행 중 성공확률이 k/N인 이항분포 B(n, k/N)로 근사한다.

해당 분포의 확률질량함수, 기댓값, 분산을 구하는 공식은 아래와 같다.

- $f(x) = \dfrac{{}_kC_x \; {}_{(N-k)}C_{(n-x)}}{{}_NC_n}, \quad x = 0, 1, \ldots, n$
- $E(X) = nk/N$
- $Var(X) = \dfrac{nk}{N} \dfrac{(N-k)}{N} \dfrac{N-n}{N-1}$

```python
# 초기하 분포
from scipy.stats import hypergeom
from numpy import math
fac = math.factorial
def combi(a, b): #combination 함수 정의
    result = fac(a)/fac(b)/fac(a-b)
    return result

#상자 속에 빨간 공이 90개 파란 공이 10개 들어 있다. 임의로 1개씩 두 번 꺼내고 다시 넣지 않을 때 1개가 파란 공이 될 확률은?
N = 100 #모집단 수 (총 공 개수)
k = 10 #성공요소 수 (총 파란공 개수)
n = 2 #시행횟수 (공 선택 횟수)
x = 1 #확인하고자 하는 사건 (1개 파란공) **확률변수
P = k/N #모비율

# 기대값과 분산 계산하기
E = n*P
V = n*P*(1-P)*((N-n)/(N-1))
print("[수기] 해당 분포의 기대값은 {:.3f}, 분산은 {:.3f}".format(E, V))
E2, V2 = hypergeom.stats(N, k, n)
print("[라이브러리] 해당 분포의 기대값은 {:.3f}, 분산은 {:.3f}".format(E2, V2),
'\n')
```

```
23  # 확률질량함수 계산하기
24  pmf = combi(k,x)*combi(N-k, n-x)/combi(N, n)
25  print("[수기] 해당 분포의 확률질량함수(pmf): %.3f" %(pmf))
26  print("[라이브러리] 해당 분포의 확률질량함수(pmf): %.3f" %(hypergeom.pmf(x, N, k, n)), '\n')
27
28  # 누적확률질량함수 계산하기: 파란공을 1개 이하로 선택할 확률은?
29  cdf = 0
30  for i in range(0,x+1):  # 확률변수의 확률값들을 합함
31      cdf += hypergeom.pmf(i, N, k, n)
32  print("[수기] 해당 분포의 누적확률질량함수(cdf): %.3f" %cdf)
33  print("[라이브러리] 해당 분포의 누적확률질량함수(cdf): %.3f" %(hypergeom.cdf(x, N, k, n)))
```

[수기] 해당 분포의 기대값은 0.200, 분산은 0.178
[라이브러리] 해당 분포의 기대값은 0.200, 분산은 0.178

[수기] 해당 분포의 확률질량함수(pmf): 0.182
[라이브러리] 해당 분포의 확률질량함수(pmf): 0.182

[수기] 해당 분포의 누적확률질량함수(cdf): 0.991
[라이브러리] 해당 분포의 누적확률질량함수(cdf): 0.991

```
1  # 초기하 분포의 이항분포 근사
2  from scipy.stats import norm
3
4  b_result = binom.pmf(x, n, k/N)
5  h_result = hypergeom.pmf(x, N, k, n)
6  print("초기하분포로 계산하면 {:.3f} 이항분포로 근사계산하면 {:.3f}".format(h_result,b_result))
7  # 결과값이 근사한 것을 볼 수 있다.
```

초기하분포로 계산하면 0.182 이항분포로 근사계산하면 0.180

포아송 분포

단위시간, 단위면적 또는 단위공간 내에서 발생하는 어떤 사건의 횟수를 확률변수 X라고 할 때 확률변수 X는 λ(Lambda, 단위시간, 단위면적 또는 단위공간 내에서 발생하는 사건의 평균값)를 모수로 갖는 포아송 분포(Poisson distribution)를 따른다고 한다.

$$X \sim P(\lambda)$$

포아송 분포의 X는 셀 수는 있지만 값이 무한한 무한확률변수이다. 또한, 단위 시간과 공간에서 발생하는 사건의 횟수는 다른 시간과 공간에 대해서 독립이며, 평균출현횟수는 일정하다.

포아송 분포는 $\lambda \geq 5$ 일 때 정규분포에 근사하고, $\lambda < 5$ 일 때 왼쪽으로 치우치고 오른쪽으로 긴 꼬리가 있는 비대칭 분포를 갖는다.

해당 분포의 확률질량함수, 기댓값, 분산을 구하는 공식은 아래와 같다.

- $f(x) = \frac{e^{-\lambda}\lambda^x}{x!}, \quad x = 0, 1, 2, \ldots$
- $E(X) = \lambda$
- $Var(X) = \lambda$

```python
1  # 포아송 분포
2  from scipy.stats import poisson
3
4  #주말 저녁 시간 당 평균 6명이 응급실 올 경우, 어떤 주말 저녁 30분 내 4명이 도착할 확률은?
5  x = 4 #구간 내 사건 횟수 **확률변수
6  lam = 3 #구간 내 평균 (=lambda)
7
8  # 기대값과 분산 계산하기
9  E = lam
10 V = lam
11 print("[수기] 해당 분포의 기대값은 {:.3f}, 분산은 {:.3f}".format(E, V))
12 E2, V2 = poisson.stats(lam, moments='mv')
13 print("[라이브러리] 해당 분포의 기대값은 {:.3f}, 분산은 {:.3f}".format(E2, V2), '\n')
14
15 # 확률질량함수 계산하기
16 pmf = lam**x * np.exp(-lam)/np.math.factorial(x)
17 print("[수기] 해당 분포의 확률질량함수(pmf): %.3f" %(pmf))
18 print("[라이브러리] 해당 분포의 확률질량함수(pmf): %.3f" %(poisson.pmf(x, lam)), '\n')
19
20 # 누적확률질량함수 계산하기: 4명 이하로 도착할 확률은?
21 cdf = 0
22 for i in range(0,x+1): # 확률변수의 확률값들을 합함
23     cdf += poisson.pmf(i, lam)
24 print("[수기] 해당 분포의 누적확률질량함수(cdf): %.3f" %cdf)
25 print("[라이브러리] 해당 분포의 누적확률질량함수(cdf): %.3f" %(poisson.cdf(x, lam)))
```

[수기] 해당 분포의 기대값은 3.000, 분산은 3.000
[라이브러리] 해당 분포의 기대값은 3.000, 분산은 3.000

[수기] 해당 분포의 확률질량함수(pmf): 0.168
[라이브러리] 해당 분포의 확률질량함수(pmf): 0.168

[수기] 해당 분포의 누적확률질량함수(cdf): 0.815
[라이브러리] 해당 분포의 누적확률질량함수(cdf): 0.815

```
1  # 포아송 분포의 정규분포 근사
2  from scipy.stats import norm
3  import numpy as np
4  x = 10
5  lam = 20
6  E = V = lam
7  sigma = np.sqrt(V) #포아송 분포의 표준편차
8  zstat1 = (x-0.5-lam)/sigma #포아송분포의 x에서 -0.5
9  zstat2 = (x+0.5-lam)/sigma #포아송분포의 x에서 +0.5
10 n_result = norm.cdf(zstat2) - norm.cdf(zstat1)
11 p_result = poisson.pmf(x, lam)
12
13 print("포아송 분포로 계산하면 {:.3f} 정규분포로 계산하면 {:.3f}".format(p_result,
   n_result)) # 결과값이 근사한 것을 볼 수 있다.
```
포아송 분포로 계산하면 0.006 정규분포로 계산하면 0.007

4-2. 특수한 연속형 확률분포들

균일분포

일반적으로 구간(a,b)에서 확률변수 X가 균일하게 분포되어 있다면, 확률변수 X는 구간 (a,b)에서 균일분포(Uniform distribution)를 따른다고 한다.

$$X \sim U(a, b)$$

해당 분포의 확률밀도함수, 기댓값, 분산을 구하는 공식은 아래와 같다.

- $f(x) = 1/(b-a), \quad a < x < b$
- $E(X) = (a+b)/2$
- $Var(X) = (b-a)^2/12$

```
1  # 균일 분포
2  # 확률변수 X가 (5, 15)에서 균일분포를 따를 때 12와 15 사이의 확률은?
3  a = 5 #확률변수의 범위
4  b = 15 #확률변수의 범위
5  range_ = [(12, 15)]
6  p = 1/(b-a) #확률밀도함수
7  cdf = 0
8  for (x1, x2) in range_:
9      cdf += (x2-x1) * p #누적분포함수
10 E = (b+a)/2
11 V = (b-a)**2 / 12
12 print("[수기] 범위 내 누적확률은 {:.3f}".format(cdf))
13 print("[수기] 해당 분포의 기대값은 {:.3f}, 분산은 {:.3f}".format(E, V))
```

```
[수기] 범위 내 누적확률은 0.300
[수기] 해당 분포의 기댓값은 10.000, 분산은 8.333
```

```python
1  # 버스가 오전 7시부터 15분 간격으로 정류장을 출발한다. 한 승객이 이 정류장에 도착하는
   # 시간은 7시에서 7시 30분 사이에 균등분포를 따른다고 할 때 이 승객이 버스를 5분 미만 기
   # 다릴 확률은?
2  a = 0 #확률변수의 범위
3  b = 30 #확률변수의 범위
4
5  # 승객이 버스를 5분 미만으로 기다릴 구간: 7시 10분~7시 15분, 7시 25분~ 7시30분
6  range_ = [(10, 15), (25, 30)] #구할 범위
7  p = 1/(b-a) #확률밀도함수
8  cdf = 0
9  for (x1, x2) in range_:
10     cdf += (x2-x1) * p #누적분포함수
11
12 E = (b+a)/2
13 V = (b-a)**2 / 12
14
15 print("[수기] 범위 내 누적확률은 {:.3f}".format(cdf))
16 print("[수기] 해당 분포의 기댓값은 {:.3f}, 분산은 {:.3f}".format(E, V))
```

```
[수기] 범위 내 누적확률은 0.333
[수기] 해당 분포의 기댓값은 15.000, 분산은 75.000
```

정규분포와 표준정규분포

정규분포(Normal distribution)에서 평균 μ는 곡선의 중심위치를 결정하고, 표준편차 σ는 그 곡선의 퍼진 정도를 결정한다. 확률변수 X가 모수 μ, σ를 갖는 정규분포를 따른다고 한다.

$$X \sim N(\mu, \sigma^2)$$

정규분포의 왜도는 0이며, 첨도는 3이다. 정규분포의 양측꼬리는 x축에 닿지 않고 무한대로 간다. 정규분포의 곡선 모양은 평균과 분산에 의해 결정된다. 정규분포는 평균에 대해 좌우대칭이다. 해당 분포의 확률밀도함수, 기댓값, 분산을 구하는 공식은 아래와 같다.

- $f(x) = \frac{1}{\sqrt{2\pi}\sigma} e^{-\frac{1}{2}\left(\frac{x-\mu}{\sigma}\right)^2}, \quad -\infty < x < \infty$
- $E(X) = \mu$
- $Var(X) = \sigma^2$

정규분포는 연속확률분포이므로 확률은 정규곡선 밑의 면적으로 주어진다. 하지만 정규확률밀도함수의 면적을 계산하는 것이 복잡하므로 평균과 표준편차를 이용하여 X를 표준화한 후 구한다. 표준화(standardize)란, 확률변수 X에 대해 $Z=(X-\mu)/\sigma$ 로 변환시키는 것을 뜻하고, 표준화 확률변수 Z는 평균 0과 표준편차 1인 표준정규분포(Standard normal distribution)를 따른다.

$$Z \sim N(0, 1)$$

해당 분포의 확률밀도함수, 기댓값, 분산을 구하는 공식은 아래와 같다.

- $f(z) = \frac{1}{\sqrt{2\pi}} e^{-\frac{z^2}{2}}, \quad -\infty < z < \infty$
- $E(Z) = 0$
- $Var(Z) = 1$

```
1  # 정규분포
2  # 확률변수 X가 정규분포 N(30, 64)를 따를 때 26 ~ 46 구간의 확률은?
3  from scipy.stats import norm #표준정규분포
4  import numpy as np
5  E = 30 # 평균
6  V = 64
7  S = np.sqrt(V) # 표준편차
8  x1 = 26
9  x2 = 46
10 zstat1 = (x1-E)/S #표준화
11 zstat2 = (x2-E)/S #표준화
12 cdf = norm.cdf(zstat2) - norm.cdf(zstat1)
13 print("[수기] 범위 내 누적확률은 {:.3f}".format(cdf))
14 print("[수기] 해당 분포의 기대값은 {:.3f}, 분산은 {:.3f}".format(E, V))
```

[수기] 범위 내 누적확률은 0.669
[수기] 해당 분포의 기대값은 30.000, 분산은 64.000

```
1  # 표준정규분포
2  # 확률변수 X가 표준정규분포를 따를 때 -1.96 ~ 1.96 구간의 확률은?
3  E = 0 # 평균
4  V = 1
5  S = np.sqrt(V) # 표준편차
6  zstat1 = -1.96
7  zstat2 = 1.96
8  cdf = norm.cdf(zstat2) - norm.cdf(zstat1)
9  print("[수기] 범위 내 누적확률은 {:.3f}".format(cdf))
10 print("[수기] 해당 분포의 기대값은 {:.3f}, 분산은 {:.3f}".format(E, V))
```

[수기] 범위 내 누적확률은 0.950
[수기] 해당 분포의 기대값은 0.000, 분산은 1.000

지수분포

포아송 분포가 단위시간 내에서 발생하는 어떤 사건의 횟수의 분포인 반면, 지수분포(Exponential distribution)는 한번의 사건이 발생할 때까지 소요되는 시간의 분포이다. 지수분포는 어떤 사건이 포아송 분포에 의해서 발생될 때 지정된 시점으로부터 이 사건이 일어날 때까지 걸린 시간을 측정하는 확률분포로 확률변수 X는 한 번의 사건이 발생할 때까지 소요되는 시간이고 λ는 단위시간 동안에 평균적으로 발생한 사건의 횟수이다. 확률변수 X가 모수 λ를 갖는 지수분포를 따를 때 다음과 같이 표현한다.

$$X \sim \epsilon(\lambda)$$

지수분포는 연속확률분포 중에서 유일하게 무기억성의 성질을 갖는다. 지수분포에서 무기억성이란, 예를 들어 어떤 전구 제품이 지수분포를 따른다면 앞으로 남은 전구의 수명은 지금까지 사용한 시간과 무관하다는 의미이다. 지수 분포는 오른쪽 꼬리 모양을 가지며 왜도는 2이다.

해당 분포의 확률밀도함수, 기댓값, 분산을 구하는 공식은 다음과 같다.

- $f(x) = \lambda e^{-\lambda x}, \quad x > 0, \lambda > 0$
- $E(X) = 1/\lambda$
- $Var(X) = 1/\lambda^2$

```python
# 지수분포
from scipy.stats import expon

# 자동차들 사이 시간 간격이 평균 3분인 지수확률 분포를 따르는 경우, 연속한 두대의 차량이 도착하는 시간이 2분 이내일 확률은?
lam = 1/3 # lambda: 단위시간 동안 평균적으로 발생한 사건 = 3분동안 1건, 1분동안 1/3건
x = 2 # 사건이 일어날 때까지 걸린 시간

E = 1/lam
V = 1/(lam**2)
# scale에 1/lam을 입력해주어야 함
cdf = expon.cdf(x, scale = 1/lam)

print("[수기] 누적확률은 {:.3f}".format(cdf))
print("[수기] 해당 분포의 기대값은 {:.3f}, 분산은 {:.3f}".format(E, V))
```

[수기] 누적확률은 0.487
[수기] 해당 분포의 기대값은 3.000, 분산은 9.000

감마분포

포아송 분포는 주어진 단위시간 동안 어떤 사건의 출현횟수를 나타내는 분포이며, 지수분포는 첫 번째 사건이 발생할 때까지의 대기시간 분포이다. 이 개념을 확장하여 감마분포(Gamma distribution)는 α번의 사건이 발생할 때까지의 대기시간 분포이다. 즉, 지수분포의 일반화된 형태이다. 확률변수 X가 모수 α, β를 갖는 감마분포를 따를 때 다음과 같이 표현한다.

$$X \sim \Gamma(\alpha, \beta)$$

감마분포에서 α=1인 경우 β=1/λ인 지수분포가 된다. 해당 분포의 확률밀도함수, 기댓값, 분산을 구하는 공식은 다음과 같다.

- $f(x) = \frac{1}{\Gamma(\alpha)\beta^\alpha} x^{\alpha-1} e^{-\frac{x}{\beta}}, \quad x > 0, \ \alpha > 0, \ \beta > 0$
- $E(X) = \alpha\beta = \alpha/\lambda$
- $Var(X) = \alpha\beta^2 = \alpha/\lambda^2$

```
1  # 감마분포
2  from scipy.stats import gamma
3  # 낚시를 하는데 어부가 물고기를 30분에 한 마리씩 잡는다. 어부가 4마리의 물고기를 잡
   을 때까지 걸리는 시간이 1시간에서 3시간 사이로 소요될 확률은?
4  lam = 2 # lambda: 30분에 한마리 = 1시간에 두마리 잡음
5  beta = 1/lam
6  alpha = 4 # 4마리의 물고기
7  E = alpha * beta
8  V = alpha * beta**2
9  range_ = (1, 3) #1시간~3시간
10
11 # scale에 beta를 입력해주어야 함
12 cdf = gamma.cdf(range_[1], alpha, scale=beta) - gamma.cdf(range_[0], alpha, scale=beta)
13
14 print("[수기] 누적확률은 {:.3f}".format(cdf))
15 print("[수기] 해당 분포의 기댓값은 {:.3f}, 분산은 {:.3f}".format(E, V))
```

[수기] 누적확률은 0.706
[수기] 해당 분포의 기댓값은 2.000, 분산은 1.000

```
1  # 배송 시간이 alpha = 20, lambda = 1.6인 감마분포를 따를 때,
2  # 20개 철판을 배송할 때 걸리는 시간이 15분 이내일 확률은?
3  lam = 1.6 # lambda
4  beta = 1/lam
5  alpha = 20
6  E = alpha * beta
7  V = alpha * beta**2
8  range_ = (0, 15)
```

```
10  # scale에 beta를 입력해주어야 함
11  cdf = gamma.cdf(range_[1], alpha, scale=beta) - gamma.cdf(range_[0], alpha, scale=beta)
12
13  print("[수기] 누적확률은 {:.3f}".format(cdf))
14  print("[수기] 해당 분포의 기대값은 {:.3f}, 분산은 {:.3f}".format(E, V))
```

[수기] 누적확률은 0.820
[수기] 해당 분포의 기대값은 12.500, 분산은 7.812

카이제곱분포

카이제곱분포(Chi-square distribution)는 감마분포의 특수한 경우로서 $α=n/2$, $β=2$인 경우를 자유도(Degree of freedom) n인 카이제곱분포라고 한다. 카이제곱분포는 모집단이 정규분포인 대표본에서 모분산 $σ^2$을 추정/검정하거나, 비모수 검정 중에서 범주형 변수들에 대한 적합도 검정(Goodness of fit test), 독립성 검정(Test of independence), 동질성 검정(Test of homogeneity)을 하는데 사용한다. 확률변수 X가 자유도 n인 카이제곱분포를 따를 때 다음과 같이 표현한다.

$$X \sim X^2_{(n)}$$

해당 분포의 확률밀도함수, 기댓값, 분산을 구하는 공식은 다음과 같으며, 통계량 계산을 포함한 상세한 예제는 〈5. 추정과 가설 검정〉에서 다루도록 한다.

- $f(x) = \frac{1}{\Gamma(\frac{n}{2})2^{\frac{n}{2}}} x^{\frac{n}{2}-1} e^{-\frac{x}{2}}, \quad x > 0, n > 0$
- $E(X) = n$
- $Var(X) = 2n$

t분포

표본 평균을 표본 분산으로 표준화한 값이 따르는 확률분포를 t분포(t-distribution)라고 한다. Student's t-distribution라고도 한다. 주로 모분산을 모르는 상황에서 표본 평균을 추정/검정할 때 사용한다. t분포는 자유도가 증가할수록 표준정규분포에 수렴하며, 주로 30개 이하의 소표본에 사용한다. 확률변수 X가 자유도 k인 t분포를 따를 때 다음과 같이 표현한다.

$$X \sim t_{(k)}$$

해당 분포의 확률밀도함수, 기댓값, 분산을 구하는 공식은 다음과 같으며, 통계량 계산을 포함한 상세한 예제는 〈5. 추정과 가설 검정〉에서 다루도록 한다.

- $f(x) = \dfrac{\Gamma\left(\frac{k+1}{2}\right)}{\Gamma\left(\frac{k}{2}\right)\sqrt{\pi k}}\left(1 + \dfrac{x^2}{k}\right)^{-\frac{k+1}{2}}, \quad -\infty < x < \infty$
- $E(X) = 0$
- $Var(X) = k/(k-2), \quad k > 2$

F분포

F분포(F-distribution)는 두 모집단의 모분산 비의 추정/검정과 세집단 이상의 모평균 비교에 주로 사용한다. Fisher – Snedecor distribution이라고도 한다. 확률변수 X가 자유도 (m, n)인 F분포를 따를 때 다음과 같이 표현한다.

$$X \sim F_{(m,\,n)}$$

한편, 확률변수 X가 $F_{(m,n)}$을 따를 때 확률변수 1/X은 $F_{(n,m)}$을 따른다.

해당 분포의 기댓값, 분산을 구하는 공식은 다음과 같으며, 통계량 계산을 포함한 상세한 예제는 〈5. 추정과 가설 검정〉에서 다루도록 한다.

- $f(x) = \begin{cases} \dfrac{\Gamma\left(\frac{m+n}{2}\right)\left(\frac{m}{n}\right)^{\frac{m}{2}}}{\Gamma\left(\frac{m}{2}\right)\Gamma\left(\frac{n}{2}\right)} \cdot \dfrac{x^{\frac{m}{2}-1}}{(1+\frac{m}{n}x)^{\frac{m+n}{2}}}, & x > 0 \\ 0, & x \leq 0 \end{cases}$
- $E(X) = n/(n-2), \quad n > 2$
- $Var(X) = \dfrac{2n^2(m+n-2)}{m(n-2)^2(n-4)}, \quad n > 4$

연습문제

1. 어느 권총 사격 선수가 과녁의 정중앙을 맞힐 확률이 80%라고 한다. 이 선수가 총 5번 사격을 할 때 평균적으로 몇번 정중앙을 맞히는지 구하시오.

2. 전체 청소년의 40%가 11시 이전에 잠을 잔다고 한다면, 임의로 선택한 10명의 청소년 중에서 3명이 11시 이전에 잠을 잘 확률을 계산하시오. (소수점 첫째자리까지 반올림)

3. 어느 아파트 단지에서 밤 11시부터 새벽2시 사이에 배달되는 음식 배달 건수는 시간 당 평균 5건이다. 음식 배달 건수의 분포가 포아송분포를 따른다면 오늘 새벽 12시와 1시 사이에 배달이 1건만 발생할 확률을 구하시오. (소수점 둘째자리까지 반올림)

4. A대학교 B전공 시험의 성적 분포는 평균이 65, 표준편차 12인 정규분포를 따른다고 한다. 최고 점수부터 10%까지를 A+로 분류한다면, A+를 받기 위해 최소 몇점을 받아야 하는가?

풀이

1번 문제 풀이:

```
1  p = 0.8
2  q = 1-p
3  n = 5
4
5  from scipy.stats import binom
6  E, V = binom.stats(n, p)
7  print("[라이브러리 계산] {:.2f}".format(E))
8
9  a = n*p
10 print("[수기 계산] {:.2f}".format(a))
11
12 # 이항분포 X ~ B(n, p), E(X)=np, V(X)=npq 에서 기댓값을 구하는 문제이다. 정답은 4
```

[라이브러리 계산] 4.00
[수기 계산] 4.00

2번 문제 풀이:

```
1  p = 0.4
2  q = 1-p
3  n = 10
4  x = 3
5
6  from scipy.stats import binom
7  print("[라이브러리 계산] {:.4f}".format(binom.pmf(x, n, p)))
8
9  from numpy import math
10 fac = math.factorial
11 def combi(a, b):  #aCb
12     return fac(a)/fac(b)/fac(a-b)
13 print("[수기 계산] {:.4f}".format(combi(n, x) * p**(x) * (1-p)**(n-x)))
14
15 # 이항분포의 특정 확률변수 x에 대한 확률질량함수를 구하는 문제이다. 정답은 21.5%
```

[라이브러리 계산] 0.2150
[수기 계산] 0.2150

3번 문제 풀이:

```
1  lam = 5
2  x = 1
3  import numpy as np
4  pmf = lam**x * np.exp(-lam)/np.math.factorial(x)
5  print("{:.4f}".format(pmf))
6
7  from scipy.stats import poisson
8  print("{:.4f}".format(poisson.pmf(x, lam)))
9  # 포아송 분포의 특정 확률변수 x에 대한 확률질량함수를 구하는 문제이다. 정답은 3.37%
   이다.
```

0.0337
0.0337

4번 문제 풀이:

```
1  mu = 65
2  sigma = 12
3
4  from scipy.stats import norm
5  z = norm.ppf(1-0.1)
6  x = z * sigma + mu
7  round(x, 2)
8  # 정규분포 X ~ N(mu, sigma^2)를 표준정규분포 Z ~ N(0, 1)로 표준화하여 x를 구하는 문
   제이다. 표준화 공식은 z = (x - mu) / sigma이다. 정답: 81점
```

80.38

5장 추정과 가설 검정

통계적 추론의 목적은 표본(Sample)의 정보로부터 모집단(Population)에 대한 정보를 얻는 것이다. 여기서 모집단의 특성을 나타내는 상수들을 모수(Population parameter)라 하고, 표본의 특성을 나타내는 상수들을 통계량(Statistics)이라고 한다.

모집단의 모수인 평균, 비율, 분산을 추정(Estimation)하거나 가설 검정(Test of hypothesis)하기 위해, 표본들로부터 얻은 표본평균, 표본비율, 표본분산으로 통계량들을 계산하여 사용한다. 추정과 가설 검정에 사용하는 통계량들은 각각 특정한 확률분포를 따르기 때문에 이를 활용하는 것이다.

추정은 점추정(Point estimation)과 구간추정(Interval estimation)으로 나뉜다. 점추정은 단순히 표본평균, 표본분산, 표본비율을 계산하는 방법이다. 이 때문에 추정값들이 얼마나 정확하게 모수를 추정하고 있는지 알 수 없다. 이러한 단점을 보완하고자 점추정에 오차의 개념을 추가하여 구간으로 모수를 추정하는 방법이 구간추정이다. 구간추정을 할 때 위에서 언급한 통계량을 활용한다.

가설 검정은 귀무가설(H_0)과 대립가설(H_1)을 세우고, 귀무가설의 모수와 표본에서 얻은 값으로 검정 통계량을 계산하여 귀무가설을 기각할지 여부를 판단하는 것이다. 임곗값(Critical value)은 기각범위와 채택범위를 구별시켜주는 값으로서 유의수준(Significant level)과 가설 검정의 형태에 따라 정해진다.

가설 검정의 형태는 단측검정(One-sided test, One tailed test)과 양측검정(Two-sided test, Two tailed test)이 있으며, 단측검정은 표본분포의 오른쪽 혹은 왼쪽에 관심을 두는 것이고, 양측검정은 표본분포의 양쪽에 관심을 두고 검정을 시행한다.

가설의 채택 혹은 기각을 판단하기 위한 방법은 다음의 세가지가 있다.

- 임곗값과 검정 통계량을 비교하여 검정 통계량이 채택역에 있으면 귀무가설, 기각

- 역에 있으면 대립가설을 채택한다.
- 유의수준과 유의확률을 비교하여 유의수준보다 유의확률이 크면 귀무가설, 작으면 대립가설을 채택한다.
- 검정하고자 하는 값이 신뢰구간 내에 있으면 귀무가설, 없으면 대립가설을 채택한다.

제1종의 오류는 α로 표기하며 유의수준이라고 한다. 귀무가설이 참인데 대립가설을 채택하는 오류를 범할 확률을 의미한다.

제2종의 오류는 β로 표기하며, 대립가설이 참인데 귀무가설을 기각하지 않는 오류를 범할 확률을 의미한다. $(1-\beta)$는 검정력(Statistical power)이라고 한다.

제1종의 오류와 제2종의 오류는 상호 역의 관계(Trade-off)에 있으므로 제1종의 오류를 범할 확률을 증가시키면 제2종의 오류를 범할 확률은 감소하고 제1종의 오류를 범할 확률을 감소시키면 제2종의 오류를 범할 확률은 증가한다. 제1종의 오류를 고정한 채로 제2종의 오류를 줄이려면 표본의 크기를 크게 하는 방법이 있다.

한편, 일표본(One-sample), 이표본(Two-sample), K표본(K-sample) 별로 추정과 가설 검정을 실시할 수 있다.

5-1. 일표본 (One-sample)

모평균의 추정과 가설 검정: Z분포, t분포

[μ: 모평균, μ_0: 귀무가설의 모평균, σ: 모표준편차, X: 표본평균, S: 표본표준편차, n: 표본의 크기, $z_{\alpha/2}$: 신뢰계수, $t_{\alpha/2,(n-1)}$: 신뢰계수]

[추정]
- 표본의 크기가 30 이상이거나 모집단의 분산을 아는 경우

$$Z = \frac{X - \mu}{\sigma/\sqrt{n}} \sim N(0, 1)$$

$$\bar{X} - z_{\alpha/2} \frac{\sigma}{\sqrt{n}} < \mu < \bar{X} + z_{\alpha/2} \frac{\sigma}{\sqrt{n}}$$

- 표본의 크기가 30 미만이고 모집단의 분산을 모르는 경우

$$t = \frac{\bar{X} - \mu}{S/\sqrt{n}} \sim t_{(n-1)}$$

$$\bar{X} - t_{\alpha/2,\,(n-1)} \frac{S}{\sqrt{n}} < \mu < \bar{X} + t_{\alpha/2,\,(n-1)} \frac{S}{\sqrt{n}}$$

[가설 검정] 아래 t분포를 활용한 검정을 '일표본 t검정'이라고 한다.

- 표본의 크기가 30 이상이거나 모집단의 분산을 아는 경우의 통계량

$$Z = \frac{\bar{X} - \mu_0}{\sigma/\sqrt{n}} \sim N(0, 1)$$

- 표본의 크기가 30 미만이고 모집단의 분산을 모르는 경우의 통계량

$$t = \frac{\bar{X} - \mu_0}{S/\sqrt{n}} \sim t_{(n-1)}$$

참고로, 표본의 개수가 커질수록 표본평균의 확률분포는 정규분포에 가까워지는데 이를 중심극한정리(Central limit theorem)라고 한다. 또한, 표본의 개수가 커질수록 표본평균의 값은 모평균의 값에 가까워지는데 이를 큰 수의 법칙(Law of large numbers)이라고 한다.

일표본 모평균의 추정과 가설 검정은 다음과 같이 모표준편차를 아는 경우와 모르는 경우로 나누어 생각해볼 수 있다.

```python
import numpy as np
### 모표준편차를 아는 경우의 추정
# 모평균의 추정
x = 31100 #표본평균
n = 36 #표본크기
sigma = 4500 #모표준편차
conf_a = 0.05 #신뢰수준(confidence level) 95% 기준

from scipy.stats import norm #표준정규분포 Z를 사용
SE = sigma / np.sqrt(n) #표준오차(standard error)
conf_z = norm.ppf(1-conf_a/2) #신뢰계수(confidence coefficient)
ME = conf_z * SE #오차의 한계 = 허용오차(ME: margin of error)

print("[추정]")
print(" 점 추정량: {:.3f}".format(x))
print(" 구간 추정량: {:.3f}~{:.3f}".format(x-ME, x+ME))
print(" 오차의 한계: {:.3f}".format(ME))
```

[추정]
  점 추정량: 31100.000
  구간 추정량: 29630.027~32569.973
  오차의 한계: 1469.973

```
1  # 오차의 한계에 따른 표본 규모
2  # (위의 조건에 이어서) 오차의 한계가 500 이하일 확률이 0.95가 되도록 모집단 평균의
   추정치를 원하는 경우, 표본 규모는 얼마가 되어야 하는가?
3  ME = 500
4  conf_a = 1-0.95 #신뢰수준(confidence level) 95% 기준
5  conf_z = norm.ppf(conf_a/2) #혹은 norm.ppf(1-conf_a/2)
6  ssize = conf_z**2 * sigma**2 / ME**2
7  print("[표본 규모]")
8  print(" 유의수준 {:.2f}에서 오차의 한계를 {} 이하로 하려면: 표본 규모 {:.1f} 이
   상".format(conf_a, ME, ssize))
```

[표본 규모]
  유의수준 0.05에서 오차의 한계를 500 이하로 하려면: 표본 규모 311.2 이상

```
1  # 모평균의 가설 검정
2  # H0: mu = mu0, # H1: mu != mu0
3  x = 31100 #표본평균
4  n = 36 #표본크기
5  sigma = 4500 #모표준편차
6  mu0 = 30000 #귀무가설의 모평균
7  test_a = 0.05 #가설검정을 위한 유의수준
8  
9  SE = sigma / np.sqrt(n) #standard error
10 zstat = (x - mu0)/SE #검정통계량
11 
12 #단측(one)/양측(two)검정에 따른 유의확률과 임계값
13 ways = 'two' #'two', 'one-right', 'one-left' #대립가설기준
14 if ways == 'two':
15     sp = (1-norm.cdf(np.abs(zstat)))*2 #significance probability
16     cv = norm.ppf(1-test_a/2) #critical value
17     cv = "+/-{:.3f}".format(cv)
18 elif ways == 'one-right':
19     sp = 1-norm.cdf(zstat)
20     cv = norm.ppf(1-test_a)
21     cv = "{:.3f}".format(cv)
22 elif ways == 'one-left':
23     sp = norm.cdf(zstat)
24     cv = norm.ppf(test_a)
25     cv = "{:.3f}".format(cv)
26 
27 print("[검정]") # 귀무가설을 기각할 수 없음!
28 print(" 임계값: {}, 검정통계량: {:.3f}".format(cv, zstat))
29 print(" 유의수준: {:.3f}, 유의확률: {:.3f}".format(test_a, sp))
```

[검정]
  임계값: +/-1.960, 검정통계량: 1.467
  유의수준: 0.050, 유의확률: 0.142

```
1  ### 모표준편차를 모르는 경우
2  # 모평균의 추정
3  x = 650 #표본평균
4  n = 16 #표본크기
5  s = 55 #표본표준편차
6  conf_a = 0.05 #신뢰수준(confidence level) 95% 기준
7  df = n-1
8
9  from scipy.stats import t
10 SE = s / np.sqrt(n)
11 conf_t = t.ppf(1-conf_a/2, df)
12 ME = conf_t * SE
13
14 print("[추정]")
15 print(" 점 추정량: {:.3f}".format(x))
16 print(" 구간 추정량: {:.3f}~{:.3f}".format(x-ME, x+ME))
17 print(" 오차의 한계: {:.3f}".format(ME))
```

[추정]
 점 추정량: 650.000
 구간 추정량: 620.693~679.307
 오차의 한계: 29.307

```
1  # 오차의 한계에 따른 표본 규모
2  # (위의 조건에 이어서) 오차의 한계가 20 이하일 확률이 0.95가 되도록 모집단 평균의 추
   정치를 원하는 경우, 표본 규모는 얼마가 되어야 하는가?
3  ME2 = 20
4  conf_a2 = 1-0.95 #신뢰수준(confidence level) 95% 기준
5  conf_t2 = t.ppf(conf_a2/2, df)
6  ssize = conf_t2**2 * s**2 / ME2**2
7  print("[표본 규모]")
8  print(" 유의수준 {:.2f}에서 오차의 한계를 {:.2f} 이하로 하려면: 표본 크기 {:.1f} 이
   상".format(conf_a2, ME2, ssize))
```

[표본 규모]
 유의수준 0.05에서 오차의 한계를 20.00 이하로 하려면: 표본 크기 34.4 이상

```
1  # 모평균의 가설 검정 (= one-sample t-test)
2  # H0: mu = mu0, # H1: mu > mu0
3  mu0 = 600 #귀무가설의 모평균
4  test_a = 0.05 #가설검정을 위한 유의수준
5  x = 650 #표본평균
6  n = 16 #표본크기
7  s = 55 #표본표준편차
8  df = n-1 #자유도
9
10 SE = s / np.sqrt(n)
11 tstat = (x - mu0)/SE
12
13 #단측(one)/양측(two)검정에 따른 유의확률과 임계값
14 ways = 'one-right' #'two', 'one-right(mu>mu0)', 'one-left(mu<mu0)'
15 if ways == 'two':
16     sp = (1-t.cdf(np.abs(tstat), df))*2
```

```
17        cv = t.ppf(1-test_a/2, df)
18        cv = "+/-{:.3f}".format(cv)
19    elif ways == 'one-right':
20        sp = 1-t.cdf(tstat, df)
21        cv = t.ppf(1-test_a, df)
22        cv = "{:.3f}".format(cv)
23    elif ways == 'one-left':
24        sp = t.cdf(tstat, df)
25        cv = t.ppf(test_a, df)
26        cv = "{:.3f}".format(cv)
27
28    print("[검정]") # 귀무가설을 기각!
29    print(" 임계값: {}, 검정통계량: {:.3f}".format(cv, tstat))
30    print(" 유의수준: {:.3f}, 유의확률: {:.3f}".format(test_a, sp))
```

[검정]
 임계값: 1.753, 검정통계량: 3.636
 유의수준: 0.050, 유의확률: 0.001

모비율의 추정과 가설 검정: Z분포

[p: 모비율, p_0: 귀무가설의 모비율, $\hat{p}$: 표본비율, n: 표본의 크기, $z_{\alpha/2}$: 신뢰계수]

[추정]

$$Z = \frac{\hat{p}-p}{\sqrt{\hat{p}(1-\hat{p})/n}} \sim N(0,1)$$

$$\hat{p} - z_{\alpha/2}\sqrt{\frac{\hat{p}(1-\hat{p})}{n}} < p < \hat{p} + z_{\alpha/2}\sqrt{\frac{\hat{p}(1-\hat{p})}{n}}$$

[가설 검정]

$$Z = \frac{\hat{p}-p_0}{\sqrt{p_0(1-p_0)/n}} \sim N(0,1)$$

```
1  # 모비율의 추정
2  n = 500 #표본 크기
3  p = 220/500 #표본 비율
4  conf_a = 0.05
5  from scipy.stats import norm
6  SE = np.sqrt(p*(1-p)/n) #표본비율로 SE 계산
7  conf_z = norm.ppf(1-conf_a/2)
8  ME = conf_z * SE
9  print("[추정]")
10 print(" 점 추정량: {:.3f}".format(p))
11 print(" 구간 추정량: {:.3f}~{:.3f}".format(p-ME, p+ME))
12 print(" 오차의 한계: {:.3f}".format(ME))
```

[추정]
 점 추정량: 0.440
 구간 추정량: 0.396~0.484
 오차의 한계: 0.044

```
1  # 표본규모 계산: 모비율 P를 아는 경우에는 P를 사용, 아니면 표본비율 p로 계산, 두 정
   보 모두 없다면 p=0.5로 계산
2  # (위의 조건에 이어서) 오차의 한계가 0.03 이하일 확률이 0.99가 되도록 모집단 비율의
   추정치를 원하는 경우, 표본 규모는 얼마가 되어야 하는가?
3  ME2 = 0.03
4  conf_a2 = 1-0.99 #신뢰수준 99%
5  conf_z2 = norm.ppf(1-conf_a2/2)
6  ssize = conf_z2**2 * p * (1-p) / ME2**2
7  print("[표본 규모]")
8  print(" 유의수준 {:.2f}에서 오차의 한계를 {:.2f} 이하로 하려면: 표본 크기 {:.1f} 이
   상".format(conf_a2, ME2, ssize))
```

[표본 규모]
 유의수준 0.01에서 오차의 한계를 0.03 이하로 하려면: 표본 크기 1816.5 이상

```
1  # 모비율의 가설검정
2  # H0: P = P0, H1: P != P0
3  n = 500 #표본 크기
4  p = 220/500 #표본 비율
5  P0 = 0.5 #귀무가설의 모비율
6  test_a = 0.05
7  SE = np.sqrt(P0*(1-P0)/n) #귀무가설의 모비율로 SE 계산
8  zstat = (p - P0)/SE
9
10 #단측(one)/양측(two)검정에 따른 유의확률과 임계값
11 ways = 'two' #'two', 'one-right(P>P0)', 'one-left(P<P0)' #대립가설기준
12 if ways == 'two':
13     sp = (1-norm.cdf(np.abs(zstat)))*2
14     cv = norm.ppf(1-test_a/2)
15     cv = "+/- {:.3f}".format(cv)
16 elif ways == 'one-right':
17     sp = 1-norm.cdf(zstat)
18     cv = norm.ppf(1-test_a)
19     cv = "{:.3f}".format(cv)
20 elif ways == 'one-left':
21     sp = norm.cdf(zstat)
22     cv = norm.ppf(test_a)
23     cv = "{:.3f}".format(cv)
24 print("[검정]") # 귀무가설 기각!
25 print(" 임계값: {}, 검정통계량: {:.3f}".format(cv, zstat))
26 print(" 유의수준: {:.3f}, 유의확률: {:.3f}".format(test_a, sp))
```

[검정]
 임계값: +/- 1.960, 검정통계량: -2.683
 유의수준: 0.050, 유의확률: 0.007

모분산의 추정과 가설 검정: 카이제곱분포

[σ: 모표준편차, σ_0: 귀무가설의 모표준편차, μ: 모평균, S: 표본표준편차, n: 표본의 크기, $X^2_{\alpha/2,\, n-1}$: 신뢰계수]

[추정]

- 모평균을 모르는 경우

$$X^2 = \frac{(n-1)S^2}{\sigma^2} \quad \sim X^2_{(n-1)}$$

$$(n-1)S^2 / X^2_{\alpha/2,\, n-1} < \sigma^2 < (n-1)S^2 / X^2_{(1-\alpha)/2,\, n-1}$$

- 모평균을 아는 경우

$$X^2 = \frac{\sum_{i=1}^{n}(x_i-\mu)^2}{\sigma^2} \quad \sim X^2_{(n-1)}$$

$$\sum_{i=1}^{n}(x_i-\mu)^2 / X^2_{\alpha/2,\, n-1} < \sigma^2 < \sum_{i=1}^{n}(x_i-\mu)^2 / X^2_{(1-\alpha)/2,\, n-1}$$

[가설 검정]

- 모평균을 모르는 경우의 통계량

$$X^2 = \frac{(n-1)S^2}{\sigma_0^2} \quad \sim X^2_{(n-1)}$$

- 모평균을 아는 경우의 통계량

$$X^2 = \frac{\sum_{i=1}^{n}(x_i-\mu)^2}{\sigma_0^2} \quad \sim X^2_{(n-1)}$$

```python
### 모평균을 모르는 경우
# 모분산의 추정
n = 10 #표본 크기
v = 3.4 #표본 분산
df = n-1 # 자유도 (degree of freedom)
conf_a = 0.05 #신뢰수준 95%

from scipy.stats import chi2
conf_c1 = chi2.ppf(1-conf_a/2, df)
conf_c2 = chi2.ppf(conf_a/2, df)
CR1 = df * v / conf_c1 #confidence range
CR2 = df * v / conf_c2 #confidence range

print("[추정]")
print(" 점 추정량: {:.3f}".format(v))
print(" 구간 추정량: {:.3f}~{:.3f}".format(CR1, CR2))
```

[추정]
 점 추정량: 3.400
 구간 추정량: 1.609~11.332

```python
1  # 가설검정 (왼쪽 검정)
2  # H0: sigma^2 = v0, H1: sigma^2 < v0
3  n = 10 #표본 크기
4  v = 3.4 #표본 분산
5  df = n-1 # 자유도 (degree of freedom)
6  v0 = 3.6 #귀무가설의 모분산
7  test_a = 0.05
8  
9  cstat = df * v / v0 #카이제곱통계량
10 
11 # 단측(one)/양측(two)검정에 따른 유의확률과 임계값
12 ways = 'one-left' #'two', 'one-right(sigma^2>v0)', 'one-left(sigma^2<v0)'
13 if ways == 'two':
14     if chi2.cdf(cstat, df) < 0.5:
15         sp = (chi2.cdf(cstat, df))*2
16     else:
17         sp = (1-chi2.cdf(cstat, df))*2
18     cv1 = chi2.ppf(test_a/2, df)
19     cv2 = chi2.ppf(1-test_a/2, df)
20     cv = "{:.3f}와 {:.3f}".format(cv1, cv2)
21 elif ways == 'one-right':
22     sp = 1-chi2.cdf(cstat, df)
23     cv = chi2.ppf(1-test_a, df)
24     cv = "{:.3f}".format(cv)
25 elif ways == 'one-left':
26     sp = chi2.cdf(cstat, df)
27     cv = chi2.ppf(test_a, df)
28     cv = "{:.3f}".format(cv)
29 
30 print("[검정]") # 귀무가설을 기각할 수 없음!
31 print(" 임계값: {}, 검정통계량: {:.3f}".format(cv, cstat))
32 print(" 유의수준: {:.3f}, 유의확률: {:.3f}".format(test_a, sp))
```

[검정]
 임계값: 3.325, 검정통계량: 8.500
 유의수준: 0.050, 유의확률: 0.515

5-2. 이표본 (Two-sample)

독립표본 모평균 차이의 추정과 가설 검정: Z분포, t분포

[$\mu_1 - \mu_2$: 모평균의 차, $\mu_{0(1)} - \mu_{0(2)}$: 귀무가설의 모평균의 차, $X_1 - X_2$: 표본평균의 차,

σ_1, σ_2: 각 표본의 모표준편차, S_1, S_2: 각 표본의 표본표준편차, n_1, n_2: 각 표본의 크기,

$z_{\frac{\alpha}{2}}$: 신뢰계수, $t_{\frac{\alpha}{2},(n_1+n_2-2)}$: 신뢰계수, $t_{\frac{\alpha}{2},(df)}$: 신뢰계수]

[추정]

- 표본의 크기가 30 이상이고 모집단의 분산을 아는 경우

$$Z = \frac{X_1 - X_2 - (\mu_1 - \mu_2)}{\sqrt{\sigma_1^2/n_1 + \sigma_2^2/n_2}} \sim N(0,1)$$

$$(\bar{X}_1 - \bar{X}_2) - z_{\frac{\alpha}{2}}\sqrt{\frac{\sigma_1^2}{n_1} + \frac{\sigma_2^2}{n_2}} < \mu_1 - \mu_2 < (\bar{X}_1 - \bar{X}_2) + z_{\frac{\alpha}{2}}\sqrt{\frac{\sigma_1^2}{n_1} + \frac{\sigma_2^2}{n_2}}$$

- 표본의 크기가 30 이상이고 모집단의 분산을 모르는 경우

$$Z = \frac{X_1 - X_2 - (\mu_1 - \mu_2)}{\sqrt{S_1^2/n_1 + S_2^2/n_2}} \sim N(0,1)$$

$$(\bar{X}_1 - \bar{X}_2) - z_{\frac{\alpha}{2}}\sqrt{\frac{S_1^2}{n_1} + \frac{S_2^2}{n_2}} < \mu_1 - \mu_2 < (\bar{X}_1 - \bar{X}_2) + z_{\frac{\alpha}{2}}\sqrt{\frac{S_1^2}{n_1} + \frac{S_2^2}{n_2}}$$

- 표본의 크기가 30 미만이고 모집단의 분산을 모르지만 두 모집단의 분산이 같다는 것을 알고 있을 경우

$$t = \frac{X_1 - X_2 - (\mu_1 - \mu_2)}{S_p\sqrt{1/n_1 + 1/n_2}} \sim t_{(n_1+n_2-2)}$$

**합동표본분산 $S_p^2 = \frac{(n_1-1)S_1^2 + (n_2-1)S_2^2}{(n_1+n_2-2)}$

$$(X_1 - X_2) - t_{\frac{\alpha}{2},(n_1+n_2-2)} S_P \sqrt{\frac{1}{n_1} + \frac{1}{n_2}} < \mu_1 - \mu_2 < (X_1 - X_2) + t_{\frac{\alpha}{2},(n_1+n_2-2)} S_P \sqrt{\frac{1}{n_1} + \frac{1}{n_2}}$$

- 표본의 크기가 30 미만이고 모집단의 분산을 모르지만 두 모집단의 분산이 다르다는 것을 알고 있을 경우

$$t = \frac{X_1 - X_2 - (\mu_1 - \mu_2)}{\sqrt{S_1^2/n_1 + S_2^2/n_2}} \sim t_{(df)}$$

**자유도 $df = \dfrac{\left(\dfrac{S_1^2}{n_1} + \dfrac{S_2^2}{n_2}\right)^2}{\dfrac{1}{n_1-1}\left(\dfrac{S_1^2}{n_1}\right)^2 + \dfrac{1}{n_2-1}\left(\dfrac{S_2^2}{n_2}\right)^2}$

$$(\bar{X}_1 - \bar{X}_2) - t_{\frac{\alpha}{2}(df)}\sqrt{\frac{S_1^2}{n_1} + \frac{S_2^2}{n_2}} < \mu_1 - \mu_2 < (\bar{X}_1 - \bar{X}_2) + t_{\frac{\alpha}{2}(df)}\sqrt{\frac{S_1^2}{n_1} + \frac{S_2^2}{n_2}}$$

[가설 검정] 아래 t분포를 활용한 검정을 '독립표본 t검정'이라고 한다.

- 표본의 크기가 30 이상이고 모집단의 분산을 아는 경우의 통계량

$$Z = \frac{X_1 - X_2 - (\mu_{0(1)} - \mu_{0(2)})}{\sqrt{\sigma_1^2/n_1 + \sigma_2^2/n_2}} \sim N(0, 1)$$

- 표본의 크기가 30 이상이고 모집단의 분산을 모르는 경우의 통계량

$$Z = \frac{X_1 - X_2 - (\mu_{0(1)} - \mu_{0(2)})}{\sqrt{S_1^2/n_1 + S_2^2/n_2}} \sim N(0, 1)$$

- 표본의 크기가 30 미만이고 모집단의 분산을 모르지만 두 모집단의 분산이 같다는 것을 알고 있을 경우의 통계량

$$t = \frac{X_1 - X_2 - (\mu_{0(1)} - \mu_{0(2)})}{S_p\sqrt{1/n_1 + 1/n_2}} \sim t_{(n_1 + n_2 - 2)}$$

- 표본의 크기가 30 미만이고 모집단의 분산을 모르지만 두 모집단의 분산이 다르다는 것을 알고 있을 경우의 통계량

$$t = \frac{X_1 - X_2 - (\mu_{0(1)} - \mu_{0(2)})}{\sqrt{S_1^2/n_1 + S_2^2/n_2}} \sim t_{(df)}$$

```python
### 표본의 크기가 30이상이고 모집단의 분산을 아는 경우
# 독립표본 모평균 차이의 추정
from scipy.stats import norm
import numpy as np
x1 = 78 #1번 모집단의 표본평균
x2 = 70 #2번 모집단의 표본평균
sigma1 = 4.8 #1번 모표준편차
sigma2 = 3.1 #2번 모표준편차
n1 = 16 #1번 표본 크기
n2 = 25 #2번 표본 크기
conf_a = 0.05 # 신뢰수준 95%

d = x1 - x2 # 두 모평균의 차이에 대한 점추정 값
SE = np.sqrt(sigma1**2/n1 + sigma2**2/n2)
conf_z = norm.ppf(1-conf_a/2)
ME = conf_z * SE

print("[추정]")
print(" 점 추정량: {:.3f}".format(d))
print(" 구간 추정량: {:.3f}~{:.3f}".format(d-ME, d+ME))
print(" 오차의 한계: {:.3f}".format(ME))
```

[추정]
 점 추정량: 8.000
 구간 추정량: 5.353~10.647
 오차의 한계: 2.647

```python
# 독립표본 모평균 차이의 가설검정
# H0: 모평균의 차 = D0, H1: 모평균의 차 != D0
test_a = 0.05
d0=0
d = x1 - x2
df = n1+n2-2
SE = np.sqrt(sigma1**2/n1 + sigma2**2/n2)
zstat = (x1-x2-d0)/SE

#단측(one)/양측(two)검정에 따른 유의확률과 임계값
ways = 'two' #'two', 'one-right(H1: 모평균의 차>D0)', 'one-left(H1: 모평균의 차<D0)'
if ways == 'two':
    sp = (1-norm.cdf(np.abs(zstat)))*2
    cv = norm.ppf(1-test_a/2)
    cv = "+/- {:.3f}".format(cv)
elif ways == 'one-right':
    sp = 1-norm.cdf(zstat)
    cv = norm.ppf(1-test_a)
    cv = "{:.3f}".format(cv)
elif ways == 'one-left':
    sp = norm.cdf(zstat)
    cv = norm.ppf(test_a)
    cv = "{:.3f}".format(cv)
```

```
25  print("[검정]") # 귀무가설 기각할 수 있음
26  print(" 임계값: {}, 검정통계량: {:.3f}".format(cv, zstat))
27  print(" 유의수준: {:.3f}, 유의확률: {:.3f}".format(test_a, sp))
```

[검정]
 임계값: +/- 1.960, 검정통계량: 5.923
 유의수준: 0.050, 유의확률: 0.000

```
1   ### 표본의 크기가 30 미만이고 모집단의 분산을 모르지만 같다는 것을 알고 있을 경우
2   # 독립표본 모평균 차이의 추정
3   from scipy.stats import t
4   x1 = 85 #1번 모집단의 표본평균
5   x2 = 81 #2번 모집단의 표본평균
6   s1 = 4 #1번 표본표준편차
7   s2 = 5 #2번 표본표준편차
8   n1 = 12 #1번 표본 크기
9   n2 = 10 #2번 표본 크기
10  conf_a = 0.05 # 신뢰수준 95%
11
12  d = x1 - x2
13  df = n1+n2-2 #자유도
14  pv = (s1**2*(n1-1) + s2**2*(n2-1)) / df #합동 분산 (pooled variance)
15  SE = np.sqrt(pv) * np.sqrt(1/n1 + 1/n2)
16  conf_t = t.ppf(1-conf_a/2, df) # t분포 활용
17  ME = conf_t * SE
18
19  print("[추정]")
20  print(" 점 추정량: {:.3f}".format(d))
21  print(" 구간 추정량: {:.3f}~{:.3f}".format(d-ME, d+ME))
22  print(" 오차의 한계: {:.3f}".format(ME))
23  print(" 합동분산: {:.2f}".format(pv))
```

[추정]
 점 추정량: 4.000
 구간 추정량: 0.001~7.999
 오차의 한계: 3.999
 합동분산: 20.05

```
1   # 독립표본 모평균 차이의 가설검정
2   # H0: 모평균의 차 = D0, H1: 모평균의 차 != D0
3   test_a = 0.05
4   d0 = 0
5   d = x1 - x2
6   df = n1+n2-2
7   pv = (s1**2*(n1-1) + s2**2*(n2-1)) / df
8   SE = np.sqrt(pv) * np.sqrt(1/n1 + 1/n2)
9   tstat = (x1-x2-d0)/SE
10
11  #단측(one)/양측(two)검정에 따른 유의확률과 임계값
12  ways = 'two' #'two', 'one-right(H1: 모평균의 차>D0)', 'one-left(H1: 모평균의 차<D0)'
13  if ways == 'two':
14      sp = (1-t.cdf(np.abs(tstat), df))*2
```

```
15      cv = t.ppf(1-test_a/2, df)
16      cv = "+/- {:.3f}".format(cv)
17  elif ways == 'one-right':
18      sp = 1-t.cdf(tstat, df)
19      cv = t.ppf(1-test_a, df)
20      cv = "{:.3f}".format(cv)
21  elif ways == 'one-left':
22      sp = t.cdf(tstat, df)
23      cv = t.ppf(test_a, df)
24      cv = "{:.3f}".format(cv)
25
26  print("[검정]") # 귀무가설 기각할 수 있음
27  print(" 임계값: {}, 검정통계량: {:.3f}".format(cv, tstat))
28  print(" 유의수준: {:.3f}, 유의확률: {:.3f}".format(test_a, sp))
```

[검정]
임계값: +/- 2.086, 검정통계량: 2.086
유의수준: 0.050, 유의확률: 0.050

```
1  ### 표본의 크기가 30 미만이고 모집단의 분산을 모르지만 다르다고 알고 있을 경우
2  # 독립표본 모평균 차이의 추정
3  from scipy.stats import t
4  x1 = 85 #1번 모집단의 표본평균
5  x2 = 81 #2번 모집단의 표본평균
6  s1 = 4 #1번 표본표준편차
7  s2 = 5 #2번 표본표준편차
8  n1 = 12 #1번 표본 크기
9  n2 = 10 #2번 표본 크기
10 conf_a = 0.05 # 신뢰수준 95%
11
12 d = x1 - x2
13 df = ((s1**2)/n1 + (s2**2)/n2)**2 / (1/(n1-1)*((s1**2)/n1)**2 + 1/(n2-1)*
    ((s2**2)/n2)**2)
14 SE = np.sqrt(s1**2/n1 + s2**2/n2)
15 conf_t = t.ppf(1-conf_a/2, df)
16 ME = conf_t * SE
17
18 print("[추정]")
19 print(" 점 추정량: {:.3f}".format(d))
20 print(" 구간 추정량: {:.3f}~{:.3f}".format(d-ME, d+ME))
21 print(" 오차의 한계: {:.3f}".format(ME))
22 print(" 자유도: {:.2f}".format(df))
```

[추정]
점 추정량: 4.000
구간 추정량: -0.128~8.128
오차의 한계: 4.128
자유도: 17.17

```python
1  # 독립표본 모평균 차이의 가설검정
2  # H0: 모평균의 차 = D0, H1: 모평균의 차 != D0
3  test_a = 0.05
4  d0 = 0
5  d = x1 - x2
6  df = ((s1**2)/n1 + (s2**2)/n2)**2 / (1/(n1-1)*((s1**2)/n1)**2 + 1/(n2-1)*
   ((s2**2)/n2)**2)
7  SE = np.sqrt(s1**2/n1 + s2**2/n2)
8  tstat = (x1-x2-d0)/SE
9
10 #단측(one)/양측(two)검정에 따른 유의확률과 임계값
11 ways = 'two' #'two', 'one-right(H1: 모평균 차>D0)', 'one-left(H1: 모평균 차<D0)'
12 if ways == 'two':
13     sp = (1-t.cdf(np.abs(tstat), df))*2
14     cv = t.ppf(1-test_a/2, df)
15     cv = "+/- {:.3f}".format(cv)
16 elif ways == 'one-right':
17     sp = 1-t.cdf(tstat, df)
18     cv = t.ppf(1-test_a, df)
19     cv = "{:.3f}".format(cv)
20 elif ways == 'one-left':
21     sp = t.cdf(tstat, df)
22     cv = t.ppf(test_a, df)
23     cv = "{:.3f}".format(cv)
24 print("[검정]") # 귀무가설을 기각할 수 없음!
25 print(" 임계값: {}, 검정통계량: {:.3f}".format(cv, tstat))
26 print(" 유의수준: {:.3f}, 유의확률: {:.3f}".format(test_a, sp))
```

[검정]
 임계값: +/- 2.108, 검정통계량: 2.043
 유의수준: 0.050, 유의확률: 0.057

```python
1  # 라이브러리를 통한 독립표본 t-test
2  from scipy.stats import ttest_ind
3  X1 = [1,3,5,7,9]
4  X2 = [9,11,13,15]
5
6  # equal_var: 모집단의 분산이 동일한지 여부
7  # alternative: 대립가설의 형태 'two-sided', 'less', 'greater'
8  tstat, p = ttest_ind(X1, X2, equal_var = True, alternative='two-sided')
9  print("[라이브러리 검정] equal_var = True, alternative='two-sided'")
10 print(" 검정통계량: {:.3f}, 유의확률: {:.3f}\n".format(tstat, p))
11
12 tstat, p = ttest_ind(X1, X2, equal_var = False, alternative='two-sided')
13 print("[라이브러리 검정] equal_var = False, alternative='two-sided'")
14 print(" 검정통계량: {:.3f}, 유의확률: {:.3f}".format(tstat, p))
15 # 두 경우 모두 귀무가설을 기각 할 수 있다.
```

[라이브러리 검정] equal_var = True, alternative='two-sided'
 검정통계량: -3.564, 유의확률: 0.009

[라이브러리 검정] equal_var = False, alternative='two-sided'
 검정통계량: -3.656, 유의확률: 0.008

대응표본 모평균 차이의 추정과 가설 검정: Z분포, t분포

[$\mu_1 - \mu_2$: 모평균의 차, D_0: 귀무가설의 모평균의 차, D: 표본평균의 차, S_D: 각 대응표본의 차의 표본표준편차, n: 표본의 크기, $z_{\frac{\alpha}{2}}$: 신뢰계수, $t_{\frac{\alpha}{2}, n-1}$: 신뢰계수]

[추정]

- 표본의 크기가 30 이상인 경우

$$Z = \frac{D-(\mu_1-\mu_2)}{S_D/\sqrt{n}} \sim N(0,1)$$

**각 대응표본의 차의 표본분산 $S_D^2 = \frac{\Sigma(D_i-D)^2}{n-1}$

$$\overline{D} - z_{\frac{\alpha}{2}}S_D/\sqrt{n} < \mu_1 - \mu_2 < \overline{D} + z_{\frac{\alpha}{2}}S_D/\sqrt{n}$$

- 표본의 크기가 30 미만인 경우

$$t = \frac{D-(\mu_1-\mu_2)}{S_D/\sqrt{n}} \sim t_{(n-1)}$$

**각 대응표본의 차의 표본분산 $S_D^2 = \frac{\Sigma(D_i-D)^2}{n-1}$

$$\overline{D} - t_{\frac{\alpha}{2}, n-1}S_D/\sqrt{n} < \mu_1 - \mu_2 < \overline{D} + t_{\frac{\alpha}{2}, n-1}S_D/\sqrt{n}$$

[가설 검정] 아래 t분포를 활용한 검정을 '대응표본 t검정'이라고 한다.

- 표본의 크기가 30 이상인 경우의 통계량

$$Z = \frac{D-D_0}{S_D/\sqrt{n}} \sim N(0,1)$$

**각 대응표본의 차의 표본분산 $S_D^2 = \frac{\Sigma(D_i-D)^2}{n-1}$

- 표본의 크기가 30 미만인 경우의 통계량

$$t = \frac{D-D_0}{S_D/\sqrt{n}} \sim t_{(n-1)}$$

**각 대응표본의 차의 표본분산 $S_D^2 = \frac{\Sigma(D_i-D)^2}{n-1}$

```python
### 표본의 크기가 30미만인 경우
# 대응표본 모평균 차이의 추정
from scipy.stats import t
import numpy as np
x1 = np.array([75, 83, 96, 77, 81, 90, 82, 67, 94, 85, 78, 82, 96, 80, 87, 81])
x2 = np.array([80, 90, 92, 75, 86, 90, 81, 70, 89, 88, 82, 79, 91, 90, 78, 89])
n = len(x1)
df = n-1
conf_a = 0.05

d = x1 - x2 #두 데이터의 차이
d_mean = np.mean(d) #두 데이터 차이의 평균
d_std = np.sqrt(1/df * sum((d-d_mean)**2)) #두 데이터 차이의 표준편차
SE = d_std / np.sqrt(n)
conf_t = t.ppf(1-conf_a/2, df)
ME = conf_t * SE

print("[추정]")
print(" 점 추정량: {:.3f}".format(d_mean))
print(" 구간 추정량: {:.3f}~{:.3f}".format(d_mean-ME, d_mean+ME))
print(" 오차의 한계: {:.3f}".format(ME))
```

[추정]
점 추정량: -1.000
구간 추정량: -3.893~1.893
오차의 한계: 2.893

```python
# 대응표본 모평균 차이의 가설검정
# H0: 모평균의 차 = D0, H1: 모평균의 차 != D0
test_a = 0.05
d0 = 0
d = x1 - x2
d_mean = np.mean(d)
d_std = np.sqrt(1/df * sum((d-d_mean)**2))
SE = d_std / np.sqrt(n)
tstat = (d_mean - d0) / SE

#단측(one)/양측(two)검정에 따른 유의확률과 임계값
ways = 'two' #'two', 'one-right(H1: 모평균의 차>D0)', 'one-left(H1: 모평균의 차<D0)'
if ways == 'two':
    sp = (1-t.cdf(np.abs(tstat), df))*2
    cv = t.ppf(1-test_a/2, df)
    cv = "+/- {:.3f}".format(cv)
elif ways == 'one-right':
    sp = 1-t.cdf(tstat, df)
    cv = t.ppf(1-test_a, df)
    cv = "{:.3f}".format(cv)
elif ways == 'one-left':
    sp = t.cdf(tstat, df)
    cv = t.ppf(test_a, df)
    cv = "{:.3f}".format(cv)

```

```python
26 print("[검정]") # 귀무가설을 기각할 수 없음!
27 print(" 임계값: {}, 검정통계량: {:.3f}".format(cv, tstat))
28 print(" 유의수준: {:.3f}, 유의확률: {:.3f}".format(test_a, sp))
```

[검정]
 임계값: +/- 2.131, 검정통계량: -0.737
 유의수준: 0.050, 유의확률: 0.473

```python
1 from scipy.stats import ttest_rel
2 tstat, p = ttest_rel(x1, x2, alternative='two-sided')
3 print("[라이브러리 검정]")
4 print(" 검정통계량: {:.3f}, 유의확률: {:.3f}".format(tstat, p))
```

[라이브러리 검정]
 검정통계량: -0.737, 유의확률: 0.473

```python
1 ### 표본의 크기가 30이상인 경우
2 # 대응표본 모평균 차이의 추정
3 from scipy.stats import norm
4 import numpy as np
5 np.random.seed(0) # 랜덤 시드 고정
6 x1 = np.random.randint(80, 100, 40) # 80~100 사이의 숫자를 랜덤으로 40개 추출
7 x2 = np.random.randint(80, 100, 40) # 80~100 사이의 숫자를 랜덤으로 40개 추출
8 n = len(x1)
9 df = n-1
10 conf_a = 0.05
11
12 d = x1 - x2 #두 데이터의 차이
13 d_mean = np.mean(d) #두 데이터 차이의 평균
14 d_std = np.sqrt(1/df * sum((d-d_mean)**2)) #두 데이터 차이의 표준편차
15 SE = d_std / np.sqrt(n)
16 conf_z = norm.ppf(1-conf_a/2)
17 ME = conf_z * SE
18
19 print("[추정]")
20 print(" 점 추정량: {:.3f}".format(d_mean))
21 print(" 구간 추정량: {:.3f}~{:.3f}".format(d_mean-ME, d_mean+ME))
22 print(" 오차의 한계: {:.3f}".format(ME))
```

[추정]
 점 추정량: 2.275
 구간 추정량: -0.506~5.056
 오차의 한계: 2.781

```python
1 # 대응표본 모평균 차이의 가설검정
2 # H0: 모평균의 차 = D0, H1: 모평균의 차 != D0
3 test_a = 0.05
4 d0 = 0
5 d = x1 - x2
6 d_mean = np.mean(d)
7 d_std = np.sqrt(1/df * sum((d-d_mean)**2))
8 SE = d_std / np.sqrt(n)
9 zstat = (d_mean - d0) / SE
```

```python
11  #단측(one)/양측(two)검정에 따른 유의확률과 임계값
12  ways = 'two' #'two', 'one-right(H1: 모평균의 차>D0)', 'one-left(H1: 모평균의 차<D0)'
13  if ways == 'two':
14      sp = (1-norm.cdf(np.abs(zstat)))*2
15      cv = norm.ppf(1-test_a/2)
16      cv = "+/- {:.3f}".format(cv)
17  elif ways == 'one-right':
18      sp = 1-norm.cdf(zstat)
19      cv = norm.ppf(1-test_a)
20      cv = "{:.3f}".format(cv)
21  elif ways == 'one-left':
22      sp = norm.cdf(zstat)
23      cv = norm.ppf(test_a)
24      cv = "{:.3f}".format(cv)
25
26  print("[검정]") # 귀무가설을 기각할 수 없음!
27  print(" 임계값: {}, 검정통계량: {:.3f}".format(cv, zstat))
28  print(" 유의수준: {:.3f}, 유의확률: {:.3f}".format(test_a, sp))
```

[검정]
 임계값: +/- 1.960, 검정통계량: 1.604
 유의수준: 0.050, 유의확률: 0.109

```python
1  from scipy.stats import ttest_rel
2  tstat, p = ttest_rel(x1, x2, alternative='two-sided')
3  print("[라이브러리 검정]")
4  print(" 검정통계량: {:.3f}, 유의확률: {:.3f}".format(tstat, p))
5
6  ## 표본의 크기가 30이상인 경우, t분포 대신 z분포를 사용할 수 있다. 윗 블럭의 [검정]은
   z분포를 사용한 결과이고, [라이브러리 검정]은 t분포를 사용한 결과인데 검정통계량은 동
   일하고 유의확률은 약간의 차이를 보이는 것을 알 수 있다.
```

[라이브러리 검정]
 검정통계량: 1.604, 유의확률: 0.117

모비율 차이의 추정과 가설 검정: Z분포

[$p_1 - p_2$: 모비율의 차, D_0: 귀무가설의 모비율의 차, $\hat{p}_1 - \hat{p}_2$: 표본비율의 차, $\hat{p}$: 합동표본비율, n_1, n_2: 각 표본의 크기, $z_{\frac{\alpha}{2}}$: 신뢰계수]

[추정]

- $Z = \dfrac{\hat{p}_1 - \hat{p}_2 - (p_1 - p_2)}{\sqrt{\dfrac{\hat{p}_1(1-\hat{p}_1)}{n_1} + \dfrac{\hat{p}_2(1-\hat{p}_2)}{n_2}}} \sim N(0,1)$

$\hat{p}_1 - \hat{p}_2 - z_{\frac{\alpha}{2}} \sqrt{\dfrac{\hat{p}_1(1-\hat{p}_1)}{n_1} + \dfrac{\hat{p}_2(1-\hat{p}_2)}{n_2}} < p_1 - p_2 < \hat{p}_1 - \hat{p}_2 + z_{\frac{\alpha}{2}} \sqrt{\dfrac{\hat{p}_1(1-\hat{p}_1)}{n_1} + \dfrac{\hat{p}_2(1-\hat{p}_2)}{n_2}}$

[가설 검정]

- $Z = \dfrac{\hat{p}_1 - \hat{p}_2 - (D_0)}{\sqrt{\hat{p}(1-\hat{p})(\dfrac{1}{n_1} + \dfrac{1}{n_2})}} \sim N(0,1)$

**합동표본비율 $\hat{p} = \dfrac{n_1 \hat{p}_1 + n_2 \hat{p}_2}{n_1 + n_2}$

```
1  # 독립표본 모비율 차이의 추정
2  n1 = 250 # 캠페인 후의 인지도 (관심 있는 대상)
3  p1 = 120/250
4  n2 = 150 # 캠페인 전의 인지도
5  p2 = 60/150
6  conf_a = 0.05
7
8  from scipy.stats import norm
9  d = p1 - p2
10 conf_z = norm.ppf(1-conf_a/2)
11 SE1 = np.sqrt( p1*(1-p1)/n1 + p2*(1-p2)/n2 )   #대표본 근사 분산을 사용한 SE
12 ME1 = conf_z * SE1
13
14 print("[추정]")
15 print(" 점 추정량: {:.3f}".format(d))
16 print(" 구간 추정량: {:.3f}~{:.3f}".format(d-ME1, d+ME1))
17 print(" 오차의 한계: {:.3f}".format(ME1))
```

[추정]
 점 추정량: 0.080
 구간 추정량: -0.020~0.180
 오차의 한계: 0.100

```python
1  # 독립표본 모비율 차이의 가설 검정
2  # H0: 모비율의 차 = D0, H1: 모비율의 차 > D0  *캠페인 후의 인지도가 증가 여부를 검정
3  test_a = 0.05
4  d0 = 0
5
6  pe = (n1*p1+n2*p2) / (n1+n2) #합동표본비율
7  SE2 = np.sqrt( pe*(1-pe)*(1/n1+1/n2)) # 합동 분산을 사용한 SE
8  zstat = (d-d0) / SE2 #검정통계량
9
10 #단측(one)/양측(two)검정에 따른 유의확률과 임계값
11 ways = 'one-right' #'two', 'one-right(H1:모비율 차>D0)', 'one-left(H1:모비율 차<D0)'
12 if ways == 'two':
13     sp = (1-norm.cdf(np.abs(zstat)))*2
14     cv = norm.ppf(1-test_a/2)
15     cv = "+/-{:.3f}".format(cv)
16 elif ways == 'one-right':
17     sp = 1-norm.cdf(zstat)
18     cv = norm.ppf(1-test_a)
19     cv = "{:.3f}".format(cv)
20 elif ways == 'one-left':
21     sp = norm.cdf(zstat)
22     cv = norm.ppf(test_a)
23     cv = "{:.3f}".format(cv)
24
25 print("[검정]") # 귀무가설을 기각할 수 없음!
26 print("  임계값: {}, 검정통계량: {:.3f}".format(cv, zstat))
27 print("  유의수준: {:.3f}, 유의확률: {:.3f}".format(test_a, sp))
```

[검정]
  임계값: 1.645, 검정통계량: 1.557
  유의수준: 0.050, 유의확률: 0.060

모분산 비의 추정과 가설 검정: F분포

두 모집단의 분산을 비교하는 경우 분산의 차이를 비교하지 않고 분산의 비를 계산한다. 이 분산 비가 1보다 큰지 작은지 여부를 확인한다.

[σ_1, σ_2: 각 모표준편차, S_1, S_2: 각 표본표준편차, m, n: 각 표본의 크기,

  $F_{1-\frac{\alpha}{2}, n-1, m-1}$: 신뢰계수]

[추정]

- $F = \left(\frac{S_1^2/\sigma_1^2}{S_2^2/\sigma_2^2}\right) = \frac{\frac{(m-1)S_1^2}{\sigma_1^2}/(m-1)}{\frac{(n-1)S_2^2}{\sigma_2^2}/(n-1)} \sim F_{(m-1, n-1)}$

- $F_{1-\frac{\alpha}{2}, n-1, m-1} S_1^2/S_2^2 < \sigma_1^2/\sigma_2^2 < F_{\frac{\alpha}{2}, n-1, m-1} S_1^2/S_2^2$

[가설 검정]

- $F = S_1^2/S_2^2 \quad \sim F_{(m-1, n-1)}$

[F분포의 특성]

- $\dfrac{1}{F_{\left(1-\frac{\alpha}{2}, m-1, n-1\right)}} = F_{\left(\frac{\alpha}{2}, n-1, m-1\right)}$

```
1  # 모분산 비의 추정
2  import numpy as np
3  from scipy.stats import f
4  sample1 = [272, 255, 278, 282, 296, 312, 356, 296, 302, 312]
5  sample2 = [276, 280, 369, 285, 303, 317, 290, 250, 313, 307]
6  n1 = len(sample1)
7  n2 = len(sample2)
8  df1 = n1-1
9  df2 = n2-1
10 v1 = np.std(sample1, ddof=1)**2 #표본분산1
11 v2 = np.std(sample2, ddof=1)**2 #표본분산2
12 conf_a = 0.05
13 fstat = v1/v2
14 f1 = f.ppf(conf_a/2, df2,df1)
15 f2 = f.ppf(1-conf_a/2, df2,df1)
16 CR1 = f1 * fstat
17 CR2 = f2 * fstat
```

```
18  print("[추정]")
19  print(" 점 추정량: {:.3f}".format(fstat))
20  print(" 구간 추정량: {:.3f}~{:.3f}".format(CR1, CR2))
```

[추정]
 점 추정량: 0.764
 구간 추정량: 0.190~3.075

```
1   # 모분산 비의 가설 검정
2   v0 = 1
3   test_a = 0.05
4   # H0: 모분산1 = 모분산2, H1: 모분산1 < 모분산2
5   #단측(one)/양측(two)검정에 따른 유의확률과 임계값
6   ways = 'one-left' #'two', 'one-right(모분산1>모분산2)', 'one-left(모분산1<모분산2)'
7   if ways == 'two':
8       if f.cdf(fstat, df1, df2) < 0.5:
9           sp = (f.cdf(fstat, df1, df2))*2
10      else:
11          sp = (1-f.cdf(fstat, df1, df2))*2
12      cv1 = f.ppf(test_a/2, df1, df2)
13      cv2 = f.ppf(1-test_a/2, df1, df2)
14      cv = "{:.3f}와 {:.3f}".format(cv1, cv2)
15  elif ways == 'one-right':
16      sp = 1-f.cdf(fstat, df1, df2)
17      cv = f.ppf(1-test_a, df1, df2)
18      cv = "{:.3f}".format(cv)
19  elif ways == 'one-left':
20      sp = f.cdf(fstat, df1, df2)
21      cv = f.ppf(test_a, df1, df2)
22      cv = "{:.3f}".format(cv)
23
24  print("[검정]") # 귀무가설을 기각할 수 없음!
25  print(" 임계값: {}, 검정통계량: {:.3f}".format(cv, fstat))
26  print(" 유의수준: {:.3f}, 유의확률: {:.3f}".format(test_a, sp))
```

[검정]
 임계값: 0.315, 검정통계량: 0.764
 유의수준: 0.050, 유의확률: 0.347

5-3. 분산분석의 가정

분산분석은 3개 이상의 집단의 모평균 차이를 검정하기 위해 전체 제곱합과 자유도를 처리와 오차로 분할하는 과정이다. 분산분석을 시행하려면 가정을 충족해야 하는데 각 표본의 반응변수는 정규분포여야 하고(정규성), 모든 집단의 반응변수의 분산이 동일해야 하며(등분산성), 각 관찰값은 독립적이어야(독립성) 한다. 일반적으로 수집한 관찰값은 독립적으로 수집되었다고 보기 때문에 독립성 검정은 진행하지 않는 편이다. 반면, 분산분석을 진행하기 전 샘플의 정규성과 등분산성 검정을 통해 가정을 충족하는지 여부를 확인한다.

- 정규성 검정 방법: Shapiro(소규모 샘플), Anderson-Darling(대규모 샘플), 콜모고로프 스미르노프(Kolmogorov-Smirnov), Jarque-Bera, QQ plot 등
- 정규성 검정 가설 수립:
  귀무가설(H_0): 표본의 모집단이 정규 분포와 차이가 없다. (정규성 만족)
  대립가설(H_1): 표본의 모집단이 정규 분포와 차이가 있다. (정규성 불만족)

- 등분산 검정 방법: Bartlett 검정(정규성 만족하는 샘플), Levene 검정(정규성 만족하지 않는 샘플)
- 등분산 검정 가설 수립:
  귀무가설(H_0): 집단 간 모분산에는 차이가 없다. (등분산 만족)
  대립가설(H_1): 집단 간 모분산이 모두 같다고 할 수 없다. (등분산 불만족)

정규성 검정

```
1  # 정규성 만족하는 데이터 생성하기
2  from scipy.stats import norm
3  data = norm.rvs(size=100, random_state=0) # 정규성을 만족하는 크기 100의 표본 생성
4  print(data[:5])
```
[1.76405235 0.40015721 0.97873798 2.2408932   1.86755799]

```python
# 정규성 검정
from scipy.stats import shapiro, anderson, jarque_bera, kstest, zscore, probplot
# H0: 표본 모집단이 정규성을 만족한다, H1: 표본 모집단이 정규성을 만족하지 않는다.

#shapiro: 검정통계량, p-value를 반환
sstat, p = shapiro(data)
print('shapiro: {:.3f} (p {:.3f})'.format(sstat, p))

#darling anderson: 검정통계량, 임계치, 유의수준을 반환
dstat, cv, sl = anderson(data, dist='norm')
print('anderson: {:..3f} (critical value {:.3f}, significant level {:..2f})'.format(dstat, cv[2], sl[2]*0.01))

#kstest(콜모고로프 스미르노프): 검정통계량, p-value를 반환
kstat, p = kstest(data, cdf = norm.cdf)
print('kstest_normal: {:..3f} (p {:..3f})'.format(kstat, p))

#jarque_bera: 검정통계량, p-value, 왜도(skew), 첨도(kurtosis)를 반환
jstat, p = jarque_bera(data)
print('jarque_bera: {:..3f} (p {:..3f})\n'.format(jstat, p))

#QQ Plot and histogram
from matplotlib import pyplot as plt
zdata = zscore(data)
fig, ax = plt.subplots(1, 2, figsize=(10, 3))

# QQ plot: 데이터들이 대각선에 붙어 있을 수록 정규성을 만족하는 것으로 본다.
(osm, odr), (slope, intercept, r) = probplot(zdata, plot=ax[0])
ax[0].set_title('QQ plot')

# histogram
ax[1].hist(data)
ax[1].set_title('histogram')
plt.show()

## 모든 검정에서 정규성을 만족하는 것으로 나왔다.
```

```
shapiro: 0.993 (p 0.869)
anderson: 0.181 (critical value 0.759, significant level 0.05)
kstest_normal: 0.058 (p 0.867)
jarque_bera: 0.597 (p 0.742)
```

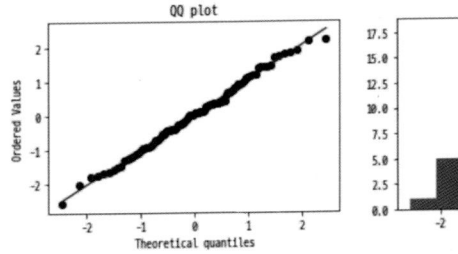

k표본 등분산 검정 (Levene)

```
1  # 표본 수가 동일한 Levene 검정
2  from pandas import DataFrame
3  data = DataFrame({"fac1":[48, 54, 57, 54, 62], 'fac2':[73,63,66,64,74], 'fac3':
   [51,63,61,54,56]})
4  test_a = 0.05
5  # H0: 모든 그룹들의 모분산은 동일하다, H1: 그룹들 중 적어도 한 그룹의 모분산이 동일하
   지 않다.
6
7  # 수기 검정
8  n1 = len(data['fac1'])
9  n2 = len(data['fac2'])
10 n3 = len(data['fac3'])
11 N = n1+n2+n3 #총표본수
12 k = data.shape[1]#시료 그룹의 수 (수준수)
13 df1 = k-1 #모집단 자유도
14 df2 = N-k #오차 자유도
15 df3 = N-1 #전체 자유도
16
17 means = np.array(data.mean(axis=0)) #모집단별 평균, 각 수준의 평균
18 zij1 = np.abs(data['fac1']-means[0])
19 zij2 = np.abs(data['fac2']-means[1])
20 zij3 = np.abs(data['fac3']-means[2])
21 zi1 = zij1.mean()
22 zi2 = zij2.mean()
23 zi3 = zij3.mean()
24 z = (zij1.sum()+zij2.sum()+zij3.sum())/(len(zij1)+len(zij2)+len(zij3))
25 #z = 전체 zij의 평균
26
27 F = (N-k) / (k-1) * ( n1*(zi1-z)**2 + n2*(zi2-z)**2 + n3*(zi3-z)**2) / sum( zij1-
   zi1)**2 + (zij2-zi2)**2 + (zij3-zi3)**2 )
28
29 from scipy.stats import f
30 cv = f.ppf(1-test_a, df1, df2) #cv보다 크면 기각
31 sp = 1-f.cdf(F, df1, df2)
32
33 print("[수기 검정]") #귀무가설을 기각할 수 없음!
34 print(" 오른쪽 검정의 임계값: {:.3f}, 검정통계량: {:.3f}".format(cv, F))
35 print(" 유의수준: {:.3f}, 유의확률: {:.3f}".format(test_a, sp))
```

[수기 검정]
 오른쪽 검정의 임계값: 3.885, 검정통계량: 0.145
 유의수준: 0.050, 유의확률: 0.867

```
1  # 라이브러리 검정: 표본 수가 같든지 다르든지 상관이 없다.
2  from scipy.stats import levene
3  lstat, p = levene(data['fac1'], data['fac2'], data['fac3'], center='mean')
4  print("[라이브러리 검정]") #귀무가설을 기각할 수 없음!
5  print(" stat {:.3f}, p-value {:.3f}".format(lstat, p))
```

[라이브러리 검정]
 stat 0.145, p-value 0.867

```python
1  # 표본 수가 다른 Levene 검정
2  from pandas import DataFrame
3  data = [[36,41,42,49], [40,48,39,45,44], [35,37,42,34,32]]
4  test_a = 0.05
5
6  means = [] #모집단(수준)별 평균
7  N = 0 #표본 전체 개수
8  k_sample_n = [] #모집단(수준) 별 표본개수
9  for d in data:
10     means.append(np.mean(d))
11     N += len(d)
12     k_sample_n.append(len(d))
13 k_sample_n = np.array(k_sample_n)
14
15 k = len(k_sample_n) #수준의 수
16 n1 = k_sample_n[0]
17 n2 = k_sample_n[1]
18 n3 = k_sample_n[2]
19 df3 = N-1 #전체 자유도
20 df1 = k-1 #모집단 자유도
21 df2 = N-k #오차 자유도
22 zij1 = np.abs(data[0]-means[0])
23 zij2 = np.abs(data[1]-means[1])
24 zij3 = np.abs(data[2]-means[2])
25 zi1 = zij1.mean()
26 zi2 = zij2.mean()
27 zi3 = zij3.mean()
28 z = (zij1.sum()+zij2.sum()+zij3.sum())/(len(zij1)+len(zij2)+len(zij3))
29 #z = 전체 zij의 평균
30
31 F = (N-k) / (k-1) * ( n1*(zi1-z)**2 + n2*(zi2-z)**2 + n3*(zi3-z)**2) / ( sum((zij1-zi1)**2) + sum((zij2-zi2)**2) + sum((zij3-zi3)**2) )
32
33 from scipy.stats import f
34 cv = f.ppf(1-test_a, df1, df2) #cv보다 크면 기각
35 sp = 1-f.cdf(F, df1, df2)
36
37 print("[수기 검정]") #귀무가설을 기각할 수 없음!
38 print(" 오른쪽 검정의 임계값: {:.3f}, 검정통계량: {:.3f}".format(cv, F))
39 print(" 유의수준: {:.3f}, 유의확률: {:.3f}".format(test_a, sp))
```

[수기 검정]
 오른쪽 검정의 임계값: 3.982, 검정통계량: 0.096
 유의수준: 0.050, 유의확률: 0.909

```python
1  # 라이브러리 검정
2  from scipy.stats import levene
3  lstat, p = levene(data[0], data[1], data[2], center='mean')
4  print("[라이브러리 검정]") #귀무가설을 기각할 수 없음!
5  print(" stat {:.3f}, p-value {:.3f}".format(lstat, p))
```

[라이브러리 검정]
 stat 0.096, p-value 0.909

k표본 등분산 검정 (Bartlett)

```python
1  from scipy.stats import bartlett
2  # 정규성 샘플 생성
3  data1 = norm.rvs(size=50, random_state=0)
4  data2 = norm.rvs(size=50, random_state=1)
5  data3 = norm.rvs(size=50, random_state=2)
6
7  bstat, p = bartlett(data1, data2, data3)
8  print("[라이브러리 검정]")
9  print(" stat {:.3f}, p-value {:.3f}".format(bstat, p))
```

```
[라이브러리 검정]
 stat 1.082, p-value 0.582
```

5-4. 분산분석: F분포

분산분석의 모든 가정(정규성, 등분산성, 독립성)을 만족할 때 standard ANOVA를 진행한다. 등분산을 만족하지 않거나 샘플이 불균형인 경우 다음과 같이 각 상황에 맞는 분산분석과 사후검정을 진행한다. 사후검정은, 분산분석을 통해 k개의 집단 중에서 적어도 한 집단의 모평균이 다르다고 판단(대립가설 채택)될 때, 어느 집단 간의 모평균이 다른지 확인하는 과정이다.

- 정규성(O), 등분산(O), 샘플 사이즈 동일(O):

  분산분석: standard ANOVA

  사후검정: Tukey HSD, snk, Dunnett, Duncan, REGWQ, REGWF

- 정규성(O), 등분산(O), 샘플 사이즈 동일(X):

  분산분석: standard ANOVA

  사후검정: Fisher's LSD, Scheffe, Dunnett, Tukey HSD, Bonferroni, sidak, Hochberg GT2, Gabrial

- 정규성(O), 등분산(X):

  분산분석: Welch's ANOVA, Brown-Forsythe ANOVA

  사후검정: GamesHowell, Dunnett T3, Dunnett C, Tamhane T2

standard ANOVA는 종속변수와 독립변수의 개수에 따라서 다시 여러가지로 구분할 수 있다. 종속변수가 1개, 독립변수가 1개인 경우 일원배치 분산분석(One-way ANOVA)을 실시하고, 종속변수가 1개, 독립변수가 2개일 때 이원배치 분산분석(Two-way ANOVA)을 실시하며, 종속변수가 1개이고, 독립변수가 3개 이상인 경우 multi-way ANOVA를 실시한다. 종속변수가 2개 이상인 경우에는 다변량 분산분석(MANOVA, Multivariate analysis of variance)을 실시한다.

일원배치 분산분석(One-way ANOVA)은 집단을 나타내는 변수인 인자의 수가 1개인 경우이며 완전확률화계획법(CRD, Completely randomized design)이라고도 한다. 모집단의 수에는 제한이 없으며 각 표본의 수는 같지 않아도 된다. F검정 통계량을 이용한다.

- 귀무가설(H_0): 집단 간 모평균에는 차이가 없다.
- 대립가설(H_1): 집단 간 모평균이 모두 같다고 할 수 없다. (적어도 하나의 모평균이 다르다)

등분산인 one-way ANOVA

```
1  # one-way ANOVA (수준 별 샘플 사이즈가 동일한 완전확률화계획법)
2  ## 각 수준의 모집단이 정규분포를 따르고 분산이 동일하다고 가정한다.
3  data = DataFrame({"A0":[76,80,78,79,83,74],
4                    'A1':[82,75,83,78,85,80],
5                    'A2':[79,87,88,86,84,82],
6                    'A3':[81,74,76,78,73,70]})
7
8  print("[데이터 확인]\n", data)
```

[데이터 확인]
```
   A0  A1  A2  A3
0  76  82  79  81
1  80  75  87  74
2  78  83  88  76
3  79  78  86  78
4  83  85  84  73
5  74  80  82  70
```

```
1  #H0: 모든 모집단의 평균이 동일하다
2  #H1: 모든 모집단 평균이 동일한 것은 아니다
3  test_a = 0.05
4  means = np.array(data.mean(axis=0)) #모집단(수준)별 평균
5  mu = np.mean(data.values) #전체 평균
6  Vs = np.array(data.std(axis=0, ddof=1)**2) #모집단(수준)별 분산
7  n = len(data.values.flatten()) #표본 전체 개수
8  k = data.shape[0] #모집단 별 표본개수
9  level = data.shape[1] #모집단(수준)의 개수
10 dfr = level-1 #모집단(수준) 자유도
11 dfe = n - dfr -1 #오차 자유도
12
13 print("[수기 검정]")
14 print(" 수준별 평균\n", means)
15 print(" 수준별 표본의 분산\n", Vs)
16 print(" 자유도 {}, {}".format(dfr, dfe))
```

[수기 검정]
 수준별 평균
 [78.33333333 80.5   84.33333333 75.33333333]
 수준별 표본의 분산
 [9.86666667 13.1   11.46666667 15.06666667]
 자유도 3, 20

```
1  SSTR = (k * (means - mu)**2).sum() #처리제곱: 처리 평균들과 전체 평균의 제곱합
2  SSE = ((k-1) * Vs).sum() #오차제곱: 처리분산들과 오차 자유도를 곱한 합
3  SST = ((data.values - mu)**2).sum() #SSTR + SSE
4  MSR = SSTR/dfr
5  MSE = SSE/dfe
6  F = MSR / MSE
7  print(" SSTR: {:.3f}, SSE: {:.3f}, SST: {:.3f}".format(SSTR, SSE, SST))
8  print(" MSR: {:.3f}, MSE: {:.3f}, F: {:.3f}".format(MSR, MSE, F))
```

SSTR: 258.125, SSE: 247.500, SST: 505.625
MSR: 86.042, MSE: 12.375, F: 6.953

```
1  from scipy.stats import f
2  cv = f.ppf(1-test_a, dfr, dfe)
3  sp = 1-f.cdf(F, dfr, dfe)
4  print(" 오른쪽 검정의 임계값: {:.3f}, 검정통계량: {:.3f}".format(cv, F))
5  print(" 유의수준: {:.3f}, 유의확률: {:.3f}".format(test_a, sp))
```

오른쪽 검정의 임계값: 3.098, 검정통계량: 6.953
유의수준: 0.050, 유의확률: 0.002

```
1  print("[라이브러리 검정]")
2  from statsmodels.stats.oneway import anova_oneway
3  oa = anova_oneway(data=data.melt()['value'],
4                    groups=data.melt()['variable'],
5                    use_var = 'equal')
6  print(" stat: {:.3f}, p-value: {:.3f}".format(oa.statistic, oa.pvalue))
```

[라이브러리 검정]
 stat: 6.953, p-value: 0.002

```
1  # 사후 검정 (정규성 O, 등분산 O, 샘플 사이즈 동일 O - Tukey HSD)
2  print("[라이브러리 검정]")
3  from statsmodels.sandbox.stats.multicomp import MultiComparison
4  from scipy.stats import ttest_ind
5  org_data = data.melt()
6  print('data.melt: \n', org_data.head(3))
```

```
[라이브러리 검정]
data.melt:
  variable  value
0       A0     76
1       A0     80
2       A0     78
```

```
1  mc = MultiComparison(data = org_data['value'],
2                       groups = org_data['variable']).tukeyhsd(alpha=0.05)
3  print(mc)
4
5  mc.plot_simultaneous()
6  plt.show()
7  ## 사후 검정 결과, A0-A2, A2-A3 간의 모평균의 차이가 있는 것으로 확인하였다.
8  ## meandiff는 각 그룹간 모평균 차의 점추정량이고, lower~uppwer는 모평균 차의 신뢰구간
     을 나타낸다.
9  ## p-adj는 조정된 p-value로서 유의수준 0.05보다 적은 경우 reject True로 판명되어 귀무
     가설을 기각하게 된다.
```

```
Multiple Comparison of Means - Tukey HSD, FWER=0.05
====================================================
group1 group2 meandiff  p-adj   lower    upper  reject
----------------------------------------------------
    A0     A1   2.1667 0.6946  -3.5183  7.8516  False
    A0     A2      6.0 0.0363   0.3151 11.6849   True
    A0     A3     -3.0   0.47  -8.6849  2.6849  False
    A1     A2   3.8333 0.2648  -1.8516  9.5183  False
    A1     A3  -5.1667 0.0832 -10.8516  0.5183  False
    A2     A3     -9.0 0.0014 -14.6849 -3.3151   True
----------------------------------------------------
```

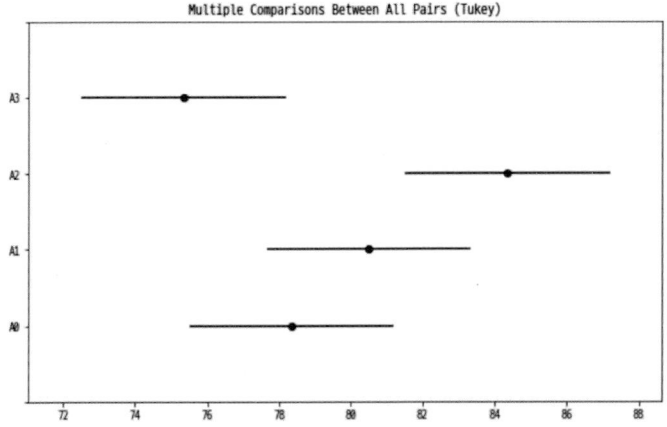

```python
1  # one-way ANOVA (수준 별 샘플 사이즈가 다른 완전확률화계획법)
2  ## 각 수준의 모집단이 정규분포를 따르고 분산이 동일하다고 가정한다.
3  data = [[81,75,69,90,72,83],[65,80,73,79,81,69],[72,67,62,76,80],[89,94,79,88]]
4  data_df = DataFrame(data, index=['A%d' %i for i in range(len(data))]).T
5  data_1d = sum(data, []) # 1d list로 정렬
6  test_a = 0.05
7  print("[데이터 확인]\n", data_df)
```

```
[데이터 확인]
     A0    A1    A2    A3
0  81.0  65.0  72.0  89.0
1  75.0  80.0  67.0  94.0
2  69.0  73.0  62.0  79.0
3  90.0  79.0  76.0  88.0
4  72.0  81.0  80.0   NaN
5  83.0  69.0   NaN   NaN
```

```python
1   #H0: 모든 모집단의 평균이 동일하다
2   #H1: 모든 모집단 평균이 동일한 것은 아니다
3   means = [] #모집단(수준)별 평균
4   Vs = [] #모집단(수준)별 분산
5   n = 0 #표본 전체 개수
6   k = [] #모집단(수준) 별 표본개수
7   for d in data:
8       means.append(np.mean(d))
9       Vs.append(np.std(d, ddof=1)**2)
10      n += len(d)
11      k.append(len(d))
12  mu = np.mean(data_1d) #전체 평균
13  Vs = np.array(Vs)
14  k = np.array(k)
15  dfr = len(k)-1 #모집단 자유도
16  dfe = n - 1 - dfr #오차 자유도
17  print("[수기 검정]")
18  print(" 수준 별 평균\n", means)
19  print(" 수준 별 표본의 분산\n", Vs)
20  print(" 자유도 {}, {}".format(dfr, dfe))
```

```
[수기 검정]
 수준 별 평균
 [78.33333333333333, 74.5, 71.4, 87.5]
 수준 별 표본의 분산
 [60.66666667 43.1        50.8         39.        ]
 자유도 3, 17
```

```python
1  SSTR = (k * (means - mu)**2).sum() #처리제곱: 처리 평균들과 전체 평균의 오차제곱합
2  SSE = ((k-1) * Vs).sum() #오차제곱: 처리분산들과 오차 자유도를 곱한 합
3  SST = ((data_1d - mu)**2).sum() #SSTR + SSE
4  MSR = SSTR/dfr
5  MSE = SSE/dfe
6  F = MSR / MSE
7  print(" SSTR: {:.3f}, SSE: {:.3f}, SST: {:.3f}".format(SSTR, SSE, SST))
8  print(" MSR: {:.3f}, MSE: {:.3f}, F: {:.3f}".format(MSR, MSE, F))
```

```
 SSTR: 643.633, SSE: 839.033, SST: 1482.667
 MSR: 214.544, MSE: 49.355, F: 4.347
```

```
1  from scipy.stats import f
2  cv = f.ppf(1-test_a, dfr, dfe)
3  sp = 1-f.cdf(F, dfr, dfe)
4
5  print(" 오른쪽 검정의 임계값: {:.3f}, 검정통계량: {:.3f}".format(cv, F))
6  print(" 유의수준: {:.3f}, 유의확률: {:.3f}".format(test_a, sp))
```

오른쪽 검정의 임계값: 3.197, 검정통계량: 4.347
유의수준: 0.050, 유의확률: 0.019

```
1  print("[라이브러리 검정]")
2  from scipy.stats import f_oneway
3  oa = f_oneway(*data) # *는 리스트 바깥 괄호를 없앤다. 리스트 압축 해제 기능!
4  # 위와 동일: oa = f_oneway(data[0], data[1], data[2], data[3])
5  print(" stat: {:.3f}, p-value: {:.3f}".format(oa.statistic, oa.pvalue))
```

[라이브러리 검정]
stat: 4.347, p-value: 0.019

```
1  # 사후 검정 (정규성 O, 등분산 O, 샘플 사이즈 동일 X - Bonferroni)
2  print("[라이브러리 검정]")
3  from statsmodels.sandbox.stats.multicomp import MultiComparison
4  from scipy.stats import ttest_ind
5  org_data = data_df.melt().dropna()
6  print('data_df.melt: \n', org_data.head(3))
```

[라이브러리 검정]
data_df.melt:
   variable value
0   A0   81.0
1   A0   75.0
2   A0   69.0

```
1  mc = MultiComparison(data = org_data['value'],
2                       groups = org_data['variable']
3                       ).allpairtest(testfunc = ttest_ind, method='bonf')
4  print(mc[0])
5  ## 사후 검정 결과, 모든 집단의 모평균 차이가 없는 것으로 나타났다.
```

Test Multiple Comparison ttest_ind
FWER=0.05 method=bonf
alphacSidak=0.01, alphacBonf=0.008
===
group1 group2   stat   pval pval_corr reject

   A0   A1   0.9218 0.3783   1.0   False
   A0   A2   1.5262 0.1613   0.9678 False
   A0   A3 -1.9591 0.0858   0.5146 False
   A1   A2   0.7506 0.4721   1.0   False
   A1   A3 -3.1239 0.0141   0.0849 False
   A2   A3 -3.5486 0.0094   0.0562 False

이분산인 one-way ANOVA

```
1  # 파라미터 use_var를 다르게 설정함으로써 다양한 분산분석이 가능하다.
2  #'equal':standard anova, 'unequal': Welch anova, 'bf':Brown-Forsythe
3  data = DataFrame({"A1":[76,80,78,79,83,74], 'A2':[82,75,83,78,85,80], 'A3':
   [79,87,88,86,84,82], 'A4':[81,74,76,78,73,70]})
4  print("[데이터 확인]\n", data)
```

```
[데이터 확인]
   A1  A2  A3  A4
0  76  82  79  81
1  80  75  87  74
2  78  83  88  76
3  79  78  86  78
4  83  85  84  73
5  74  80  82  70
```

```
1  # Welch's one-way ANOVA
2  from statsmodels.stats.oneway import anova_oneway
3  print(" [Welch's one-way ANOVA]")
4  welch = anova_oneway(data=data.melt()['value'], groups=data.melt()['variable'],
5                use_var = 'unequal')
6  print(" stat: {:.3f}, p: {:.3f}".format(welch.statistic, welch.pvalue))#대립가설 채택
```

```
[Welch's one-way ANOVA]
 stat: 6.019, p: 0.011
```

```
1  # Brown-Forsythe one-way ANOVA
2  print(" [Brown-Forsythe one-way ANOVA]")
3  bf = anova_oneway(data=data.melt()['value'],
4                groups=data.melt()['variable'], use_var = 'bf')
5  print(" stat: {:.3f}, p: {:.3f}".format(bf.statistic, bf.pvalue))#대립가설 채택
```

```
[Brown-Forsythe one-way ANOVA]
 stat: 6.953, p: 0.002
```

```
1  # 사후 검정 (정규성 O, 등분산 X - GamesHowell)
2  from pingouin import pairwise_gameshowell
3  org_data = data.melt()
4  gw = pairwise_gameshowell(dv='value', between='variable', data=org_data)
5  print(gw) ## 사후 검정 결과, A1-A3, A3-A4 간의 모평균의 차이가 있는 것으로 확인함
```

```
    A   B    mean(A)    mean(B)      diff        se         T        df  \
0  A1  A2  78.333333  80.500000 -2.166667  1.956471 -1.107436  9.805651
1  A1  A3  78.333333  84.333333 -6.000000  1.885618 -3.181981  9.944065
2  A1  A4  78.333333  75.333333  3.000000  2.038518  1.471657  9.583173
3  A2  A3  80.500000  84.333333 -3.833333  2.023473 -1.894432  9.955991
4  A2  A4  80.500000  75.333333  5.166667  2.166667  2.384615  9.951485
5  A3  A4  84.333333  75.333333  9.000000  2.102908  4.279788  9.819241

       pval    hedges
0  0.679936 -0.590196
1  0.041383 -1.695801
2  0.489353  0.784303
3  0.289890 -1.009616
4  0.143514  1.270854
5  0.007625  2.280865
```

이원배치 분산분석(Two-way ANOVA)은 인자의 수가 2개 이상인 경우의 분산분석이다. 인자의 종류에는 모수인자(Fixed factor)와 변량인자(Random factor)가 있다.
'모수인자+모수인자'의 조합 별 데이터 수가 1개이면 반복이 없는 이원배치 분산분석, 2개 이상이면 반복이 있는 이원배치 분산분석이라고 한다.
'모수인자+변량인자'의 조합 별 데이터 수가 1개이면 난괴법 혹은 확률화블럭계획법(RBD, Randomized block design), 2개 이상이면 반복이 있는 이원배치 혼합모형(Mixed model)이라고 한다.

- 귀무가설(H_0): 변수A에 따른 종속변수 값에는 차이가 없고, 변수B에 따른 종속변수 값에도 차이가 없으며, A-B의 상호작용 효과가 없다.
- 대립가설(H_1): 변수A에 따른 종속변수의 값에 차이가 있거나, 변수B에 따른 종속변수의 값에 차이가 있거나, A와 B의 상호작용 효과가 있다.
- 사후검정: '모수인자+모수인자' 조합인 경우, A, B 사이에 상관관계가 있는지 살펴보는 교호작용(Interaction effect, 두 독립변수의 범주들의 조합으로 인해 반응변수에 미치는 특별한 영향)에 대한 검증이 반드시 진행되어야 한다. 교호작용이 유의할 경우 주효과(Main effect) 검정은 무의미하고 교호작용효과만 검정한다. 교호작용이 없을 경우에는 유의하지 않은 교호작용 효과를 오차항에 풀링(Pooling)한 후, 모수인자들의 주효과 검정을 진행한다.
'모수인자+변량인자' 조합인 경우, 교호작용이 유의할 때 모수인자의 주효과 검정만 의미가 있고, 교호작용이 유의하지 않으면 유의하지 않은 교호작용 효과를 오차항에 풀링한 후, 모수인자의 주효과 검정을 진행한다. 변량인자에 대한 통계량은 유의성 검정을 위한 것이 아니라 이원배치 분산분석 설계의 상대적 효율성을 평가하는 데 쓰인다.

등분산인 two-way ANOVA (모수인자-모수인자)

```
1  # 반복이 없는 이원배치 분산분석: 반복이 없으므로 교호작용 효과는 검출할 수 없다.
2  ## A, B 모두 모수인자
3  from pandas import DataFrame, crosstab
4  data = DataFrame({"A":[1,2,3,1,2,3,1,2,3,1,2,3],
5                   "B":[1,1,1,2,2,2,3,3,3,4,4,4],
6                   "Y": [4,3,5,5,7,6,7,8,9,8,10,12]})
7  print("[데이터 확인]\n", crosstab(data['A'], data['B'], values=data['Y'],
   aggfunc=list))
```

```
[데이터 확인]
 B    1    2    3     4
A
1   [4]  [5]  [7]   [8]
2   [3]  [7]  [8]  [10]
3   [5]  [6]  [9]  [12]
```

```
1  n = len(data['Y'])
2  a = len(data['A'].value_counts()) #인자 A의 수준 개수
3  b = len(data['B'].value_counts()) #인자 B의 수준 개수
4  dfa = a-1
5  dfb = b-1
6  dfe = dfa*dfb
7  y_mean = data['Y'].mean() #전체 데이터의 평균
8  yi_mean = data.groupby('A').mean()['Y'].values #열평균, 인자 A별 평균
9  yj_mean = data.groupby('B').mean()['Y'].values #행평균, 인자 B별 평균
10 SST = sum((data['Y'] - y_mean)**2)
11 SSA = sum((yi_mean - y_mean)**2) * b
12 SSB = sum((yj_mean - y_mean)**2) * a
13 SSE = 0#오차 제곱합
14 yij_data= data['Y'].values.reshape(-1,a) #재배열한 raw data
15 for i in range(a): #인자A
16     for j in range(b): #인자B
17         SSE += (yij_data[j,i] - yi_mean[i] - yj_mean[j] + y_mean)**2
18 MSA = SSA / dfa
19 MSB = SSB / dfb
20 MSE = SSE / dfe
21
22 from pandas import DataFrame
23 from scipy.stats import f
24 atable1 = DataFrame({"요인":['A', 'B', 'E'], "DF":[dfa, dfb, dfe], "SS":[SSA, SSB,
   SSE], "MS":[MSA, MSB, MSE], "F":[MSA/MSE, MSB/MSE, '없음'], 'PV':[1-f.cdf(MSA/MSE,
   dfa, dfe), 1-f.cdf(MSB/MSE, dfb, dfe), '없음']})
25 print("[수기 검정]")
26 print("ANOVA Table:\n", atable1) ## A의 주효과 없음, B의 주효과 유의함
```

```
[수기 검정]
ANOVA Table:
   요인  DF    SS    MS     F        PV
0   A   2   8.0   4.0   4.0   0.078717
1   B   3  60.0  20.0  20.0   0.001586
2   E   6   6.0   1.0   없음        없음
```

```
1  print("[라이브러리 검정]")
2  from statsmodels.formula.api import ols
3  from statsmodels.stats.anova import anova_lm
4  model = ols("Y~C(A)+C(B)", data = data).fit()
5  atable2 = anova_lm(model)
6  print(atable2)
7  ## A 그룹간의 차이는 없고, B 그룹간의 차이가 있는 것으로 나타났다.
```

```
[라이브러리 검정]
            df   sum_sq   mean_sq      F    PR(>F)
C(A)       2.0      8.0       4.0    4.0  0.078717
C(B)       3.0     60.0      20.0   20.0  0.001586
Residual   6.0      6.0       1.0    NaN       NaN
```

```
1  # 반복이 있는 이원배치 분산분석
2  ## A, B 모두 모수인자
3  from pandas import DataFrame, crosstab
4  data = DataFrame(
5      {"A":[1,1,1,2,2,2,3,3,3, 1,1,1,2,2,2,3,3,3, 1,1,1,2,2,2,3,3,3,
   1,1,1,2,2,2,3,3,3],#열수준
6       "B":[1,1,1,1,1,1,1,1,1, 2,2,2,2,2,2,2,2,2, 3,3,3,3,3,3,3,3,3,
   4,4,4,4,4,4,4,4,4],#행수준
7       "Y":[64,66,70,72,81,64,74,51,65, 65,63,58,57,43,52,47,58,67,
   59,68,65,66,71,59,58,45,42, 58,50,49,57,61,53,53,59,38]})
8
9  print("[데이터 확인]\n", crosstab(data['A'], data['B'], values = data['Y'],
   aggfunc=list))
```

```
[데이터 확인]
B          1            2            3            4
A
1  [64, 66, 70]  [65, 63, 58]  [59, 68, 65]  [58, 50, 49]
2  [72, 81, 64]  [57, 43, 52]  [66, 71, 59]  [57, 61, 53]
3  [74, 51, 65]  [47, 58, 67]  [58, 45, 42]  [53, 59, 38]
```

```
1   n = len(data['Y'])
2   a = len(data['A'].value_counts()) #인자 A의 수준 개수
3   b = len(data['B'].value_counts()) #인자 B의 수준 개수
4   r = data.groupby(['A', 'B']).count().iloc[0,0] #동일한 인자 A,B 조건 하 반복 실험횟수
5   dfa = a-1
6   dfb = b-1
7   dfab = dfa*dfb
8   dfe = n - a*b
9
10  y_mean = data['Y'].mean() #전체 데이터의 평균
11  yi_mean = data.groupby('A').mean()['Y'].values #열평균, 인자 A별 평균
12  yj_mean = data.groupby('B').mean()['Y'].values #행평균, 인자 B별 평균
13  yij_mean = data.groupby(['B', 'A']).mean().values.flatten().reshape(-1,a) #인자A-B 조
    합별 데이터 평균
14
15  SST = sum((data['Y'] - y_mean)**2) #전체 제곱합
16  SSA = sum((yi_mean-y_mean)**2) * b * r #A 처리제곱합
17  SSB = sum((yj_mean-y_mean)**2) * a * r #B 처리제곱합
```

```
18  ssab = 0 #아직 미완성
19  for i in range(a): #인자A(열)
20      for j in range(b): #인자B(행)
21          ssab += (yij_mean[j, i] - yi_mean[i] - yj_mean[j] + y_mean)**2
22  SSAB = ssab * r # 교호작용 제곱합
23  SSE = 0#오차 제곱합
24  yij_data= data['Y'].values.reshape(-1,a,r) #재배열한 raw data
25  for i in range(a): #인자A
26      for j in range(b): #인자B
27          SSE += sum((yij_data[j,i] - yij_mean[j, i])**2)
28
29  MSA = SSA / dfa
30  MSB = SSB / dfb
31  MSAB = SSAB / dfab
32  MSE = SSE / dfe
33
34  from pandas import DataFrame
35  from scipy.stats import f
36  atable1 = DataFrame({"요인":['A', 'B', 'AxB', 'E'], "DF":[dfa, dfb, dfab, dfe], "SS":
    [SSA, SSB, SSAB, SSE], "MS":[MSA, MSB, MSAB, MSE], "F":[MSA/MSE, MSB/MSE, MSAB/MSE,
    '없음'], 'PV':[1-f.cdf(MSA/MSE, dfa, dfe), 1-f.cdf(MSB/MSE, dfb, dfe), 1-
    f.cdf(MSAB/MSE, dfab, dfe), '없음']})
37
38  print("[수기 검정]")
39  print("ANOVA Table:\n", atable1)
40  # 교호작용이 유의하지 않으므로 이를 E에 풀링하고 A, B의 주효과를 확인해야 한다.
```

[수기 검정]
ANOVA Table:
```
   요인  DF          SS          MS          F         PV
0   A    2    342.388889   171.194444   3.0815   0.064393
1   B    3   1002.888889   334.296296   6.017333  0.003307
2  AxB   6    588.944444    98.157407   1.766833  0.148795
3   E   24   1333.333333    55.555556    없음       없음
```

```
1  pooled_SSE = SSAB+SSE
2  pooled_dfe = dfab+dfe
3  pooled_MSE = pooled_SSE / pooled_dfe
4
5  atable2 = DataFrame({"요인":['A', 'B', 'E'], "DF":[dfa, dfb, pooled_dfe], "SS":[SSA,
   SSB, pooled_SSE], "MS":[MSA, MSB, pooled_MSE], "F":[MSA/pooled_MSE, MSB/pooled_MSE,
   '없음'], 'PV':[1-f.cdf(MSA/pooled_MSE, dfa, pooled_dfe), 1-f.cdf(MSB/pooled_MSE, dfb,
   pooled_dfe), '없음']})
6  print("pooling 후, ANOVA Table:\n", atable2)
7  ## 유의수준 0.05 기준으로 A의 수준별 모평균 차이는 통계적으로 유의하지 않지만, B의 수
   준별 모평균 차이는 통계적으로 유의한 것으로 나타났다. 이에 B의 수준별 사후검정을 할 필
   요가 있다.
```

pooling 후, ANOVA Table:
```
   요인  DF          SS          MS          F         PV
0   A    2    342.388889   171.194444   2.671744  0.085542
1   B    3   1002.888889   334.296296   5.21719   0.005102
2   E   30   1922.277778    64.075926    없음       없음
```

```
1  print("[라이브러리 검정]")
2  from statsmodels.formula.api import ols
3  from statsmodels.stats.anova import anova_lm
4  model = ols("Y~C(A)+C(B)+C(A):C(B)", data = data).fit()
5  atable3 = anova_lm(model)
6  print(atable3) #유의수준 0.05 기준으로 A와 B의 교호작용이 유의하지 않은 것으로 확인함
```

```
[라이브러리 검정]
            df      sum_sq      mean_sq         F      PR(>F)
C(A)       2.0   342.388889   171.194444   3.081500   0.064393
C(B)       3.0  1002.888889   334.296296   6.017333   0.003307
C(A):C(B)  6.0   588.944444    98.157407   1.766833   0.148795
Residual  24.0  1333.333333    55.555556        NaN        NaN
```

```
1  model = ols("Y~C(A)+C(B)", data = data).fit()
2  atable4 = anova_lm(model)
3  print(atable4) #풀링 후 주효과 확인
4  ## 유의수준 0.05 기준으로 B는 주효과가 있는 것으로 확인함
```

```
            df      sum_sq      mean_sq         F      PR(>F)
C(A)       2.0   342.388889   171.194444   2.671744   0.085542
C(B)       3.0  1002.888889   334.296296   5.217190   0.005102
Residual  30.0  1922.277778    64.075926        NaN        NaN
```

등분산인 two-way ANOVA (모수인자-변량인자)

```
1  # 반복이 없는 경우: 난괴법 혹은 확률화블럭계획법(RBD, randomized block design)
2  ## A가 모수인자, B가 변량인자
3  # '반복이 없는 이원배치 분산분석'과 동일한 방법으로 진행한다.
4  from pandas import DataFrame, crosstab
5  data = DataFrame({"A":[1,2,3,1,2,3,1,2,3,1,2,3],
6                    "B":[1,1,1,2,2,2,3,3,3,4,4,4],
7                    "Y": [4,3,5,5,7,6,7,8,9,8,10,12]})
8
9  print("[데이터 확인]\n", crosstab(data['A'], data['B'], values = data['Y'],
   aggfunc=list))
```

```
[데이터 확인]
 B    1    2    3    4
A
1   [4]  [5]  [7]  [8]
2   [3]  [7]  [8]  [10]
3   [5]  [6]  [9]  [12]
```

```
1  n = len(data['Y'])
2  a = len(data['A'].value_counts()) #모수인자 A의 수준 개수
3  b = len(data['B'].value_counts()) #변량인자 B(=Block)의 수준 개수
4  dfa = a-1
5  dfb = b-1
6  dfe = dfa*dfb
7  y_mean = data['Y'].mean() #전체 데이터의 평균
8  yi_mean = data.groupby('A').mean()['Y'].values #열평균, 인자 A별 평균
9  yj_mean = data.groupby('B').mean()['Y'].values #행평균, 인자 B별 평균
10 SST = sum((data['Y'] - y_mean)**2)
11 SSA = sum((yi_mean - y_mean)**2) * b
12 SSB = sum((yj_mean - y_mean)**2) * a
13 SSE = 0 #오차 제곱합
14 yij_data= data['Y'].values.reshape(-1,a) #재배열한 raw data
15 for i in range(a): #인자A
16     for j in range(b): #인자B
17         SSE += (yij_data[j,i] - yi_mean[i] - yj_mean[j] + y_mean)**2
18 MSA = SSA / dfa
19 MSB = SSB / dfb
20 MSE = SSE / dfe
21
22 from pandas import DataFrame
23 from scipy.stats import f
24 atable1 = DataFrame({"요인":['A', 'B', 'E'], "DF":[dfa, dfb, dfe], "SS":[SSA, SSB,
   SSE], "MS":[MSA, MSB, MSE], "F":[MSA/MSE, MSB/MSE, '없음'], "PV": [1-f.cdf(MSA/MSE,
   dfa, dfe), 1-f.cdf(MSB/MSE, dfb, dfe), '없음']})
25
26 print("[수기 검정]")
27 print("ANOVA Table:\n", atable1)
28 print(" B 변량의 분산 추정치: {:.3f}".format((MSB-MSE)/a))
```

```
[수기 검정]
ANOVA Table:
   요인  DF   SS    MS    F         PV
0  A    2   8.0   4.0   4.0    0.078717
1  B    3   60.0  20.0  20.0   0.001586
2  E    6   6.0   1.0   없음       없음
 B 변량의 분산 추정치: 6.333
```

```
1  print("[라이브러리 검정]")
2  from statsmodels.formula.api import ols
3  from statsmodels.stats.anova import anova_lm
4  model = ols("Y~C(A)+C(B)", data = data).fit()
5  atable2 = anova_lm(model)
6  print(atable2)
7  ## 모수인자 A는 주효과 검정 결과 유의하지 않고,
8  ## 변량인자 B는 주효과 검정 대신 모분산을 추정한다.
```

```
[라이브러리 검정]
            df   sum_sq   mean_sq    F     PR(>F)
C(A)        2.0    8.0      4.0     4.0   0.078717
C(B)        3.0    60.0     20.0    20.0  0.001586
Residual    6.0    6.0      1.0     NaN     NaN
```

```python
1  # 반복이 있는 경우: 이원배치 혼합모형(mixed model)
2  ## A가 모수인자, B가 변량인자
3  from pandas import DataFrame, crosstab
4  data = DataFrame(
5      {"A":[1,1,1,2,2,2,3,3,3, 1,1,1,2,2,2,3,3,3, 1,1,1,2,2,2,3,3,3,
   1,1,1,2,2,2,3,3,3],#열수준
6      "B":[1,1,1,1,1,1,1,1,1, 2,2,2,2,2,2,2,2,2, 3,3,3,3,3,3,3,3,3,
   4,4,4,4,4,4,4,4,4],#행수준
7      "Y":[64,66,70,72,81,64,74,51,65, 65,63,58,57,43,52,47,58,67,
   59,68,65,66,71,59,58,45,42, 58,50,49,57,61,53,53,59,38]})
8
9  print("[데이터 확인]\n", crosstab(data['A'], data['B'], values = data['Y'],
   aggfunc=list))
```

```
[데이터 확인]
B            1            2            3            4
A
1  [64, 66, 70]  [65, 63, 58]  [59, 68, 65]  [58, 50, 49]
2  [72, 81, 64]  [57, 43, 52]  [66, 71, 59]  [57, 61, 53]
3  [74, 51, 65]  [47, 58, 67]  [58, 45, 42]  [53, 59, 38]
```

```python
1  n = len(data['Y'])
2  a = len(data['A'].value_counts()) #인자 A의 수준 개수
3  b = len(data['B'].value_counts()) #인자 B의 수준 개수
4  r = data.groupby(['A', 'B']).count().iloc[0,0] #동일한 인자 A,B 조건 하 반복 실험횟수
5  dfa = a-1
6  dfb = b-1
7  dfab = dfa*dfb
8  dfe = n - a*b
9
10 y_mean = data['Y'].mean() #전체 데이터의 평균
11 yi_mean = data.groupby('A').mean()['Y'].values #열평균, 인자 A별 평균
12 yj_mean = data.groupby('B').mean()['Y'].values #행평균, 인자 B별 평균
13 yij_mean = data.groupby(['B', 'A']).mean().values.flatten().reshape(-1,a) #인자A-B 조
   합별 데이터 평균
14
15 SST = sum((data['Y'] - y_mean)**2) #전체 제곱합
16 SSA = sum((yi_mean-y_mean)**2) * b * r #A 처리제곱합
17 SSB = sum((yj_mean-y_mean)**2) * a * r #B 처리제곱합
18 ssab = 0 #아직 미완성
19 for i in range(a): #인자A(열)
20     for j in range(b): #인자B(행)
21         ssab += (yij_mean[j, i] - yi_mean[i] - yj_mean[j] + y_mean)**2
22 SSAB = ssab * r # 교호작용 제곱합
23 SSE = 0#오차 제곱합
24 yij_data= data['Y'].values.reshape(-1,a,r) #재배열한 raw data
25 for i in range(a): #인자A
26     for j in range(b): #인자B
27         SSE += sum((yij_data[j,i] - yij_mean[j, i])**2)
28 MSA = SSA / dfa
29 MSB = SSB / dfb
30 MSAB = SSAB / dfab
31 MSE = SSE / dfe
```

```
33  from pandas import DataFrame
34  # 모수인자 A의 통계량을 계산할 때 MSA/MSAB를 사용한다.
35  atable1 = DataFrame({"요인":['A', 'B', 'AxB', 'E'], "DF":[dfa, dfb, dfab, dfe], "SS":
    [SSA, SSB, SSAB, SSE], "MS":[MSA, MSB, MSAB, MSE], "F":[MSA/MSAB, MSB/MSE, MSAB/MSE,
    '없음']})
36
37  from scipy.stats import f
38  print("[수기 검정]")
39  print("ANOVA Table:\n", atable1.round(1))
40  print(" A-B 교호작용 검정: {:.3f}, p-value {:.3f}".format(MSAB/MSE, 1-f.cdf(MSAB/MSE,
    dfab, dfe)))
41  print(" B 변량의 분산 추정: {:.3f}".format((MSB-MSE)/(a*r)))
```

```
[수기 검정]
ANOVA Table:
   요인  DF      SS     MS         F
0    A   2   342.4  171.2  1.744081
1    B   3  1002.9  334.3  6.017333
2  AxB   6   588.9   98.2  1.766833
3    E  24  1333.3   55.6       없음
 A-B 교호작용 검정: 1.767, p-value 0.149
 B 변량의 분산 추정: 30.971
```

```
1  pooled_SSE = SSAB+SSE
2  pooled_dfe = dfab+dfe
3  pooled_MSE = pooled_SSE / pooled_dfe
4
5  atable2 = DataFrame({"요인":['A', 'B', 'E'], "DF":[dfa, dfb, pooled_dfe], "SS":[SSA,
   SSB, pooled_SSE], "MS":[MSA, MSB, pooled_MSE], "F":[MSA/pooled_MSE, MSB/pooled_MSE,
   '없음']})
6  print("pooling 후, ANOVA Table:\n", atable2.round(1))
7  print(" A 주효과 검정: {:.3f}, p-value {:.3f}".format(MSA/pooled_MSE, 1-
   f.cdf(MSA/pooled_MSE, dfa, pooled_dfe)))
```

```
pooling 후, ANOVA Table:
  요인  DF      SS     MS        F
0   A   2   342.4  171.2  2.671744
1   B   3  1002.9  334.3   5.21719
2   E  30  1922.3   64.1       없음
 A 주효과 검정: 2.672, p-value 0.086
```

연습문제

1. 다음 데이터의 모분산 정보가 없을 때, 다음 데이터의 모평균에 대한 95% 신뢰수준의 신뢰구간을 구하시오. 또한, 다음 데이터의 모표준편차가 3이라는 것을 알고 있을 때, 다음 데이터의 모평균에 대한 95% 신뢰수준의 신뢰구간을 구하시오.

> 10, 19, 15, 11, 13, 14, 18

2. 어느 제조회사의 불량률이 5%로 알려져 있다면, 95% 신뢰수준에서 오차의 한계가 3%가 되도록하는 최소 표본 사이즈를 구하시오.

3. 임의로 추출한 표본 30개의 분산을 계산했더니 50일 때, 신뢰도 95%로 모분산의 신뢰구간을 추정하시오. (소수점 둘째자리까지 반올림)

4. 어느 뽑기 기계에서 20번 뽑기를 했더니 그 중 5개는 미니카였다. 해당 뽑기 기계에 있는 장난감들 중 미니카의 비율을 P라고 한다면, 모비율 P에 대한 95% 신뢰구간을 구하시오.

5. A 국가의 성인 남성의 흡연율이 35%라고 발표하였으나 B는 그것보다 더 높은 수치를 예상했다. 이에 성인 남성 중 450명을 임의 추출하여 조사한 결과 180명이 흡연자인 것을 확인하였다. 이에 대하여 귀무가설과 대립가설을 세우고, 검정통계량을 계산하여 검정 결과를 서술하시오. (유의수준 0.05)

6. 모평균을 모르는 상황에서 표본의 정보를 통해 모분산이 10인지 아닌지 여부를 검정하고자 한다. 50개의 표본을 임의로 추출하여 계산한 결과 표본의 분산은 8.8로 나타났다. 이에 대해 귀무가설과 대립가설을 세우고, 검정통계량을 계산하여 검정 결과를 서술하시오. (유의수준 0.05)

7. 50명의 당뇨 환자에 대해 신약 투약 이전과 이후의 평균 혈당 차이가 15, 표준편차 4일 때 투약 전후 평균 혈당의 차이가 존재하는지 확인하고자 한다. 이에 대해 귀무가설과 대립가설을 제시하고, 검정통계량과 유의확률을 구하여 검정 결과를 서술하시오. (유의수준 0.05)

8. 가수 A에 대한 호감도가 남녀별로 다른지 알아보고자 다음과 같은 데이터를 얻었다. 남녀 별로 지지율에 차이가 있는지 검정하시오. (유의수준 0.05)

| 남성 (총 100명) 30% 호감 | 여성 (총 180명) 35% 호감 |

9. A 브랜드의 제품 14개를 추출하여 구한 평균과 표준편차는 각각 100g, 5g이고, B 브랜드의 제품 12개를 추출하여 구한 평균과 표준편차는 각각 110g, 6g이라면, 두 제품의 평균이 차이가 있는지 여부를 검정하시오. (유의수준 0.05)

10. iris target별로 sepal length의 평균에 차이가 있는지 가설검정 하시오. 차이가 있다면 어느 target들 사이에 평균 차이가 있는지 사후 검정하시오. (데이터는 아래와 같이 scikit-learn에서 불러오기)

```
1  from sklearn.datasets import load_iris
2  from pandas import DataFrame
3  import numpy as np
4  load = load_iris()
5  feature_names = list(map(lambda x: x.replace("(cm)", "").replace(' ', ''),
   load['feature_names']))
6  data = DataFrame(np.c_[load['data'], load['target']], columns = feature_names+
   ['target'])
7  data['target'] = data['target'].map({0:load['target_names'][0], 1:load['target_names']
   [1], 2:load['target_names'][2]})
8  print(data.head(3))
     sepallength  sepalwidth  petallength  petalwidth  target
0        5.1         3.5          1.4         0.2     setosa
1        4.9         3.0          1.4         0.2     setosa
2        4.7         3.2          1.3         0.2     setosa
```

풀이

1번 문제 풀이:

```
1  data = [10, 19, 15, 11, 13, 14, 18]
2  x = np.mean(data)
3  s = np.std(data, ddof=1)
4  n = len(data)
5  df = n-1
6  conf_a = 1-0.95
7
8  ## 모분산을 모르는 경우 T통계량
9  from scipy.stats import t
10 SE = s/np.sqrt(n) # standard error
11 conf_t = t.ppf(1-conf_a/2, df)
12 ME = conf_t * SE # margin of error
13 round(x-ME, 3), round(x+ME, 3)
```

(11.185, 17.386)

```
1  ## 모분산을 아는 경우 Z통계량
2  from scipy.stats import norm
3  sigma = 3
4
5  SE = sigma/np.sqrt(n) # standard error
6  conf_z = 1.96 #conf_z = norm.ppf(1-conf_a/2)
7  ME = conf_z * SE # margin of error
8  round(x-ME, 3), round(x+ME, 3)
```

(12.063, 16.508)

2번 문제 풀이:

```
1  P = 0.05
2  ME = 0.03
3  conf_a = 1-0.95
4
5  from scipy.stats import norm
6  conf_z = norm.ppf(1-conf_a/2)
7  size = conf_z**2 * P*(1-P) / ME**2
8  round(size, 2)
9  # 표본비율에 대한 최소표본규모 문제이다. 표본규모 계산 시 모비율 P를 사용하거나 표본비율
   p로 계산하거나 두 정보 모두 없다면 p=0.5로 계산한다. 여기서는 모비율 P를 사용하였다. 정
   답은 203개이다.
```

202.74

3번 문제 풀이:

```
1  n = 30
2  df = n-1
3  v = 50
4  conf_a = 1-0.95
5
6  from scipy.stats import chi2
7  conf_c1 = chi2.ppf(1-conf_a/2, df)
8  conf_c2 = chi2.ppf(conf_a/2, df)
9  CR1 = df * v / conf_c1
10 CR2 = df * v / conf_c2
11 round(CR1, 2), round(CR2, 2)
12 # 모평균을 모르는 경우 표본 정보로 모분산의 신뢰구간을 구하는 문제이다.
```

(31.71, 90.36)

4번 문제 풀이:

```
1  # 표본비율로 모비율의 신뢰구간을 구하는 문제이다.
2  p = 5/20
3  n = 20
4
5  from scipy.stats import norm
6  SE = np.sqrt(p*(1-p)/n)
7  conf_a = 1-0.95
8  conf_z = norm.ppf(1-conf_a/2)
9  ME = conf_z * SE
10 round(p-ME, 3), round(p+ME, 3)
```

(0.06, 0.44)

5번 문제 풀이:

```
1  # 모비율의 가설검정 문제
2  p0 = 0.35
3  n = 450
4  x = 180
5  p = x / n
6  test_a = 0.05
7  # 귀무가설: 성인 남성의 흡연율은 35%와 차이가 없다.
8  # 대립가설: 성인 남성의 흡연율은 35%보다 높다.
9  from scipy.stats import norm
10 SE = np.sqrt(p0*(1-p0) / n) #귀무가설의 모비율로 SE 계산
11 zstat = (p-p0)/SE
12 sp = 1-norm.cdf(zstat) #one-right
13 cv = norm.ppf(1-test_a) #one-right
14 print("1. 유의수준 {:.3f}와 유의확률 {:.3f}를 비교".format(test_a, sp))
15 print("2. 임곗값 {:.3f}와 검정통계량 {:.3f}를 비교".format(cv, zstat))
16 # 검정통계량의 유의확률이 유의수준인 0.05보다 작기 때문에 귀무가설을 기각할 수 있다.
17 # 즉, 성인 남성의 흡연율은 35%보다 높다.
```

1. 유의수준 0.050와 유의확률 0.013를 비교
2. 임곗값 1.645와 검정통계량 2.224를 비교

6번 문제 풀이:

```
1  # 모분산의 가설검정 문제
2  n = 50
3  df = n-1
4  v = 8.8
5  v0 = 10
6  test_a = 0.05
7  # 귀무가설: 모분산은 10과 차이가 없다.
8  # 대립가설: 모분산은 10과 차이가 있다.
9  cstat = df *v / v0
10 if chi2.cdf(cstat, df) < 0.5:
11     sp = (chi2.cdf(cstat, df))*2
12 else:
13     sp = (1-chi2.cdf(cstat, df))*2
14 cv1 = chi2.ppf(test_a/2, df)
15 cv2 = chi2.ppf(1-test_a/2, df)
16 print("1. 유의수준 {:.3f}와 유의확률 {:.3f}를 비교".format(test_a, sp))
17 print("2. 임곗값 {:.3f}, {:.3f}와 검정통계량 {:.3f}를 비교".format(cv1,cv2, cstat))
18 # 검정통계량의 유의확률이 유의수준인 0.05보다 크기 때문에 귀무가설을 기각할 수 없다.
19 # 즉, 모분산은 10과 차이가 없다.
```

1. 유의수준 0.050와 유의확률 0.581를 비교
2. 임곗값 31.555, 70.222와 검정통계량 43.120를 비교

7번 문제 풀이:

```
1  # 대응표본 t검정 문제
2  n = 50
3  df = n-1
4  d_mean = 15
5  s = 4
6  test_a = 0.05
7  # 귀무가설: 혈압약 투약 전후의 평균 혈압 차이가 없다.
8  # 대립가설: 혈압약 투약 전후의 평균 혈압 차이가 있다.
9  from scipy.stats import t
10 import numpy as np
11 d0 = 0
12 SE = s / np.sqrt(n)
13 tstat = (d_mean - d0) / SE
14 sp = (1-t.cdf(np.abs(tstat), df))*2 # two-way
15 cv = t.ppf(1-test_a/2, df)
16 cv = "+/- {:.3f}".format(cv)
17 print("1. 유의수준 {:..3f}와 유의확률 {:..3f}를 비교".format(test_a, sp))
18 print("2. 임곗값 {}와 검정통계량 {:..3f}를 비교".format(cv, tstat))
19 # 검정통계량의 유의확률이 유의수준인 0.05보다 작기 때문에 귀무가설을 기각할 수 있다.
20 # 즉, 혈압약 투약 전후의 평균 혈압 차이가 있다.
```

1. 유의수준 0.050와 유의확률 0.000를 비교
2. 임곗값 +/- 2.010와 검정통계량 26.517를 비교

8번 문제 풀이:

```
1  # 모비율 차이의 가설검정 문제
2  n1 = 100
3  p1 = 0.3
4  n2 = 180
5  p2 = 0.35
6  d = p1 - p2
7  test_a = 0.05
8  # 귀무가설: 남녀 지지율은 차이가 없다, 대립가설: 남녀 지지율은 차이가 있다
9  from scipy.stats import norm
10 d0 = 0
11 pe = (n1*p1 + n2*p2) / (n1+n2) #pooled estimate (합동비율)
12 SE = np.sqrt(pe*(1-pe)*(1/n1 + 1/n2))
13 zstat = d / SE
14 sp = (1-norm.cdf(np.abs(zstat)))*2
15 print("검정통계량 {:..3f}, 유의확률 {:..3f}".format(zstat, sp))
16 # 검정통계량의 유의확률이 유의수준인 0.05보다 크기 때문에 귀무가설을 기각할 수 없다.
17 # 즉, 남녀 지지율은 차이가 없다.
```

검정통계량 -0.851, 유의확률 0.395

9번 문제 풀이:

```python
1  # 모분산이 다른 독립표본 t검정 문제
2  x1 = 100
3  s1 = 5
4  x2 = 110
5  s2 = 6
6  n1 = 14
7  n2 = 12
8  test_a = 0.05
9
10 # 귀무가설: 두 제품의 평균은 차이가 없다, 대립가설: 두 제품의 평균은 차이가 있다.
11 from scipy.stats import t
12 d0 = 0
13 d = x1 - x2
14 df = ((s1**2)/n1 + (s2**2)/n2)**2 / (1/(n1-1)*((s1**2)/n1)**2 + 1/(n2-1)*
   ((s2**2/n2)**2))
15 SE = np.sqrt(s1**2/n1 + s2**2/n2)
16 tstat = (x1-x2-d0)/SE
17 sp = (1-t.cdf(np.abs(tstat), df))*2 # two-way
18 print("검정통계량 {:.3f}, 유의확률 {:.3f}".format(tstat, sp))
19 # 검정통계량의 유의확률이 유의수준인 0.05보다 작기 때문에 귀무가설을 기각할 수 있다.
20 # 즉, 두 제품의 평균은 차이가 있다.
```

검정통계량 -4.571, 유의확률 0.000

10번 문제 풀이:

```python
1  from sklearn.datasets import load_iris
2  from pandas import DataFrame
3  import numpy as np
4  load = load_iris()
5  feature_names = list(map(lambda x: x.replace("(cm)", "").replace(' ', ''),
   load['feature_names']))
6  data = DataFrame(np.c_[load['data'], load['target']], columns = feature_names+
   ['target'])
7  data['target'] = data['target'].map({0:load['target_names'][0], 1:load['target_names']
   [1], 2:load['target_names'][2]})
8  print(data.head(3))
```

```
   sepallength  sepalwidth  petallength  petalwidth  target
0          5.1         3.5          1.4         0.2  setosa
1          4.9         3.0          1.4         0.2  setosa
2          4.7         3.2          1.3         0.2  setosa
```

```python
1  # 귀무가설: target 수준들 간 데이터의 sepal length는 차이가 없다
2  # 대립가설: 적어도 한쌍의 수준들 간 데이터의 sepal length 평균은 차이가 있다.
3  from statsmodels.stats.oneway import anova_oneway
4  oa = anova_oneway(data=data['sepallength'], groups = data['target'], use_var='equal')
5  print("검정통계량 {:.3f}, 유의확률 {:.3f}".format(oa.statistic, oa.pvalue))
6
7  from statsmodels.formula.api import ols
8  from statsmodels.stats.anova import anova_lm
9  model = ols('sepallength ~ C(target)', data=data).fit()
10 print("ANOVA table:")
11 print(anova_lm(model).round(3))
12 # 검정통계량의 유의확률이 유의수준인 0.05보다 크작기 때문에 귀무가설을 기각할 수 있다.
13 # 즉, 적어도 한쌍의 수준들 간 데이터의 sepal length 평균은 차이가 있다.
```

```
검정통계량 119.265, 유의확률 0.000
ANOVA table:
             df   sum_sq   mean_sq        F    PR(>F)
C(target)   2.0   63.212    31.606  119.265     0.0
Residual  147.0   38.956     0.265      NaN     NaN
```

```python
1  # 사후검정- Tukey HSD
2  from statsmodels.sandbox.stats.multicomp import MultiComparison
3  mc = MultiComparison(data = data['sepallength'], groups =
   data['target']).tukeyhsd(alpha=0.05)
4  print(mc)
5
6  from matplotlib import pyplot as plt
7  mc.plot_simultaneous()
8  plt.show()
9  ## 모든 수준 쌍들의 평균 간에 차이가 있는 것으로 확인하였다.
```

```
Multiple Comparison of Means - Tukey HSD, FWER=0.05
====================================================
  group1     group2    meandiff p-adj  lower  upper  reject
----------------------------------------------------
    setosa versicolor     0.93 0.001 0.6862 1.1738   True
    setosa  virginica    1.582 0.001 1.3382 1.8258   True
versicolor  virginica    0.652 0.001 0.4082 0.8958   True
----------------------------------------------------
```

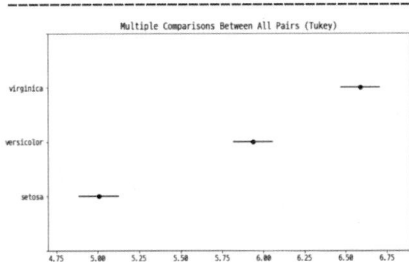

6장 비모수 검정

비모수 검정(Non-parametric test)은 모수에 대한 가정 없이 가설 검정하는 것으로서 분포무관(Distribution-free) 검정이라고도 한다.

모수 검정은 모집단의 분포에 대한 가정 하에 모수(예: 평균, 분산 등)에 대해 가설을 설정하고 표본의 정보를 사용하여 가설 검정을 하는 반면, 비모수 검정에서는 모집단의 분포에 대해 가정하지 않고, 표본의 정보를 사용하여 분포의 형태가 동일한지 여부에 대해서 검정한다.

비모수 검정은 자료가 정규분포가 아닌 경우, 표본의 크기가 작은 경우, 자료가 순서식 데이터(서열척도) 혹은 빈도/바이너리 데이터(명목척도)인 경우에 사용한다. 표본 개수와 척도 종류에 따라 아래와 같이 검정 방법을 적용한다.

표본	개수	비모수 검정		모수 검정
		서열척도	명목척도	등간/비율 척도
단일 표본	1개	부호검정, 부호순위검정	적합성 검정, Run 검정	일표본 t검정
대응 표본 (paired)	2개	부호검정, 부호순위검정	Mcnemar 검정	대응표본 t검정
	K개	Friedman 검정	Cochran Q 검정	Paired 일원배치 분산분석
독립 표본 (independent)	2개	순위합 검정, 만위트니U 검정	독립성 검정, 동질성 검정	독립표본 t검정
	K개	Kruskal-Wallis 검정		일원배치 분산분석

6-1. 카이제곱검정: 카이제곱분포

적합성 검정: 다항모집단 비율의 차이

적합도 검정(Goodness of fit test)은 관측값들이 어떤 이론이나 이론적 분포를 따르고 있는지를 검정하는 것이다. 카이제곱분포를 이용한 검정은 기대도수가 적어도 5이상이 될 때 적용해야 한다.

[가설 설정]
- H_0: 구해진 도수분포의 도수와 이론도수가 차이가 없다
- H_1: 구해진 도수분포의 도수와 이론도수가 차이가 있다

```
1  # 적합성 검정: 세 후보자의 지지도가 다르다고 할 수 있을까?
2  import numpy as np
3  from scipy.stats import chi2
4  data = np.array([60, 50, 40])
5  print("[데이터 확인]\n", data)
```

[데이터 확인]
 [60 50 40]

```
1  # 가설 검정 (우측 검정)
2  # H0: 세 후보자의 지지도는 동일하다, H1: 세 후보자의 지지도는 차이가 있다.
3  m0 = data.mean() #H0
4  test_a = 0.05
5  df = len(data)-1
6  chistat= sum((data - m0)**2 / m0)
7  sp = 1-chi2.cdf(chistat, df) #오른쪽 검정
8  cv = chi2.ppf(1-test_a, df)
9
10 print("[수기 검정]")
11 print(" 오른쪽 검정의 임계값: {:.3f}, 검정통계량: {:.3f}".format(cv, chistat))
12 print(" 유의수준: {:.3f}, 유의확률: {:.3f}".format(test_a, sp))
```

[수기 검정]
 오른쪽 검정의 임계값: 5.991, 검정통계량: 4.000
 유의수준: 0.050, 유의확률: 0.135

```
1  print("[라이브러리 검정]")
2  from scipy.stats import chisquare, chi2
3  stat, p = chisquare(data, m0)
4  print(" 검정통계량 {:.3f}, p-value {:.3f}".format(stat, p))
5  ## 검정 결과 귀무가설을 기각할 수 없기 때문에 세 후보자의 지지도는 동일하다.
```

[라이브러리 검정]
 검정통계량 4.000, p-value 0.135

독립성 검정: 한 모집단 내 여러 수준의 차이

독립성 검정(Test of independence) 혹은 교차분석이라고 한다. 다수의 인자들에 의해 분할되어 있는 데이터에서, 인자들이 관찰값에 영향을 주고 있는지 여부를 검정한다.

[검정 조건]
- 자유도가 1인 경우 전체 데이터 수가 30보다 크면서 각 칸의 빈도가 5 이상일 때 사용
- 데이터 수가 30보다 크면서 5 미만의 기대빈도의 칸이 전체 칸의 20%보다 적고 모든 칸에 1 이상의 기대빈도가 있다면 척도에 관계없이 사용 가능
- 각 칸의 기대빈도가 5 미만인 경우 변수들의 범주를 묶거나 이항검정법을 사용
- 도수가 작아도 피셔의 정확검정(Fisher's exact test)을 이용하면 집계표의 독립성을 검정할 수 있음

[가설 설정]
- H_0: 두 인자는 독립이다. (연관이 없다)
- H_1: 두 인자는 독립이 아니다. (연관이 있다)

```python
# 독립성 검정
# 성별 변량과 안경 착용여부 변량이 서로 독립인지 관련이 있는지 유의수준 5% 검정
import numpy as np
from pandas import DataFrame
from scipy.stats import chi2_contingency, chi2
table = DataFrame({"성별":['남자', '여자'], '안경O':[10,30], '안경X':[40,20]}).set_index('성별')
test_a = 0.05
print("[데이터 확인]\n", table)
```

[데이터 확인]

성별	안경O	안경X
남자	10	40
여자	30	20

```python
1  print("[수기 검정]") # H0: 성별과 안경 착용여부는 서로 독립이다, H1: 독립이 아니다
2  ttl = table.sum().sum()
3  exp = []
4  r = table.sum(axis=1).values
5  c = table.sum(axis=0).values
6  for R in r:
7      for C in c:
8          exp.append(R*C/ttl)
9  print(" 기대값\n", np.array(exp).reshape(table.shape))
10 obs = table.values.ravel()
11 print(" 관찰값\n", np.array(obs).reshape(table.shape))
```

```
[수기 검정]
 기대값
 [[20. 30.]
 [20. 30.]]
 관찰값
 [[10 40]
 [30 20]]
```

```python
1  chistat = np.sum((obs - exp)**2 / exp)
2  df = (table.shape[0]-1)*(table.shape[1]-1)
3  sp = 1-chi2.cdf(chistat, df)
4  cv = chi2.ppf(1-test_a, df)
5  print(" 오른쪽 검정의 임계값: {:.3f}, 검정통계량: {:.3f}".format(cv, chistat))
6  print(" 유의수준: {:.3f}, 유의확률: {:.3f}".format(test_a, sp))
```

```
 오른쪽 검정의 임계값: 3.841, 검정통계량: 16.667
 유의수준: 0.050, 유의확률: 0.000
```

```python
1  print("[라이브러리 검정]")
2  chi2, p, df, expec = chi2_contingency(table, correction=False)
3  print(" 검정통계량 {:.3f}, p-value {:.3f} \n 기대값:\n{}".format(chi2, p, expec))
4  ## 검정 결과 대립가설을 채택하며 성별과 안경 사용 여부는 연관이 있다
```

```
[라이브러리 검정]
 검정통계량 16.667, p-value 0.000
 기대값:
 [[20. 30.]
 [20. 30.]]
```

```python
1  # [참고] Fisher's exact test
2  table = DataFrame([[10, 2], [3, 5]], index=['A', 'B'], columns=['승', '패'])
3  print("[데이터 확인]\n", table)
4  # H0: A와 B의 실력은 차이가 없다, H1: A의 실력이 더 좋다.
5  print("[라이브러리 검정]")
6  from scipy.stats import fisher_exact
7  stats, p = fisher_exact(table, alternative='greater') #greater
8  print("검정통계량 {:.3f}, p-value {:.3f}\n".format(stats, p))
9  ## 검정 결과, 귀무가설을 기각할 수 없으며 A와 B의 실력은 차이가 없다는 결론을 얻었다.
```

```
[데이터 확인]
    승  패
A  10  2
B   3  5
[라이브러리 검정]
검정통계량 8.333, p-value 0.052
```

동질성 검정: 여러 (부)모집단 간 여러 수준에 대한 차이

동질성 검정(Test of homogeneity)은 속성 A, B를 가진 부모집단(Subpopulation)들로부터 정해진 표본의 크기만큼 자료를 추출하는 경우에 분할표에서 부모집단의 비율이 동일한지 여부를 검정하는 것이다.

[가설 설정]

- H_0: 모든 집단의 분포가 차이가 없다. (동일하다)
- H_1: 적어도 한 집단은 분포 상 서로 차이가 있다. (동일하지 않다)

```python
1  # 동질성 검정:
2  # 프로그램 A, B, C에 대해 연령층별 시청자들의 선호가 다른지 유의수준 5%로 검정
3  table = DataFrame({"TV":['A', 'B', 'C'], '청년':[120, 30, 50], '중년':[10, 75, 15],
   '장년':[10,30,60]}).set_index('TV')
4  test_a = 0.05
5  print("[데이터 확인]\n", table)
```

[데이터 확인]
```
     청년  중년  장년
TV
A   120   10   10
B    30   75   30
C    50   15   60
```

```python
1  # H0: 프로그램에 대한 연령 별 선호에 차이가 없다.
2  # H1: 적어도 한 집단은 차이가 있다.
3  print("[수기 검정]")
4  ttl = table.sum().sum()
5  exp = []
6  r = table.sum(axis=1).values
7  c = table.sum(axis=0).values
8  for R in r:
9      for C in c:
10         exp.append(R*C/ttl)
11 print(" 기대값\n", np.array(exp).reshape(table.shape))
12 obs = table.values.ravel()
13 print(" 관찰값\n", np.array(obs).reshape(table.shape))
```

[수기 검정]
```
 기대값
 [[70.   35.   35.  ]
  [67.5  33.75 33.75]
  [62.5  31.25 31.25]]
 관찰값
 [[120  10  10]
  [ 30  75  30]
  [ 50  15  60]]
```

```
1  from scipy.stats import chi2
2  chistat = np.sum((obs - exp)**2 / exp)
3  df = (table.shape[0]-1)*(table.shape[1]-1)
4  sp = 1 - chi2.cdf(chistat, df)
5  cv = chi2.ppf(1-test_a, df)
6  print(" 오른쪽 검정의 임계값: {:.3f}, 검정통계량: {:.3f}".format(cv, chistat))
7  print(" 유의수준: {:.3f}, 유의확률: {:.3f}".format(test_a, sp))
```

```
오른쪽 검정의 임계값: 9.488, 검정통계량: 180.495
유의수준: 0.050, 유의확률: 0.000
```

```
1  print("[라이브러리 검정]")
2  from scipy.stats import chi2_contingency
3  chi2, p, df, expec = chi2_contingency(table, correction=False)
4  print(" 검정통계량 {:.3f}, p-value {:.3f} \n 기대값:\n{}".format(chi2, p, expec))
5  ## 검정 결과, 대립가설을 채택하며 적어도 한 집단은 프로그램에 대한 선호가 다르다.
```

```
[라이브러리 검정]
검정통계량 180.495, p-value 0.000
기대값:
[[70.   35.   35.  ]
 [67.5  33.75 33.75]
 [62.5  31.25 31.25]]
```

6-2. Run 검정: Run 검정표, Z분포

일표본 Run 검정

한 개의 샘플이 무작위로 추출되었는지 여부를 검정한다. 런(Run)이란 동일한 관측값이 연속적으로 이어진 것을 말한다. 즉, 한 종류의 부호 혹은 한 집단이 시작하여 끝날 때까지의 한 덩어리를 의미한다.

범주형 데이터의 경우 각 범주의 개수와 run의 개수를 사용하여 검정을 진행하고, 수치형 데이터의 경우 중앙값을 기준으로 데이터를 이진화 한 후 검정을 진행한다.

[가설 설정]
- H_0: 샘플이 무작위와 차이가 없다 (무작위로 추출되었다)
- H_1: 샘플이 무작위와 차이가 있다 (무작위로 추출되지 않았다)

```python
1  ## 범주형 데이터의 경우
2  from collections import Counter
3  import numpy as np
4  from scipy.stats import norm
5  # run을 세는 함수 정의
6  def count_run(data):
7      count_run = 1
8      for i, element in enumerate(data[:-1]):
9          if element == data[i+1]:
10             continue
11         else:
12             count_run += 1
13     return count_run
14 data = ['a', 'a', 'b', 'b', 'a', 'a', 'a', 'a', 'b', 'b', 'b', 'b', 'a', 'b', 'a', 'a', 'b', 'b', 'a', 'a', 'b', 'b', 'b', 'a', 'a', 'b', 'b', 'a', 'b']
15 data2 = list(map(lambda x: 0 if x == 'a' else 1, data))
16 a, b = Counter(data2)[0], Counter(data2)[1]
17 print(f"[데이터 확인]\n{Counter(data2)}")
```

[데이터 확인]
Counter({1: 15, 0: 14})

```python
1  print("[수기 검정]")
2  n1, n2 = a, b
3  #n1, n2이 충분히 클 때 평균이 avg, 분산이 var인 점근적 정규분포를 따른다
4  run = count_run(data2) #Run의 개수
5  avg = 2*n1*n2/(n1+n2)+1
6  var = 2*n1*n2*(2*n1*n2-n1-n2)/((n1+n2)**2)/(n1+n2-1)
7  #런의 총개수에 따라서 h의 값을 정함
8  if run < 2*n1*n2/(n1+n2)+0.5:
9      h = 0.5
10 else:
11     h = -0.5
12 #n1, n2의 크기에 따라서 Z통계량 공식을 정함
13 if n1 <= 20 or n2 <= 20:
14     Z = (run-avg+h) / np.sqrt(var) #소표본인 경우
15 else:
16     Z = (run-avg) / np.sqrt(var) #대표본인 경우
17 sp = (1-norm.cdf(np.abs(Z)))*2
18 print(" 기대값: {:.3f}, 분산: {:.3f}, Z검정통계량: {:.3f}, p-value: {:.3f}".format(avg, var, Z, sp))
```

[수기 검정]
기대값: 15.483, 분산: 6.974, Z검정통계량: -0.372, p-value: 0.710

```python
1  print("[라이브러리 검정]")#라이브러리 검정을 위해 데이터를 숫자로 변환해야 한다.
2  from statsmodels.sandbox.stats.runs import runstest_1samp
3  zstat, pval = runstest_1samp(data2)
4  print(" 검정통계량 {:.3f}, p-value {:.3f}".format(zstat, pval))
5  ## 검정 결과, 귀무가설을 기각할 수 없으며 샘플이 무작위로 추출되었다는 결론을 얻었다.
```

[라이브러리 검정]
검정통계량 -0.372, p-value 0.710

```python
## 수치형 데이터의 경우
from collections import Counter
# run을 세는 함수 정의
def count_run(data):
    count_run = 1
    for i, element in enumerate(data[:-1]):
        if element == data[i+1]:
            continue
        else:
            count_run += 1
    return count_run
data = [50, 60, 70, 40, 30, 20, 10, 70, 80, 100]
median = np.median(data)
data2 = []
for sample in data: #값을 중앙값을 기준으로 이진화 함
    if sample >= median:
        data2.append(1)
    else:
        data2.append(0)
print(f"[데이터 확인]\n{Counter(data2)}")
```

[데이터 확인]
Counter({0: 5, 1: 5})

```python
print("[수기 검정]")
n1 = Counter(data2)[0]
n2 = Counter(data2)[1]
run = count_run(data2) #Run의 총 개수
avg = 2*n1*n2/(n1+n2)+1
var = 2*n1*n2*(2*n1*n2-n1-n2)/((n1+n2)**2)/(n1+n2-1)
#런의 총개수에 따라서 h의 값을 정함
if run < 2*n1*n2/(n1+n2)+0.5:
    h = 0.5
else:
    h = -0.5
#n1, n2의 크기에 따라서 Z통계량 공식을 정함
if n1 <= 20 or n2 <= 20:
    Z = (run-avg+h) / np.sqrt(var) #소표본인 경우
else:
    Z = (run-avg) / np.sqrt(var) #대표본인 경우
sp = (1-norm.cdf(np.abs(Z)))*2
print(" 기대값: {:.3f}, 분산: {:.3f}, Z검정통계량: {:.3f}, p-value: {:.3f}".format(avg, var, Z, sp))
```

[수기 검정]
기대값: 6.000, 분산: 2.222, Z검정통계량: -1.006, p-value: 0.314

```python
print("[라이브러리 검정]")
from statsmodels.sandbox.stats.runs import runstest_1samp
zstat, pval = runstest_1samp(data2, cutoff='median')
print(" 검정통계량 {:.3f}, p-value {:.3f}".format(zstat, pval))
## 검정 결과, 귀무가설을 기각할 수 없으며 샘플이 무작위로 추출되었다는 결론을 얻었다.
```

[라이브러리 검정]
검정통계량 -1.006, p-value 0.314

이표본 Run 검정

[가설 설정]

- H_0: 두 데이터는 같은 분포에서 왔다
- H_1: 두 데이터는 다른 분포에서 왔다

```
1  # 수치형 데이터의 경우
2  # run을 세는 함수 정의
3  def count_run(data):
4      count_run = 1
5      for i, element in enumerate(data[:-1]):
6          if element == data[i+1]:
7              continue
8          else:
9              count_run += 1
10     return count_run
11
12 data1 = [23, 42, 36, 27, 48, 52, 35, 31]
13 data2 = [43, 56, 38, 20, 46, 51, 36]
14
15 # 라이브러리 검정을 위해 데이터 타입을 float으로 변환시켜 주어야 한다.
16 data1 = list(map(lambda x: float(x), data1))
17 data2 = list(map(lambda x: float(x), data2))
18 print(f"[데이터 확인]\n{Counter(data1)} \n {Counter(data2)}")
```

[데이터 확인]
Counter({23.0: 1, 42.0: 1, 36.0: 1, 27.0: 1, 48.0: 1, 52.0: 1, 35.0: 1, 31.0: 1})
 Counter({43.0: 1, 56.0: 1, 38.0: 1, 20.0: 1, 46.0: 1, 51.0: 1, 36.0: 1})

```
1  data = data1 + data2
2  median = np.median(data)
3  data3 = [1 if i >= median else 0 for i in data] # 중앙값을 기준으로 이진화 함
4  print(f"[데이터 확인]\n{Counter(data3)}")
```

[데이터 확인]
Counter({1: 8, 0: 7})

```
1  print("[수기 검정]")
2  n1 = Counter(data3)[0]
3  n2 = Counter(data3)[1]
4  run = count_run(data3) #Run의 총 개수
5
6  avg = 2*n1*n2/(n1+n2)+1
7  var = 2*n1*n2*(2*n1*n2-n1-n2)/((n1+n2)**2)/(n1+n2-1)
8
9  #런의 총개수에 따라서 h의 값을 정함
10 if run < 2*n1*n2/(n1+n2)+0.5:
11     h = 0.5
12 else:
13     h = -0.5
```

```
15 #n1, n2의 크기에 따라서 Z통계량 공식을 정함
16 if n1 <= 20 or n2 <= 20:
17     Z = (run-avg+h) / np.sqrt(var) #소표본인 경우
18 else:
19     Z = (run-avg) / np.sqrt(var) #대표본인 경우
20 sp = (1-norm.cdf(np.abs(Z)))*2
21
22 print(" 기대값: {:.3f}, 분산: {:.3f}, Z검정통계량: {:.3f}, p-value:
   {:.3f}".format(avg, var, Z, sp))
```
[수기 검정]
기대값: 8.467, 분산: 3.449, Z검정통계량: 0.018, p-value: 0.986

```
1 print("[라이브러리 검정]")
2 from statsmodels.sandbox.stats.runs import runstest_2samp
3 zstat, pval = runstest_2samp(data1, data2)
4 print(" 검정통계량 {:.3f}, p-value {:.3f}\n".format(zstat, pval))
5 ## 검정 결과, 두 데이터가 같은 분포에서 왔다는 결론을 얻었다.
```
[라이브러리 검정]
ties detected
검정통계량 0.018, p-value 0.986

6-3. 이항변수 데이터 검정: 카이제곱분포

맥니머 검정

맥니머 검정 (McNemar's test)은 이항변수인 두 변수의 대응관계(Paired)가 있는 데이터 분포의 차이를 검정할 때 사용한다.

[가설 설정]

- H_0: 두 변수의 데이터 분포는 차이가 없다
- H_1: 두 변수의 데이터 분포는 차이가 있다

```
1 # 프로모션 행사 전후로 상품에 대한 흥미 유무 데이터
2 from pandas import DataFrame
3 table = DataFrame([[9, 12], [24, 35]], index=['전_있음', '전_없음'], columns=['후_있음', '후_없음'])
4 print(f"[데이터 확인]\n{table}")
```
[데이터 확인]
	후_있음	후_없음
전_있음	9	12
전_없음	24	35

```python
1  # H0: 흥미가 없다가 있게 된 경우와 있다가 없게 된 경우의 분포가 동일하다
2  # H1: 두 경우의 분포가 다르다
3  print("[수기 검정]") #변화가 있는 b와 c에 주목하고 변화가 없는 대각선 값은 무시
4  from scipy.stats import chi2
5  b = table.values[0][1]
6  c = table.values[1][0]
7  stat = (b-c)**2 / (b+c)
8  alpha = 0.05
9  df = 1
10 pval = 1 - chi2.cdf(stat, df)
11 print(" 검정통계량 {:.3f}, p-value {:.3f}".format(stat, pval))
```

[수기 검정]
검정통계량 4.000, p-value 0.046

```python
1  from statsmodels.stats.contingency_tables import mcnemar
2  # 파라미터 exact 값이 True이면 이항분포, False이면 카이제곱분포를 사용한다.
3  print("[라이브러리 검정]")
4  mc = mcnemar(table.values, exact=False, correction = False)
5  print(" 검정통계량 {:.3f}, p-value {:.3f}".format(mc.statistic, mc.pvalue))
6  ## 검정 결과, 대립가설을 채택하며 이벤트의 효과가 있었다는 결론을 얻었다.
```

[라이브러리 검정]
검정통계량 4.000, p-value 0.046

코크란Q 검정

코크란Q 검정(Cochran's Q test)은 이항변수인 세 변수 이상의 대응관계(Paired)가 있는 데이터 분포의 차이를 검정할 때 사용한다. 대응 관계가 있는 일원배치 분산분석의 비모수 버전이다.

[가설 설정]

- H_0: 각 변수의 데이터 분포는 차이가 없다
- H_1: 적어도 한 쌍의 변수의 데이터 분포는 차이가 있다

```python
1  # 연예인 3명에 대한 호감도 데이터를 얻기 위해 8명에게 설문조사를 실시했다. 연예인에 대
   한 호감도 비율에 차이가 있는가?
2  from pandas import DataFrame
3  import numpy as np
4  from scipy.stats import chi2
5  table = DataFrame([[0,1,0,1,0,0,0,0], [1,1,0,1,0,0,1,1], [0,1,1,1,1,1,1,1]], index=
   ['가수1', '가수2', '가수3'], columns=[1,2,3,4,5,6,7,8]).T #범주를 columns으로 해야 함
6  print(f"[데이터 확인]\n{table}")
```

[데이터 확인]
```
   가수1  가수2  가수3
1   0    1    0
2   1    1    1
3   0    0    1
4   1    1    1
5   0    0    1
6   0    0    1
7   0    1    1
8   0    1    1
```

```python
1  # H0: 모든 연예인에 대한 호감도 비율이 차이가 없다 (모든 연예인의 호감도가 같다)
2  # H1: 적어도 한 쌍의 연예인은 호감도 비율이 차이가 있다 (적어도 한 쌍은 다르다)
3  print("[수기 검정]")
4  n = table.shape[0] #표본 개수
5  k = table.shape[1] #범주 개수
6  df = k-1
7  k_sums= np.array(table.sum())
8  n_sums = np.array(table.sum(axis=1))
9  Q1 = k * sum(k_sums**2) - sum(k_sums)**2
10 Q2 = k * sum(n_sums) - sum(n_sums**2)
11 stat = df * Q1 / Q2
12 pval = 1- chi2.cdf(stat, df)
13 print(" 검정통계량 {:.3f}, p-value {:.3f}".format(stat, pval))
```

[수기 검정]
검정통계량 6.333, p-value 0.042

```python
1  print("[라이브러리 검정]")
2  from statsmodels.stats.contingency_tables import cochrans_q
3  ccq = cochrans_q(table)
4  print(" 검정통계량 {:.3f}, p-value {:.3f}".format(ccq.statistic, ccq.pvalue))
5  ## 검정 결과, 대립가설을 채택하며 적어도 한 쌍의 연예인의 호감도는 다르다는 결론
```

[라이브러리 검정]
검정통계량 6.333, p-value 0.042

```python
1  # 연예인 모든 쌍의 맥니머 검정을 통해 가수1-가수3의 호감도에 차이가 있음을 확인
2  from itertools import combinations
3  col_comp= list(combinations(table.columns, 2))
4  
5  from pandas import crosstab
6  from statsmodels.stats.contingency_tables import mcnemar
7  for s1, s2 in col_comp:
8      ct = crosstab(table.loc[:, s1], table.loc[:, s2])
9      mc = mcnemar(ct.values, exact=False, correction = False)
10     stat, p = mc.statistic, mc.pvalue
11     msg = "{}-{}: 검정통계량 {:.3f}, p-value {:.3f}".format(s1, s2, stat, p)
12     if p < 0.05:
13         print(msg + "***")
14     else:
15         print(msg)
```

가수1-가수2: 검정통계량 3.000, p-value 0.083
가수1-가수3: 검정통계량 5.000, p-value 0.025***
가수2-가수3: 검정통계량 1.000, p-value 0.317

6-4. 부호, 순위 데이터 검정

일표본 부호 검정: 이항분포, Z분포

n ≤ 100 이면, 부호검정 통계량은 이항분포를 따르고, n > 100 이면, 정규화한 부호검정 통계량은 정규분포를 따른다. 일표본 t검정에 대응한다.

```python
1  # 데이터의 중앙값으로 알려진 M0 = 200 일 때 가설 검정
2  # H0: 데이터의 중앙값은 200과 차이가 없다, H1: 데이터의 중앙값은 200과 차이가 있다
3
4  print("[수기 검정]")
5  import numpy as np
6  data = np.array([203,204,197,195,201,205,198,199,194,207]) #데이터
7  M0 = 200 #귀무가설의 중앙값
8
9  # 검정통계량 계산하기
10 from pandas import DataFrame
11 df = DataFrame(data-M0, columns=['d'])
12 df = df.query("d !=0") # 중앙값과의 차이가 0이 아닌 데이터만 유효하다고 본다.
13 plus = len(df.query("d > 0")) #통계량
14 minus = len(df.query("d < 0"))
15 n = len(df) #유효데이터 개수
16 print(" 유효한 데이터 개수: {}, plus 개수(=검정통계량): {}".format(n, plus))
```

[수기 검정]
유효한 데이터 개수: 10, plus 개수(=검정통계량): 5

```python
1  # plus 부호의 개수, 즉 검정통계량 B는 B(n, p=0.5)인 이항분포를 따른다.
2  from scipy.stats import binom
3  p = 0.5
4  result = DataFrame()
5  for i in range(0,n+1):
6      result.loc[i, 'X'] = i
7      result.loc[i, 'prob'] = binom.pmf(i, n, p)
8  result['value'] = result['X'] * result['prob']
9  print("[이항분포 기반] 확률분포표:\n", result)
```

[이항분포 기반] 확률분포표:
```
       X      prob     value
0    0.0  0.000977  0.000000
1    1.0  0.009766  0.009766
2    2.0  0.043945  0.087891
3    3.0  0.117188  0.351563
4    4.0  0.205078  0.820313
5    5.0  0.246094  1.230469
6    6.0  0.205078  1.230469
7    7.0  0.117188  0.820313
8    8.0  0.043945  0.351562
9    9.0  0.009766  0.087891
10  10.0  0.000977  0.009766
```

```
1  # 기댓값과 분산
2  mean = result.sum()['value']
3  var = sum((result['X']-mean)**2 *result['prob'])
4  print(" 기댓값: {:.3f}, 분산:{:.3f} (= {:.3f}, {:.3f})"
5        .format(mean, var, n*p, n*p*(1-p)))
```
기댓값: 5.000, 분산:2.500 (= 5.000, 2.500)

```
1  # 검정통계량과 임계치
2  test_a = 0.05 #유의수준 5%, 양측검정
3  start = int(binom.ppf(test_a/2, n, p))
4  end = int(binom.ppf(1-test_a/2, n, p))
5  print(" 검정통계량: {}, 임계치: {}, {}".format(plus, start, end))
```
검정통계량: 5, 임계치: 2, 8

```
1   # 정규분포 근사
2   from scipy.stats import norm
3   mean2 = n/2
4   var2 = n/4
5   s = np.sqrt(var2)
6   zstat = (plus-mean2)/s #plus를 대입
7   ways = 'two' #'two', 'one-right', 'one-left' #대립가설기준
8   if ways == 'two':
9       sp = (1-norm.cdf(np.abs(zstat)))*2 #significance probability
10      cv = norm.ppf(1-test_a/2) #critical value
11      cv = "+/-{:.3f}".format(cv)
12  elif ways == 'one-right':
13      sp = 1-norm.cdf(zstat)
14      cv = norm.ppf(1-test_a)
15      cv = "{:.3f}".format(cv)
16  elif ways == 'one-left':
17      sp = norm.cdf(zstat)
18      cv = norm.ppf(test_a)
19      cv = "{:.3f}".format(cv)
20  print("[정규분포 기반] 기댓값: {:.3f}, 분산: {:.3f}".format(mean2, var2))
21  print(" 검정통계량: {:.3f}, 임계치: {}".format(zstat, cv))
22  print(" 유의수준: {:.3f}, 유의확률: {:.3f}".format(test_a, sp))
23  ## 검정 결과, 데이터의 중앙값은 200과 차이가 없다는 결론을 얻었다.
```
[정규분포 기반] 기댓값: 5.000, 분산: 2.500
 검정통계량: 0.000, 임계치: +/-1.960
 유의수준: 0.050, 유의확률: 1.000

이표본 부호 검정: 이항분포, Z분포

n ≤ 100 이면, 부호검정 통계량은 이항분포를 따르고, n > 100 이면, 정규화한 부호검정 통계량은 정규분포를 따른다. 대응표본 t검정에 대응한다.

```python
1  # A, B의 5점 척도 만족도 설문조사로부터 A의 만족도가 더 높다고 할 수 있는지 검정
2  # H0: A와 B의 만족도는 차이가 없다, H1: A의 만족도가 더 높다
3
4  print("[수기 검정]")
5  data1 = np.array([4,3,5,2,1,3,4,3]) #A
6  data2 = np.array([3,2,3,1,2,2,2,2]) #B
7  M0 = 0
8  df = DataFrame(data1-data2, columns=['d'])
9  df = df.query("d !=0")
10 plus = len(df.query("d > 0"))
11 minus = len(df.query("d < 0"))
12 n = len(df)
13 print(" 유효한 데이터 개수: {}, plus 개수(=검정통계량): {}".format(n, plus))
```

[수기 검정]
유효한 데이터 개수: 8, plus 개수(=검정통계량): 7

```python
1  #plus 부호의 개수 X는 (n, p=0.5)인 이항분포를 따른다.
2  from scipy.stats import binom
3  p = 0.5
4  result = DataFrame()
5  for i in range(0,n+1):
6      result.loc[i, 'X'] = i
7      result.loc[i, 'prob'] = binom.pmf(i, n, p)
8  result['value'] = result['X'] * result['prob']
9  print("[이항분포 기반] 확률분포표:\n", result)
```

[이항분포 기반] 확률분포표:
```
     X    prob      value
0  0.0  0.003906  0.00000
1  1.0  0.031250  0.03125
2  2.0  0.109375  0.21875
3  3.0  0.218750  0.65625
4  4.0  0.273438  1.09375
5  5.0  0.218750  1.09375
6  6.0  0.109375  0.65625
7  7.0  0.031250  0.21875
8  8.0  0.003906  0.03125
```

```python
1  # 기댓값과 분산
2  mean = result.sum()['value']
3  var = sum((result['X']-mean)**2 *result['prob'])
4  print(" 기댓값: {:.3f}, 분산:{:.3f} (= {:.3f}, {:.3f})"
5        .format(mean, var, n*p, n*p*(1-p)))
```

기댓값: 4.000, 분산:2.000 (= 4.000, 2.000)

```python
1  # 검정통계량과 임계치
2  test_a = 0.05 #유의수준 5%, 양측검정
3  start = int(binom.ppf(test_a/2, n, p))
4  end = int(binom.ppf(1-test_a/2, n, p))
5  print(" 검정통계량: {}, 임계치: {}, {}".format(plus, start, end))
```

검정통계량: 7, 임계치: 1, 7

```python
1  # 정규분포 근사
2  from scipy.stats import norm
3  mean2 = n/2
4  var2 = n/4
5  s = np.sqrt(var2)
6  zstat = (plus-mean2)/s
7  ways = 'one-right' #'two', 'one-right', 'one-left' #대립가설기준
8  if ways == 'two':
9      sp = (1-norm.cdf(np.abs(zstat)))*2 #significance probability
10     cv = norm.ppf(1-test_a/2) #critical value
11     cv = "+/-{:.3f}".format(cv)
12 elif ways == 'one-right':
13     sp = 1-norm.cdf(zstat)
14     cv = norm.ppf(1-test_a)
15     cv = "{:.3f}".format(cv)
16 elif ways == 'one-left':
17     sp = norm.cdf(zstat)
18     cv = norm.ppf(test_a)
19     cv = "{:.3f}".format(cv)
20
21 print("[정규분포 기반] 기댓값: {:.3f}, 분산: {:.3f}".format(mean2, var2))
22 print(" 검정통계량: {:.3f}, 임계치: {}".format(zstat, cv))
23 print(" 유의수준: {:.3f}, 유의확률: {:.3f}".format(test_a, sp))
24
25 ## 검정 결과, 대립가설을 채택하며 A의 만족도가 더 높다고 할 수 있다.
```

[정규분포 기반] 기댓값: 4.000, 분산: 2.000
검정통계량: 2.121, 임계치: 1.645
유의수준: 0.050, 유의확률: 0.017

일표본 윌콕슨 부호순위 검정: 윌콕슨 부호순위 검정표, Z분포

n ≤ 20 이면 윌콕슨 순위합 분포를 따르고, n 〉 20 이면 정규분포에 근사한다.

일표본 t검정에 대응한다.

```
1  # 데이터의 중앙값으로 알려진 M0 = 200 일 때 가설 검정
2  # H0: 데이터의 중앙값은 200과 차이가 없다, H1: 데이터의 중앙값은 200과 차이가 있다
3  print("[수기 검정]")
4  data = np.array([203,204,197,195,201,205,198,199,194,207]) #데이터
5  M0 = 200 #중앙값
6  d = data-M0
7  table = DataFrame(d, columns=['d'])
8  table = table.query("d !=0") #d=0인 데이터 제외
9  n = len(table)
10 table['sign'] = np.sign(table['d'])
11 table['abs_d'] = table['d'].abs()
12 table['rank'] = table['abs_d'].rank(method='average')
13 print(" 부호순위 계산표:\n{}".format(table))
```

[수기 검정]
부호순위 계산표:
```
   d  sign  abs_d  rank
0  3     1      3   4.5
1  4     1      4   6.0
2 -3    -1      3   4.5
3 -5    -1      5   7.5
4  1     1      1   1.5
5  5     1      5   7.5
6 -2    -1      2   3.0
7 -1    -1      1   1.5
8 -6    -1      6   9.0
9  7     1      7  10.0
```

```
1  plus = table.query("sign==1")['rank'].sum()
2  minus = table.query("sign==-1")['rank'].sum()
3  stat = np.minimum(plus, minus) #부호의 개수가 더 적은 것을 검정통계량으로 사용
4  print("[윌콕슨 부호순위 분포 기반]")
5  print(" 유효한 데이터 개수: {}, 검정통계량: {}".format(n, stat))
```

[윌콕슨 부호순위 분포 기반]
유효한 데이터 개수: 10, 검정통계량: 25.5

```
1  print("[라이브러리 검정]")
2  from scipy.stats import wilcoxon
3  stat, p = wilcoxon([M0 for i in range(len(data))], data)
4  print(" 검정통계량 {:.3f}, p-value {:.3f}".format(stat, p))
```

[라이브러리 검정]
검정통계량 25.500, p-value 0.846

```
1  # 정규 근사
2  wstat = np.minimum(plus, minus) #작은쪽을 검정통계량으로 삼음
3  mean = n*(n+1)/4
4  var = n*(n+1)*(2*n+1)/24
5  s = np.sqrt(var)
6  zstat = (wstat - mean)/s
7  ways = 'two' #'two', 'one-right', 'one-left' #대립가설기준
8  if ways == 'two':
9      sp = (1-norm.cdf(np.abs(zstat)))*2 #significance probability
10     cv = norm.ppf(1-test_a/2) #critical value
11     cv = "+/-{:.3f}".format(cv)
12 elif ways == 'one-right':
13     sp = 1-norm.cdf(zstat)
14     cv = norm.ppf(1-test_a)
15     cv = "{:.3f}".format(cv)
16 elif ways == 'one-left':
17     sp = norm.cdf(zstat)
18     cv = norm.ppf(test_a)
19     cv = "{:.3f}".format(cv)
20
21 print("[정규분포 기반] 기댓값: {:.3f}, 분산: {:.3f}".format(mean, var))
22 print(" 검정통계량: {:.3f}, 임계치: {}".format(zstat, cv))
23 print(" 유의수준: {:.3f}, 유의확률: {:.3f}".format(test_a, sp))
24
25 ## 검정 결과, 데이터의 중앙값은 200과 차이가 없다는 결론을 얻었다.

[정규분포 기반] 기댓값: 27.500, 분산: 96.250
 검정통계량: -0.204, 임계치: +/-1.960
 유의수준: 0.050, 유의확률: 0.838
```

이표본 윌콕슨 부호순위 검정: 윌콕슨 부호순위 검정표, Z분포

n ≤ 20 이면 윌콕슨 순위합 분포를 따르고, n > 20이면 정규분포에 근사한다.

대응표본 t검정에 대응한다.

```
1  # 동일한 피험자 8명에게 맥박을 2번 측정하였을 때,
2  # H0: 1번째 측정값과 2번째 측정값은 차이가 없다, H1: 차이가 있다
3  print("[수기 검정]")
4  data1 = np.array([79, 96, 85, 69, 88, 75, 83, 88])
5  data2 = np.array([70, 88, 73, 74, 75, 79, 77, 81])
6  d = data1 - data2
7  table = DataFrame(d, columns=['d'])
8  table = table.query("d !=0") #d=0인 데이터 제외
9  n = len(table)
10 table['sign'] = np.sign(table['d'])
11 table['abs_d'] = table['d'].abs()
12 table['rank'] = table['abs_d'].rank(method='average')
13 print(" 부호순위 계산표:\n{}".format(table))
```

[수기 검정]
 부호순위 계산표:
     d sign abs_d rank
 0   9   1   9   6.0
 1   8   1   8   5.0
 2 12   1   12   7.0
 3 -5   -1   5   2.0
 4 13   1   13   8.0
 5 -4   -1   4   1.0
 6   6   1   6   3.0
 7   7   1   7   4.0

```
1  plus = table.query("sign==1")['rank'].sum()
2  minus = table.query("sign==-1")['rank'].sum()
3  stat = np.minimum(plus, minus) #부호의 개수가 더 적은 것을 검정통계량으로 사용
4  print("[윌콕슨 부호순위 분포 기반]")
5  print(" 유효한 데이터 개수: {}, 검정통계량: {}".format(n, stat))
```

[윌콕슨 부호순위 분포 기반]
 유효한 데이터 개수: 8, 검정통계량: 3.0

```
1  print("[라이브러리 검정]")
2  from scipy.stats import wilcoxon
3  stat, p = wilcoxon(data1, data2, zero_method='wilcox')
4  print(" 검정통계량 {:.3f}, p-value {:.3f}".format(stat, p))
```

[라이브러리 검정]
 검정통계량 3.000, p-value 0.039

```
1  # 정규 근사
2  wstat = np.minimum(plus, minus) #작은쪽을 검정통계량으로 삼음
3  mean = n*(n+1)/4
4  var = n*(n+1)*(2*n+1)/24
5  s = np.sqrt(var)
6  zstat = (wstat - mean)/s
7  ways = 'two' #'two', 'one-right', 'one-left' #대립가설기준
8  if ways == 'two':
9      sp = (1-norm.cdf(np.abs(zstat)))*2 #significance probability
10     cv = norm.ppf(1-test_a/2) #critical value
11     cv = "+/-{:.3f}".format(cv)
12 elif ways == 'one-right':
13     sp = 1-norm.cdf(zstat)
14     cv = norm.ppf(1-test_a)
15     cv = "{:.3f}".format(cv)
16 elif ways == 'one-left':
17     sp = norm.cdf(zstat)
18     cv = norm.ppf(test_a)
19     cv = "{:.3f}".format(cv)
20 print("[정규분포 기반] 기댓값: {:.3f}, 분산: {:.3f}".format(mean, var))
21 print(" 검정통계량: {:.3f}, 임계치: {}".format(zstat, cv))
22 print(" 유의수준: {:.3f}, 유의확률: {:.3f}".format(test_a, sp))
23 ## 검정 결과, 대립가설을 채택하여 1번째 측정값과 2번째 측정값은 차이가 있다는 결론
```

[정규분포 기반] 기댓값: 18.000, 분산: 51.000
 검정통계량: -2.100, 임계치: +/-1.960
 유의수준: 0.050, 유의확률: 0.036

윌콕슨 순위합 검정(만 위트니 U검정): 윌콕슨 순위합 검정표, Z분포

n(=$n_1 + n_2$) ≤ 25 이면 순위합 분포를 따르고, n 〉 25이면 정규분포에 근사한다.

독립표본 t검정에 대응한다. 만 위트니 U검정(Mann-Whitney U test)와 동일한 결과를 얻는다.

```python
1  # 팀 별 영업 성적이 차이가 있는지 검정
2  # H0: 성적 차이가 없다. 두 A, B 중앙값의 차이는 0이다
3  # H1: 성적 차이가 있다. 두 A, B 중앙값의 차이는 0이 아니다.
4
5  data1 = [87,75,65,95,90,81,93]
6  data2 = [57,85,90,83,87,71]
7  n1 = len(data1)
8  n2 = len(data2)
9  M1 = np.median(data1) #각 데이터의 중앙값
10 M2 = np.median(data2)
11
12 print("[수기 검정]")
13 from pandas import DataFrame, concat
14 table1 = DataFrame(data1, columns=['data'])
15 table1['M'] = M1
16 table2 = DataFrame(data2, columns=['data'])
17 table2['M'] = M2
18 table = concat([table1, table2])
19 table['rank'] = table['data'].rank(method='average')
20 print(" 순위합 계산표:\n{}".format(table))
```

```
[수기 검정]
 순위합 계산표:
   data    M  rank
0    87 87.0   8.5
1    75 87.0   4.0
2    65 87.0   2.0
3    95 87.0  13.0
4    90 87.0  10.5
5    81 87.0   5.0
6    93 87.0  12.0
0    57 84.0   1.0
1    85 84.0   7.0
2    90 84.0  10.5
3    83 84.0   6.0
4    87 84.0   8.5
5    71 84.0   3.0
```

```python
1  W1 = table.query("M==@M1")['rank'].sum() #순위합 검정통계량1
2  W2 = table.query("M==@M2")['rank'].sum() #순위합 검정통계량2
3  U1 = W1 - n1*(n1+1)/2 #만위트니 검정통계량
4  U2 = W2 - n2*(n2+1)/2 #만위트니 검정통계량
5  print(" 자료의 개수: {}, {}".format(n1, n2))
6  print(" 순위합 검정통계량: {} or {}".format(W1, W2))
7  print(" 만위트니 검정통계량 {} or {}".format(U1, U2))
```

```
자료의 개수: 7, 6
순위합 검정통계량: 55.0 or 36.0
만위트니 검정통계량 27.0 or 15.0
```

```
1  print("[라이브러리 검정]")
2  from scipy.stats import ranksums, mannwhitneyu
3  zstats, p = ranksums(data1, data2) #default: alternative='two-sided'
4  print(" 순위합 정규근사 검정통계량: {:.3f}, p-value: {:.3f}".format(zstats, p))
5  mstat, p = mannwhitneyu(data1, data2, alternative='two-sided')
6  print(" 만위트니 검정통계량: {:.3f}, p-value: {:.3f}".format(mstat, p))
```

```
[라이브러리 검정]
 순위합 정규근사 검정통계량: 0.857, p-value: 0.391
 만위트니 검정통계량: 27.000, p-value: 0.431
```

```
1  # 정규 근사
2  mean = n1*n2/2
3  var = n1*n2*(n1+n2+1)/12
4  s = np.sqrt(var)
5  Z1 = (U1 - mean)/s #만위트니 검정통계량으로 정규화된 검정통계량
6  Z2 = (U2 - mean)/s #만위트니 검정통계량으로 정규화된 검정통계량
7  test_a = 0.05
8  zstat = Z1 #Z1과 Z2는 부호만 다르고 같은 값임
9  ways = 'two' #'two', 'one-right', 'one-left' #대립가설기준
10 if ways == 'two':
11     sp = (1-norm.cdf(np.abs(zstat)))*2 #significance probability
12     cv = norm.ppf(1-test_a/2) #critical value
13     cv = "+/-{:.3f}".format(cv)
14 elif ways == 'one-right':
15     sp = 1-norm.cdf(zstat)
16     cv = norm.ppf(1-test_a)
17     cv = "{:.3f}".format(cv)
18 elif ways == 'one-left':
19     sp = norm.cdf(zstat)
20     cv = norm.ppf(test_a)
21     cv = "{:.3f}".format(cv)
22
23 print("[정규분포 기반] 기댓값: {:.3f}, 분산: {:.3f}".format(mean, var))
24 print(" 검정통계량: {:.3f}, 임계치: {}".format(zstat, cv))
25 print(" 유의수준: {:.3f}, 유의확률: {:.3f}".format(test_a, sp))
26
27 ## 검정 결과, 팀별 영업 성적이 차이가 없다는 결론을 얻었다.
```

```
[정규분포 기반] 기댓값: 21.000, 분산: 49.000
 검정통계량: 0.857, 임계치: +/-1.960
 유의수준: 0.050, 유의확률: 0.391
```

6-5. k표본 순위 데이터 검정

크러스컬 월리스 검정: 크러스컬 월리스 검정표, 카이제곱분포

세 변수 이상의 대응 관계가 없는 데이터의 차이를 검정한다. 즉, 대응 관계가 없는 일원배치 분산분석의 비모수 버전이다. 사후 검정은 윌콕슨 순위합검정으로 진행할 수 있다.

3개 범주이고 데이터 크기가 15 이하이거나 4개 범주이고 데이터 크기가 14 이하인 작은 표본은 크러스컬 월리스 검정표 사용하고 이외에 데이터 크기가 충분히 크면 검정 통계량 H가 카이제곱분포에 근사한다.

```
1  # A, B, C 세 사람의 모의고사 성적을 통해 성취도의 차이가 있는지 검정
2  # H0: 세 사람의 성취도는 차이가 없다, H1: 적어도 한 쌍의 성취도는 차이가 있다.
3  table = DataFrame([[69,67,65,59,66], [56,63,55,40], [71,72,70,75]],
4                    index=['A','B','C'])
5  print(f"[데이터 확인]\n{table}")
```

```
[데이터 확인]
    0   1   2   3     4
A  69  67  65  59  66.0
B  56  63  55  40   NaN
C  71  72  70  75   NaN
```

```
1  print("[수기 검정]")
2  ranktable =
   DataFrame(table.values.ravel()).rank(ascending=False).values.reshape(table.shape)
3  print(f" 순위 계산표:\n{ranktable}")
```

```
[수기 검정]
 순위 계산표:
[[ 5.  6.  8. 10.  7.]
 [11.  9. 12. 13. nan]
 [ 3.  2.  4.  1. nan]]
```

```
1   N = [] #범주별 데이터 개수
2   R = [] #범주별 순위합
3   for i in range(len(table)):
4       row = table.iloc[i, :] #데이터프레임일 때 행 추출
5       rank = ranktable[i, :] #배열일때 행 추출
6       ni = 0
7       ri = 0
8       for d, r in zip(row, rank):
9           if np.isnan(d) == False: #nan값을 제외한 범주별 데이터 개수
10              ni += 1
11              ri += r #범주별 순위합 구하기
12      N.append(ni)
13      R.append(ri)
```

```
15  # 리스트를 array로 변환
16  N = np.array(N)
17  R = np.array(R)
18  df = len(N) -1 #자유도, 범주의 개수-1
19
20  # 가설 검정 (우측 검정)
21  n = sum(N)
22  H = 12/(n*(n+1)) * sum(R**2/N) -3*(n+1) # 검정통계량 H
23  pval = 1-chi2.cdf(H, df)
24  print(' 검정통계량: {:.3f}, p-value: {:.3f}'.format(H, pval))
```

검정통계량: 10.118, p-value: 0.006

```
1  from scipy.stats import kruskal
2  print("[라이브러리 검정]")
3  # nan_policy='omit'으로 설정하면 nan값은 제거하고 자동 계산
4  stat, p = kruskal(table.values[0], table.values[1], table.values[2],
   nan_policy='omit')
5  # 아래 방식으로도 적용 가능
6  # stat, p = kruskal([v for v in table.values[0] if str(v) != 'nan'],
7  #                   [v for v in table.values[1] if str(v) != 'nan'],
8  #                   [v for v in table.values[2] if str(v) != 'nan'])
9  print(" 검정통계량 {:.3f}, p-value {:.3f}".format(stat, p))
10
11 ## 검정 결과, 대립가설을 채택하며 적어도 한 쌍의 사람들의 성취도는 차이가 있다는 결론
   을 얻었다.
```

[라이브러리 검정]
검정통계량 10.118, p-value 0.006

```
1  # [사후 검정] 모든 조합 별 윌콕슨 순위합 검정에서는 A-C의 조합에서 유의한 차이가 있는
   것으로 나타났다.
2  from itertools import combinations
3  col_comp= list(combinations(table.index, 2))
4
5  from pandas import crosstab
6  from scipy.stats import ranksums
7  for s1, s2 in col_comp:
8      stat, p = ranksums(table.loc[s1, :], table.loc[s2, :])
9      msg = "{}-{}: 검정통계량 {:.3f}, p-value {:.3f}".format(s1, s2, stat, p)
10     if p < 0.05:
11         print(msg + "***")
12     else:
13         print(msg)
```

A-B: 검정통계량 1.358, p-value 0.175
A-C: 검정통계량 -2.611, p-value 0.009***
B-C: 검정통계량 -1.776, p-value 0.076

프리드먼 검정: 프리드먼 검정표, 카이제곱분포

세 변수 이상의 대응 관계가 있는 데이터의 차이를 검정한다. 즉, 대응 관계가 있는 일원배치 분산분석의 비모수 버전이다. 사후 검정은 윌콕슨 부호순위검정으로 진행할 수 있다.

3개 범주이고 데이터 크기가 9 이하이거나 4개 범주이고 데이터 크기가 5 이하인 작은 표본은 프리드먼 검정표를 사용하고 이외에 데이터 크기가 충분히 크면 검정 통계량 Q가 카이제곱분포에 근사한다.

```python
# 운전자 A, B, C, D의 운전 점수에 차이가 있는지 검정
# H0: 네 운전자의 운전 점수는 차이가 없다.
# H1: 적어도 한 쌍의 운전자의 운전 점수는 차이가 있다.
from scipy.stats import friedmanchisquare
table = DataFrame([[4,2,5], [3,5,2], [5,4,4], [1,1,3]], index=['A', 'B', 'C', 'D'])
print(f"[데이터 확인]\n{table}")
```

```
[데이터 확인]
   0  1  2
A  4  2  5
B  3  5  2
C  5  4  4
D  1  1  3
```

```python
print("[수기 검정]")
srtable = table.rank(ascending=False)
print(f" 순위 계산표:\n{srtable}")
```

```
[수기 검정]
 순위 계산표:
     0    1    2
A  2.0  3.0  1.0
B  3.0  1.0  4.0
C  1.0  2.0  2.0
D  4.0  4.0  3.0
```

```python
R = srtable.sum(axis=1).values #행 범주별 순위합
n = table.shape[1] #열 범주별 데이터 개수: n이 3으로 소표본!
k = table.shape[0] #행 범주 개수
df = k-1 #행 범주 개수가 자유도

# 가설 검정 (우측 검정)
Q = 12/(n*k*(k+1)) * sum(R**2) -3*n*(k+1) #검정통계량 Q
pval = 1-chi2.cdf(Q, df)
print(' 검정통계량: {:.3f}, p-value: {:.3f}'.format(Q, pval))
```

```
검정통계량: 4.200, p-value: 0.241
```

```
1  print("[라이브러리 검정]")
2  stat, p = friedmanchisquare(table.values[0], table.values[1], table.values[2],
   table.values[3])
3  print(" 검정통계량 {:.3f}, p-value {:.3f}".format(stat, p))
4
5  ## 검정결과, 모든 운전자의 운전 점수는 차이가 없다는 결론을 얻었다.
```

[라이브러리 검정]
검정통계량 4.200, p-value 0.241

```
1  # [사후 검정] 모든 조합 별 윌콕슨 부호순위 검정에서도 모든 쌍에서 유의한 차이가 없는
   것으로 나타났다.
2  from itertools import combinations
3  col_comp= list(combinations(table.index, 2))
4
5  from pandas import crosstab
6  from scipy.stats import wilcoxon
7  for s1, s2 in col_comp:
8      stat, p = wilcoxon(table.loc[s1, :], table.loc[s2, :], zero_method='wilcox')
9      msg = "{}-{}: 검정통계량 {:.3f}, p-value {:.3f}".format(s1, s2, stat, p)
10     if p < 0.05:
11         print(msg + "***")
12     else:
13         print(msg)
```

A-B: 검정통계량 2.500, p-value 1.000
A-C: 검정통계량 1.500, p-value 0.500
A-D: 검정통계량 0.000, p-value 0.250
B-C: 검정통계량 1.000, p-value 0.500
B-D: 검정통계량 1.000, p-value 0.500
C-D: 검정통계량 0.000, p-value 0.250

연습문제

1. 아래 그래프는 A,B,C 동별 입주민의 주민대표 찬반 투표 결과를 나타낸다. 동별 찬반 비율이 동일한지 귀무가설과 대립가설을 설정하고, 검정통계량을 계산하여 검정하시오. (유의수준 0.05)

구분	A	B	C
찬성	50	60	65
반대	45	32	55

2. 특정 캠페인에 노출되기 전과 후의 캠페인 주제에 대한 지지 여부를 기록한 데이터이다. 캠페인 전후의 지지 비율이 차이가 있는지 귀무가설과 대립가설을 설정하고, 검정통계량을 계산하여 검정하시오. (유의수준 0.05)

```
1  from pandas import read_csv
2  data = read_csv('https://raw.githubusercontent.com/algoboni/pythoncodebook1-
   1/main/practice6_ba.csv', index_col=0)
3  print(data.head(3))
   before  after
0    1      0
1    1      1
2    1      1
```

3. 다음의 T와 F가 무작위로 나열되어 있다고 볼 수 있는지 귀무가설과 대립가설을 설정하고, 검정통계량을 계산하여 검정하시오. (유의수준 0.05)

'T','F','F','T','F','T','F','T','T','F','F','T','F','T','F','T','F','T'

4. 20대보다 30대가 기대하는 연봉상승률이 더 높다는 주장이 있다. 이 주장이 타당한지를 확인해보기 위해서 20대 10명과 30대 8명을 임의로 추출하여 기대하는 연봉상승률을 다음과 같이 정리하였다. 이 주장을 검정하기 위한 귀무가설과 대립가설을 설정하고, 검정통계량을 계산하여 검정하시오. (유의수준 0.05)

20대	3.0, 3.5, 2.0, 2.8, 5.0, 0, 2.3, 2.8, 3.3, 3.5
30대	3.5, 5.5, 5.0, 5.0, 10.0, 8.0, 2.5, 3.0

5. 양식, 한식, 중식에 대해 5명의 선호도를 나타내는 표이다. '선호하지 않는다'를 1, '보통이다'를 2, '선호한다'를 3으로 응답하였다. 음식 종류에 따라 선호도 차이가 있는지 귀무가설과 대립가설을 설정하고, 검정통계량을 계산하여 검정하시오. (유의수준 0.05)

구분	A	B	C	D	E
양식	1	3	1	3	1
한식	1	3	3	1	1
중식	2	3	3	3	1

6. 임의로 추출한 A, B, C 지역 학생들의 키가 다음과 같다. 지역 별 학생들의 키가 차이가 있는지 검정하기 위한 귀무가설과 대립가설을 설정하고, 검정통계량을 계산하여 검정하시오. (유의수준 0.05)

A	177, 167, 188, 189, 152, 159, 184, 175
B	151, 177, 150, 187, 167, 166, 179, 161, 174
C	173, 151, 156, 182, 188, 175, 150, 165, 176, 183

풀이

1번 문제 풀이:

```
1  ## 동질성 검정
2  # 귀무가설: 동별 찬반 비율은 차이가 없다
3  # 대립가설: 적어도 한쌍의 동의 찬반 비율은 차이가 있다
4  from pandas import DataFrame
5  table = DataFrame({"구분":['찬성', '반대'], 'A':[50, 45], 'B':[60, 32], 'C':[65,
   55]}).set_index('구분')
6  print(table)
7
8  from scipy.stats import chi2_contingency
9  chistat, p, df, expec = chi2_contingency(table, correction=False)
10 print("검정통계량 {:.3f}, p-value {:.3f}".format(chistat, p))
11 # 유의확률이 유의수준 0.05보다 크기 때문에 귀무가설을 기각할 수 없다.
12 # 즉, 동별 찬반 비율은 차이가 없다
```

```
      A   B   C
구분
찬성   50  60  65
반대   45  32  55
검정통계량 3.667, p-value 0.160
```

2번 문제 풀이:

```
1  from pandas import read_csv
2  data = read_csv('https://raw.githubusercontent.com/algoboni/pythoncodebook1-
   1/main/practice6_ba.csv', index_col=0)
3  print(data.head(5).T)
```

```
         0  1  2  3  4
before   1  1  1  0  1
after    0  1  1  1  0
```

```
1  ## 맥니마르 검정
2  # 귀무가설: 캠페인 전후 지지 비율은 차이가 없다.
3  # 대립가설: 캠페인 전후 지지지 비율은 차이가 있다.
4  from pandas import read_csv, crosstab
5  table = crosstab(data['before'], data['after'])
6  print(table)
7  from statsmodels.stats.contingency_tables import mcnemar
8  mc = mcnemar(table, exact=False, correction=False) #correction=False: 카이제곱분포 사용
9  print("검정통계량 {:.3f}, p-value {:.3f}".format(mc.statistic, mc.pvalue))
10 ## 유의확률이 유의수준 0.05보다 크기 때문에 귀무가설을 기각할 수 없다.
11 # 즉, 캠페인 전후 지지 비율은 차이가 없다.
```

```
after    0   1
before
0        4  12
1        9   6
검정통계량 0.429, p-value 0.513
```

3번 문제 풀이:

```
1  ## 런검정
2  # 귀무가설: T와 F는 무작위로 나열되었다.
3  # 연구가설: T와 F는 무작위로 나열되지 않았다.
4  TFlist = ['T','F','F','T','T','F','T','F','F','T','T','F','T','F','T']
5  from statsmodels.sandbox.stats.runs import runstest_1samp
6  data = list(map(lambda x: 0 if x =='F' else 1, TFlist))
7  zstat, p = runstest_1samp(data)
8  print("검정통계량 {:.3f}, p-value {:.3f}".format(zstat, p))
9  ## 유의확률이 유의수준 0.05보다 작기 때문에 귀무가설을 기각할 수 있다.
10 # 즉, T와 F는 무작위로 나열되지 않았다.
```

검정통계량 2.187, p-value 0.029

4번 문제 풀이:

```
1  ## 윌콕슨 순위합 검정 (만위트니 검정)
2  # 귀무가설: 20대와 30대가 기대하는 연봉상승률은 차이가 없다.
3  # 대립가설: 20대가 기대하는 연봉상승률은 30대가 기대하는 연봉상승률보다 더 낮다.
4  A = [3.0, 3.5, 2.0, 2.8, 5.0, 0, 2.3, 2.8, 3.3, 3.5] #20대
5  B = [3.5, 5.5, 5.0, 5.0, 10.0, 8.0, 2.5, 3.0 ] #30대
6  import numpy as np
7  n1, n2 = len(A), len(B)
8  M1, M2 = np.median(A), np.median(B)
9  from pandas import DataFrame, concat
10 table1 = DataFrame(A, columns = ['data'])
11 table1['M'] = M1
12 table2 = DataFrame(B, columns = ['data'])
13 table2['M'] = M2
14 table = concat([table1, table2])
15 table['rank'] = table['data'].rank(method='average') # 순위합 계산표
16 W1 = table.query("M==@M1")['rank'].sum()
17 W2 = table.query("M==@M2")['rank'].sum()
18 U1 = W1 - n1*(n1+1)/2
19 U2 = W2 - n2*(n2+1)/2
20 print("순위합 검정통계량 {} or {}".format(W1, W2))
21 print("만위트니 검정통계량 {} or {}".format(U1, U2))
22
23 from scipy.stats import mannwhitneyu
24 mstat, p = mannwhitneyu(A, B, alternative='less')
25 print("검정통계량 {:.1f}, p-value {:.3f}".format(mstat, p))
26 ## 유의확률이 유의수준보다 작으므로 귀무가설을 기각할 수 있다.
27 # 20대가 기대하는 연봉상승률은 30대가 기대하는 연봉상승률보다 더 낮다.
```

순위합 검정통계량 69.5 or 101.5
만위트니 검정통계량 14.5 or 65.5
검정통계량 14.5, p-value 0.013

5번 문제 풀이:

```python
## 프리드먼 검정
# 귀무가설: 음식 종류에 대한 선호도는 차이가 없다.
# 연구가설: 적어도 한쌍의 음식 종류에 대한 선호도는 차이가 있다.

W = [1,3,1,3,1]
K = [1,3,3,1,1]
C = [2,3,3,3,1]

from scipy.stats import friedmanchisquare
fstat, p = friedmanchisquare(W, K, C)
print("검정통계량 {:.3f}, p-value {:.3f}".format(fstat, p))
## 유의확률이 유의수준 0.05보다 크기 때문에 귀무가설을 기각할 수 없다.
# 즉, 음식 종류에 대한 선호도는 차이가 없다.
```
검정통계량 2.667, p-value 0.264

6번 문제 풀이:

```python
## 크루스컬 월리스 검정
# 귀무가설: 세 지역 학생들의 키는 차이가 없다.
# 대립가설: 적어도 한쌍의 지역 학생들의 키는 차이가 있다.

A = [177, 167, 188, 189, 152, 159, 184, 175]
B = [151, 177, 150, 187, 167, 166, 179, 161, 174]
C = [173, 151, 156, 182, 188, 175, 150, 165, 176, 183]

from scipy.stats import kruskal
kstat, p = kruskal(A, B, C)
print("검정통계량 {:.3f}, p-value {:.3f}".format(kstat, p))
# 유의확률이 유의수준보다 높으므로 귀무가설을 기각할 수 없다.
# 즉, 세 지역 학생들의 키는 차이가 없다.
```
검정통계량 1.331, p-value 0.514

7장 공분산과 상관계수

7-1. 공분산

공분산(Covariance)은 X변수가 얼마만큼 변할 때 다른 변수 Y가 얼만큼 변하는지를 나타내는 값이다. 공분산이 양수이면 X와 Y는 양의 선형관계를 갖고, 음수이면 음의 선형관계를 가지며, 두 변수가 서로 독립이면 공분산은 0이 된다.

한편, 공분산이 0이라고 해도 두 변수가 반드시 서로 독립인 것은 아니다. 비선형적 연관성이 있을 수 있기 때문이다.

```python
print("[수기 계산]")
import numpy as np
X = np.array([4,6,6,8,8,9,9,10,12,12])
Y = np.array([39,42,45,47,50,50,52,55,57,60])
Xm = np.mean(X)
Ym = np.mean(Y)
n = len(X)

# 공분산을 계산하는 두 가지 방법
cov1 = (np.sum(X*Y) - n*Xm*Ym) / (n-1)
cov2 = sum((X - Xm)*(Y - Ym)) / (n-1)
print(" {:.2f}, {:.2f}".format(cov1, cov2))
```

```
[수기 계산]
 16.80, 16.80
```

```python
print("[라이브러리 계산]")
cov3 = np.cov(X, Y) # numpy는 공분산 행렬을 반환해줌
print(DataFrame(cov3, columns=['X', 'Y'], index=['X', 'Y']))
print(" X-Y의 공분산: {:.2f}".format(cov3[0][1]))
```

```
[라이브러리 계산]
          X          Y
X   6.711111   16.800000
Y  16.800000   44.011111
 X-Y의 공분산: 16.80
```

7-2. 상관계수

공분산은 변수의 측정단위의 영향을 받기 때문에 그 값 자체로는 연관성이 얼마나 높은지 가늠하기 어렵다. 이런 단점을 해결하기 위해 공분산을 각 변수의 표준편차로 나눈 상관계수(Correlation coefficient)를 사용한다. 상관계수는 변수의 특성에 따라 피어슨 상관계수(Pearson correlation coefficient), 스피어만 순위상관계수(Spearman's Rank correlation coefficient), 켄달의 타우(Kendall's Tau)가 있다.

이외에도 명목척도로 된 범주형 데이터 간의 연관성을 나타내는 크라메르의 연관계수(Cramer's coefficient of association)도 있다.

피어슨 상관계수

피어슨 상관계수는 표본상관계수, 적률상관계수라고도 한다. 연속형 변수(등간척도, 비율척도)로 측정된 변수들 사이의 선형관계를 나타내며, 확률분포가 정규분포를 따른다고 가정한다.

상관계수의 범위는 -1~1이며, -1에 가까울수록 음의 상관성, 1에 가까울수록 양의 상관성, 0에 가까울수록 상관관계가 없다고 본다.

Z분포를 사용하여 모상관계수의 신뢰구간을 추정할 수 있고, t분포 또는 Z분포를 사용하여 모상관계수(ρ)가 0인지 아닌지 여부를 검정(무상관 검정)할 수 있다.

표본상관계수가 아닌 모집단의 상관계수는 표본공분산과 표본편차 대신 모공분산과 모표준편차를 대입하여 계산한다.

```
1   # 피어슨 상관계수 (=표본상관계수)
2   print("[수기 계산]")
3   X = np.array([4,6,6,8,8,9,9,10,12,12])
4   Y = np.array([39,42,45,47,50,50,52,55,57,60])
5
6   # 표본상관계수 계산하는 두 가지 방법
7   Xm = np.mean(X)
8   Ym = np.mean(Y)
9   n = len(X)
10  corr1 = (np.sum(X*Y) - n*Xm*Ym) / np.sqrt(sum((X-Xm)**2) * sum((Y-Ym)**2))
11
```

```python
12  Sx = np.sqrt(sum((X - Xm)**2) / (n-1)) # X표본표준편차
13  Sy = np.sqrt(sum((Y - Ym)**2) / (n-1)) # Y표본표준편차
14  cov1 = (np.sum(X*Y) - n*Xm*Ym) / (n-1) #X, Y의 공분산
15  corr2 = cov1 / (Sx*Sy) # 공분산을 X, Y의 표본표준편차들로 나누어서 구한다.
16  print(" {:.2f}, {:.2f}".format(corr1, corr2))
```

[수기 계산]
0.98, 0.98

```python
1  print("[라이브러리 계산]")
2  from scipy.stats import pearsonr
3  corr3 = np.corrcoef(X,Y)[0][1]
4  corr4, pval = pearsonr(X, Y) # 피어슨 상관계수와 유의확률을 반환해줌
5  print(" {:.2f}, {:.2f} (p-value: {:.2f})".format(corr3, corr4, pval))
```

[라이브러리 계산]
0.98, 0.98 (p-value: 0.00)

```python
1  # 모상관계수의 점추정량과 신뢰구간 계산: Z분포 사용
2  conf_a = 0.05
3  conf_z = norm.ppf(1-alpha/2) #or 1.96
4  r1 = corr1 #위에서 계산한 표본상관계수 corr1
5  n = len(X) #표본의 개수
6  a = 1/2 * np.log((1+r1)/(1-r1)) -conf_z/np.sqrt(n-3)
7  b = 1/2 * np.log((1+r1)/(1-r1)) +conf_z/np.sqrt(n-3)
8  conf1 = (np.exp(2*a)-1) / (np.exp(2*a)+1) # = np.tanh(a)
9  conf2 = (np.exp(2*b)-1) / (np.exp(2*b)+1) # = np.tanh(b)
10
11  print("[추정]")
12  print(" 점 추정량: {:.3f}".format(r1))
13  print(" 구간 추정량: {:.3f}~{:.3f}".format(conf1, conf2))
```

[추정]
점 추정량: 0.978
구간 추정량: 0.905~0.995

```python
1  # 모상관계수의 가설 검정: t분포를 사용하며, 표본이 충분히 큰 경우에는 Z분포 사용
2  # H0: 모상관계수는 0이다, H1: 모상관계수는 0이 아니다. (통계적으로 유의하다)
3  from scipy.stats import t, norm
4  r0 = 0 #귀무가설의 모상관계수
5  r1 = corr1 #위에서 계산한 표본상관계수 corr1
6  n = len(X) #표본의 개수
7  df = n-2 #자유도
8  tstat = np.sqrt(df) * (r1-r0) / np.sqrt(1-r1**2) #검정통계량 t
9  #zstat = 1/2 * np.log((1+r1)/(1-r1)) # 검정통계량 Z
10 test_a = 0.05
11 sp = (1-t.cdf(np.abs(tstat), df))*2 #양측검정
12 cv = t.ppf(1-test_a/2, df)
13 cv = "+/- {:.3f}".format(cv)
14
15 print("[검정]") # 귀무가설을 기각할 수 없음!
16 print(" 임계값: {}, 검정통계량: {:.3f}".format(cv, tstat))
17 print(" 유의수준: {:.3f}, 유의확률: {:.3f}".format(test_a, sp))
```

[검정]
임계값: +/- 2.306, 검정통계량: 13.117
유의수준: 0.050, 유의확률: 0.000

```
1  print("[라이브러리 검정]")
2  from scipy.stats import pearsonr
3  corr, p = pearsonr(X, Y)
4  print(" 상관계수: {:.3f}, p-value: {:.3f}".format(corr, p))
5  ## 검정 결과, 대립가설을 채택하여 모상관계수가 0이 아니기 때문에 구해진 상관계수는 통계
   적으로 유의하다는 결론을 얻었다.
```

```
[라이브러리 검정]
 상관계수: 0.978, p-value: 0.000
```

스피어만 순위상관계수

수치형 관측치의 분포가 극단적인 분포를 보이거나, 관측치가 서열척도로 되어 있을 때 스피어만의 순위상관계수로 변수들의 상관 관계를 나타낼 수 있다. 확률분포에 대한 정보가 없어도 되는 비모수적 상관분석이다.

순위로 된 데이터 내에 같은 순위가 없다면, 스피어만 순위상관계수는 이 순위 값으로 구한 피어슨 상관계수와 일치한다.

스피어만 순위상관계수의 범위는 -1~1이며, -1에 가까울수록 음의 상관성, 1에 가까울수록 양의 상관성, 0에 가까울수록 상관관계가 없다고 본다.

```
1  ## 표본 내 같은 순위가 없는 경우
2  X = np.array([1,2,3,4,5,6,7,8,9,10])
3  Y = np.array([4,3,5,2,6,1,10,7,8,9])
4
5  print("[수기 계산]")
6  rtable = DataFrame({"X":X, 'Y':Y})
7  rtable['Xr'] = rtable['X'].rank(ascending=False)
8  rtable['Yr'] = rtable['Y'].rank(ascending=False)
9  corr1 = 1 - 6 * sum((rtable['Xr']-rtable['Yr'])**2)/len(X)/(len(X)**2-1)
10 print(" 표본 내 동일한 데이터가 없는 경우 {:.3f}".format(corr1))
```

```
[수기 계산]
 표본 내 동일한 데이터가 없는 경우 0.661
```

```
1  print("[라이브러리 계산]")
2  from scipy.stats import spearmanr
3  corr2, p = spearmanr(X, Y)
4  print(" 표본 내 동일한 데이터가 없는 경우 {:.3f}, p-value: {:.3f}".format(corr2, p))
5  ## p-value가 유의수준 0.05보다 작으므로 해당 상관계수는 통계적으로 유의!
```

```
[라이브러리 계산]
 표본 내 동일한 데이터가 없는 경우 0.661, p-value: 0.038
```

```python
## 표본 내 같은 순위가 있는 경우
X2 = np.array([10,9,9,8,8,8])
Y2 = np.array([6,7,8,8,7,6.5])

print("[수기 계산]")
rtable = DataFrame({"X2":X2, 'Y2':Y2})
rtable['X2r'] = rtable['X2'].rank(ascending=False)
rtable['Y2r'] = rtable['Y2'].rank(ascending=False)

#C: 같은 순위에 포함된 데이터 개수
#Clist: C들이 포함된 리스트
Cxlist = DataFrame(rtable['X2r'].value_counts()).query("X2r >= 2").values.ravel()
Cylist = DataFrame(rtable['Y2r'].value_counts()).query("Y2r >= 2").values.ravel()

#Cx와 Cy 구하기
Cx = 0
Cy = 0
for cx, cy in zip(Cxlist, Cylist):
    Cx += cx*(cx**2-1)
    Cy += cy*(cy**2-1)

#Tx와 Ty 구하기
Tx = 1/12 * (len(X2)*(len(X2)**2-1) - Cx)
Ty = 1/12 * (len(Y2)*(len(Y2)**2-1) - Cy)

corr3 = (Tx+Ty-sum((rtable['X2r']-rtable['Y2r'])**2)) / (2* np.sqrt(Tx*Ty))
print(" 표본 내 동일한 데이터가 있는 경우 {:.3f}".format(corr3))
```

[수기 계산]
표본 내 동일한 데이터가 있는 경우 -0.318

```python
print("[라이브러리 계산]")
from scipy.stats import spearmanr
corr4, p = spearmanr(X2, Y2)
print(" 표본 내 동일한 데이터가 있는 경우 {:.3f}, p-value: {:.3f}".format(corr4, p))
## 유의수준 0.05 기준으로 해당 상관계수는 통계적으로 유의하다고 보기 어렵다.
```

[라이브러리 계산]
표본 내 동일한 데이터가 있는 경우 -0.318, p-value: 0.539

켄달의 타우

수치형 관측치의 분포가 극단적인 분포를 보이거나, 관측치가 서열척도로 되어 있을 때 사용하는 비모수적 상관계수이다.

상관계수의 범위는 -1~1이며, -1에 가까울수록 음의 상관성, 1에 가까울수록 양의 상관성, 0에 가까울수록 상관관계가 없다고 본다.

```python
## 표본 내 같은 순위가 없는 경우
def combi(x, y):
    from math import factorial as fact
    return fact(x)/fact(x-y)/fact(y)

X = np.array([80,70,60,50,95,85,77,55,65])
Y = np.array([6,3,2,1,8,9,7,4,5])

print("[수기 계산]")
One = 0
mOne = 0
for i in range(0, len(X)):
    for j in range(i, len(X)):
        if (X[i]-X[j])*(Y[i]-Y[j]) > 0:
            One += 1
        elif (X[i]-X[j])*(Y[i]-Y[j]) < 0:
            mOne += 1

corr1 = (1*One -1*mOne) / combi(len(X), 2)
print(" 표본 내 동일한 데이터가 없는 경우 {:.3f}".format(corr1))
```

[수기 계산]
 표본 내 동일한 데이터가 없는 경우 0.722

```python
from scipy.stats import kendalltau
print("[라이브러리 계산]")
corr2, p = kendalltau(X, Y)
print(" 표본 내 동일한 데이터가 없는 경우 {:.3f}, p-value: {:.3f}".format(corr2, p))
```

[라이브러리 계산]
 표본 내 동일한 데이터가 없는 경우 0.722, p-value: 0.006

```python
## 표본 내 같은 순위가 있는 경우
def combi(x, y):
    from math import factorial as fact
    return fact(x)/fact(x-y)/fact(y)

X2 = np.array([10,9,9,8,8,8])
Y2 = np.array([6,7,8,8,7,6.5])

print("[수기 계산]")
One = 0
mOne = 0
for i in range(0, len(X2)):
    for j in range(i, len(X2)):
        if (X2[i]-X2[j])*(Y2[i]-Y2[j]) > 0:
            One += 1
        elif (X2[i]-X2[j])*(Y2[i]-Y2[j]) < 0:
            mOne += 1

#Cx, Cy:같은 순위에 포함된 데이터 개수
rtable = DataFrame({"X2":X2, 'Y2':Y2})
rtable['X2r'] = rtable['X2'].rank(ascending=False)
rtable['Y2r'] = rtable['Y2'].rank(ascending=False)

#Clist: C들이 포함된 리스트
Cxlist = DataFrame(rtable['X2r'].value_counts()).query("X2r>=2").values.ravel()
Cylist = DataFrame(rtable['Y2r'].value_counts()).query("Y2r>=2").values.ravel()

#Cx와 Cy 구하기
Cx = 0
Cy = 0
for cx, cy in zip(Cxlist, Cylist):
    Cx += 1/2*cx*(cx-1)
    Cy += 1/2*cy*(cy-1)

#Tx와 Ty 구하기
Tx = combi(len(X2), 2) - Cx
Ty = combi(len(X2), 2) - Cy

corr3 = (1*One -1*mOne) / np.sqrt(Tx*Ty)
print(" 표본 내 동일한 데이터가 있는 경우 {:.3f}".format(corr3))
```

[수기 계산]
 표본 내 동일한 데이터가 있는 경우 -0.251

```python
print("[라이브러리 계산]")
from scipy.stats import kendalltau
corr4, p = kendalltau(X2, Y2)
print(" 표본 내 동일한 데이터가 있는 경우 {:.3f}, p-value: {:.3f}".format(corr4, p))
```

[라이브러리 계산]
 표본 내 동일한 데이터가 있는 경우 -0.251, p-value: 0.524

크라메르의 연관계수

크라메르(Cramer)의 연관계수는 범주형 데이터의 교차표를 통해 카이제곱 독립성 검정의 효과의 크기를 측정한다. 즉, 두 범주형 데이터가 얼마나 연관성이 있는지를 나타낸다.

연관계수의 범위는 0~1이다. 0.2 이하인 경우 연관성이 약하고, 0.6 이상인 경우 연관성이 높다고 본다.

```python
1  print("[수기 계산]")
2  from pandas import DataFrame
3  import numpy as np
4  table = DataFrame({"성별":['남자', '여자'], '안경O':[10,30], '안경X':[40,
   20]}).set_index('성별')
5  print("데이터 확인:\n", table)
```

```
[수기 계산]
데이터 확인:
      안경O  안경X
성별
남자    10    40
여자    30    20
```

```python
1  n = table.sum().sum() #전체 데이터 개수
2  exp = []
3  r = table.sum(axis=1).values
4  c = table.sum(axis=0).values
5
6  for R in r:
7      for C in c:
8          exp.append(R*C/n)
9
10 obs = table.values.ravel()
11 chistat = np.sum((obs - exp)**2 / exp)
12
13 k, l = table.shape[0], table.shape[1] #각 변수의 범주의 개수
14 V = np.sqrt(chistat/(np.minimum(k, l)-1)/n)
15
16 print(" 연관계수: {:.3f}".format(V))
```

```
연관계수: 0.408
```

```python
1  print("[라이브러리 계산]")
2  from scipy.stats.contingency import association
3  V2 = association(table.values, method='cramer')
4  print(" 연관계수: {:.3f}".format(V2))
```

```
[라이브러리 계산]
 연관계수: 0.408
```

연습문제

1. 어느 고등학교에서 임의로 추출한 9명의 학생들의 수학과 영어 성적이 다음과 같다. 다음 학생들의 성적에 대한 피어슨 상관계수와 스피어만 순위상관계수를 구하고, 각 상관계수가 통계적으로 유의한지 여부를 확인하시오. (유의수준 0.05) 또한, 해당 피어슨 상관계수의 신뢰수준 90%의 신뢰구간을 계산하시오.

구분	1	2	3	4	5	6	7	8	9
수학	96	93	63	89	85	84	66	62	90
영어	98	90	74	84	69	69	73	61	98

2. 두 변수 X와 Y의 표준편차는 각각 4, 5이고 공분산이 4인 경우, 두 변수의 상관계수를 구하시오.

풀이

1번 문제 풀이:

```
1  from scipy.stats import pearsonr, spearmanr
2  math = [96, 93, 63, 89, 85, 84, 66, 62, 90]
3  eng = [98, 90, 74, 84, 69, 69, 73, 61, 98]
4  pr, p1 = pearsonr(math, eng)
5  sr, p2 = spearmanr(math, eng)
6  print("피어슨 상관계수 {:.2f} (p-value {:.2f})".format(pr, p1))
7  print("스피어만 상관계수 {:.2f} (p-value {:.2f})".format(sr, p2))
8  # 두 상관계수 모두 유의확률이 유의수준 0.05보다 작기 때문에 통계적으로 유의하다.
```

피어슨 상관계수 0.75 (p-value 0.02)
스피어만 상관계수 0.82 (p-value 0.01)

```
1  # 피어슨 상관계수의 신뢰구간 계산
2  from scipy.stats import norm
3  import numpy as np
4  conf_a = 0.1 # 신뢰수준 90%
5  conf_z = norm.ppf(1-conf_a/2)
6
7  r1 = pr #위에서 계산한 표본상관계수 pr을 사용
8  n = 9 #표본의 개수
9  a = 1/2 * np.log((1+r1)/(1-r1)) -conf_z/np.sqrt(n-3)
10 b = 1/2 * np.log((1+r1)/(1-r1)) +conf_z/np.sqrt(n-3)
11 conf1 = (np.exp(2*a)-1) / (np.exp(2*a)+1)
12 conf2 = (np.exp(2*b)-1) / (np.exp(2*b)+1)
13 print(" 구간 추정량: {:.3f}~{:.3f}".format(conf1, conf2))
```

구간 추정량: 0.283~0.927

2번 문제 풀이:

```
1  xs, ys = 4, 5
2  cov = 4
3  cov/(xs*ys)
```

0.2

8장 회귀 분석

회귀 분석 방법은 예측 변수와 회귀계수의 선형 결합으로 종속변수를 표현할 수 있는지 여부에 따라 선형 회귀와 비선형 회귀로 나누어진다. 선형 회귀에는 단순 선형 회귀, 다중 선형 회귀, 규제 선형 회귀, 일반화 선형 회귀, 이상치에 강한 선형 회귀 등이 있다. 비선형 회귀에는 다항 회귀, 스플라인 회귀, GAM 등이 있다.

8-1. 선형 회귀

선형 회귀(Linear regression)는 가장 간단하고 오래된 회귀용 선형 알고리즘이다. 입력변수에 대한 선형 함수 즉, 기울기와 절편으로 이루어진 직선의 방정식을 만들어 예측을 수행한다. 선형 회귀는 예측과 타겟 사이의 평균제곱오차(MSE, Mean squared error)를 최소화하는 회귀계수인 w(기울기 혹은 가중치)와 b(절편)를 찾는다. 잔차제곱합을 최소화하는 최소제곱법(OLS, Ordinary least squares)에 따른 회귀방법이기 때문에 특이값에 민감하다. 단순 선형 회귀는 직선의 형태이고, 다중 선형 회귀는 직선의 형태는 아니지만 각 계수와 그 변수들 사이의 관계는 여전히 선형이기 때문에 선형모형이다. 선형 회귀모델을 적합한 후에는 잔차 분석을 통해 해당 모델이 선형 회귀의 가정을 위배하지 않는 유효한 모델인지 확인해야 한다.

[용어 정리]

- X: 예측변수 = 설명변수 = 입력변수 = 독립변수 = feature
- Y: 결과변수 = 반응변수 = 출력변수 = 종속변수 = target
- $\hat{Y}$: Y hat = 적합값 = 예측값 = predicted value
- w: 회귀계수 = 기울기 = 가중치 = coefficient
- b: 회귀계수 = 절편 = 상수항 = intercept = constant

- 오차(Error): 관측치와 모회귀선과의 편차
- 잔차(Residual): 관측치와 표본회귀선과의 편차

[선형 회귀의 가정]
- 정규성: 잔차가 정규분포의 형태를 띤다.
- 등분산성: 독립변수와 무관하게 잔차의 분산이 일정하다.
- 선형성: 종속변수는 예측 변수와 회귀계수의 선형 결합(Linear combination)으로 표현할 수 있다.
- 독립성: 잔차들은 서로 독립이다. 또한, 독립변수들은 서로 선형적으로 독립이다.

[회귀 분석의 전처리]
- 일반적인 데이터 전처리: 결측치, 이상치 등은 본 책의 〈2-1. 결측치 처리〉와 〈2-2. 이상치 처리〉를 참고한다.
- 범주형 변수 처리: 범주형 변수는 회귀를 위해 수치형 변수로 변환해야 한다. 범주의 개수가 n개인 범주형 변수를 처리하는 가장 흔한 방법은 n-1개의 가변수를 갖도록 더미코딩하는 것이다. n개의 특성으로 변환하는 원핫인코딩은 다중공선성의 문제가 있기 때문에 회귀에서 사용하지 않는다.
  순서를 갖는 범주형 변수의 경우, 순서에 따른 수치형 변수로 변환하여 사용할 수 있다. 〈2-4-2. 범주형 변수변환〉을 참고한다.
- 영향치(Influential value) 처리: 영향치는 회귀모형에서 제외됐을 때 회귀식에 중요한 변화를 가져오는 특정 데이터이다. 회귀 분석에서 잔차가 크다고 해서 모두 이런 값이 되는 것은 아니다. 잔차가 크든 작든, 회귀 결과에 큰 영향을 미치는 경우 회귀에 대해 높은 레버리지(Leverage)를 갖는다고 한다. 레버리지를 측정하는 척도로는 Leverage H, Cook's distance, DFBETAS, DFFITS 등이 있다.

- 다중공선성(Multicollinearity) 처리: 다중공선성은 독립변수들 간에 강한 상관관계가 나타나는 문제이다. 이는 선형 회귀의 가정인 독립성을 위배하는 것으로서, 회귀계수의 분산이 비정상적으로 커져 회귀방정식의 계수 추정에 불안정성을 유발할 수 있다. 다중공선성 문제를 해결하기 위한 방법으로는, 사전 지식이나 직관을 활용하여 상관관계가 높은 독립변수 중 일부를 제거하는 방법, 변수 선택법, 분산팽창요인(VIF, Variance inflation factor)을 계산하여 일부 변수를 제거하는 방법 등이 있다.
- 종속변수 스케일링: 잔차 분석 결과 등분산성이나 정규성 가정을 위반하는 경우, 종속변수에 Box-cox 변환, 로그 변환 등을 시도할 수 있다. 〈2-4-1. 수치형 변수 변환〉을 참고할 수 있다.

[잔차 분석]

적합(Fitting)한 모델의 잔차 분석 결과가 선형 회귀의 가정을 위반하는 경우, 위에서 언급한 전처리 과정을 다시 거치거나 데이터를 리샘플링함으로써 통계적으로 유효한 모델을 적합해야 한다.

8-1-1. 단순 선형 회귀

독립변수 X와 종속변수 Y의 정보를 가지고, 일차 방정식의 계수 w, b를 찾는 과정이 단순 선형 회귀(Simple linear regression) 알고리즘이다.

[용어 정리]

- SSR(Sum of squares regression) = ESS(Explained sum of squares)
- SSE(Sum of squares residual error) = RSS(Residual sum of squares)
- SST(Sum of squares total) = TSS(Total sum of squares)

```python
1  from sklearn.datasets import load_diabetes
2  from pandas import DataFrame
3  import numpy as np
4  data = load_diabetes() # 데이터 불러오기
5  Xa = data['data']
6  ya = data['target']
7  diabetes = DataFrame(np.c_[Xa, ya], columns = data['feature_names']+['target'])
8
9  # 단순 선형 회귀 적합을 위해 전체 데이터에서 1개의 설명변수와 1개의 종속변수를 추출
10 X = np.array(diabetes.filter(['bmi'])).ravel() #numpy로 계산하기 위해 데이터 형태 변환
11 Y = np.array(diabetes.filter(['target'])).ravel()
12 print("데이터 확인: ", X[:3], Y[:3])
```

데이터 확인: [0.06169621 -0.05147406 0.04445121] [151. 75. 141.]

```python
1  print("[수기 적합]")
2  Xm = np.mean(X)
3  Ym = np.mean(Y)
4  w = sum((X-Xm)*(Y-Ym)) / sum((X-Xm)**2) #기울기
5  b = Ym - w*Xm #절편
6  print(" 기울기 점추정량: {:.3f}".format(w))
7  print(" 절편 점추정량: {:.3f}".format(b))
8  print(" 표본회귀식: Y = {:.3f} + {:.3f}*X".format(b, w))
```

[수기 적합]
 기울기 점추정량: 949.435
 절편 점추정량: 152.133
 표본회귀식: Y = 152.133 + 949.435*X

```python
1  Ypred = b + X*w #기울기, 절편 추정량으로 구한 예측값
2  SSR = sum((Ym-Ypred)**2)
3  SSE = sum((Y-Ypred)**2)
4  SST = sum((Y-Ym)**2)
5  R2 = SSR / SST
6  R = np.corrcoef(X,Y)[0][1] #X, Y의 상관계수
7  print(" 결정계수(= R2): {:.3f}(= {:.3f})".format(R2, R**2))
8  print(" 상관계수(= R): {:.3f}(= {:.3f})".format(R, np.sqrt(R2)))
9  ## X, Y의 상관계수의 제곱은 X, Y로 적합한 단순 선형회귀 모델의 결정계수와 같다.
```

결정계수(= R2): 0.344(= 0.344)
상관계수(= R): 0.586(= 0.586)

```python
1  # 회귀계수의 가설검정 (F검정, 유의수준 5%)
2  # H0: 모든 회귀계수는 0이다. H1: 적어도 하나의 회귀계수는 0이 아니다.
3  from scipy.stats import f
4  treat_df = 1 #처리의 자유도 (설명변수의 개수)
5  resid_df = len(X)-treat_df-1 #잔차의 자유도 (전체 데이터의 개수 - 설명변수의 개수 -1)
6  MSR = SSR / treat_df
7  MSE = SSE / resid_df
8  fstat = MSR / MSE
9  print(" MSE: {:.3f}, MSR: {:.3f}, F통계량 {:.3f}".format(MSE, MSR, fstat))
10 print(" 가설검정: F({}, {}) p-value {:.3f}".format(treat_df, resid_df, 1-f.cdf(fstat,
   treat_df, resid_df)))
```

MSE: 3908.140, MSR: 901427.314, F통계량 230.654
가설검정: F(1, 440) p-value 0.000

```
1  print("[라이브러리 적합]")
2  # statsmodel 방법
3  import statsmodels.api as sm
4  X = diabetes.filter(['bmi'])
5  Y = diabetes.filter(['target'])
6
7  Xc = sm.add_constant(X) #절편 추가
8  model = sm.OLS(Y, Xc)
9  fitted = model.fit()
10 resid = fitted.resid #모델의 잔차 추출
11 print(fitted.summary()) #모델 결과 요약
```

[라이브러리 적합]

```
                            OLS Regression Results
==============================================================================
Dep. Variable:                 target   R-squared:                       0.344
Model:                            OLS   Adj. R-squared:                  0.342
Method:                 Least Squares   F-statistic:                     230.7
Date:                Tue, 30 May 2023   Prob (F-statistic):           3.47e-42
Time:                        14:31:43   Log-Likelihood:                -2454.0
No. Observations:                 442   AIC:                             4912.
Df Residuals:                     440   BIC:                             4920.
Df Model:                           1
Covariance Type:            nonrobust
==============================================================================
                 coef    std err          t      P>|t|      [0.025      0.975]
------------------------------------------------------------------------------
const         152.1335      2.974     51.162      0.000     146.289     157.978
bmi           949.4353     62.515     15.187      0.000     826.570    1072.301
==============================================================================
Omnibus:                       11.674   Durbin-Watson:                   1.848
Prob(Omnibus):                  0.003   Jarque-Bera (JB):                7.310
Skew:                           0.156   Prob(JB):                       0.0259
Kurtosis:                       2.453   Cond. No.                         21.0
==============================================================================
```

```
1  # sklearn 방법
2  from sklearn.linear_model import LinearRegression
3  X = diabetes.filter(['bmi'])
4  Y = diabetes.filter(['target'])
5
6  LR = LinearRegression()
7  LR.fit(X, Y)
8  pred = LR.predict(X) # 회귀모델로 X값에 대한 예측값 생성
9
10 print("회귀계수: ", LR.coef_)
11 print("절편: ", LR.intercept_)
12 print("결정계수: {:.3f}".format(LR.score(X, Y)))
```

회귀계수: [[949.43526038]]
절편: [152.13348416]
결정계수: 0.344

```
1  ## 기울기, 절편, Y의 평균값에 대한 추정과 검정
2  print("[추정과 검정]")
3  X = np.array(diabetes.filter(['bmi'])).ravel() #numpy로 계산하기 위해 데이터 형태 변환
4  Y = np.array(diabetes.filter(['target'])).ravel()
5
6  ## resid_std를 계산하여 세가지 추정과 검정에 사용
7  resid_std = np.sqrt(MSE)
8  resid_std2 = np.std(fitted.resid, ddof=2)
9  print("잔차 표준오차: {:.3f}(= {:.3f})".format(resid_std, resid_std2))
```

[추정과 검정]
잔차 표준오차: 62.515(= 62.515)

```
1  print(" 1. 기울기: ")
2  # 기울기의 추정
3  print("   점추정량: {:.3f}".format(w))
4  SE = resid_std / np.sqrt(sum((X-Xm)**2)) # 잔차표준편차 / X편차의 제곱합
5  print("   점추정량의 표준오차: {:.3f}".format(SE))
6  conf_a = 0.05
7  start = w + t.ppf(conf_a/2, resid_df)*SE
8  end = w + t.ppf(1-conf_a/2, resid_df)*SE
9  print("   신뢰구간: {:.3f}~{:.3f}".format(start, end))
10
11 # 기울기의 가설검정 (t검정, 유의수준 5%)
12 # H0: 기울기 w0는 0이다, H1: 기울기 w0는 0이 아니다.
13 test_a = 0.05
14 w0 = 0
15 tstat = (w - w0) / SE
16 print("   검정통계량 {:.3f}, p-value {:.3f}".format(tstat, (1-t.cdf(tstat, resid_df))*2))
```

1. 기울기:
   점추정량: 949.435
   점추정량의 표준오차: 62.515
   신뢰구간: 826.570~1072.301
   검정통계량 15.187, p-value 0.000

```
1  print(" 2. 절편: ")
2  # 절편의 추정
3  Xi = 0
4  Y1 = b + w*Xi
5  print("   점추정량: {:.3f}".format(Y1)) #절편의 기댓값
6  SE2 = resid_std * np.sqrt(1/len(X) + (Xi-Xm)**2/sum((X-Xm)**2))
7  print("   점추정량의 표준오차: {:.3f}".format(SE2))
8  start2 = Y1 + t.ppf(conf_a/2, resid_df)*SE2
9  end2 = Y1 + t.ppf(1-conf_a/2, resid_df)*SE2
10 print("   신뢰구간: {:.3f}~{:.3f}".format(start2, end2))
11
12 # 절편의 가설검정 (t검정, 유의수준 5%)
13 # H0: 절편 b0는 0이다, H1: 절편 b0는 0이 아니다.
14 test_a = 0.05
15 b0 = 0
16 tstat2 = (b-b0) / SE2
17 print("   검정통계량 {:.3f}, p-value {:.3f}".format(tstat2, (1-t.cdf(np.abs(tstat2), resid_df))*2))
```

2. 절편:
   점추정량: 152.133
   점추정량의 표준오차: 2.974
   신뢰구간: 146.289~157.978
   검정통계량 51.162, p-value 0.000

```python
print(f" 3. 특정한 X값 {Xi:.2f}일 때 Y의 평균값: ")
# Y의 평균값의 추정
Xi = 0.15 ### X값 입력
Y2 = b + w*Xi
print("  점추정량: {:.3f}".format(Y2))
SE3 = resid_std * np.sqrt(1/len(X) + (Xi-Xm)**2/sum((X-Xm)**2))
print("  점추정량의 표준오차: {:.3f}".format(SE3))

start3 = Y2 + t.ppf(conf_a/2, resid_df)*SE3
end3 = Y2 + t.ppf(1-conf_a/2, resid_df)*SE3
print("  신뢰구간: {:.3f}~{:.3f}".format(start3, end3))

# Y 평균값의 가설검정 (t검정, 유의수준 5%)
# H0: Y2_0는 0이다, H1: Y2_0는 0이 아니다.
test_a = 0.05
Y2_0 = 0
tstat3 = (Y2-Y2_0) / SE3
print("  검정통계량 {:.3f}, p-value {:.3f}".format(tstat3, (1-t.cdf(np.abs(tstat3), resid_df))*2))
```

3. 특정한 X값 0.15일 때 Y의 평균값:
   점추정량: 294.549
   점추정량의 표준오차: 9.837
   신뢰구간: 275.215~313.883
   검정통계량 29.942, p-value 0.000

```python
# 회귀직선의 신뢰대(각 X값에 대한 Y 평균값들의 신뢰구간) 시각화
import seaborn as sns
from matplotlib import pyplot as plt
fig, ax = plt.subplots(1,1)
sns.regplot(x=X, y=Y, ax=ax)
ax.vlines(x=0.15, ymin=start3, ymax=end3, color='red')
ax.text(-0.01, 310, f"X가 {Xi}일 때 y의 신뢰구간", color='red', size=15)
plt.show()
```

8-1-2. 다중 선형 회귀

```
1  from sklearn.datasets import load_diabetes
2  import statsmodels.api as sm
3  import numpy as np
4  from pandas import DataFrame
5  data = load_diabetes() # 데이터 불러오기
6  Xa = data['data']
7  ya = data['target']
8  diabetes = DataFrame(np.c_[Xa, ya], columns = data['feature_names']+['target'])
9
10 # 다중 선형 회귀 적합을 위해 전체 데이터에서 4개의 설명변수와 1개의 종속변수를 추출
11 X = diabetes.filter(['bmi', 'age', 'sex', 'bp'])
12 y = diabetes.filter(['target'])
13
14 # 회귀 분석 fitted객체, 요약결과 반환하는 함수 정의
15 def multiR_fitted(X, y): #return fitted, summary
16     X_ = sm.add_constant(X)
17     model = sm.OLS(y, X_)
18     fitted = model.fit()
19     return fitted, fitted.summary()
20
21 fitted, summary = multiR_fitted(X, y)
22 print(summary)
```

```
                            OLS Regression Results
==============================================================================
Dep. Variable:                 target   R-squared:                       0.400
Model:                            OLS   Adj. R-squared:                  0.395
Method:                 Least Squares   F-statistic:                     72.91
Date:                Tue, 30 May 2023   Prob (F-statistic):           2.70e-47
Time:                        14:42:40   Log-Likelihood:                -2434.2
No. Observations:                 442   AIC:                             4878.
Df Residuals:                     437   BIC:                             4899.
Df Model:                           4
Covariance Type:            nonrobust
==============================================================================
                 coef    std err          t      P>|t|      [0.025      0.975]
------------------------------------------------------------------------------
const         152.1335      2.853     53.329      0.000     146.527     157.740
bmi           787.1793     65.424     12.032      0.000     658.594     915.764
age            37.2412     64.117      0.581      0.562     -88.776     163.258
sex          -106.5775     62.125     -1.716      0.087    -228.679      15.524
bp            416.6738     69.495      5.996      0.000     280.088     553.259
==============================================================================
Omnibus:                        9.858   Durbin-Watson:                   1.933
Prob(Omnibus):                  0.007   Jarque-Bera (JB):                6.464
Skew:                           0.146   Prob(JB):                       0.0395
Kurtosis:                       2.485   Cond. No.                         28.4
==============================================================================
```

영향치 판단

p는 예측변수의 개수, n은 데이터의 크기를 의미하며, 아래는 영향치를 판단하는 척도들이다.

- Cook's distance: 레버리지와 잔차의 크기를 합쳐서 영향력을 판단한다. $4/(n-p-1)$보다 크면 영향력이 높다고 본다. 쿡의 거리가 기준값인 1보다 클 경우 영향치로 간주한다.
- DFBETAS: 값이 커지면 관측치가 영향치 혹은 이상치일 가능성이 높다. 기준값은 2나 $2/\sqrt{n}$을 사용하며 기준값보다 클 경우 영향치로 간주한다.
- DFFITS: 특정 관측치 제외 시 종속변수 예측치의 변화 정도를 측정한 값이다. 기준값인 $2\sqrt{(p+1)/n}$보다 클수록 영향치일 가능성이 높다고 본다.
- Leverage H: $2(p+1)/n$ 이상의 값들은 레버리지가 높은 데이터 값이다.

```
# 각 데이터의 영향치 판단값 계산
def get_influence(fitted):
    cook = fitted.get_influence().cooks_distance[0]
    dfb = fitted.get_influence().dfbetas[:,0]
    dff = fitted.get_influence().dffits_internal[0]
    lev = fitted.get_influence().hat_matrix_diag
    df = DataFrame({"cooks_distance":cook,
                    'dfbetas':dfb, 'dffits':dff,
                    'leverageH':lev})
    return df

influ_df = get_influence(fitted)
print(influ_df)
```

```
     cooks_distance  dfbetas    dffits   leverageH
0          0.001516 -0.043867 -0.087061   0.008908
1          0.000350 -0.024198 -0.041811   0.006743
2          0.001478 -0.033422 -0.085965   0.014950
3          0.003736  0.061662  0.136681   0.011133
4          0.000003 -0.002047 -0.003823   0.007869
..              ...       ...       ...        ...
437        0.000049 -0.008507 -0.015638   0.007629
438        0.000002 -0.001460 -0.003347   0.011865
439        0.000045 -0.008745 -0.015040   0.006677
440        0.000531  0.026808  0.051509   0.008339
441        0.000031 -0.005440 -0.012411   0.011747

[442 rows x 4 columns]
```

```python
# 영향치로 판단되는 데이터 추출하기
def find_idx_cooks(fitted):
    cook = fitted.get_influence().cooks_distance[0]
    P = fitted.get_influence().k_vars #변수의 개수
    score = 4 / (len(y) - P - 1)
    if score <= 1:
        idx = np.where(cook > score)[0]
    else:
        idx = np.where(cook > 1)[0]
    return idx

idx = find_idx_cooks(fitted) #영향치의 인덱스
print("Cook's distance 기준 영향치: ", idx)
```

Cook's distance 기준 영향치: [9 78 92 102 117 141 147 152 204 211 256 289 328 336 343 380 417]

```python
def find_idx_dfbetas(fitted):
    dfb = fitted.get_influence().dfbetas[:,0]
    n = fitted.df_resid + fitted.df_model + 1
    score = 2/np.sqrt(n)
    if score <= 2:
        idx = np.where(dfb > score)[0]
    else:
        idx = np.where(dfb > 2)[0]
    return idx
idx2 = find_idx_dfbetas(fitted)
print("DFBETAS 기준 영향치: ", idx2)
```

DFBETAS 기준 영향치: [9 37 78 102 141 152 190 218 359 364]

```python
def find_idx_dffits(fitted):
    dff = fitted.get_influence().dffits_internal[0]
    P = fitted.get_influence().k_vars
    n = fitted.df_resid + fitted.df_model + 1
    score = 2*np.sqrt((P+1)/n)
    idx = np.where(dff > score)[0]
    return idx
idx3 = find_idx_dffits(fitted)
print("DFFITS 기준 영향치: ", idx3)
```

DFFITS 기준 영향치: [9 102 117 141 256]

```python
def find_idx_leverageH(fitted):
    lh = fitted.get_influence().hat_matrix_diag
    P = fitted.get_influence().k_vars
    n = fitted.df_resid + fitted.df_model + 1
    score = 2*(P+1)/n
    idx = np.where(lh > score)[0]
    return idx
idx4 = find_idx_leverageH(fitted)
print("Leverage H 기준 영향치: ", idx4)
```

Leverage H 기준 영향치: [130 145 256 261 340 366 367 408]

VIF 계산

분산팽창요인(VIF, Variance inflation factor)은 선형 회귀에 변수들이 추가되는 경우 매개변수 추정의 분산 증가에 대한 측정치로서 다중공선성(Multicollinearity)의 척도이다. VIF가 10 이상일 때, 설명변수들이 높은 상관성(Collinear)을 가진다고 본다.

한편, 범주형 변수가 다중 선형 회귀에 포함되어 있을 경우, 더미코딩을 통해 다중공선성 문제를 피할 수 있다. 회귀모형에 일반적으로 절편이 포함되기 때문에 p-1개의 이진변수의 값을 정의하고 나면, p번째 값을 알 수 있고, 따라서 p번째 값까지 넣게 되면 이러한 중복성이 문제가 될 수 있다. 따라서 p번째 열을 추가하지 않음으로써 다중공선성 오류를 피할 수 있다.

```python
from pandas import DataFrame
import statsmodels.api as sm
from statsmodels.stats.outliers_influence import variance_inflation_factor as VIF

def check_vif(X, y):
    X = sm.add_constant(X)
    model = sm.OLS(y, X)
    model.fit()
    vif_df = DataFrame(columns=['feature', 'VIF'])
    for i in range(1, len(model.exog_names)):
        vif_df.loc[i, 'feature'] = model.exog_names[i]
        vif_df.loc[i, 'VIF'] = round(VIF(model.exog, i), 3)
    return vif_df.sort_values('VIF', ascending=False)

print(check_vif(X, y))

## 모든 feature들의 VIF가 10 미만이기 때문에 다중공선성이 없다고 볼 수 있다.
```

```
  feature    VIF
4      bp  1.343
1     bmi  1.19
2     age  1.143
3     sex  1.073
```

변수 선택과 가능도

변수 선택법은 AIC를 최소로 하거나 수정 결정계수를 최대로 하는 변수의 조합을 갖는 최적 회귀 방정식을 찾는 방법이다. 단계적방법(Stepwise method), 전진선택법(Forward selection), 후진제거법(Backward elimination)이 있다.

[변수를 선택하는 기준들]

p는 설명변수의 개수, n은 데이터의 개수, SST는 전체제곱합, SSE는 잔차제곱합, MSE는 잔차제곱합의 평균, $logL_i$는 로그가능도의 최댓값

- 수정 결정계수(Adjusted R squared): 모델에 변수를 추가할수록 기존의 결정계수에 불이익을 주며 모형의 적합도를 판단하는 척도이다.

  $\text{Adjusted R}^2 = 1 - (1 - R^2)(n-1)/(n-p-1)$

- AIC(Akaike's information criteria): 모델에 변수를 추가할수록 불이익을 주는 오차 측정법이다.

  $\text{AIC} = -2logL_i + 2(p+1)$ **절편이 있는 경우 $p+1$, 없으면 p

- BIC(Bayesian information criteria): AIC와 비슷하지만 변수 추가에 대해 더 강한 벌점을 준다.

  $\text{BIC} = -2logL_i + \log(n)(p+1)$ **절편이 있는 경우 $p+1$, 없으면 p

- Mallows C_p: Colin Lingwood Mallows가 제안한 AIC의 변형이다. C_p값이 작고, (p+상수의 개수)와 비슷할 수록 편향이 작고 우수한 모델이라고 판단한다. 후보 설명변수들로 적합한 모델의 SSE_p와 전체 설명변수로 적합했을 때의 MSE_{full}로 아래와 같이 C_p를 구한다.

  $C_p = \dfrac{SSE_p}{MSE_{full}} - n + 2(p+1)$

[가능도]

가능도(=우도, likelihood)는 확률분포의 모수가 어떤 확률변수의 표집값과 일관되는 정도를 나타내는 값이다. 주어진 표집값에 대한 모수의 가능도는 이 모수를 따르는 분포가 주어진 관측값에 대하여 부여하는 확률이다. 즉, 어떤 모델의 가능도가 높을수록 모델의 추정량이 실제 모수 값에 가깝다고 할 수 있다.

가능도 함수는 확률분포가 아니며, 합한 값이 1이 되지 않을 수도 있다.

로그 가능도(Log likelihood)는 가능도 함수에 로그를 씌운 것인데, 확률분포함수가 곱셈꼴로 나올 때 미분 계산의 편의성을 위해 가능도 함수 대신 사용한다. 로그함수는 단조증가하기 때문에 가능도 함수에서 최댓값을 갖는 위치와 로그 가능도에서 최댓값을 가지는 위치는 동일하다.

선형 회귀에서 잔차는 서로 독립이고, 평균은 0, 모분산은 σ^2인 정규분포를 따른다는 가정이 있다. 이에 따라 아래와 같이 잔차(= $y_i - (\beta_0 + \beta_1 x_i)$)의 가정을 활용하여, 모수인 회귀계수($\beta_0, \beta_1$)와 모분산($\sigma^2$)에 대해 가능도를 계산할 수 있다. 각 관측값(x_i)에 대하여 모수가 $\beta_0, \beta_1, \sigma^2$일 때 y_i일 확률값을 계산하고, 이 확률값들은 서로 독립이기에 모두 곱하여(Π) 가능도 값을 얻는다. 실제로는 아직 모수값을 모르기 때문에 그 추정값인 b_0, b_1, s^2을 사용한다.

- 선형 회귀모델의 가능도 함수:
$$\Pi_{i=1}^n p(y_i|x_i;\ \beta_0, \beta_1, \sigma^2) = \Pi_{i=1}^n \frac{1}{\sqrt{2\pi\sigma^2}} e^{-\frac{(y_i-(\beta_0+\beta_1 x_i))^2}{2\sigma^2}}$$

- 정규분포의 확률밀도함수:
$$N(x|\mu, \sigma^2) = \frac{1}{\sqrt{2\pi\sigma^2}} e^{-\frac{(x-\mu)^2}{2\sigma^2}}$$

```python
# 모든 변수를 포함한 full model
print("full model = const, bp, bmi, age, sex")
fitted, summary = multiR_fitted(X, y)
R2 = fitted.rsquared
n = fitted.nobs #number of observations
p = fitted.df_model #설명변수의 개수
constant = 'const' in fitted.params.keys() #절편 유무
SSE = sum((fitted.resid)**2) #full model의 잔차제곱합
MSE_full = SSE / (n-p-1) # fitted.mse_resid (MSE)
adj_R2 = 1- (1-R2)*(n-1)/(n-p-1)
print(" 수정 결정계수: {:.3f}".format(adj_R2))

#수기계산 및 라이브러리 계산
llf = -n/2*np.log(2*np.pi) - n/2*np.log(SSE / n) - n/2 #로그 가능도 값 (=fitted.llf)
aic = -2*llf + 2*(p + constant) #fitted.aic와 동일
bic = -2*llf + np.log(n)*(p + constant) #fitted.bic와 동일
print(" AIC: {:.1f}(= {:.1f})".format(aic, fitted.aic))
print(" BIC: {:.1f}(= {:.1f})".format(bic, fitted.bic))

cp = SSE/MSE_full - n + 2*(p+1)
print(" Cp {:.1f} -> 변수+상수 개수의 합 {}".format(cp, p+constant))
```

```
full model = const, bp, bmi, age, sex
 수정 결정계수: 0.395
 AIC: 4878.4(= 4878.4)
 BIC: 4898.8(= 4898.8)
 Cp 5.0 -> 변수+상수 개수의 합 5.0
```

```python
# 일부 변수만 포함한 후보 model
print("후보 model = const, bp, bmi")
fitted2, summary2 = multiR_fitted(X.filter(['bp', 'bmi']), y)
n = fitted2.nobs #number of observations
p = fitted2.df_model #설명변수의 개수
constant = 'const' in fitted2.params.keys() #절편 유무
SSE2 = sum((fitted2.resid)**2) #후보 model의 잔차제곱합
adj_R2 = 1- (1-R2)*(n-1)/(n-p-1)
print(" 수정 결정계수: {:.3f}".format(adj_R2))

#수기계산 및 라이브러리 계산
llf = -n/2*np.log(2*np.pi) - n/2*np.log(SSE2 / n) - n/2 #로그 가능도 값
aic = -2*llf + 2*(p + constant)
bic = -2*llf + np.log(n)*(p + constant)
print(" AIC: {:.1f}(= {:.1f})".format(aic, fitted2.aic))
print(" BIC: {:.1f}(= {:.1f})".format(bic, fitted2.bic))

cp = SSE2/MSE_full - n + 2*(p+1) # 비교모델의 MSE가 아닌 위에서 구한 full모델의 MSE
print(" Cp {:.1f} -> 변수+상수 개수의 합 {}".format(cp, p+constant))
```

```
후보 model = const, bp, bmi
 수정 결정계수: 0.398
 AIC: 4877.5(= 4877.5)
 BIC: 4889.8(= 4889.8)
 Cp 4.1 -> 변수+상수 개수의 합 3.0
```

```python
## 단계적 선택법
from pandas import DataFrame
import statsmodels.api as sm
from itertools import combinations
import numpy as np
def stepwise_method(X, y, criterion='AIC'): #'BIC', 'CP', 'adj_R2'
    result = DataFrame()
    feature_combis = [] #변수 조합의 모든 경우의 수
    for i in range(1, len(X.columns)+1):
        feature_combis += list(combinations(X.columns, i))
    feature_combis.reverse() #p개수 내림차순

    for j, feature_combi in enumerate(feature_combis):
        X_ = X.filter(feature_combi)
        X_ = sm.add_constant(X_) #절편 추가
        model = sm.OLS(y, X_)
        fitted = model.fit() #모델 적합
        n = fitted.nobs #number of observations
        p = fitted.df_model #설명변수의 개수
        if j==0:
            MSE_full = fitted.mse_resid # full모델의 MSE

        #각 기준값 계산
        aic = fitted.aic
        bic = fitted.bic
        cp = sum((fitted.resid)**2)/MSE_full - (n-2*(p+1))
        adj_R2 = fitted.rsquared_adj

        #각 기준값 입력
        result.loc[j, 'feature_combi'] = ", ".join(list(fitted.params.keys()))
        result.loc[j, 'AIC'] = aic
        result.loc[j, 'BIC'] = bic
        result.loc[j, 'CP'] = cp
        result.loc[j, 'adj_R2'] = adj_R2

        if criterion in ['AIC', 'BIC']: #낮을수록 Best
            result = result.sort_values(by=criterion, ascending = True)
            best = result.iloc[0, 0]
        elif criterion in ['adj_R2']: #높을수록 Best
            result = result.sort_values(by=criterion, ascending = False)
            best = result.iloc[0, 0]
        elif criterion in ['CP']: #CP값이 작고, 변수의 개수와 유사할수록 Best
            best_idx = np.abs(result['CP']-result['feature_combi'].apply(lambda x: x.count(',')+1)).sort_values(ascending=True).index
            result = result.loc[best_idx, :]
            best = result.iloc[0, 0]
        else:
            print("criterion options only cover AIC, BIC, CP, adj_R2.")
    return best, result
```

```python
1  # AIC 기준으로 단계적 선택법을 통한 최적의 변수 선택 결과는 다음과 같다.
2  best, result = stepwise_method(X, y, criterion='AIC')
3  print("최적의 변수 조합: ", best)
4  print(f"전체 결과값: \n{result}\n")
5
6  for c in ['AIC', 'BIC', 'CP', 'adj_R2']:
7      best, result = stepwise_method(X, y, c)
8      print(f"기준 {c}에 의한 최적의 변수 조합 {best}")
```

```
최적의 변수 조합:  const, bmi, sex, bp
전체 결과값:
          feature_combi         AIC          BIC          CP     adj_R2
2      const, bmi, sex, bp  4876.695411  4893.060650    3.337361  0.395687
8           const, bmi, bp  4877.487868  4889.761797    4.109107  0.393242
0   const, bmi, age, sex, bp  4878.354321  4898.810871    5.000000  0.394771
3       const, bmi, age, bp  4879.321065  4895.686305    5.943049  0.392087
10          const, bmi, age  4909.624337  4921.898267   37.300082  0.347484
4      const, bmi, age, sex  4911.296550  4927.661789   38.949213  0.346479
14              const, bmi  4912.038221  4920.220840   40.050212  0.342433
9          const, bmi, sex  4913.987529  4926.261459   41.995389  0.341010
5            const, sex, bp  5002.161858  5014.435788  147.526881  0.195519
11               const, bp  5002.506590  5010.689210  148.630613  0.193078
1       const, age, sex, bp  5002.827282  5019.192522  147.767635  0.196113
6            const, age, bp  5003.525445  5015.799374  149.329863  0.193033
13               const, age  5082.445976  5090.628596  264.927447  0.033110
7           const, age, sex  5084.394690  5096.668620  266.845890  0.031020
12               const, sex  5097.511242  5105.693862  289.299234 -0.000414

기준 AIC에 의한 최적의 변수 조합 const, bmi, sex, bp
기준 BIC에 의한 최적의 변수 조합 const, bmi, bp
기준 CP에 의한 최적의 변수 조합 const, bmi, age, sex, bp
기준 adj_R2에 의한 최적의 변수 조합 const, bmi, sex, bp
```

잔차 분석

잔차 분석 결과 회귀 분석의 가정을 만족하지 못하는 경우, 데이터 전처리(이상치, 영향치 처리, 다중공선성 제거, 종속변수 스케일링 등)를 진행한 후 새로운 모델을 적합하여 다시 잔차를 확인해야 한다.

```python
1  from scipy.stats import zscore, probplot
2  import statsmodels.api as sm
3  X_ = sm.add_constant(X)
4  model = sm.OLS(y, X_)
5  fitted = model.fit()
6  resid = fitted.resid # 잔차
7  pred = fitted.fittedvalues #예측값
8  sresid = zscore(resid) #표준화 잔차
9
```

```
10  print("예측값: \n", pred[:5].values)
11  print("실제값: \n", y[:5].values.ravel())
12  print("잔차: \n", resid[:5].values)
13  print("표준화 잔차: \n", sresid[:5])
```

예측값:
 [205.82972979 105.33175612 182.53703825 129.17333187 137.56411038]
실제값:
 [151. 75. 141. 206. 135.]
잔차:
 [-54.82972979 -30.33175612 -41.53703825 76.82666813 -2.56411038]
표준화 잔차:
 [-0.91941558 -0.50861985 -0.69651629 1.28827254 -0.04299644]

```
 1  from matplotlib import pyplot as plt
 2  from statsmodels.stats.stattools import jarque_bera
 3  print("1. 정규성 가정 확인: ") #히스토그램, QQ plot, Jarque-Bera
 4  stats, p, skew, kurt = jarque_bera(resid)
 5  print(" Jarque-bera: stats {:.3f}, p-value {:.3f}".format(stats, p))
 6  print(" 왜도 {:.3f}, 첨도 {:.3f}".format(skew, kurt))
 7  ## Jarque bera 검정 결과, 유의수준 0.05 기준으로 정규분포와 차이가 있다(H1).
 8  ## 정규분포는 왜도는 0, 첨도는 3을 따르는데 해당 기준으로는 다소 차이가 있다.
 9
10  fig, ax = plt.subplots(1,2, figsize=(10,5))
11  ax[0].hist(resid)
12  probplot(resid, plot=ax[1])
13  plt.show()
14  ## 히스토그램과 QQ plot 상으로는 정규분포와 근접해 보인다.
```

1. 정규성 가정 확인:
 Jarque-bera: stats 6.464, p-value 0.039
 왜도 0.146, 첨도 2.485

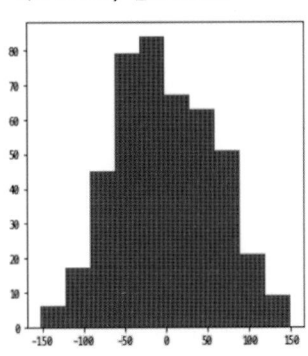
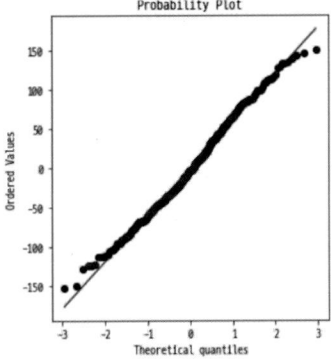

```
 1  print("2. 등분산성 가정 확인: ")
 2  import seaborn as sns
 3  fig, ax = plt.subplots(1,4, figsize=(12,3))
 4  for feature, ax in zip(X.columns, ax.ravel()):
 5      sns.regplot(x=X[feature], y=sresid, line_kws={'color':'C1'}, ax=ax)
 6  plt.show()
 7  ## 각 독립변수와 잔차의 분산이 일정하면 가운데 회귀선이 수평하게 표시된다. 표준화 잔차
    의 값이 +/-2를 벗어나면 이상값 또는 특이값을 예상할 수 있다.
 8  ## 모든 독립변수에서 잔차의 분산이 일정한 것으로 보인다.
```

2. 등분산성 가정 확인:

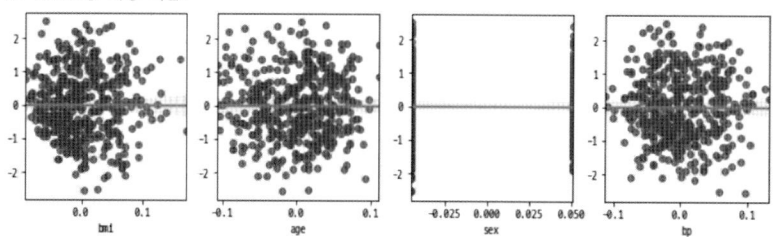

```
1  print("3. 독립성 가정 확인: ")
2  from statsmodels.stats.stattools import durbin_watson
3  dw = durbin_watson(resid)
4  print(" Durbin-watson 통계량 {:.3f}".format(dw))
5  ## dw값이 2에 가까우면 잔차 간 독립이고, 0에 가까우면 양의 상관, 4에 가까우면 음의 상관
   이 있다고 본다. 따라서 잔차 간 독립인 것으로 보인다.
```

3. 독립성 가정 확인:
Durbin-watson 통계량 1.933

8-1-3. 규제 선형 회귀

규제 선형 회귀(Regularized linear regression) 방법은 잔차의 최소제곱합을 최소화하도록 회귀계수를 최적화하는 동시에, 패널티 함수를 수식에 추가하는 규제(=정규화, Regularization)를 적용함으로써 회귀계수의 값들이 과다 추정되는 것을 막고, 모델의 과적합(Overfitting)을 방지하는 회귀 모델이다.

패널티 함수의 형태에 따라 릿지 회귀(Ridge regression), 라쏘 회귀(Lasso regression), 엘라스틱 넷(Elastic net)이 있다. 잔차의 최소제곱합에서 릿지 회귀는 회귀계수의 제곱합 항을 추가하는 방식이고, 라쏘 회귀는 회귀계수의 절댓값 항을 추가하는 방식이며, 엘라스틱 넷은 이 둘을 결합한 방식이다.

scikit-learn에서 제공하는 함수를 사용할 경우, 규제의 정도는 파라미터 alpha로 조정할 수 있다. alpha값이 클수록 규제가 커져 모델의 복잡성이 낮아지고, alpha값이 작을수록 규제가 작아져 모델이 복잡해지며 과적합 가능성이 높아진다.

[Norm, 노름, 놈]

- norm의 사전적 정의는 규범이다. 수학에서 말하는 norm은 실수 또는 복소벡터

공간에서 음이 아닌 실수로 사상되는 함수로서, 그 값은 원점으로부터의 거리로 이해될 수 있다. 거리를 구하는 방법에 따라 다양한 norm이 있는데 absolute-value norm, euclidean norm, manhattan norm, maximum norm, zero norm 등이 있다.

- 릿지 회귀에서 페널티 항으로 사용하는 norm은 L_2 norm이라고도 불리는 euclidean norm이고, $\|x\|_2 := \sqrt{x_1^2 + \cdots + x_n^2}$로 표기한다.
- 라쏘 회귀에서 페널티 항으로 사용하는 norm은 L_1 norm이라고도 불리는 manhattan norm이고, $\|x\|_1 := \Sigma_{i=1}^{n} |x_i|$로 표기한다.

릿지 회귀

$\Sigma_{i=1}^{n}(y_i - \hat{y}_i)^2 + \alpha \Sigma_{j=1}^{p} \beta_j^2$를 최소화 하는 회귀계수들($\beta_j$)의 값을 찾는 방법이다. 선형 회귀 모델에서 회귀계수에 L_2 규제를 주는 방법으로서 회귀계수의 절댓값을 가능한 한 작게 0에 가깝게 한다.

작은 데이터셋에서는 선형 회귀보다 릿지 회귀의 점수가 더 좋지만, 데이터가 충분히 많아지면 규제항은 덜 중요해져서 릿지 회귀와 선형 회귀의 성능이 비슷해진다.

```python
# 앞서 불러온 데이터셋 사용
X = diabetes.filter(['bmi', 'age', 'sex', 'bp'])
y = diabetes.filter(['target'])

# 일반화 성능 확인을 위해 데이터를 train set과 test set으로 나눈다.
from sklearn.model_selection import train_test_split
X_train, X_test, y_train, y_test = train_test_split(X, y)
```

```python
from sklearn.linear_model import Ridge
# alpha값이 커질수록 규제가 커져 모델의 복잡성이 낮아진다. (일반화 된다.)
a = 0.9
ridge = Ridge(alpha=a).fit(X_train, y_train)
print(f"[alpha = {a}]")
train_s = ridge.score(X_train, y_train)
test_s = ridge.score(X_test, y_test)
print(" train set score: {:.3f}, test set score: {:.3f}".format(train_s, test_s))
for i, coef in enumerate(ridge.coef_.ravel()):
    print(" 회귀계수 {}: {:.2f}".format(i, coef))
print(" 절편: {:.2f}".format(ridge.intercept_[0]))
```

```
[alpha = 0.9]
 train set score: 0.303, test set score: 0.309
 회귀계수 0: 368.05
 회귀계수 1: 79.00
 회귀계수 2: 14.50
 회귀계수 3: 244.50
 절편: 152.31
```

```python
1  a = 0.1
2  print(f"[alpha = {a}]")
3  ridge = Ridge(alpha=a).fit(X_train, y_train)
4  train_s = ridge.score(X_train, y_train)
5  test_s = ridge.score(X_test, y_test)
6  print(" train set score: {:.3f}, test set score: {:.3f}".format(train_s, test_s))
7  for i, coef in enumerate(ridge.coef_.ravel()):
8      print(" 회귀계수 {}: {:.2f}".format(i, coef))
9  print(" 절편: {:.2f}".format(ridge.intercept_[0]))
```

```
[alpha = 0.1]
 train set score: 0.385, test set score: 0.416
 회귀계수 0: 682.19
 회귀계수 1: 56.35
 회귀계수 2: -25.50
 회귀계수 3: 379.76
 절편: 152.07
```

라쏘 회귀

$\Sigma_{i=1}^{n}(y_i - \hat{y}_i)^2 + \alpha\Sigma_{j=1}^{p}|\beta_j|$ 를 최소화 하는 회귀계수들(β_j)의 값을 찾는 방법이다. 선형 회귀 모델에서 회귀계수에 L_1 규제를 주는 방법이다.

L_1 규제로 계수를 0에 가깝게 만들려고 하며, 실제로 어떤 계수는 0이 된다. 모델에서 어떤 특성은 제거된다는 뜻이다. 이와 같이 특성 선택이 자동으로 되기 때문에 모델에서 중요한 특성만 남길 수 있다.

한 특성씩 좌표축을 따라 최적화하는 좌표 하강법(Coordinate descent)을 사용하며 학습 과정이 반복적으로 진행되면서 최적의 값을 찾게 된다.

일반적으로 릿지 회귀를 선호하지만, 특성이 아주 많고 그 중 일부분만 중요하다면 라쏘를 선택한다. 또한 분석하기 쉬운 모델을 원한다면 라쏘가 입력 특성 중 일부만 사용하기 때문에 해석이 쉽다.

```python
1  from sklearn.linear_model import Lasso
2  # alpha값이 커질수록 규제가 커져 모델의 복잡성이 낮아진다. (일반화 된다.)
3  a = 0.9
4  lasso = Lasso(alpha=a).fit(X_train, y_train)
5  print(f"[alpha = {a}]")
6  train_s = lasso.score(X_train, y_train)
7  test_s = lasso.score(X_test, y_test)
8  print(" train set score: {:.3f}, test set score: {:.3f}".format(train_s, test_s))
9  for i, coef in enumerate(lasso.coef_.ravel()):
10     print(" 회귀계수 {}: {:.2f}".format(i, coef))
11 print(" 절편: {:.2f}".format(lasso.intercept_[0]))
```

```
[alpha = 0.9]
 train set score: 0.299, test set score: 0.319
 회귀계수 0: 482.02
 회귀계수 1: 0.00
 회귀계수 2: 0.00
 회귀계수 3: 124.41
 절편: 152.60
```

```python
1  a = 0.1
2  print(f"[alpha = {a}]")
3  lasso = Lasso(alpha=a).fit(X_train, y_train)
4  train_s = lasso.score(X_train, y_train)
5  test_s = lasso.score(X_test, y_test)
6  print(" train set score: {:.3f}, test set score: {:.3f}".format(train_s, test_s))
7  for i, coef in enumerate(lasso.coef_.ravel()):
8      print(" 회귀계수 {}: {:.2f}".format(i, coef))
9  print(" 절편: {:.2f}".format(lasso.intercept_[0]))
```

```
[alpha = 0.1]
 train set score: 0.387, test set score: 0.417
 회귀계수 0: 741.19
 회귀계수 1: 4.47
 회귀계수 2: -0.00
 회귀계수 3: 374.56
 절편: 152.09
```

엘라스틱 넷

선형 회귀 모델에서 L_1 규제와 L_2 규제를 결합하여 규제를 주는 방법이다. scikit-learn의 ElasticNet에서 규제 정도는 alpha로 지정하고, L_1 규제와 L_2 규제의 조합 비율은 l1_ratio로 정한다. 자세한 공식은 scikit-learn의 공식 문서에서 확인할 수 있다.

```python
from sklearn.linear_model import ElasticNet
# alpha는 패널티 조건을 곱하는 상수로서 0이면 LinearRegression과 동일
# l1_ratio는 0~1 사이 값을 가지며, L1과 L2 규제의 조합을 의미함. 값이 0이면, L2 규제를 적용하고, 값이 1이면 L1 규제를 적용
a = 0.1
l1_ratio = 0.1
en = ElasticNet(alpha=a, l1_ratio=l1_ratio).fit(X_train, y_train)
print(f"[alpha = {a}, l1_ratio = {l1_ratio}]")
train_s = en.score(X_train, y_train)
test_s = en.score(X_test, y_test)
print(" train set score: {:.3f}, test set score: {:.3f}".format(train_s, test_s))
for i, coef in enumerate(en.coef_.ravel()):
    print(" 회귀계수 {}: {:.2f}".format(i, coef))
print(" 절편: {:.2f}".format(en.intercept_[0]))
```

```
[alpha = 0.1, l1_ratio = 0.1]
 train set score: 0.031, test set score: 0.023
 회귀계수 0: 25.03
 회귀계수 1: 9.17
 회귀계수 2: 0.86
 회귀계수 3: 17.62
 절편: 151.39
```

```python
a = 0.1
l1_ratio = 0.9
print(f"[alpha = {a}, l1_ratio = {l1_ratio}]")
en = ElasticNet(alpha=a, l1_ratio=l1_ratio).fit(X_train, y_train)
train_s = en.score(X_train, y_train)
test_s = en.score(X_test, y_test)
print(" train set score: {:.3f}, test set score: {:.3f}".format(train_s, test_s))
for i, coef in enumerate(en.coef_.ravel()):
    print(" 회귀계수 {}: {:.2f}".format(i, coef))
print(" 절편: {:.2f}\n".format(en.intercept_[0]))
```

```
[alpha = 0.1, l1_ratio = 0.9]
 train set score: 0.178, test set score: 0.141
 회귀계수 0: 170.46
 회귀계수 1: 49.06
 회귀계수 2: -0.00
 회귀계수 3: 110.82
 절편: 151.44
```

8-1-4. 일반화 선형 회귀

일반화 선형 회귀 모델(GLM, Generalized linear model)은 정규분포를 따르지 않는 종속변수에 적절한 함수를 적용하여 예측변수에 따라 선형적으로 변화하도록 하는 회귀 모델 기법이다. 이때 종속변수에 적용하는 함수를 연결 함수(Link function)라고 부르는데 종속변수의 확률분포가 무엇인지에 따라 일반적으로 사용하는 연결함수가 정해져 있다.

[종속변수의 확률분포에 따른 표준연결함수와 평균함수]
μ는 반응변수의 기댓값, $X\beta$는 예측변수들의 선형결합

- exponential, gamma distribution: negative inverse
  $$X\beta = -\mu^{-1}, \quad \mu = -(X\beta)^{-1}$$
- poisson distribution: log
  $$X\beta = \log(\mu), \quad \mu = \exp(X\beta)$$
- bernoulli, multinomial distribution: logit
  $$X\beta = \log\left(\frac{\mu}{1-\mu}\right), \quad \mu = \frac{1}{1+\exp(-X\beta)}$$
- binomial distribution: logit
  $$X\beta = \log\left(\frac{\mu}{n-\mu}\right), \quad \mu = \frac{1}{1+\exp(-X\beta)}$$

[많이 사용하는 GLM]

- 로지스틱 회귀(Logistic regression): 종속변수가 0 아니면 1인 경우이다. 종속변수의 확률분포가 bernoulli이기 때문에 연결함수로 logit function을 적용한다.
- 포아송 회귀(Poisson regression): 종속변수가 개수, 빈도를 나타내는 경우이다. 종속변수의 확률분포가 poisson이기 때문에 연결함수로 log function을 적용한다.

로지스틱 회귀

[선형 회귀와 로지스틱 회귀 비교]

두 가지 모두 예측변수와 응답변수를 선형관계로 가정한다. 다만, 로지스틱 회귀의 경우 종속변수에 연결함수인 logit function을 적용해야 한다. 또한, 선형모형에서 예측변수에 스플라인 변환을 사용하듯이 로지스틱 회귀에서도 동일하게 사용할 수 있다. 회귀계수를 해석함으로써 예측변수 간의 중요도를 구분할 수 있고, 예측변수가 응답변수에 미치는 영향도 확인할 수 있다.

반면, 모델을 적합하는 원리가 다르다. 선형 회귀에서는 최소제곱법으로 최적의 회귀계수를 찾는데, 로지스틱 회귀 분석에서는 최대우도추정(MLE, Maximum likelihood estimation)을 사용해 모델을 적합한다. 최대우도추정은 예상 로그 오즈비가 관찰된 결과를 가장 잘 설명하는 모델을 찾는다. 알고리즘은 현재 파라미터에 기반하여 점수를 얻는 단계(Fisher's scoring)와 적합성을 향상시키는 방향으로 파라미터를 업데이트 하는 단계를 계속적으로 반복하는 Quasi Newton optimization으로 동작한다. 또한 로지스틱 회귀는 모델에서 잔차의 특징과 분석이 불가능하다.

[로지스틱 회귀의 장단점]

로지스틱 회귀의 장점은 모델 구현이 쉽고 계산이 빨라 효율적이라는 것이다. 또한, 다른 분류 방법들에 비해 모델을 해석하기가 쉽다.

반면, 이상치에 민감하고, 표본의 크기가 너무 작으면 추정치가 불안정할 수 있다는 단점이 있다.

[로지스틱 회귀계수의 해석과 유효성]

로지스틱 회귀 모델에서 다른 특성들의 값은 동일한 상태에서 특정한 특성 x가 한 단위 증가하면, 증가 후 y(1이 될 확률)의 오즈가 증가 전 y의 오즈의 'exp(특정 x의 회귀계수)'배 된다. 따라서 이 'exp(회귀계수)' 값을 오즈비라고 한다. 'exp(회귀계수)'가 1이상이면, 해당 feature 값(x)이 증가할 때 y의 odds와 확률값이 높아지는 양의 인과관계가 있음을 알 수 있다. 자세한 내용은 다음의 예제를 통해 설명하기로 한다.

한편, 회귀계수가 0인지 아닌지를 검정함으로써 회귀계수의 유효성을 확인해야 하는데 이 때 Z분포를 사용하여 검정한다. 최대우도추정법을 이용한 추정량은 표본 크기가 증가하면 근사적으로 정규분포를 따르는 특성이 있기 때문이다. 그래서 (회귀계수 추정량/회귀계수 추정량의 표준편차)를 통계량으로 Z분포에서의 임계치와 비교해 회귀계수를 검정할 수 있다.

혹은 해당 통계량을 제곱한 왈드(Wald) 검정 통계량은 자유도가 1인 카이제곱분포를 따르는데, 이를 사용하여 회귀계수의 유효성을 검정할 수도 있다. 두 검정 방법 모두 p-value가 유의수준보다 작고, 귀무가설을 기각하면 회귀계수가 0이 아니며 유효하다고 할 수 있다.

[로지스틱 회귀 모델의 유효성]
일반적인 선형 회귀 모델의 유효성을 확인하기 위해 F검정을 하는 것처럼, 로지스틱 회귀모델은 우도비 검정을 통해 로그우도비(LLR, Log-likelihood ratio)라는 통계량으로 모델의 유효성을 확인한다.

로그우도비란, 상수항만 있는 모형(M_0, null model, 축소모형)의 최대로그가능도에서 해당 모형(M_1, full model, 포화모형)의 최대로그가능도를 뺀 값에 -2를 곱한 값이다.

$$\text{로그우도비} = -2\text{Log}(M_0\text{의 가능도}/M_1\text{의 가능도})$$
$$= -2(M_0\text{의 로그가능도} - M_1\text{의 로그가능도})$$

이 통계량은 자유도가 (M_1의 자유도 - M_0의 자유도)인 카이제곱분포를 따른다.
귀무가설은 'null model의 최대로그가능도와 full model의 최대로그가능도는 차이가 없다'이고, 대립가설은 'full model의 최대로그가능도가 null model의 최대로그가능도보다 크다'로 볼 수 있다.
따라서 로그우도비가 임곗값보다 크거나, 로그우도비에 대한 p-value가 유의수준보다 작을 때 그 모델이 통계적으로 유의하다고 본다.
로지스틱 회귀의 경우, 잔차 분석은 진행하지 않아도 된다.

Statsmodels 라이브러리를 통해 로지스틱 회귀 적합하면 아래와 같이 모델의 적합도에 대한 결과값(Logit Regression Results)을 얻을 수 있다. 각 결과값이 의미하는 바는 다음과 같다.

- Log-Likelihood(= llf): 적합한 모델의 최대로그우도
- LL-Null: 상수항만 있을 때의 최대로그우도, 축소모형의 최대로그가능도
- LLR p-value: LLR보다 큰 로그우도비 통계량을 얻을 수 있는 카이제곱의 확률로서 이 값이 유의수준보다 작아야 모델이 통계적으로 유의하다.
- Pseudo R-squ.: McFadden's pseudo-R-squared. (1-llf/llnull)로 구한다. 1에 가까울수록 잘 적합된 모델이라고 볼 수 있다.
- LLR: 로그우도비 통계량, -2*(llnull - llf)로 구한다. 해당 통계량은 자유도가 (포화모형의 자유도 - 축소모형의 자유도)인 카이제곱분포를 따른다. 해당 값은 Statsmodels의 결과값으로 출력되지 않으므로, 결과값에 출력되는 Log-Likelihood와 LL-Null을 사용해서 직접 계산해야 한다.

```python
from sklearn.linear_model import LogisticRegression
from sklearn.datasets import load_breast_cancer
from sklearn.model_selection import train_test_split
from collections import Counter
from pandas import DataFrame
import numpy as np

# 데이터 불러오기
cancer = load_breast_cancer()
X = cancer.data[:, :4] # 유방암에 영향을 미치는 4개의 feature
X_names = cancer.feature_names[:4]
y = cancer.target # 유방암 여부
X_train, X_test, y_train, y_test = train_test_split(X, y, stratify=y, random_state=0)
print("target class: ", Counter(y))
```

```
target class:  Counter({1: 357, 0: 212})
```

```python
1  # 로지스틱 회귀 적합
2  # 파라미터 C값이 높을수록 규제가 약해지고, 모델 복잡성이 높아진다.
3  LR = LogisticRegression(C=0.01, max_iter=1000)
4  LR.fit(X_train, y_train)
5  train_score = LR.score(X_train, y_train)
6  test_score = LR.score(X_test, y_test)
7
8  # 회귀식을 반환하는 함수 정의
9  def regression_formula(feature_names, coef, intercept):
10     msg = "y = "
11     for i, feature in enumerate(feature_names):
12         coef = coef.ravel()
13         msg += "+ {:.3f}*'{}' ".format(coef[i], feature)
14     if intercept.shape == (1,):
15         intercept = intercept[0]
16     else:
17         intercept = intercept
18     msg += "+ {:.3f}".format(intercept)
19     msg = msg[:4] + msg[6:]
20     return msg
21
22 print("train score {:.3f}, test score {:.3f}\n".format(train_score, test_score))
23 print("로지스틱 회귀식: \n", regression_formula(X_names, LR.coef_, LR.intercept_))
```

```
train score 0.913, test score 0.874

로지스틱 회귀식:
 y = 0.016*'mean radius' + -0.192*'mean texture' + -0.272*'mean perimeter' + 0.008
*'mean area' + 24.001
```

```python
1  # XBeta값(설명변수의 선형 결합)과 예측확률값(평균함수값) 구하기
2  data_idx = 0 #설명변수 X0의 index
3  XB = (X[data_idx]*LR.coef_).sum()+LR.intercept_[0] #회귀식에 X0값을 대입한 예측값
4  mu = 1/(1+np.exp(-XB)) #XB의 값을 변형하여 0~1 사이의 확률값으로 맵핑
5
6  # method인 decision_function과 predict_proba로 계산하기
7  XB2 = LR.decision_function(X[data_idx].reshape(-1,len(X[data_idx])))[0]
8  mu2 = LR.predict_proba(X[data_idx].reshape(-1,len(X[data_idx])))[0][1]
9
10 print(" {}번 데이터의 features: {}".format(data_idx, X[data_idx]))
11 print(" {}번 데이터의 선형 함수 값 (XBeta): {:.3f} (={:.3f})".format(data_idx, XB,
   XB2))
12 print(" {}번 데이터의 시그모이드 함수 값 (mu): {:.3f} (={:.3f})".format(data_idx, mu,
   mu2) )
```

```
0번 데이터의 features: [  17.99   10.38  122.8   1001.   ]
0번 데이터의 선형 함수 값 (XBeta): -2.932 (=-2.932)
0번 데이터의 시그모이드 함수 값 (mu): 0.051 (=0.051)
```

```python
1  # XBeta값(설명변수의 선형 결합)과 예측확률값(평균함수값) 구하기
2  data_idx = 0 #설명변수 X0의 index
3  XB = (X[data_idx]*LR.coef_).sum()+LR.intercept_[0] #회귀식에 X0값을 대입한 예측값
4  mu = 1/(1+np.exp(-XB)) #XB의 값을 변형하여 0~1 사이의 확률값으로 맵핑
5
6  # method인 decision_function과 predict_proba로 계산하기
7  XB2 = LR.decision_function(X[data_idx].reshape(-1,len(X[data_idx])))[0]
8  mu2 = LR.predict_proba(X[data_idx].reshape(-1,len(X[data_idx])))[0][1]
9
10 print(" {}번 데이터의 features: {}".format(data_idx, X[data_idx]))
11 print(" {}번 데이터의 선형 함수 값 (XBeta): {:.3f} (={:.3f})".format(data_idx, XB,
   XB2))
12 print(" {}번 데이터의 시그모이드 함수 값 (mu): {:.3f} (={:.3f})".format(data_idx, mu,
   mu2) )
```

```
0번 데이터의 features: [  17.99   10.38  122.8  1001.  ]
0번 데이터의 선형 함수 값 (XBeta): -2.932 (=-2.932)
0번 데이터의 시그모이드 함수 값 (mu): 0.051 (=0.051)
```

```python
1  #기본 cut-off value(임계값)는 0.5: 확률값이 0.5 이상이면 1, 이하이면 0으로 분류
2  prob = LR.predict_proba(X) #각 클래스에 대한 예측확률값
3  ## predict_proba: mu 계산, decision_function: XBeta 계산
4  pred = LR.predict(X) # 예측값
5  result = DataFrame(prob)
6  result['pred'] = pred
7  result['y'] = y
8  print("각 클래스일 확률에 따른 예측분류값과 실제분류값:\n", result.head(4))
```

```
각 클래스일 확률에 따른 예측분류값과 실제분류값:
          0         1  pred  y
0  0.949417  0.050583     0  0
1  0.987738  0.012262     0  0
2  0.994990  0.005010     0  0
3  0.090167  0.909833     1  0
```

```python
1  # 회귀계수의 해석
2  feat_idx = 2 #확인할 feature의 index 선택
3  spec_X = X[data_idx]
4
5  # 회귀계수 확인
6  print("feature '{}'의 회귀계수 {:.3f}".format(X_names[feat_idx], LR.coef_[0]
   [feat_idx]))
7  print(" ==> exp(회귀계수): {:.3f}\n".format(np.exp(LR.coef_[0][feat_idx])))
8
9  # 특정 feature의 값 한단위 증가 전 데이터와 오즈, 오즈비 확인
10 pred_y = LR.predict_proba(spec_X.reshape(-1,len(spec_X)))[0][1]
11 before_odds = pred_y/(1-pred_y)
12 print(" (증가 전) {}번 데이터의 features: {}".format(data_idx, spec_X))
13 print(" (증가 전)'{}'의 값이 {:.3f}일 때, y는 {:.3f}, odds(y/(1-y))는
   {:.3f}\n".format(X_names[feat_idx], spec_X[feat_idx], pred_y, before_odds))
14
15 # 특정 feature의 값 한단위 증가 후 데이터와 오즈, 오즈비 확인
16 spec_X[feat_idx] = spec_X[feat_idx] +1
17 print(" (증가 후) {}번 데이터의 features: {}".format(data_idx, spec_X))
```

```
18  pred_y2 = LR.predict_proba(spec_X.reshape(-1,len(spec_X)))[0][1]
19  after_odds = pred_y2/(1-pred_y2)
20  print(" (증가 후)'{}'의 값이 {:.3f}일 때, y는 {:.3f}, odds(y/(1-y))는 {:.3f}(=
    {:.3f})".format(X_names[feat_idx], spec_X[feat_idx], pred_y2, (pred_y2 / (1-
    pred_y2)), before_odds*np.exp(LR.coef_[0][feat_idx])))
21
22  print("\n ==> x가 한단위 증가하기 후의 오즈는 증가 전 오즈의 {:.3f}배가 된다. (증가
    후 오즈/증가 전 오즈 = 오즈비)".format(after_odds/before_odds))
23
24  ## x가 한단위 증가하면, 증가 후 오즈가 증가 전의 0.761배 된다는 의미이다. 이 0.761을
    오즈비라고 한다.
25  ## 즉, 해당 feature는 값이 증가할수록 반응변수의 확률값이 점점 줄어들게 된다.
```

feature 'mean perimeter'의 회귀계수 -0.272
==> exp(회귀계수): 0.761

(증가 전) 0번 데이터의 features: [17.99   10.38   122.8   1001.]
(증가 전)'mean perimeter'의 값이 122.800일 때, y는 0.051, odds(y/(1-y))는 0.053

(증가 후) 0번 데이터의 features: [17.99   10.38   123.8   1001.]
(증가 후)'mean perimeter'의 값이 123.800일 때, y는 0.039, odds(y/(1-y))는 0.041(=0.041)

==> x가 한단위 증가하기 후의 오즈는 증가 전 오즈의 0.761배가 된다. (증가 후 오즈/증가 전 오즈 = 오즈비)

```
1   # 분류 성능 최적화를 위해 cut-off value를 다르게 설정하기도 한다.
2   # Youden Index (Youden's J statistic)는 기본적으로 민감도 + 특이도 - 1이라는 매우 단
    순한 계산식을 통해 특이도와 민감도의 합이 최대가 되는 점을 구하는 방법이다. 이를 통해
    최적의 cut-off value를 찾을 수 있다.
3   from sklearn.metrics import roc_curve
4   fpr, tpr, thresholds = roc_curve(y, prob[:, 1]) #실제값과 예측 확률값으로 fpr, tpr,
    thresholds를 계산
5   J = tpr - fpr
6   idx= np.argmax(J)
7   best_threshold = thresholds[idx]
8   best_tpr = tpr[idx]
9   best_fpr = fpr[idx]
10  print("최적의 cut-off value: {:.3f}".format(best_threshold))
11  ## 해당 모델은 최적의 cut-off value 0.526과 기본 설정값 0.5가 근사하지만, 어떤 경우
    최적의 분류 결과를 위한 cut-off value가 0.5에서 많이 벗어난 값이 될 수도 있다.
```

최적의 cut-off value: 0.526

```
1   # statsmodels를 통해서도 회귀 적합할 수 있다. 다만, sklearn에서 적합한 회귀식과 다른
    결과가 나오게 되는데, 그 이유는 sklearn에서 자동으로 규제(regularization)를 적용하고
    있기 때문이다. sklearn의 C를 매우 큰 수로 설정하여 규제가 없다시피 하면, 두 라이브러
    리의 회귀식이 유사 해진다.
2   import statsmodels.api as sm
3   from scipy.stats import chi2
4   X_train = sm.add_constant(X_train)
5   model = sm.Logit(y_train, X_train)
6   fitted = model.fit()
```

```
 8  # 로지스틱회귀 모델의 유의성 확인
 9  test_a = 0.05 #유의수준
10  LLR = -2*(fitted.llnull - fitted.llf) #LLR (로그우도비)
11  cv = chi2.ppf(1-test_a, fitted.df_model) #LLR이 임계값보다 크면 모형이 유의하다.
12  sp = 1-chi2.cdf(LLR, fitted.df_model) #오른쪽 검정
13  print("\nLog-Likelihood: {:.3f}, LL-Null: {:.3f}".format(fitted.llf, fitted.llnull))
14  print("LLR: {:.3f}(= {:.3f}), critical value(임계값): {:.3f}".format(fitted.llr, LLR,
    cv))
15  print("LLR p-value: {:.3f}(= {:.3f})".format(sp, fitted.llr_pvalue))
16  print("R2: {:.3f}(= {:.3f})".format(fitted.prsquared, 1-fitted.llf/fitted.llnull))
17  ## 해당 모델은 통계적으로 유의하다고 볼 수 있다.
```

```
Log-Likelihood: -72.229, LL-Null: -281.440
LLR: 418.423(= 418.423), critical value(임계값): 9.488
LLR p-value: 0.000(= 0.000)
R2: 0.743(= 0.743)
```

```
1  # statsmodels의 요약 결과 확인
2  print(fitted.summary())
```

```
                           Logit Regression Results
==============================================================================
Dep. Variable:                      y   No. Observations:                  426
Model:                          Logit   Df Residuals:                      421
Method:                           MLE   Df Model:                            4
Date:                Thu, 01 Jun 2023   Pseudo R-squ.:                  0.7434
Time:                        12:43:03   Log-Likelihood:                -72.229
converged:                       True   LL-Null:                       -281.44
Covariance Type:            nonrobust   LLR p-value:                 2.906e-89
==============================================================================
                 coef    std err          z      P>|z|      [0.025      0.975]
------------------------------------------------------------------------------
const          0.1470      8.502      0.017      0.986    -16.516      16.810
x1            10.3953      2.119      4.906      0.000       6.243      14.548
x2            -0.2622      0.057     -4.577      0.000      -0.375      -0.150
x3            -1.3234      0.217     -6.105      0.000      -1.748      -0.899
x4            -0.0317      0.015     -2.150      0.032      -0.061      -0.003
==============================================================================
```

```
 1  # x1의 회귀계수의 유의성 확인하기
 2  # 위의 요약 결과에서는 회귀계수의 유의성 확인을 위해 z통계량을 사용하고 있으나, 아래
    와 같이 z통계량을 제곱한 wald통계량을 통해서도 회귀계수의 유의성을 확인할 수 있다.
 3  z = (10.3953/2.119)
 4  waldstat = z**2 #위의 report에서 확인한 x1의 회귀계수와 표준오차
 5  cv = chi2.ppf(1-test_a, 1)
 6  sp = 1-chi2.cdf(waldstat, 1)
 7  print(f"Z 통계량 {z:.3f}")
 8  print("wald 통계량 {:.3f}, 임곗값: {:.3f}".format(waldstat, cv))
 9  print("유의수준 {:.3f}, 해당 통계량의 유의확률 {:.3f}".format(test_a, sp))
10  # 따라서 해당 회귀계수는 통계적으로 유의하다
```

```
Z 통계량 4.906
wald 통계량 24.066, 임곗값: 3.841
유의수준 0.050, 해당 통계량의 유의확률 0.000
```

포아송 회귀

종속변수가 포아송 분포를 따른다고 가정하고, 일반화 선형모형의 회귀 분석을 수행하는 것이다. 종속변수가 빈도 데이터일 때 주로 사용된다.

[포아송 회귀의 가정]

- 반응변수는 빈도 데이터이다.
- 동일한 길이의 어떤 두 구간에서의 사건 발생 확률은 동일하다.
- 어떤 구간에서의 사건 발생이 다른 구간의 사건 발생과 독립이다.
- 어떤 짧은 구간에서 두 개 이상의 결과가 동시에 나올 확률은 0이다.

[포아송 회귀계수의 해석과 유효성]

포아송 회귀모델에서 다른 특성들의 값은 동일한 상태에서 특정한 특성 x가 한 단위 증가했을 때 y(빈도 수)가 'exp(회귀계수)'배 증가하는 것을 의미한다. 즉, x가 한 단위 증가하면, 증가 후 빈도수가 증가 전의 'exp(회귀계수)'배 된다는 의미이다. 자세한 내용은 아래 예제를 통해 설명하기로 한다.

한편, 회귀계수가 0인지 아닌지를 검정함으로써 회귀계수의 유효성을 확인해야 하는데 이 때 Z분포를 사용하여 검정한다. 최대우도추정법을 이용한 추정량은 표본 크기가 증가하면 근사적으로 정규분포를 따르는 특성이 있기 때문이다. 그래서 (회귀계수 추정량/회귀계수 추정량의 표준편차)를 통계량으로 Z분포에서의 임계치와 비교해 회귀계수를 검정할 수 있다.

혹은 해당 통계량을 제곱한 왈드 검정 통계량은 자유도가 1인 카이제곱분포를 따르는데, 이를 사용하여 회귀계수의 유효성을 검정할 수도 있다. 두 검정 방법 모두 p-value가 유의수준보다 작아 귀무가설을 기각하면 회귀계수가 0이 아니며 유효하다고 할 수 있다.

[포아송 회귀 모델의 유효성]

로지스틱 회귀모델이 우도비 검정으로 회귀모델의 유효성을 확인한다면, 포아송 회귀 모델은 Pearson 통계량을 통해 회귀모델의 유효성을 확인한다.

Pearson 통계량은 $\sum_{i=1}^{n}(y_i - \exp(X_i\hat{\beta}))^2 / \exp(X_i\hat{\beta})$로 구하며, 이 값은 회귀모델의 잔차의 자유도(n-k-1)를 갖는 카이제곱분포를 따른다. 귀무가설은 '회귀모델이 유효하다'이고, 대립가설은 '회귀모델이 유효하지 않다'이다. 따라서 통계량이 임곗값보다 작거나, p-value가 유의수준보다 클 때 회귀모델이 유효하다고 본다.

한편, deviance 통계량인 $2\sum_{i=1}^{n}[y_i \log\left(\frac{y_i}{\exp(X_i\hat{\beta})}\right) - (y_i - \exp(X_i\hat{\beta}))]$으로도 모델의 유효성을 확인할 수 있다. 이 값 역시 잔차의 자유도(n-k-1)를 갖는 카이제곱분포를 따른다. Pearson 통계량과 동일하게 귀무가설은 '회귀모델이 유효하다'이고, 대립가설은 '회귀모델이 유효하지 않다'이다. 따라서 통계량이 임곗값보다 작거나, p-value가 유의수준보다 클 때 회귀모델이 유효하다고 본다.

Statsmodels 라이브러리를 통해 포아송 회귀 적합하면 아래와 같이 모델의 적합도에 대한 결괏값을 얻을 수 있다.

- Log-ikelihood(= llf): 적합한 모델의 최대로그우도
- Pearson chi2: 피어슨의 카이제곱 통계량. 이 통계량의 p-value가 유의수준보다 크면 모델이 유효하다고 본다.
- deviance: deviance 통계량. 이 통계량의 p-value가 유의수준보다 크면 모델이 유효하다고 본다.

```
1  from sklearn.linear_model import PoissonRegressor
2  from sklearn.model_selection import train_test_split
3  from pandas import DataFrame, read_csv, get_dummies
4  from matplotlib import pyplot as plt
5  # [데이터 출처] https://stats.oarc.ucla.edu/r/dae/poisson-regression/
6
7  # 데이터 불러오기
8  # 종속변수인 'num_awards'가 정규분포가 아닌 포아송 분포를 따른다고 본다.
9  awards = read_csv('https://raw.githubusercontent.com/algoboni/pythoncodebook1-1/main/8-1-
   4_awards.csv')
10 X = awards.filter(['prog', 'math']) # 등록한 프로그램 타입, 기말고사 수학 성적
11 # 프로그램 타입: 1. general, 2. academic, 3. vocational
12 X = get_dummies(X, drop_first=True, columns=['prog'])
13 y = awards.filter(['num_awards']) # 한 고등학교에서 학생들이 받은 상의 개수
14 X_train, X_test, y_train, y_test = train_test_split(X, y, random_state=0)
15
16 print("y의 분포: ")
17 y.hist()
18 plt.show()
```

y의 분포:

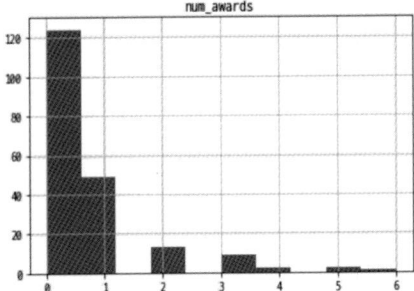

```
1  # 포아송 회귀 적합
2  # 파라미터 alpha가 커질수록 규제가 커지고, alpha가 0이면 규제가 없는 것과 같다.
3  PR = PoissonRegressor(alpha=0.2)
4  PR.fit(X_train, y_train.values.ravel())
5  train_score = PR.score(X_train, y_train.values.ravel())
6  test_score = PR.score(X_test, y_test.values.ravel())
7
8  pred = PR.predict(X) # 예측값
9  result = DataFrame()
10 result['pred'] = pred
11 result['y'] = y
12
13 # 회귀식을 반환하는 함수 정의
14 def regression_formula(feature_names, coef, intercept):
15     msg = "y = "
16     for i, feature in enumerate(feature_names):
17         coef = coef.ravel()
18         msg += "+ {:.3f}*'{}' ".format(coef[i], feature)
19     if intercept.shape == (1,):
20         intercept = intercept[0]
```

```
21        else:
22            intercept = intercept
23        msg += "+ {:.3f}".format(intercept)
24        msg = msg[:4] + msg[6:]
25        return msg
26
27 print("train score {:.3f}, test score {:.3f}\n".format(train_score, test_score))
28 print("포아송 회귀식: \n", regression_formula(X.columns, PR.coef_, PR.intercept_))
```

train score 0.327, test score 0.301

포아송 회귀식:
 y = 0.078*'math' + 0.311*'prog_2' + -0.119*'prog_3' + -5.053

```
1 # XBeta값(설명변수의 선형 결합)과 지수 함수값(평균함수값) 구하기
2 data_idx = 194
3 XB = (X.iloc[data_idx, :]*PR.coef_).sum()+PR.intercept_  #회귀식에 x값을 대입한 값
4 mu = PR.predict(X.iloc[data_idx, :].values.reshape(-1,len(X.columns)))[0]
5 mu2 = np.exp(XB)
6
7 print(" {}번 데이터의 features: {}".format(data_idx, X.iloc[data_idx, :].values))
8 print(" {}번 데이터의 선형 함수 값 (XBeta): {:.3f}".format(data_idx, XB))
9 print(" {}번 데이터의 지수 함수 값 (mu): {:.3f} (={:.3f})".format(data_idx, mu, mu2)
  )
```

194번 데이터의 features: [60 1 0]
194번 데이터의 선형 함수 값 (XBeta): -0.052
194번 데이터의 지수 함수 값 (mu): 0.949 (=0.949)

```
1 pred = PR.predict(X)
2 result = DataFrame()
3 result['pred'] = pred
4 result['Xbeta'] = np.log(pred)
5 result['y'] = y
6 print("예측빈도값과 실제빈도값:\n", result.tail(6))
7 ## 모델 자체의 성능이 좋지 못한 상황이지만, 198번 데이터를 제외한 나머지 데이터들은
  실제값에 근사하게 예측해냈다.
```

예측빈도값과 실제빈도값:
         pred   Xbeta   y
194 0.949226 -0.052109 1
195 2.242673 0.807668 2
196 1.995194 0.690741 2
197 2.242673 0.807668 1
198 2.424996 0.885830 0
199 2.622142 0.963992 3

```
1 # 회귀계수의 해석
2 feat_idx = 0
3 spec_X = X.iloc[data_idx, :].values
4
5 # 회귀계수 확인
6 print("feature '{}'의 회귀계수 {:.3f}: ".format(X.columns[feat_idx],
  PR.coef_[feat_idx]))
7 print(" ==> exp(회귀계수): {:.3f}\n".format(np.exp(PR.coef_[feat_idx])))
```

```
9  # 특정 feature의 한단위 증가 전 데이터와 예측값 y 확인
10 before_pred = PR.predict(spec_X.reshape(-1, len(spec_X)))[0]
11 print(" (증가 전) {}번 데이터의 features: {}".format(data_idx, spec_X))
12 print(" (증가 전)'{}'의 값이 {:.3f}일 때, y는 {:.3f}".format(X.columns[feat_idx],
   spec_X[feat_idx], before_pred))
13
14 # 특정 feature의 한단위 증가 후 데이터와 예측값 y 확인
15 spec_X[feat_idx] = spec_X[feat_idx] +1
16 after_pred = PR.predict(spec_X.reshape(-1,len(spec_X)))[0]
17 print(" (증가 후) {}번 데이터의 features: {}".format(data_idx, spec_X))
18 print(" (증가 후)'{}'의 값이 {:.3f}일 때, y는 {:.3f}".format(X.columns[feat_idx],
   spec_X[feat_idx], after_pred))
19
20 print("\n ==> x가 한단위 증가한 후의 빈도수는 증가 전 빈도수의 {:.3f}배가 된다. (= 증
   가 후 빈도수 / 증가 전 빈도수)".format(after_pred/before_pred))
21
22 ## x가 한단위 증가하면, 증가 후 빈도수가 증가 전의 1.081배 된다는 의미이다.
23 ## 즉, 해당 feature는 값이 증가할수록 반응변수의 확률값이 점점 증가하게 된다.
```

```
feature 'math'의 회귀계수 0.078:
==> exp(회귀계수): 1.081

 (증가 전) 194번 데이터의 features: [60  1  0]
 (증가 전)'math'의 값이 60.000일 때, y는 0.949
 (증가 후) 194번 데이터의 features: [61  1  0]
 (증가 후)'math'의 값이 61.000일 때, y는 1.026

 ==> x가 한단위 증가한 후의 빈도수는 증가 전 빈도수의 1.081배가 된다. (= 증가 후 빈도수 / 증가 전 빈도수)
```

```
1  # statsmodels를 통해서도 회귀 적합할 수 있다. 다만, sklearn에서 적합한 회귀식과 다른
   결과가 나오게 되는데, sklearn에서 자동으로 규제를 적용하고 있기 때문이다. sklearn의
   alpha를 0으로 설정하여 규제가 없다시피 하면, 두 라이브러리의 회귀식이 유사 해진다.
2  import statsmodels.api as sm
3  X_train = sm.add_constant(X_train)
4  model = sm.GLM(y_train, X_train, family=sm.families.Poisson())
5  fitted = model.fit()
6  test_a = 0.05
7  cv = chi2.ppf(1-test_a, fitted.df_resid) #오른쪽 검정
8  print("critical value: {:.3f}".format(cv))
```

critical value: 175.198

```
1  # 포아송회귀 모델의 유의성 확인
2  # Pearson chi2 통계량 계산 (자유도가 n-k-1인 카이제곱분포를 따름)
3  pearson = DataFrame(y_train)
4  pearson['pred'] = fitted.fittedvalues
5  pearson['squared_gap'] = (pearson['num_awards'] - pearson['pred'])**2
6  pearson['squared_gap/pred'] = pearson['squared_gap']/pearson['pred']
7  pstats = pearson['squared_gap/pred'].sum()
8  pval = 1-chi2.cdf(pstats, fitted.df_resid)
9  print("pearson chi2 stats: {:.3f}(={:.3f}), p-value: {:.3f}".format(pstats,
   fitted.pearson_chi2, pval))
```

pearson chi2 stats: 163.211(=163.211), p-value: 0.157

```
1  # deviance 통계량 계산 (자유도가 n-k-1인 카이제곱분포를 따름)
2  deviance = DataFrame(y_train['num_awards'])
3  deviance['pred'] = fitted.fittedvalues
4  deviance['Log'] =
   np.log(deviance['num_awards']/deviance['pred'])*deviance['num_awards']
5  deviance['num-pred'] = deviance['num_awards'] - deviance['pred']
6  dstats = deviance['Log'].sum()*2 - deviance['num-pred'].sum()*2
7  pval2 = (1-chi2.cdf(dstats, fitted.df_resid))**2
8  print("deviance chi2 stats: {:.3f}, p-value: {:.3f}".format(dstats, pval2))
9  print("R2: {:.3f}".format(1-fitted.llf/fitted.llnull))
10 ## 따라서 해당 모델은 Pearson chi2 및 deviance 검정 결과, 귀무가설을 기각할 수 없으므
   로 통계적으로 유의하다.
```

```
deviance chi2 stats: 140.625, p-value: 0.372
R2: 0.224
```

```
1  # statsmodels의 요약 결과 확인
2  print(fitted.summary())
```

```
                 Generalized Linear Model Regression Results
==============================================================================
Dep. Variable:             num_awards   No. Observations:                  150
Model:                            GLM   Df Residuals:                      146
Model Family:                 Poisson   Df Model:                            3
Link Function:                    log   Scale:                          1.0000
Method:                          IRLS   Log-Likelihood:                -136.21
Date:                Thu, 01 Jun 2023   Deviance:                       140.62
Time:                        13:23:27   Pearson chi2:                     163.
No. Iterations:                     5
Covariance Type:            nonrobust
==============================================================================
                 coef    std err          z      P>|z|      [0.025      0.975]
------------------------------------------------------------------------------
const         -5.2428      0.777     -6.748      0.000      -6.766      -3.720
math           0.0673      0.012      5.610      0.000       0.044       0.091
prog_2         1.2926      0.472      2.740      0.006       0.368       2.217
prog_3         0.2927      0.570      0.513      0.608      -0.825       1.410
==============================================================================
```

```
1  # math의 회귀계수의 유의성 확인하기
2  # 위의 요약 결과에서는 회귀계수의 유의성 확인을 위해 z통계량을 사용하고 있으나, 아래
   와 같이 z통계량을 제곱한 wald통계량을 통해서도 회귀계수의 유의성을 확인할 수 있다.
3  z = (0.0673/0.012)
4  waldstat = z**2 #위의 report에서 확인한 math의 회귀계수와 표준오차
5  cv = chi2.ppf(1-test_a, 1)
6  sp = 1-chi2.cdf(waldstat, 1)
7  print(f"Z 통계량 {z:.3f}")
8  print("wald 통계량 {:.3f}, 임곗값: {:.3f}".format(waldstat, cv))
9  print("유의수준 {:.3f}, 해당 통계량의 유의확률 {:.3f}".format(test_a, sp))
10 # 따라서 해당 회귀계수는 통계적으로 유의하다
```

```
Z 통계량 5.608
wald 통계량 31.453, 임곗값: 3.841
유의수준 0.050, 해당 통계량의 유의확률 0.000
```

8-1-5. 이상치에 강한 선형 회귀

Robust regression

일반적으로 선형 회귀 모델에서는 회귀계수를 추정할 때 잔차의 제곱합을 이용하는 '최소 제곱법'을 사용한다. 그런데 이런 경우 데이터의 이상치(Outlier)에 의해 전체 추정치가 왜곡되는 문제가 발생한다. Robust regression은 이런 문제의 대안으로서 잔차의 제곱 대신 절댓값의 합이 최소가 되도록 계수를 추정함으로써 이상치의 영향력을 줄인다.

scikit-learn의 HuberRegressor는 표준화된 잔차의 절댓값이 epsilon보다 작으면 샘플의 squared loss를 최적화 하고, epsilon보다 크면 샘플의 absolute loss를 최적화 하면서 회귀계수들을 찾아가는 방식이다. 파라미터 epsilon은 이상치로 분류되어야 하는 샘플의 개수를 컨트롤 하는데 1부터 무한대의 값을 가지며, epsilon의 값이 작을수록 이상치에 더 강건하게(Robust) 된다.

아래에서는 이상치를 포함하는 데이터를 임의로 생성한 후, scikit-learn의 클래스인 HuberRegressor와 LinearRegression으로 적합해 보았다. 그 결과, 결정계수 면에서는 두 모델 모두 낮은 값을 나타냈지만, 데이터 시각화를 통해 HuberRegressor로 적합하고 예측한 값들이 원본 데이터의 일반적인 흐름을 잘 나타냄을 확인하였다.

```
1  from sklearn.linear_model import HuberRegressor
2  import numpy as np
3  from sklearn.linear_model import HuberRegressor, LinearRegression
4  from sklearn.datasets import make_regression
5  rng = np.random.RandomState(0)
6  ## 이상치 포함하는 데이터 생성하기
7  # 1개의 feature를 가진 사이즈 30의 데이터 생성
8  X, y = make_regression(n_samples=30, n_features=1, random_state=0, noise=4.0,
   bias=100.0)
9
10 # 4개의 outlier를 생성하여 데이터에 추가
11 X_outliers = rng.normal(0, 0.5, size=(4, 1))
12 y_outliers = rng.normal(0, 2.0, size=4)
13 X_outliers[:2, :] += X.max() + X.mean() #outlier의 반은 더 크게
14 X_outliers[2:, :] += X.min() - X.mean() #outlier의 반은 더 작게
15 y_outliers[:2] += y.min() - y.mean()
16 y_outliers[2:] += y.max() + y.mean()
17 X = np.vstack((X, X_outliers))
18 y = np.concatenate((y, y_outliers))
```

```
1  # Robust regression 적합
2  HR = HuberRegressor(epsilon=1).fit(X, y)
3  HR_pred = HR.predict(X)
4  print("Huber coefficients {}, score {:.3f}".format(HR.coef_, HR.score(X, y)))
5
6  # 선형회귀 적합
7  LR = LinearRegression().fit(X, y)
8  LR_pred = LR.predict(X)
9  print("Linear coefficients {}, score {:.3f}".format(LR.coef_, LR.score(X, y)))
```

```
Huber coefficients [94.20831622], score -0.820
Linear coefficients [-10.91352281], score 0.009
```

```
 1  # 실제값과 두 회귀의 예측값을 비교
 2  from matplotlib import pyplot as plt
 3  import seaborn as sns
 4  fig, ax = plt.subplots(1,1)
 5  ax.set_title("Robust reg. vs Linear reg.")
 6  ax.scatter(X, y, color = 'black', alpha=0.8, marker='x')
 7  ax.scatter(X, HR_pred, color='red', alpha=0.3, marker='o')
 8  ax.scatter(X, LR_pred, color='blue', alpha=0.3, marker='<')
 9  plt.legend(['original', 'HR_pred', 'LR_pred'])
10  plt.show()
11
12  ## Huber regression(Robust)이 Linear regression보다 이상치에 민감하지 않고 (강건하게)
    일반적인 데이터를 잘 설명하도록 적합한 것으로 나타났다.
```

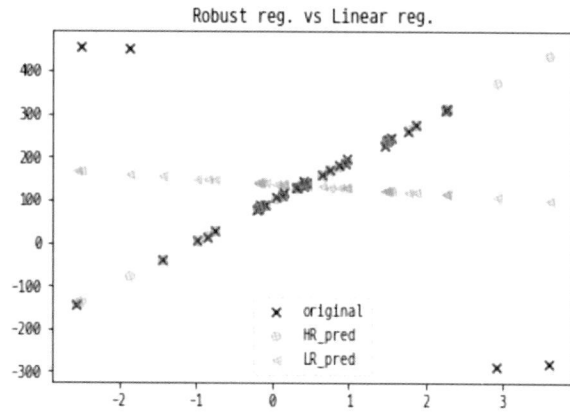

Quantile regression

Quantile regression은 평균이 아니라 특정 분위값을 추정하는 기법이다. Quantile regression으로 50% 분위값(중앙값)을 추정하는 모델을 만들면 이상치의 영향을 거의 받지 않게 된다. 이상치의 값이 아무리 비정상적으로 크더라도 전체 관측값들의 분위는 영향을 받지 않기 때문이다. 또한, 분산이 일정하지 않은 이분산(Heteroscedasticity) 데이터도 Quantile regression으로 회귀 모델링이 가능하다.

scikit-learn의 QuantileRegressor는 입력된 분위값에 따른 pinball loss를 최적화하는 방식이며, 분위값의 기본값은 0.5(중앙값)이다. L1 규제를 적용할 수 있고, 규제 정도는 파라미터 alpha 값을 통해 조절할 수 있다.

```
from sklearn.linear_model import QuantileRegressor
# QuantileRegressor 적합
QR = QuantileRegressor(alpha=0).fit(X, y)
QR_pred = QR.predict(X)
print("Quantile coefficients {}, score {:.3f}".format(QR.coef_, QR.score(X, y)))
# 선형회귀 적합
LR = LinearRegression().fit(X, y)
LR_pred = LR.predict(X)
print("Linear coefficients {}, score {:.3f}".format(LR.coef_, LR.score(X, y)))
```

```
Quantile coefficients [94.20835266], score -0.820
Linear coefficients [-10.91352281], score 0.009
```

```
fig, ax = plt.subplots(1,1)
ax.set_title("Quantile reg. vs Linear reg.")
ax.scatter(X, y, color = 'black', alpha=0.8, marker='x')
ax.scatter(X, QR_pred, color='green', alpha=0.3, marker='o')
ax.scatter(X, LR_pred, color='blue', alpha=0.3, marker='<')
plt.legend(['original', 'QR_pred', 'LR_pred'])
plt.show()
```

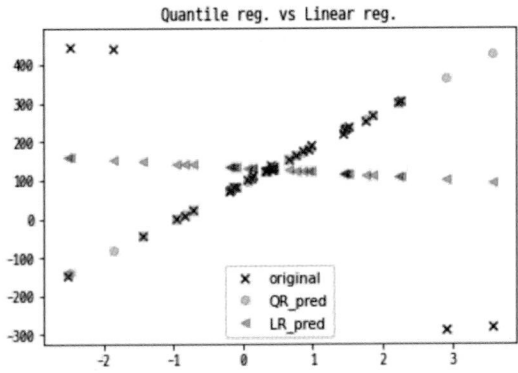

8-2. 비선형 회귀

응답변수와 예측변수 간의 관계가 반드시 선형일 필요는 없다. 비선형 효과를 회귀 분석에 담기 위해 회귀모형을 확장하는 여러가지 방법들이 있다. 다항 회귀, 스플라인 회귀, 일반화가법모형 등이다.

다항 회귀

다항 회귀(Polynomial regression)는 2차 함수 이상의 다항 함수를 이용해 두 변수 간의 관계를 설명하는 알고리즘이다. 단순 선형 모델의 한계를 일부 보완할 수 있다.

```python
# 데이터 생성
from pandas import DataFrame
import numpy as np
x = np.arange(-6.0, 6.0, 0.1)
y = 1*(x**3) + 2*(x**2) + 1*x + 3
y_noise = 30 * np.random.normal(size=x.size)
y = y + y_noise

# 다항 회귀 적합 1 (w/ sklearn)
from sklearn.preprocessing import PolynomialFeatures
from sklearn.linear_model import LinearRegression
#degree: 다항식 차수 지정
#include_bias: 절편 추가여부

poly_features = PolynomialFeatures(degree=3, include_bias=True)
px = poly_features.fit_transform(x.reshape(-1,1))

LR = LinearRegression()
LR.fit(px, y)
pred = LR.predict(px)
print("sklearn R2: {:.3f}".format(LR.score(px, y)))

# 원본 데이터와 예측 데이터 비교
from matplotlib import pyplot as plt
fig, ax = plt.subplots(1,1)
ax.scatter(x, y, alpha=0.5, color='black')
ax.scatter(x, pred, alpha=0.5, color='red')
ax.legend(['original', 'predicted'])
plt.show()

# 다항 회귀 적합 2 (w/ statsmodels)
import statsmodels.api as sm
model = sm.OLS(y, px) #sklearn의 PolynomialFeatures로 변환한 feature를 사용
fitted = model.fit()
print(fitted.summary())
```

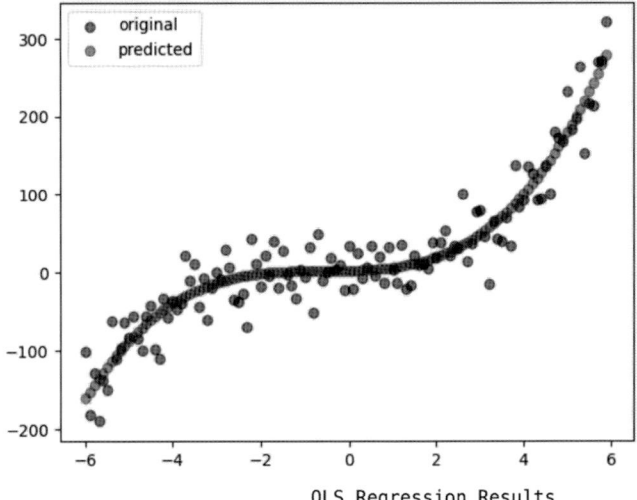

```
                            OLS Regression Results
==============================================================================
Dep. Variable:                      y   R-squared:                       0.906
Model:                            OLS   Adj. R-squared:                  0.904
Method:                 Least Squares   F-statistic:                     373.5
Date:                Fri, 02 Jun 2023   Prob (F-statistic):           2.04e-59
Time:                        04:51:06   Log-Likelihood:                -571.53
No. Observations:                 120   AIC:                             1151.
Df Residuals:                     116   BIC:                             1162.
Df Model:                           3
Covariance Type:            nonrobust
==============================================================================
                 coef    std err          t      P>|t|      [0.025      0.975]
------------------------------------------------------------------------------
const          2.1848      3.946      0.554      0.581      -5.631      10.000
x1             1.3180      1.898      0.694      0.489      -2.442       5.078
x2             1.7513      0.245      7.137      0.000       1.265       2.237
x3             1.0129      0.081     12.571      0.000       0.853       1.173
==============================================================================
Omnibus:                        0.247   Durbin-Watson:                   2.338
Prob(Omnibus):                  0.884   Jarque-Bera (JB):                0.333
Skew:                          -0.104   Prob(JB):                        0.847
Kurtosis:                       2.846   Cond. No.                         123.
==============================================================================
```

스플라인 회귀

스플라인 회귀(Spline regression)는 다항 구간들을 부드러운 곡선 형태로 적합하는 방법이다. 스플라인 구간을 구분하는 값을 매듭(Knot)이라고 한다. 구간별 다항식은 예측변수를 위한 매듭 사이를 부드럽게 연결한다.

scikit-learn의 SplineTransformer에서는 매듭의 개수(n_knots)와 차수(degree)를 지정함으로써 기본 스플라인 항(B-spline)을 적용하게 된다.

n_splines = n_knots + degree - 1(extrapolation="periodic"의 경우 n_knots - 1)의 원리로 스플라인 항의 개수가 정해지고 이에 따라 새로운 특징 데이터를 생성한다.

스플라인 항의 계수는 해석하기 어렵지만 단순 선형 회귀 모델의 한계를 일부 보완할 수 있다.

```python
# 앞선 데이터를 동일하게 사용
from sklearn.preprocessing import SplineTransformer
from sklearn.linear_model import LinearRegression

# 스플라인 회귀 적합 1 (w/ sklearn)
spline = SplineTransformer(degree=3, n_knots=4)
sx = spline.fit_transform(x.reshape(-1,1))

LR = LinearRegression()
LR.fit(sx, y)
pred = LR.predict(sx)
print("sklearn R2: {:.3f}".format(LR.score(sx, y)))

# 원본 데이터와 예측 데이터 비교
from matplotlib import pyplot as plt
fig, ax = plt.subplots(1,1)
ax.scatter(x, y, alpha=0.5, color='black')
ax.scatter(x, pred, alpha=0.5, color='red')
ax.legend(['original', 'predicted'])
plt.show()

# 스플라인 회귀 적합 2 (w/ statsmodels)
import statsmodels.api as sm
model = sm.OLS(y, sx) #sklearn의 SplineTransformer로 변환한 feature를 사용
fitted = model.fit()
print(fitted.summary())
```

```
sklearn R2: 0.907
```

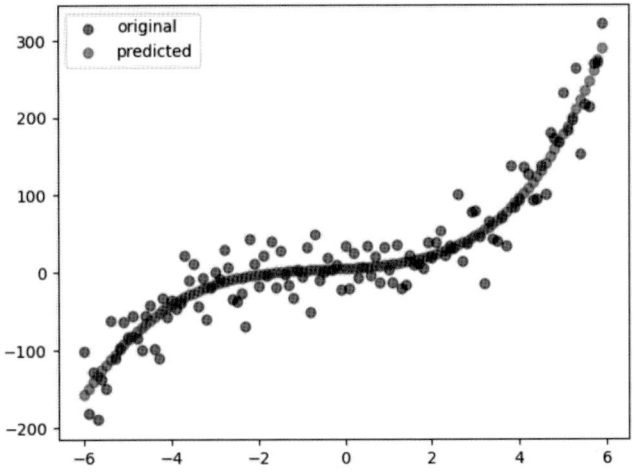

```
                            OLS Regression Results
==============================================================================
Dep. Variable:                      y   R-squared:                       0.907
Model:                            OLS   Adj. R-squared:                  0.903
Method:                 Least Squares   F-statistic:                     222.5
Date:                Fri, 02 Jun 2023   Prob (F-statistic):           4.50e-57
Time:                        04:52:59   Log-Likelihood:                -570.97
No. Observations:                 120   AIC:                             1154.
Df Residuals:                     114   BIC:                             1171.
Df Model:                           5
Covariance Type:            nonrobust
==============================================================================
                 coef    std err          t      P>|t|      [0.025      0.975]
------------------------------------------------------------------------------
x1          -664.6339    172.895     -3.844      0.000   -1007.138    -322.130
x2           -75.2645     31.586     -2.383      0.019    -137.836     -12.693
x3            16.6969     17.387      0.960      0.339     -17.747      51.141
x4           -10.3393     17.387     -0.595      0.553     -44.784      24.105
x5           148.3420     31.586      4.696      0.000      85.770     210.914
x6          1149.1913    172.895      6.647      0.000     806.687    1491.695
==============================================================================
Omnibus:                        0.149   Durbin-Watson:                   2.358
Prob(Omnibus):                  0.928   Jarque-Bera (JB):                0.253
Skew:                          -0.078   Prob(JB):                        0.881
Kurtosis:                       2.838   Cond. No.                         39.1
==============================================================================
```

연습문제

1. 다음은 인도 벵갈루루의 집값 데이터이다. 데이터는 집의 특징을 나타내는 입력 변수들과 집값의 출력 변수로 구성되어 있다. 데이터 컬럼 정의서는 아래와 같을 때, 선형 회귀 분석을 수행하시오. (데이터 링크는 아래 코드 참조)

[입력 변수]　　　　　　　　　　　　　　　[출력 변수]
1. availability: 즉시 입주 가능 여부　　　7. price: 집 가격
2. size: 방, 거실, 주방 구성에 따른 집 크기 등급
3. bath: 화장실 개수
4. balcony: 발코니 개수
5. total_sqft: 전체 면적
6. area_type: Carpet, Plot, Super built-up,
　　built-up의 범주로 이루어진 범주형 변수,
　　면적의 종류를 의미

[출처] Kaggle, https://www.kaggle.com/datasets/aryanfelix/bangalore-housing-prices

---

```
1  from pandas import read_csv, concat, get_dummies
2  realestate = read_csv('https://raw.githubusercontent.com/algoboni/pythoncodebook1-1/main/practice8_BHP2.csv')
3  print(realestate)
```

```
      area_type  availability  size  total_sqft  bath  balcony   price
0         Super             0     3      1056.0     2        1   39.07
1          Plot             1     6      2600.0     5        3  120.00
2         Super             1     5      1521.0     3        1   95.00
3         Super             1     3      1170.0     2        1   38.00
4          Plot             1     6      2785.0     5        3  295.00
...         ...           ...   ...         ...   ...      ...     ...
7490      Super             1     5      1345.0     2        1   57.00
7491      Super             1     5      1715.0     3        3  112.00
7492   Built-up             1     8      3453.0     4        0  231.00
7493   Built-up             1     3      1141.0     2        1   60.00
7494      Super             0     7      4689.0     4        1  488.00

[7495 rows x 7 columns]
```

2. . 앞선 모델에서 변수 area_type과 total_sqft의 교호작용항을 추가하여 회귀분석을 수행하시오.

3. 앞선 모델에서 변수 total_sqft의 이차항을 추가하여 회귀분석을 수행하시오.

4. 앞선 모델에서 변수 선택 과정을 거쳐 최종 모델을 완성하고 결과를 해석하시오.

풀이

1번 문제 풀이:

```
 1  import statsmodels.api as sm
 2  from sklearn.model_selection import train_test_split
 3  from sklearn.metrics import r2_score
 4  # feature에서 범주형 변수를 더미코딩하고, 상수항을 추가한 후, 데이터를 train/test set으로 분할
 5  X = get_dummies(realestate.drop('price', axis=1), columns=['area_type'], drop_first=True)
 6  X = sm.add_constant(X)
 7  y = realestate['price']
 8  X_train, X_test, y_train, y_test = train_test_split(X, y, random_state=11)
 9
10  # 현재 데이터로 선형회귀 분석을 수행
11  model1 = sm.OLS(y_train, X_train)
12  fitted1 = model1.fit()
13  print(fitted1.summary()) # 적합한 선형회귀 모델 결과를 확인
14
15  # 적합한 모델로 test set을 예측하여 결정계수를 확인
16  pred1 = fitted1.predict(X_test)
17  print(">>> test score {:.3f}".format(r2_score(y_test, pred1)))
```

```
                            OLS Regression Results
==============================================================================
Dep. Variable:                  price   R-squared:                       0.483
Model:                            OLS   Adj. R-squared:                  0.483
Method:                 Least Squares   F-statistic:                     656.3
Date:                Wed, 13 Sep 2023   Prob (F-statistic):               0.00
Time:                        12:11:31   Log-Likelihood:                -32305.
No. Observations:                5621   AIC:                         6.463e+04
Df Residuals:                    5612   BIC:                         6.469e+04
Df Model:                           8
Covariance Type:            nonrobust
====================================================================================
                       coef    std err          t      P>|t|      [0.025      0.975]
------------------------------------------------------------------------------------
const              -62.1571      4.615    -13.469      0.000     -71.204     -53.111
availability        -1.1159      2.476     -0.451      0.652      -5.970       3.738
size                 0.2321      1.255      0.185      0.853      -2.228       2.692
total_sqft           0.0440      0.001     33.933      0.000       0.041       0.047
bath                37.0544      2.107     17.582      0.000      32.923      41.186
balcony             -0.6359      1.404     -0.453      0.651      -3.389       2.117
area_type_Carpet    -2.7221     13.286     -0.205      0.838     -28.768      23.324
area_type_Plot      77.1723      6.237     12.373      0.000      64.945      89.400
area_type_Super     -0.0796      2.833     -0.028      0.978      -5.634       5.475
==============================================================================
Omnibus:                     8283.104   Durbin-Watson:                   2.043
Prob(Omnibus):                  0.000   Jarque-Bera (JB):         17235471.266
Skew:                           8.209   Prob(JB):                         0.00
Kurtosis:                     273.778   Cond. No.                     2.38e+04
==============================================================================

Notes:
[1] Standard Errors assume that the covariance matrix of the errors is correctly specified.
[2] The condition number is large, 2.38e+04. This might indicate that there are
strong multicollinearity or other numerical problems.
>>> test score 0.616
```

2번 문제 풀이

```
1  # area_type과 total_sqft의 교호작용항을 추가한 X_train2, X_test2 생성
2  X_train2, X_test2 = X_train.copy(), X_test.copy()
3  for col in ['area_type_Carpet', 'area_type_Plot', 'area_type_Super']:
4      X_train2[f"at_{col[10:]}:total_sqft"] = X_train[col] * X_train['total_sqft']
5      X_test2[f"at_{col[10:]}:total_sqft"] = X_test[col] * X_test['total_sqft']
6
7  # 신규 feature를 생성한 데이터로 선형회귀 분석을 수행
8  model2 = sm.OLS(y_train, X_train2)
9  fitted2 = model2.fit()
10 print(fitted2.summary()) # 적합한 선형회귀 모델 결과를 확인
11
12 # 적합한 모델로 test set을 예측하여 결정계수를 확인
13 pred2 = fitted2.predict(X_test2)
14 print(">>> test score {:.3f}".format(r2_score(y_test, pred2)))
```

```
                            OLS Regression Results
==============================================================================
Dep. Variable:                  price   R-squared:                       0.522
Model:                            OLS   Adj. R-squared:                  0.521
Method:                 Least Squares   F-statistic:                     556.3
Date:                Wed, 13 Sep 2023   Prob (F-statistic):               0.00
Time:                        12:14:19   Log-Likelihood:                -32088.
No. Observations:                5621   AIC:                         6.420e+04
Df Residuals:                    5609   BIC:                         6.428e+04
Df Model:                          11
Covariance Type:            nonrobust
========================================================================================
                           coef    std err          t      P>|t|      [0.025      0.975]
----------------------------------------------------------------------------------------
const                  -28.2105      5.374     -5.249      0.000     -38.746     -17.675
availability            -2.1238      2.385     -0.891      0.373      -6.799       2.551
size                     1.0679      1.213      0.880      0.379      -1.311       3.446
total_sqft               0.0219      0.002     11.773      0.000       0.018       0.026
bath                    35.8673      2.056     17.445      0.000      31.837      39.898
balcony                 -0.7955      1.352     -0.589      0.556      -3.445       1.854
area_type_Carpet       -19.5481     24.382     -0.802      0.423     -67.347      28.251
area_type_Plot         -94.2974     10.348     -9.112      0.000    -114.584     -74.011
area_type_Super        -35.6791      4.440     -8.036      0.000     -44.383     -26.975
at_Carpet:total_sqft     0.0086      0.017      0.513      0.608      -0.024       0.041
at_Plot:total_sqft       0.0730      0.003     21.134      0.000       0.066       0.080
at_Super:total_sqft      0.0236      0.002     10.013      0.000       0.019       0.028
==============================================================================
Omnibus:                     8912.047   Durbin-Watson:                   2.034
Prob(Omnibus):                  0.000   Jarque-Bera (JB):         18400177.906
Skew:                           9.634   Prob(JB):                         0.00
Kurtosis:                     282.628   Cond. No.                     5.63e+04
==============================================================================

Notes:
[1] Standard Errors assume that the covariance matrix of the errors is correctly specified.
[2] The condition number is large, 5.63e+04. This might indicate that there are
strong multicollinearity or other numerical problems.
>>> test score 0.698
```

3번 문제 풀이:

```
1  # total_sqft의 이차항을 추가한 X_train3, X_test3 생성
2  X_train3, X_test3 = X_train2.copy(), X_test2.copy()
3  X_train3["total_sqft2"] = X_train2['total_sqft']**2
4  X_test3["total_sqft2"] = X_test2['total_sqft']**2
5
6  # 신규 feature를 생성한 데이터로 선형회귀 분석을 수행
7  model3 = sm.OLS(y_train, X_train3)
8  fitted3 = model3.fit()
9  print(fitted3.summary()) # 적합한 선형회귀 모델 결과를 확인
10
11 # 적합한 모델로 test set을 예측하여 결정계수를 확인
12 pred3 = fitted3.predict(X_test3)
13 print(">>> test score {:.3f}".format(r2_score(y_test, pred3)))
```

```
                            OLS Regression Results
==============================================================================
Dep. Variable:                  price   R-squared:                       0.645
Model:                            OLS   Adj. R-squared:                  0.644
Method:                 Least Squares   F-statistic:                     847.8
Date:                Wed, 13 Sep 2023   Prob (F-statistic):               0.00
Time:                        12:22:18   Log-Likelihood:                -31254.
No. Observations:                5621   AIC:                         6.253e+04
Df Residuals:                    5608   BIC:                         6.262e+04
Df Model:                          12
Covariance Type:            nonrobust
========================================================================================
                           coef    std err          t      P>|t|      [0.025      0.975]
----------------------------------------------------------------------------------------
const                  -40.6111      4.642     -8.749      0.000     -49.710     -31.512
availability            -3.9727      2.056     -1.932      0.053      -8.004       0.058
size                   -10.3412      1.078     -9.597      0.000     -12.454      -8.229
total_sqft               0.1364      0.003     44.648      0.000       0.130       0.142
bath                    -3.0871      1.981     -1.558      0.119      -6.970       0.796
balcony                 -3.2601      1.167     -2.795      0.005      -5.547      -0.973
area_type_Carpet        58.4517     21.094      2.771      0.006      17.099      99.804
area_type_Plot          35.2169      9.393      3.749      0.000      16.802      53.631
area_type_Super        -24.4567      3.836     -6.375      0.000     -31.977     -16.936
at_Carpet:total_sqft    -0.0418      0.014     -2.895      0.004      -0.070      -0.013
at_Plot:total_sqft       0.0059      0.003      1.775      0.076      -0.001       0.012
at_Super:total_sqft      0.0163      0.002      8.016      0.000       0.012       0.020
total_sqft2          -3.704e-06   8.41e-08    -44.039      0.000   -3.87e-06   -3.54e-06
==============================================================================
Omnibus:                     9937.871   Durbin-Watson:                   2.040
Prob(Omnibus):                  0.000   Jarque-Bera (JB):         25007117.674
Skew:                          12.206   Prob(JB):                         0.00
Kurtosis:                     328.848   Cond. No.                     6.16e+08
==============================================================================

Notes:
[1] Standard Errors assume that the covariance matrix of the errors is correctly specified.
[2] The condition number is large, 6.16e+08. This might indicate that there are
strong multicollinearity or other numerical problems.
>>> test score 0.731
```

4번 문제 풀이:

```
1   # Cook's distance, DFBETAS, DFFITS, LeverageH 등 영향치 기준으로 데이터를 판단하여 영향치를 제
    거하거나, VIF를 통해 다중공선성이 있는 변수를 제거하거나, AIC를 최소로하는 변수의 조합을 찾는
    단계적 선택법으로 변수를 선택할 수 있다. 여기에서는 통계적으로 유의하지 않은 변수들을 제거함으
    로써 최종 변수를 선택하고자 한다.
2
3   X_train4, X_test4 = X_train3.copy(), X_test3.copy()
4
5   # 회귀계수 분석을 위해 feature scaling 진행
6   from sklearn.preprocessing import StandardScaler
7   ss = StandardScaler()
8   ss.fit(X_train4)
9   X_train4 = DataFrame(ss.transform(X_train4), columns=X_train4.columns)
10  X_test4 = DataFrame(ss.transform(X_test4), columns=X_test4.columns)
11  X_train4['const'] = 1
12  X_test4['const'] = 1
13
14  # 통계적으로 유의하지 않은 변수들 제거
15  del_feats = ['bath', 'at_Plot:total_sqft', 'availability']
16  X_train4 = X_train4.drop(del_feats, axis=1)
17  X_test4 = X_test4.drop(del_feats, axis=1)
18
19  # 신규 feature를 생성한 데이터로 선형회귀 분석을 수행
20  model4 = sm.OLS(y_train.values, X_train4)
21  fitted4 = model4.fit()
22  print(fitted4.summary()) # 적합한 선형회귀 모델 결과를 확인
23
24  # 적합한 모델로 test set을 예측하여 결정계수를 확인
25  pred4 = fitted4.predict(X_test4)
26  print(">>> test score {:.3f}".format(r2_score(y_test, pred4)))
27
28  # train score(R-squared) 0.644와 test score 0.726에 의하면, 해당 모델은 데이터에 대한 설명력이
    있다고 볼 수 있으며, train/test set 성능 차이가 크지 않기 때문에 어느 정도 일반화된 모델이라고
    볼 수 있다.
29  # 모델의 통계적 유의성은 F-statistic으로 확인할 수 있는데 해당 통계량의 p-value(Prob)가 유의수
    준 0.05보다 작기 때문에 모델은 통계적으로 유의하다고 볼 수 있다.
30  # 각 변수에 대한 회귀계수들의 t통계량에 따른 p-value가 모두 유의수준보다 작기 때문에 이 회귀계
    수들 역시 통계적으로 유의하다고 볼 수 있다.
31  # 또한, 잔차분석을 통해 회귀모형에 대한 가정인 정규성, 등분산성, 독립성을 만족하는지를 확인해야
    한다. 아래에서 Durbin-Watson 통계량이 2에 가까움으로써 독립성은 만족하고 있지만, Jarque-Bera 통
    계량의 p-value를 볼 때 유의수준보다 작기 때문에 정규성에 위배된다. 이처럼 모델이 회귀모형의 가
    정을 충족하지 못하는 경우, 추가로 자료를 수집하거나 변수 변환의 방법을 통해 가정을 충족하도록
    모델을 다시 생성해야 한다.
```

```
                            OLS Regression Results
==============================================================================
Dep. Variable:                      y   R-squared:                       0.644
Model:                            OLS   Adj. R-squared:                  0.643
Method:                 Least Squares   F-statistic:                     1128.
Date:                Wed, 13 Sep 2023   Prob (F-statistic):               0.00
Time:                        12:59:52   Log-Likelihood:                -31259.
No. Observations:                5621   AIC:                         6.254e+04
Df Residuals:                    5611   BIC:                         6.260e+04
Df Model:                           9
Covariance Type:            nonrobust
======================================================================================
                         coef    std err          t      P>|t|      [0.025      0.975]
--------------------------------------------------------------------------------------
const                 97.2994      0.840    115.807      0.000      95.652      98.947
size                 -16.3939      1.269    -12.916      0.000     -18.882     -13.906
total_sqft           136.0981      2.145     63.446      0.000     131.893     140.303
balcony               -2.9163      0.889     -3.280      0.001      -4.659      -1.173
area_type_Carpet       4.8607      1.627      2.987      0.003       1.671       8.051
area_type_Plot         8.7586      0.985      8.889      0.000       6.827      10.690
area_type_Super       -8.2256      1.430     -5.753      0.000     -11.028      -5.423
at_Carpet:total_sqft  -4.9528      1.620     -3.057      0.002      -8.129      -1.776
at_Super:total_sqft   13.1402      1.703      7.717      0.000       9.802      16.478
total_sqft2          -90.1175      1.658    -54.352      0.000     -93.368     -86.867
==============================================================================
Omnibus:                     9975.686   Durbin-Watson:                   2.045
Prob(Omnibus):                  0.000   Jarque-Bera (JB):         25428476.394
Skew:                          12.307   Prob(JB):                         0.00
Kurtosis:                     331.582   Cond. No.                         5.25
==============================================================================

Notes:
[1] Standard Errors assume that the covariance matrix of the errors is correctly specified.
>>> test score 0.726
```

9장 지도 학습 알고리즘

지도 학습(Supervised learning)은 훈련 데이터로부터 하나의 함수를 유추해내기 위한 기계 학습(Machine learning)의 한 방법이다. 이 훈련 데이터는 예측변수뿐만 아니라 타겟 변수까지 포함한다. 타겟 변수가 연속적인 값이면 회귀(Regression) 분석이라고 하고, 타겟 변수가 범주형이면 분류(Classification) 분석이라고 한다. 지도 학습을 이용한 알고리즘에는 회귀 분석, 의사결정나무(Decision tree)와 앙상블(Ensembles), KNN(K-nearest neighbors), SVM(Support vector machine), 나이브 베이즈(Naive Bayes), 인공신경망(Neural network) 등이 있다.

9-1. 의사결정나무와 앙상블

9-1-1. 의사결정나무

의사결정나무 혹은 결정트리(Decision tree)는 최종적 결정을 위해 예/아니오 질문을 이어 나가면서 학습하는 알고리즘이다. 트리의 노드(Node)는 질문이나 정답을 담은 네모 상자인데 그 중 시작하는 노드는 루트 노드(Root node)라고 하고, 마지막 노드는 최종적인 분류 규칙으로서 리프 노드(Leaf node)라고 한다. 정답과 다음 질문은 엣지(Edge)로 연결한다.

결정트리는 분류와 회귀에 모두 적용할 수 있다. 예측변수 값을 기준으로 데이터를 반복적으로 분할해 나가는데 이렇게 만들어진 분할 영역을 통해 0 또는 1의 결과를 예측하며, 회귀의 경우 도달한 리프 노드 내에 있는 데이터의 평균값으로 예측한다.

결정 트리는 greedy heuristic 방법으로 데이터를 분할해 나간다. 이 방법은 트리의 루트에서부터 정보를 가장 많이 포함한 즉, 가장 높은 정보 획득(Information gain) 값을 주는 피처(Feature)를 각 단계에서 선택해 나가는 것이다. 정보 획득이 높다는 것은 결정 트리의 분할에서 특정 피처를 선택 했을 때 전체 트레이닝 데이터의 불순도가 최대로 줄어드는 것을 의미한다.

[불순도(Impurity)의 종류]

scikit-learn에서는 분류결정트리(DecisionTreeClassifier)의 데이터 분할 기준(Criterion)으로 엔트로피, 지니 불순도, log loss를 제공하고, 회귀결정트리(DecisionTreeRegressor)의 데이터 분할 기준으로 squared error, friedman MSE, absolute error, poisson을 제공한다.

- 엔트로피(Entropy): Claude Shannon이 정보이론(Information theory)에서 정보 엔트로피를 측정하는 법을 설명했는데 이는 피처들의 집합에 존재하는 불순도의 양을 표현한다. 이진 클래스의 경우, 0에서 1 사이의 엔트로피 값을 갖고, K-클래스의 경우, 0부터 $\log_2(k)$의 엔트로피 값을 갖는다. 0에 가까울수록 불순도가 낮고, 1에 가까울수록 불순도가 높다.

  엔트로피는 $-\sum_{i=1}^{m}(P_i)*\log_2(P_i)$로 구하며, 여기서 P는 리프 노드 내에 있는 전체 데이터의 개수를 해당 클래스의 개수로 나눈 비율을 뜻하고, m은 클래스 종류의 개수이다.

- 지니 불순도(Gini impurity): 엔트로피와 마찬가지로 0~1 사이의 값을 가지며, 0에 가까울수록 불순도가 낮고, 1에 가까울수록 불순도가 높다.

  $1-\sum_{i=1}^{m}P_i^2$로 구하며, 여기서 P는 리프 노드 내에 있는 전체 데이터의 개수를 해당 클래스의 개수로 나눈 비율을 뜻하고, m은 클래스 종류의 개수이다. 즉, 각 클래스가 나올 확률의 제곱합을 1에서 빼면 지니 불순도를 구할 수 있다.

  한편, 지니 불순도를 지니 계수와 혼동해서는 안된다. 둘 다 개념적으로 비슷하지만 지니 계수는 이진 분류 문제로 한정되며 AUC 지표와 관련 있는 용어이다.

- 편차 제곱합(Sum of squares error): 리프 노드에 있는 데이터들이 가장 작은 편차 제곱합을 갖도록 데이터를 분할해 나간다.

```python
from collections import Counter
import numpy as np

# 엔트로피 계산 함수 정의하기
def entropy(data):
    if type(data[0]) == float: #클래스별 확률을 입력하는 경우
        ratio = np.array(data)
        value = -(ratio * np.log2(ratio)).sum()
    else:
        counts = Counter(data) #범주형 데이터를 입력하는 경우
        m = np.array(list(counts.keys()))
        freq = np.array(list(counts.values()))
        total = freq.sum()
        ratio = freq/total
        value = -(ratio * np.log2(ratio)).sum()
    return value

# 지니 불순도 계산 함수 정의하기
def gini(data):
    if type(data[0]) == float:
        ratio = np.array(data)
        value = 1-(ratio**2).sum()
    else:
        counts = Counter(data)
        m = np.array(list(counts.keys()))
        freq = np.array(list(counts.values()))
        total = freq.sum()
        ratio = freq/total
        value = 1-(ratio**2).sum()
    return value
```

```python
print('[binary class data] ')
bi_result = ['A', 'A', 'A', 'B', 'B']
e1 = entropy(bi_result)
e2 = entropy([3/5, 2/5])
print("entropy: {:.2f} ({:.2f})".format(e1, e2))

g1 = gini(bi_result)
g2 = gini([3/5, 2/5])
print("gini: {:.2f} ({:.2f})".format(g1, g2))
```

```
[binary class data]
entropy: 0.97 (0.97)
gini: 0.48 (0.48)
```

```python
print('[multi class data]')
multi_result = ['A', 'B', 'C', 'C', 'D', 'D', 'D', 'D']
e1 = entropy(multi_result)
e2 = entropy([1/8, 1/8, 2/8, 4/8])
print("entropy: {:.2f} ({:.2f})".format(e1, e2))

g1 = gini(multi_result)
g2 = gini([1/8, 1/8, 2/8, 4/8])
print("gini: {:.2f} ({:.2f})".format(g1, g2))
```

```
[multi class data]
entropy: 1.75 (1.75)
gini: 0.66 (0.66)
```

[특성 중요도(Feature importance)]

트리를 만드는 결정에 각 피처가 얼마나 사용되었는지를 나타내는 값이다. 특성 중요도의 전체 합은 1이다. scikit-learn에서는 적합한 의사결정나무 모델에서 feature_importance_라는 attribute를 통해 특성 중요도를 확인할 수 있다.

어떤 특성의 특성 중요도가 낮다고 해서 이 피처가 유용하지 않다는 의미는 아니다. 단지 다른 피처도 동일한 정보를 지니고 있어서 트리가 분기할 때 해당 피처를 선택하지 않았을 수도 있기 때문이다.

선형 모델의 회귀계수와는 달리 특성 중요도는 항상 양수이며, 해당 피처가 타겟 변수의 어느 클래스를 지지하는지(분류), 타겟 변수에 양의 관계인지 음의 관계인지(회귀)는 알 수 없다. 즉, 특정 피처가 트리 결정에 있어 중요한 특성이라는 것은 알려주지만 피처와 타겟 사이의 관계는 설명하기 힘들다.

[장단점]

의사결정나무의 장점은 계산 비용이 n개의 데이터에 대해 $\log(n)$으로 매우 낮다는 점이다. 또한, 트리를 따라 내려오다 보면 답이 구해지기 때문에 해석이 쉽고, 모델을 시각화 할 수 있어 이해가 쉽다. 데이터의 스케일에 구애 받지 않기 때문에 특성의 정규화나 표준화와 같은 전처리가 불필요하다. 범주형과 연속형 변수가 혼합되어 있을 때에도 잘 동작한다. 데이터에 있는 이상치나 결측치에 잘 대처한다.

반면, 의사결정나무는 필요 없더라도 주어진 모든 특성들을 사용하기 때문에 과적합의 위험을 가진다. 이를 해결하기 위해 트리의 크기를 제한하거나, early stopping과 validation data를 사용하여 성능의 개선 상황을 모니터링 하면서 학습을 일찍 종료하는 방법을 사용한다. 또한, 트리는 모델이 가진 데이터 범위 밖으로 나가면 데이터 밖의 새로운 데이터를 예측할 수 없다. 이 때문에 특히 시계열 데이터에 잘 맞지 않는다.

[결정트리의 과적합 제어 전략]

먼저, 트리 생성을 일찍 중단하는 전략(사전 가지치기, pre-pruning)이 있다. 트리의 최대 깊이나 리프의 최대 개수를 제한하거나 노드가 분할할 데이터의 최소 개수를 지정하는 것이다. scikit-learn의 DecisionTreeRegressor와 DecisionTreeClassifier는 max-depth, max_leaf_nodes, min_samples_leaf, min_samples_split으로 사전가지치기를 할 수 있다. 또한, 트리를 만든 후 데이터 포인트가 적은 노드를 삭제하거나 병합하는 전략(사후 가지치기, post-pruning)도 있다. scikit-learn에서는 사후 가지치기를 지원하지 않는다.

```python
1  # 결정 트리 적합하기 (분류)
2  from sklearn.tree import DecisionTreeClassifier, plot_tree, export_text
3  from sklearn.datasets import load_breast_cancer
4  from sklearn.model_selection import train_test_split
5  from matplotlib import pyplot as plt
6  
7  # 시각화 셋팅
8  plt.rcParams["figure.figsize"] = (15, 15)
9  plt.rcParams["font.family"] = 'D2Coding' #PC에 설치된 글꼴로 지정
10 plt.rcParams["font.size"] = 14
11 plt.rcParams['axes.unicode_minus'] = False
12 
13 # 데이터 불러오기
14 cancer = load_breast_cancer()
15 X = cancer.data
16 y = cancer.target
17 X_train, X_test, y_train, y_test = train_test_split(X, y, stratify=y, random_state=43)
18 
19 # 결정트리 분류기 적합: max_depth를 3으로 지정함으로써 사전 가지치기를 통해 과적합을 제어한다.
20 tree=DecisionTreeClassifier(max_depth=3, criterion='gini') # 3층 깊이의 결정 트리 생성
21 tree.fit(X_train, y_train)
22 
23 # 결정트리로 분류 예측 및 성능 확인
24 y_pred=tree.predict(X_test) #예측값
25 print("Tree Score: {:.3f}".format(tree.score(X_test, y_test))) #mean accuracy
```

Tree Score: 0.930

```python
1  # 결정트리 시각화
2  plot_tree(tree, class_names=cancer.target_names, feature_names=cancer.feature_names,
   impurity=True, filled=True, rounded=True)
3  plt.show()
```

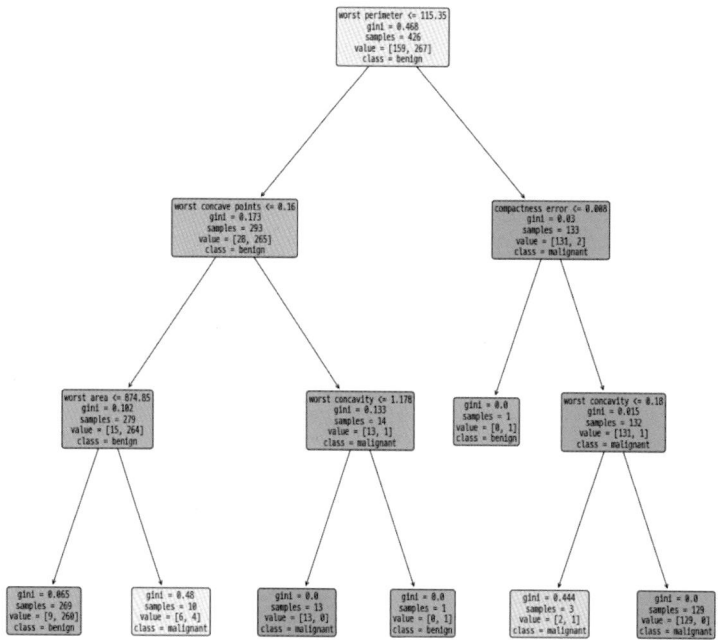

```python
1  # 트리의 분기를 텍스트로도 확인할 수 있다.
2  print(export_text(tree))
```

```
|--- feature_22 <= 115.35
|   |--- feature_27 <= 0.16
|   |   |--- feature_23 <= 874.85
|   |   |   |--- class: 1
|   |   |--- feature_23 >  874.85
|   |   |   |--- class: 0
|   |--- feature_27 >  0.16
|   |   |--- feature_17 <= 0.03
|   |   |   |--- class: 0
|   |   |--- feature_17 >  0.03
|   |   |   |--- class: 1
|--- feature_22 >  115.35
|   |--- feature_25 <= 0.11
|   |   |--- class: 1
|   |--- feature_25 >  0.11
|   |   |--- feature_26 <= 0.18
|   |   |   |--- class: 0
|   |   |--- feature_26 >  0.18
|   |   |   |--- class: 0
```

```python
1  # feature 중요도 확인
2  plt.subplots(1,1, figsize=(6,8))
3  fi = tree.feature_importances_
4  fn = cancer.feature_names
5  plt.title("feature importances")
6  plt.barh(fn, fi)
7  plt.show()
8
9  ## 회귀 결정 트리는 from sklearn.tree import DecisionTreeRegresssor로 동일하게 진행
```

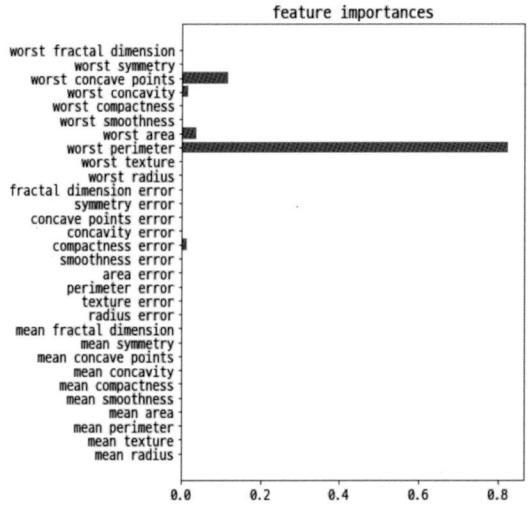

9-1-2. 앙상블

앙상블 학습(Ensemble learning)은 많은 학습모델을 통해 데이터에 대해 서로 조금씩 다른 결과들을 얻고 이를 종합하여 한 학습 모델에서 얻은 결과보다 더 좋은 결과를 얻는 방법이다. 일반적으로 앙상블이라고 하면 여러 의사결정나무들을 합한 결과를 말하지만, 의사결정나무 외에 다른 지도 학습 알고리즘들을 학습자로 사용할 수도 있다.

앙상블 모델은 최종 예측값을 얻기 위해 여러 모델들(Weak learner)의 예측값을 바탕으로 voting을 진행한다. hard voting은, 각 모델들의 예측값을 바탕으로 다수결 투표하는 방식이고, soft voting은 예측값들의 평균 또는 가중치 합을 사용하는 방식이다. 한편, 스태킹(Stacking)은 이런 예측값들을 피처로 삼고, 실제값을 타겟으로 하여 새로운 모델을 생성한 후 이 모델로 최종 예측값을 예측하는 방법이다.

배깅

배깅(Bagging)은 bootstrap aggregating의 줄임말이다. 중복을 허용한 랜덤 샘플링으로 원본과 동일한 크기의 여러 개의 훈련 세트(Bootstrap sample)를 만들고 각각을 학습시킨 후 집계하는 방법이다. 샘플링은 일반적으로 원본 데이터의 반으로 하는데 이를 subbagging이라고 하며, scikit-learn의 BaggingClassifier나 BaggingRegressor를 사용할 때 max_samples로 훈련 세트의 크기를 지정할 수 있다.

각 학습자들이 학습한 결과를 집계하는 방법은, 회귀의 경우 얻은 예측 결과들을 평균하고, 분류의 경우 가장 빈도가 높은 클래스로 최종값을 예측한다. 회귀를 할 때 이상치의 영향을 많이 받는 평균 대신 중위수를 사용하기도 하는데 이러한 배깅을 robust bagging이라고 한다.

한편, 부트스트랩 샘플의 특성 상, 어떤 데이터는 중복 포함되는 반면, 어떤 데이터는 36.8%의 확률로 한번도 포함되지 않을 수도 있는데, 한번도 포함되지 않는 데이터를 OOB(Out of bag)라고 한다. OOB 샘플은 훈련에 쓰이지 않기 때문에 테스트 데이터셋과 더불어 성능 검증에 사용할 수 있다. scikit-learn의 BaggingClassifier 혹은 BaggingRegressor로 배깅 적합할 때, oob_score = True로 설정하고 적합을 하면 oob_score_라는 attribute에서 OOB 샘플로 검증한 결과를 확인할 수 있다.

```python
1  from sklearn.ensemble import BaggingClassifier
2  from sklearn.tree import DecisionTreeClassifier
3  from sklearn.datasets import load_breast_cancer
4  from sklearn.model_selection import train_test_split
5  from matplotlib import pyplot as plt
6
7  # 데이터 불러오기
8  cancer = load_breast_cancer()
9  X = cancer.data
10 y = cancer.target
11 X_train, X_test, y_train, y_test = train_test_split(X, y, stratify=y, random_state=0)
12 print("data shape: ", X.shape)
13 print("train size: {}, test size: {}".format(len(X_train), len(X_test)))
```

```
data shape:  (569, 30)
train size: 426, test size: 143
```

```python
1  # 결정 트리를 배깅하는 앙상블 기법
2  ESTIMATOR = DecisionTreeClassifier(max_depth=3, min_samples_leaf=4)
3  bagging = BaggingClassifier(ESTIMATOR, n_estimators=50, oob_score=True, n_jobs=-1,
   random_state=0, max_samples = 1.0, max_features = 1.0)
4  bagging.fit(X_train, y_train)
5  bagging_pred = bagging.predict(X_test) #test set에 대한 예측값
6  bagging_prob = bagging.predict_proba(X_test)[:, 1] #test set의 1에 대한 예측 확률
7
8  # 적합 결과 확인
9  print('train set accuracy: {:.3f}'.format(bagging.score(X_train, y_train)))
10 print('test set accuracy: {:.3f}'.format(bagging.score(X_test, y_test)))
11 print('OOB accuracy: {:.3f}'.format(bagging.oob_score_))
```

```
train set accuracy: 0.977
test set accuracy: 0.923
OOB accuracy: 0.955
```

```python
1  print("첫번째 estimator의 bootstrap 샘플 수 {}, 원본 훈련샘플 수 {}
   :".format(len(bagging.estimators_samples_[0]), len(X_train)))
2  # 각 estimator들이 모델 훈련을 위해 사용한 샘플들의 인덱스 리스트를 반환한다. 그 중, 첫번
   째 estimator의 샘플의 개수와 인덱스 일부를 조회해 보면, 원본 X_train과 부트스트랩 샘플의
   개수가 일치하는 것을 볼 수 있다. 이는 BaggingClassifier의 파라미터 max_samples=1.0 즉
   100% 뽑기로 설정했기 때문이다. 0.5로 하면, 원본 데이터 개수의 반만한 부트스트랩 샘플들로
   배깅을 하게 된다.
```

```
첫번째 estimator의 bootstrap 샘플 수 426, 원본 훈련샘플 수 426 :
```

```python
1  print("첫번째 estimator가 bootstraping할 때 선택한 feature 수: {}, 원본 훈련샘플 feature
   수: {}\n".format(len(bagging.estimators_features_[0]), X_train.shape[1]))
2  # 각 estimator들이 모델 훈련을 위해 사용한 샘플들의 feature 리스트를 반환한다. 그 중, 첫
   번째 estimator의 feature의 개수를 조회해 보면, 원본 X_train과 부트스트랩 샘플의 feature의
   개수와 일치하는 것을 볼 수 있다. 이는 BaggingClassifier의 파라미터 max_features=1.0 즉
   100% 뽑기로 설정했기 때문이다. 0.5로 하면, 원본 데이터 feature에서 반개만 랜덤으로 선택하
   여 부트스트랩 샘플을 생성한다.
```

```
첫번째 estimator가 bootstraping할 때 선택한 feature 수: 30, 원본 훈련샘플 feature 수: 30
```

부스팅

부스팅(Boosting)은 학습할 때마다 잔차가 큰 데이터 포인트들의 가중치를 높여가며 일련의 모델들을 생성하는 방법이다. 이전 모델이 갖는 오차를 줄이는 방향으로 다음 모델을 순차적으로 (Sequentially)으로 생성한다.

주요 부스팅 알고리즘으로 Adaptive boosting, Gradient boosting 그리고 Stochastic gradient boosting이 있다.

[Adaptive boosting(= AdaBoost)]

어댑티브 부스팅(= 에이다 부스트)은 잔차에 따라 데이터의 가중치를 조절하는 부스팅의 초기버전이다. 앞서 생성된 학습자가 예측한 결과와 차이가 클수록 해당 데이터는 높은 가중치를 받게 된다. 이렇게 각 데이터마다 얻어진 가중치들은 그 다음 학습자가 학습할 때 입력 값의 일부로 주어진다. 매 반복마다 가중치는 업데이트 되며, 예측하기 어려운 데이터에 대해 더 집중해서 학습을 하도록 모델을 생성한다.

scikit-learn에서는 AdaBoostClassifier와 AdaBoostRegressor를 제공한다.

[Gradient boosting]

그레이디언트 부스팅은 어댑티브 부스팅과 거의 비슷하지만 전체 데이터의 오차를 최적화하는 접근법을 사용했다는 점에서 차이가 있다. 그레이디언트 부스팅에서는 가중치를 조정하는 대신 모델이 유사잔차(Pseudo residual)를 학습하도록 한다. 이 때 잔차가 그레이디언트로 표현되며, 경사하강법(Gradient descent)을 사용하여 다음에 추가될 트리가 예측해야 할 값을 보정해 간다.

scikit-learn에서는 그레이디언트 부스팅인 GradientBoostingClassifier와 GradientBoostingRegressor를 제공하는데, 파라미터 설정은 max_depth를 일반적으로 5이하의 값을 사용하고, learning_rate로 모델의 복잡성을 제어한다. learning_rate 값이 크면 이전 트리의 오차를 강하게 보정하기 때문에 복잡한 모델을 만들게 된다.

GBDT에서 제공하는 LightGBM(LGBMClassifier, LGBMRegressor)으로도 그레이디언트 부스팅 학습을 할 수 있다.

[Stochastic gradient boosting]

학습할 때마다 데이터와 예측변수를 샘플링하는 식으로 그레이디언트 부스팅에 랜덤한 요소를 추가하는 방법이다.

XGBoost에서 XGBClassifier와 XGBRegressor를 제공한다. XGBoost는 직접 조정할 수 있는 다양한 파라미터들을 제공하는데 이 중, 가장 중요한 파라미터 두 가지는 subsample과 eta라고 할 수 있다. subsample로 샘플링 할 입력 데이터의 비율을 조정하고, eta로 모델의 복잡성을 제어한다.

```python
# AdaBoost
from sklearn.ensemble import AdaBoostClassifier
ada = AdaBoostClassifier(random_state=42, n_estimators=50)
ada.fit(X_train, y_train)
ada_pred = ada.predict(X_test) #test set에 대한 예측값
ada_prob = ada.predict_proba(X_test)[:, 1] #test set의 1에 대한 예측 확률

# 적합 결과 확인
print('train set accuracy: {:.3f}'.format(ada.score(X_train, y_train)))
print('test set accuracy: {:.3f}'.format(ada.score(X_test, y_test)))

# 특징 중요도 확인
fi = ada.feature_importances_
fn = cancer.feature_names
fig, ax = plt.subplots(figsize=(7,10))
plt.title(ada)
plt.barh(fn, fi)
plt.show()
```

```
train set accuracy: 1.000
test set accuracy: 0.944
```

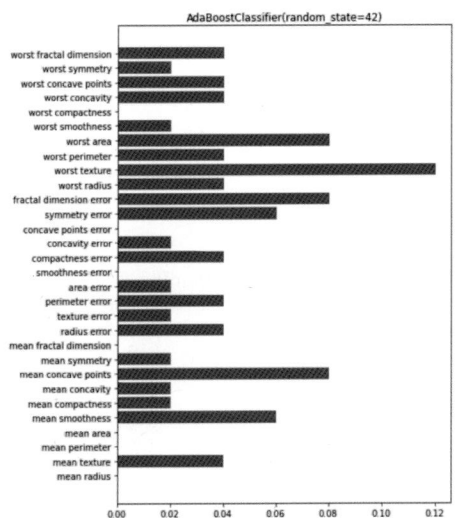

```
1  # Gradient Boosting (1) - GradientBoostingClassifier
2  from sklearn.ensemble import GradientBoostingClassifier
3  gbc = GradientBoostingClassifier(random_state=0, n_estimators=50)
4  gbc.fit(X_train, y_train)
5  gbc_pred = gbc.predict(X_test) #test set에 대한 예측값
6  gbc_prob = gbc.predict_proba(X_test)[:, 1] #test set의 1에 대한 예측 확률
7
8  # 적합 결과 확인
9  print('train set accuracy: {:.3f}'.format(gbc.score(X_train, y_train)))
10 print('test set accuracy: {:.3f}'.format(gbc.score(X_test, y_test)))
11
12 # 특징 중요도 확인
13 fi = gbc.feature_importances_
14 fn = cancer.feature_names
15 fig, ax = plt.subplots(figsize=(7,10))
16 plt.title(gbc)
17 plt.barh(fn, fi)
18 plt.show()
```

```
train set accuracy: 1.000
test set accuracy: 0.951
```

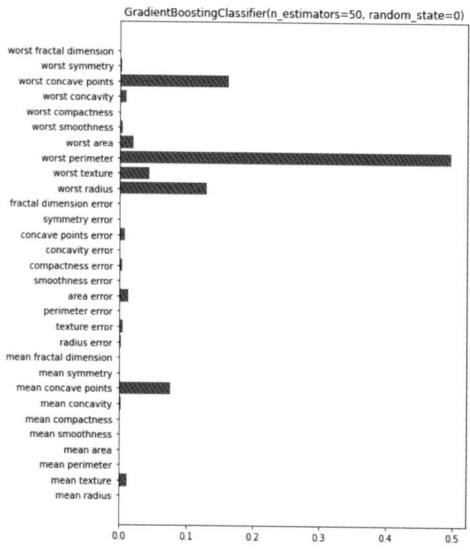

```
1  # Gradient Boosting (2) - LightGBM
2  from lightgbm import LGBMClassifier, plot_importance, plot_tree, create_tree_digraph
3  lgbm = LGBMClassifier(n_estimators=50)
4  lgbm.fit(X_train, y_train, early_stopping_rounds=100, eval_metric='logloss', eval_set=[(X_test,
   y_test)], verbose=False)
5  lgbm_pred = lgbm.predict(X_test) #test set에 대한 예측값
6  lgbm_prob = lgbm.predict_proba(X_test)[:, 1] #test set의 1에 대한 예측 확률
7
8  # 적합 결과 확인
9  print('train set accuracy: {:.3f}'.format(lgbm.score(X_train, y_train)))
10 print('test set accuracy: {:.3f}'.format(lgbm.score(X_test, y_test)))
```

```
12  # 특징 중요도 확인: plot_importance(lgbm)으로도 plotting 가능하다.
13  fi = lgbm.feature_importances_
14  fn = cancer.feature_names
15  fig, ax = plt.subplots(figsize=(7,10))
16  plt.title(lgbm)
17  plt.barh(fn, fi)
18  plt.show()
19
20  # 트리 시각화
21  fig, ax = plt.subplots(figsize=(15,10))
22  plot_tree(lgbm, ax=ax)
23  plt.show()
```

train set accuracy: 1.000
test set accuracy: 0.916

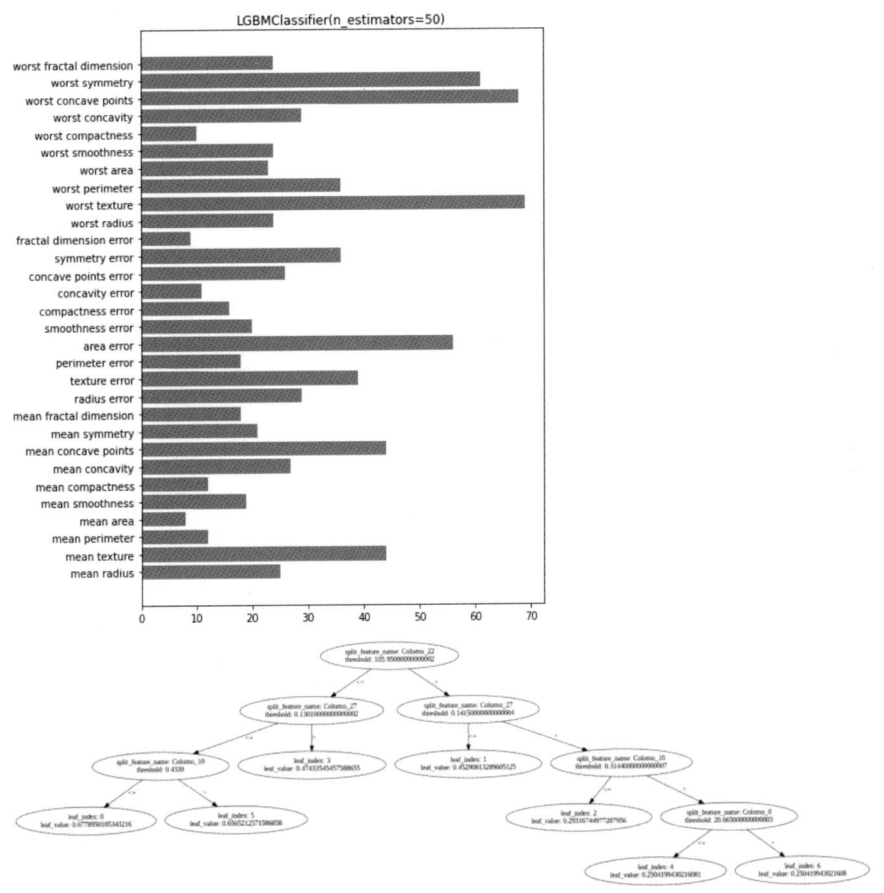

```python
# Stochastic gradient boosting - xgboost
from xgboost import plot_importance, XGBClassifier
xg = XGBClassifier(objective='binary:logistic', n_estimators=50, eval_metric='logloss')
xg.fit(X_train, y_train,
       eval_set=[(X_train, y_train), (X_test, y_test)], verbose=False)
xg_pred = xg.predict(X_test)
xg_prob = xg.predict_proba(X_test)[:, 1] #test set의 1에 대한 예측 확률

# 적합 결과 확인
print('train set accuracy: {:.3f}'.format(xg.score(X_train, y_train)))
print('test set accuracy: {:.3f}'.format(xg.score(X_test, y_test)))

# 특징 중요도 확인
fi = xg.feature_importances_
fn = cancer.feature_names
fig, ax = plt.subplots(figsize=(7,10))
plt.title(xg)
plt.barh(fn, fi)
plt.show()
```

```
train set accuracy: 0.998
test set accuracy: 0.965
```

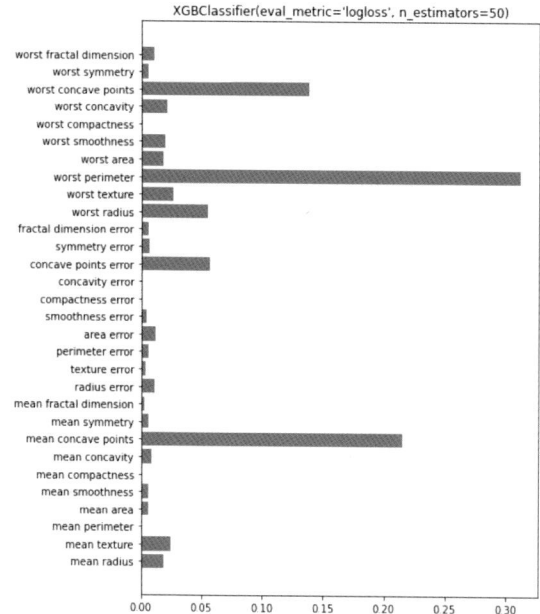

랜덤 포레스트와 Extra-trees

[랜덤 포레스트(Random forest)]

트리들이 서로 최대한 달라지도록 트리 생성 시 무작위성을 주입하는 방법이다. 무작위성은 데이터 포인트를 부트스트랩 샘플링하고, 데이터의 특성을 무작위로 선택함으로써 구현한다.

일반적인 의사결정트리는 가지를 분할할 때 불순도 기준값이 최소화되도록 전체 특성을 살펴 분할지점을 결정한다. 반면, 랜덤 포레스트는 랜덤하게 선택한 일부 특성만으로 불순도 기준값을 최소화하는 분할지점을 결정한다. 그 결과 무작위성이 높아짐과 동시에 트레이닝의 속도가 빨라지게 된다.

랜덤 포레스트의 장점은 부스팅과 달리 병렬로 실행이 가능하고, 피처의 개수가 적기 때문에 계산비용이 낮다는 것이다. 또한, OOB 데이터를 활용하여 추가적인 데이터 없이 모델을 검증할 수 있고, 매개변수 튜닝을 많이 하지 않아도 잘 작동하며, 데이터의 스케일을 맞출 필요도 없다. 반면, 단순한 단일 트리보다 예측 성능은 훨씬 뛰어나지만, 결과에 대한 직관적인 해석은 불가능하다. 고차원의 희소한 데이터에는 잘 작동하지 않는다는 단점도 있다.

scikit-learn에서 제공하는 RandomForestClassifier와 RandomForestRegressor를 사용할 수 있다.

[Extra-trees(ERT, Extremely randomized tree)]

랜덤 포레스트와 거의 같은 방법으로 모델을 구축한다. 다만 가지를 분할할 때 각 특징으로 데이터를 가장 잘 분할할 수 있는 임곗값을 이용하는 대신 랜덤 설정한 임곗값을 사용한다는 점이 다르다.

엑스트라 트리가 랜덤 포레스트보다 계산 비용이 비교적 적지만 무작위 분할 때문에 일반화 성능을 높이려면 많은 트리를 만들어야 하기 때문에 일반적으로 랜덤 포레스트가 더 선호된다.

scikit-learn에서 ExtraTreesClassifier와 ExtraTreesRegressor를 제공한다.

```python
1  # Random forest
2  # 랜덤포레스트에서는 단일 트리의 경우보다 훨씬 많은 특성이 0 이상의 중요도 값을 갖는다.
3
4  from sklearn.ensemble import RandomForestClassifier
5  rf = RandomForestClassifier(n_estimators=50, random_state=0)
6  rf.fit(X_train, y_train)
7  rf_pred = rf.predict(X_test) #test set에 대한 예측값
8  rf_prob = rf.predict_proba(X_test)[:, 1] #test set의 1에 대한 예측 확률
9
10 # 적합 결과 확인
11 print('train set accuracy: {:.3f}'.format(rf.score(X_train, y_train)))
12 print('test set accuracy: {:.3f}'.format(rf.score(X_test, y_test)))
13
14 # 특징 중요도 확인
15 fi = rf.feature_importances_
16 fn = cancer.feature_names
17 fig, ax = plt.subplots(figsize=(7,10))
18 plt.title(rf)
19 plt.barh(fn, fi)
20 plt.show()
```

```
train set accuracy: 1.000
test set accuracy: 0.944
```

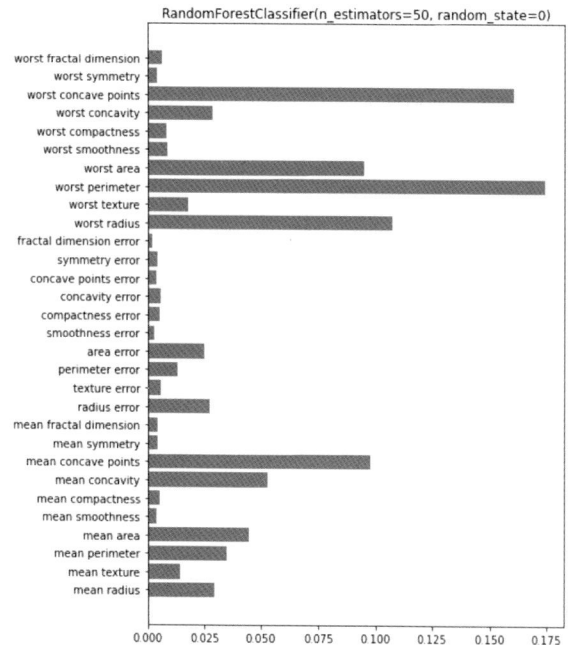

```
1  # Extra-trees
2  from sklearn.ensemble import ExtraTreesClassifier
3  xtree = ExtraTreesClassifier(n_estimators=50, random_state=0)
4  xtree.fit(X_train, y_train)
5  xtree_pred = xtree.predict(X_test) #test set에 대한 예측값
6  xtree_prob = xtree.predict_proba(X_test)[:, 1] #test set의 1에 대한 예측 확률
7
8  # 적합 결과 확인
9  print('train set accuracy: {:.3f}'.format(xtree.score(X_train, y_train)))
10 print('test set accuracy: {:.3f}'.format(xtree.score(X_test, y_test)))
11
12 # 특징 중요도 확인
13 fi = xtree.feature_importances_
14 fn = cancer.feature_names
15 fig, ax = plt.subplots(figsize=(7,10))
16 plt.title(xtree)
17 plt.barh(fn, fi)
18 plt.show()
```

```
train set accuracy: 1.000
test set accuracy: 0.944
```

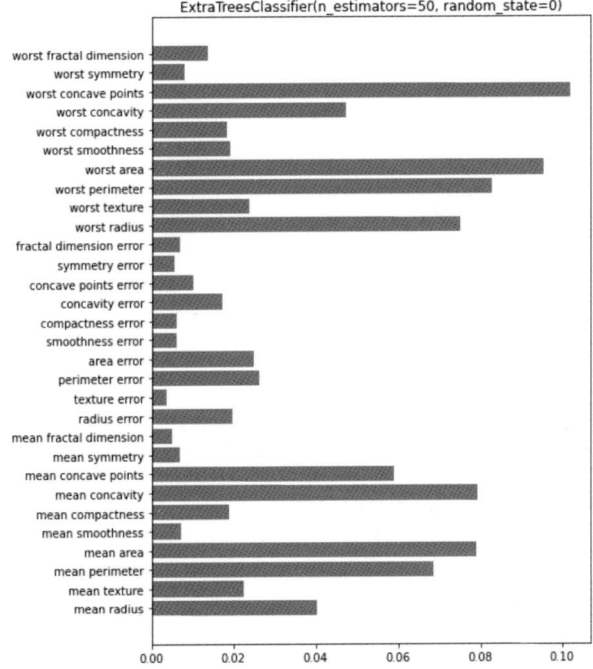

스태킹

각 앙상블 모델들로부터 얻은 예측 확률 혹은 예측값을 데이터로 삼아 한번 더 모델링하는 방법이다. 아래에서는 RandomForestClassifier를 Meta Learner로 삼아 최종 모델을 생성하였다. 그 결과, 기존 모델들의 성능보다 더 개선된 성능을 가진 모델을 얻을 수 있었다.

```python
titles = ['bagging', 'adaboost', 'gboost', 'lgbm', 'xgboost', 'random forest', 'xtree']
preds = [bagging_pred, ada_pred, gbc_pred, lgbm_pred, xg_pred, rf_pred, xtree_pred]
probs = [bagging_prob, ada_prob, gbc_prob, lgbm_prob, xg_prob, rf_prob, xtree_prob]

from pandas import DataFrame
import numpy as np
# 각 앙상블들의 예측 확률을 feature로, 실제 y_test값을 target으로 하는 모델 생성
probs_df = DataFrame(probs).T
meta_learner = RandomForestClassifier(n_estimators=30, random_state=0, max_depth=3)
meta_learner.fit(probs_df, y_test)
meta_learner_pred = meta_learner.predict(probs_df) #test set에 대한 예측값
```

```python
# 트리모델들의 테스트 스코어 비교
from sklearn.metrics import accuracy_score

for title, pred in zip(titles, preds):
    score = accuracy_score(y_test, pred)
    print("{} score: {:.3f}".format(title, score))

print("**stacking score: {:.3f}".format(accuracy_score(meta_learner_pred, y_test)))
```

```
bagging score: 0.923
adaboost score: 0.944
gboost score: 0.916
lgbm score: 0.951
xgboost score: 0.965
random forest score: 0.944
xtree score: 0.944
**stacking score: 0.972
```

9-2. KNN

k-최근접 이웃 알고리즘(K-nearest neighbors)인 KNN은 분류와 회귀에 사용되는 비모수 지도 학습 방법이다. 먼저, 값을 예측하고자 하는 데이터와 유사한 피처 값을 가지는 k개의 이웃 데이터들을 찾는다. 그리고 이 유사한 데이터들의 다수가 속한 클래스로 값을 예측하거나(분류), 유사한 데이터들의 평균값을 계산하여(회귀) 예측값을 구한다. 회귀의 경우, 거리가 가까운 이웃일수록 평균에 더 많이 기여하도록 가중치(예: 1/이웃과의 거리)를 주기도 한다.

이와 같이 KNN은 이웃 데이터들에 기반한(Instance-based) 계산만 하고, 데이터를 통한 학습 과정이 없기 때문에 lazy model이라고도 한다.

KNN은 모든 예측변수들이 수치형이어야 하며, 특징들의 척도, 거리 계산 방법, k의 개수에 따라 예측결과가 달라진다.

[변수들의 척도]

변수 간 척도의 차이로 영향력이 왜곡되는 것을 방지하기 위해 변수변환(Feature scaling)이 필요하다. 자세한 내용은 〈2-4-1. 수치형 변수 변환〉에서 확인할 수 있다.

[거리 지표 설정]

이웃과의 유사성은 거리 지표를 통해 결정된다. 두 벡터 사이에 가장 많이 사용되는 지표는 유클리드 거리(Euclidean distance)와 맨해튼 거리(Manhattan distance)이다. 유클리드 거리는 두 점 사이의 직선 거리라고 볼 수 있다. 반면, 맨해튼 거리는 대각선이 아닌 직각 방향으로만 움직일 때 두 점 사이의 거리이다. 해당 지표는 도심지에서 직사각형 건물들 사이를 이동하는 거리에서 착안되었다고 한다.

이외에도 Minkowski 등 다양한 거리 지표가 있으며, 관련하여 상세한 설명은 〈13-4. 거리 지표〉에서 확인할 수 있다.

scikit-learn에서 제공하는 KNeighborsClassifier와 KNeighborsRegressor의 경우, 파라미터 p를 통해 거리 지표를 설정할 수 있다. 1은 맨해튼 거리, 2는 유클리드 거리, 그 외의 값을 넣으면 Minkowski 거리로 설정된다.

한편, 이웃과의 거리를 계산한 결과에 따라 가까운 이웃일수록 가중치를 부여할 수도 있다. 파라미터 weights를 'uniform'으로 하면 동일한 가중치로 이웃 데이터와의 거리를 계산하고, 'distance'로 하면 거리가 가까운 이웃일수록 가중치를 더 부여한다.

[k를 선택하는 방법]

이웃 데이터의 개수인 k를 잘 선택하는 것은 KNN의 성능을 결정하는 중요한 요소이다. 일반적으로 k가 너무 작으면 과대적합 문제가 발생하고, 반대로 k를 너무 크게 하면 과소적합문제가 발생한다. 최적의 k값을 찾기 위한 일반적인 규칙은 없지만, 보통 1에서 20사이의 홀수로 모델링하며 모델 간 성능 비교를 통해 찾아볼 수 있다.

scikit-learn의 KNeighborsClassifier와 KNeighborsRegressor에서는 파라미터 n_neighbors로 이웃의 수 k를 설정한다.

[장단점]

이해하기 쉬운 모델이다. 많이 조정하지 않아도 좋은 성능을 발휘한다. 더 복잡한 알고리즘을 적용해보기 전에 시도해 볼 수 있는 좋은 시작점이다. 보통 모델링이 빠르게 되지만 훈련 세트가 매우 크면 예측이 느려진다.

데이터 전처리의 과정이 중요하다. 수백 개 이상의 많은 특성을 가진 데이터셋에는 잘 동작하지 않으며 특성 값 대부분이 0인 희소한 데이터에는 특히 잘 작동하지 않는다. 알고리즘의 이해는 쉽지만 예측이 느리고 많은 특성을 처리하는 능력이 부족해 현업에서는 잘 사용하지 않는다.

```python
1  # KNN 분류
2  from sklearn.datasets import load_iris
3  from sklearn.model_selection import train_test_split
4
5  # 데이터 불러오기
6  X = load_iris().data
7  y = load_iris().target
8  X_train, X_test, y_train, y_test = train_test_split(X, y, stratify=y, random_state=10)
9
10 # 분류 진행
11 from sklearn.neighbors import KNeighborsClassifier
12 knn = KNeighborsClassifier(n_neighbors=3, weights='uniform', p=2)
13 knn.fit(X_train, y_train)
14 train_score = knn.score(X_train, y_train)
15 test_score = knn.score(X_test, y_test)
16 print("train score {:.3f}, test score {:.3f}\n".format(train_score, test_score))
17
18 distance_to_n, index_of_n = knn.kneighbors(X_test)
19 i = 0
20 print("해당 데이터: ", X_test[i])
21 print("해당 데이터와 이웃들과의 거리: ", distance_to_n[i])
22 print("해당 데이터의 이웃들의 인덱스: ", index_of_n[i]) #X_train에서 이웃들을 찾을 수 있음
```

```
train score 0.946, test score 1.000

해당 데이터:  [6.4 2.9 4.3 1.3]
해당 데이터와 이웃들과의 거리:  [0.2        0.26457513 0.36055513]
해당 데이터의 이웃들의 인덱스:  [  7  30 102]
```

```python
1  # KNN 회귀
2  from sklearn.datasets import load_diabetes
3
4  # 데이터 불러오기
5  X = load_diabetes().data[:, :5] #5개의 feature만 사용
6  y = load_diabetes().target
7  X_train, X_test, y_train, y_test = train_test_split(X, y, random_state=10)
8
9  from sklearn.neighbors import KNeighborsRegressor
10 knnr = KNeighborsRegressor(n_neighbors=15, weights='distance', p=1)
11 knnr.fit(X_train, y_train)
12 train_score = knnr.score(X_train, y_train)
13 test_score = knnr.score(X_test, y_test)
14 print("train score {:.3f}, test score {:.3f}\n".format(train_score, test_score))
15
16 distance_to_n, index_of_n = knnr.kneighbors(X_test)
17 i = 0
18 print("해당 데이터: ", X_test[i])
19 print("해당 데이터와 이웃들과의 거리: ", distance_to_n[i])
20 print("해당 데이터의 이웃들의 인덱스: ", index_of_n[i]) #X_train에서 이웃들을 찾을 수 있음
```

```
train score 1.000, test score 0.379

해당 데이터:  [ 0.01628068 -0.04464164 -0.04716281 -0.00222774 -0.01945635]
해당 데이터와 이웃들과의 거리:  [0.04097774 0.04253074 0.04294333 0.04867941 0.05751761 0.06005381
 0.06093475 0.06467179 0.06916703 0.07237704 0.07288921 0.07406798
 0.07599624 0.07678663 0.08359731]
해당 데이터의 이웃들의 인덱스:  [316 305 129 179  82 294  26 162 261  50  61 211 225 180 152]
```

9-3. SVM

SVM(Support vector machine) 알고리즘은 이진 클래스로 분류되는 데이터를 학습하여 새로운 데이터가 어느 클래스에 속할지 판단하는 비확률적 이진 선형 분류 모델을 만든다. 데이터가 사상된 공간에서 이진 클래스를 구분하는 결정 경계들 중 어떠한 데이터도 포함하지 않는 가장 큰 폭을 가진 경계를 찾는데, 이 폭을 마진(Margin)이라고 한다. 또한, 이 결정 경계와 가장 가까이 있는 일부의 훈련 데이터들을 서포트 벡터(Support vector)라고 한다. 새로운 데이터는 서포트 벡터와의 거리를 측정하여 예측값을 정한다.

SVM은 비선형 분류도 가능한데 이를 위해 데이터셋에 비선형 특성을 추가하거나, 커널기법을 사용할 수 있다. 커널 기법에는 다항식 커널(Polynomial kernel), 가우시안 커널(Gaussian kernel) 등이 있다. 가우시안 커널은 RBF(Radial basis function)라고도 한다.

scikit-learn에서 제공하는 클래스인 SVC(분류)와 SVR(회귀)로 모델링할 수 있으며 주요 매개변수로 kernel, gamma, C가 있다.

- kernel: 'linear', 'poly', 'rbf', 'sigmoid', 'precomputed'가 있다. kernel 매개변수의 기본값은 'rbf'이고 'precomputed'는 미리 계산된 거리 값을 입력 특성으로 사용하는 경우이다.
- gamma: 가우시안 커널 폭의 역수를 의미한다. 0보다 큰 값을 입력하며, 하나의 훈련 샘플이 미치는 영향의 범위를 결정한다. 작은 gamma값은 결정 경계를 천천히 바꾸어 모델의 복잡도를 낮춘다. 큰 gamma값은 복잡한 모델을 만든다.
- C: 규제를 의미한다. 0~1 사이의 값을 입력하며, 각 포인트의 중요도(dual_coef_값)를 제한한다. C를 증가시키면 이 포인트들이 모델에 큰 영향을 주며 결정 경계를 휘어서 정확하게 분류하게 한다.

[장단점]

SVM은 데이터의 특성이 적더라도 복잡한 결정경계를 만들 수 있다. 저차원과 고차원의 데이터에 모두 잘 작동한다.

반면, 대용량 데이터에서는 잘 작동하지 않는다. 스케일링 등 데이터 전처리와 매개변수 설정에 신경을 많이 써야 한다는 단점이 있다. 또한, 예측이 어떻게 결정되었는지 알 수 없기 때문에 모델을 설명하기 어렵다.

```python
# SVM classifier
from sklearn.svm import SVC
from sklearn.model_selection import train_test_split
from sklearn.datasets import load_breast_cancer
load = load_breast_cancer()
X = load['data']
y = load['target']

X_train, X_test, y_train, y_test = train_test_split(X, y, stratify=y, test_size=0.3)

# scaling 없이 적합
clf = SVC(C=0.1, kernel='rbf', gamma='auto')
clf.fit(X_train, y_train)
train_score = clf.score(X_train, y_train)
test_score = clf.score(X_test, y_test)
print("[스케일 전] train score: {:.3f}, test score: {:.3f}".format(train_score, test_score))

# feature 스케일링 진행 후 적합
from sklearn.preprocessing import StandardScaler
ss = StandardScaler()
scaled_X = ss.fit_transform(X)
X_train, X_test, y_train, y_test = train_test_split(scaled_X, y, stratify=y, test_size=0.3)

clf = SVC(C=0.1, kernel='rbf', gamma='auto')
clf.fit(X_train, y_train)
train_score = clf.score(X_train, y_train)
test_score = clf.score(X_test, y_test)
print("[스케일 후] train score: {:.3f}, test score: {:.3f}\n".format(train_score, test_score))

## feature scaling 없이 적합하면 성능이 떨어지는 것을 볼 수 있다.

print("support vector의 개수: ", len(clf.dual_coef_[0]))
# kernel이 rbf일 때는 dual_coef_, linear일 때는 coef_로 SV의 중요도를 확인할 수 있다.
print("support vector의 중요도: ", clf.dual_coef_[0][0:5])
print("support vector의 인덱스: ", clf.support_[0:5])
print("support vector의 값: ", clf.support_vectors_[0:5].shape)
```

[스케일 전] train score: 0.628, test score: 0.626
[스케일 후] train score: 0.950, test score: 0.947

support vector의 개수: 192
support vector의 중요도: [-0.1 -0.1 -0.1 -0.1 -0.1]
support vector의 인덱스: [3 6 19 24 27]
support vector의 값: (5, 30)

```python
1  # SVM regressor
2  from sklearn.svm import SVR
3  from sklearn.model_selection import train_test_split
4  from sklearn.datasets import load_diabetes
5  load = load_diabetes()
6  X = load['data']
7  y = load['target']
8
9  X_train, X_test, y_train, y_test = train_test_split(X, y, test_size=0.3)
10
11 # scaling 없이 적합
12 reg = SVR(C=15, kernel='rbf', gamma='auto')
13 reg.fit(X_train, y_train)
14 train_score = reg.score(X_train, y_train)
15 test_score = reg.score(X_test, y_test)
16 print("[스케일 전] train score: {:.3f}, test score: {:.3f}".format(train_score, test_score))
17
18 # feature 스케일링 진행 후 적합
19 from sklearn.preprocessing import StandardScaler
20 ss = StandardScaler()
21 scaled_X = ss.fit_transform(X)
22 X_train, X_test, y_train, y_test = train_test_split(scaled_X, y, test_size=0.3)
23
24 reg = SVR(C=15, kernel='rbf', gamma='auto')
25 reg.fit(X_train, y_train)
26 train_score = reg.score(X_train, y_train)
27 test_score = reg.score(X_test, y_test)
28 print("[스케일 후] train score: {:.3f}, test score: {:.3f}\n".format(train_score, test_score))
29
30 ## feature scaling 없이 적합하면 성능이 떨어지는 것을 볼 수 있다.
31
32 print("support vector의 개수: ", len(reg.dual_coef_[0]))
33 # kernel이 rbf일 때는 dual_coef_, linear일 때는 coef_로 SV의 중요도를 확인할 수 있다.
34 print("support vector의 중요도: ", reg.dual_coef_[0][0:5])
35 print("support vector의 인덱스: ", reg.support_[0:5])
36 print("support vector의 값: ", reg.support_vectors_[0:5].shape)
```

```
[스케일 전] train score: 0.040, test score: 0.025
[스케일 후] train score: 0.546, test score: 0.501

support vector의 개수:  309
support vector의 중요도:  [-15.  15.  15.  15. -15.]
support vector의 인덱스:  [0 1 2 3 4]
support vector의 값:  (5, 10)
```

9-4. 나이브 베이즈 분류

베이즈 통계

[조건부 확률 (Conditional probability)]

표본공간의 부분집합 내에서 일어날 확률로 표본공간의 임의의 두 사건 A, B에 대해 B가 일어났을 때 A가 일어날 확률을 의미하며 $P(A|B) = P(A \cap B)/P(B)$로 나타낸다. 이 식은 $P(A|B) = P(B|A)P(A)/P(B)$으로 표현할 수도 있다.

[전확률 정리(Theorem of total probability)]

표본공간의 분할인 $A_1, A_2, \dots, A_n$은 서로 배반사건(교집합이 공집합)이며, $P(A_i) > 0$이면 다음이 성립한다.

$$P(B) = P(A_1)P(B|A_1) + P(A_2)P(B|A_2) + \cdots + P(A_n)P(B|A_n)$$

[베이즈 정리(Bayes' theorem)]

$$P(A_k|B) = P(A_k)P(B|A_k)/\Sigma_{i=1}^{i=n}P(A_i)P(B|A_i)$$

$P(A_k|B)$를 사후확률(Posterior probability), $P(B|A_k)$를 우도(Likelihood), $P(A_k)$를 사전확률(Prior probability), $P(B)$를 확률 정규화라고 한다. 베이즈 정리를 사용해 조건부확률을 역으로 할 수 있으므로 조건부확률 $P(B|A_k)$를 알면, $P(A_k|B)$를 알아낼 수 있다.

[마르코프 연쇄 몬테카를로(Markov chain Monte Carlo, MCMC)]

사전분포로부터 시작하여 랜덤 샘플을 생성하고 이를 사용하여 목표 함수의 값을 근사화함으로써 사후분포를 갱신하며 베이지안 추론을 수행하는 방법이다. 마르코프 연쇄는 현재 상태가 이전 상태에만 영향을 받는 확률과정을 나타내고, 몬테카를로는 랜덤 샘플링을 통해 근사적으로 문제를 해결하는 방법을 의미한다.

이러한 알고리즘으로는 Gibbs sampling, Metropolis-Hastings sampling, Hamiltonian Monte Carlo, NUTS 등이 있다.

```
1  # 조건부 확률 구하기: 뽑힌 사람이 여자일 때, 그 사람이 안경을 썼을 확률은?
2  from pandas import DataFrame
3  table = DataFrame([[18,5],[12,3]], index=['남자', '여자'], columns=['안경O', '안경X'])
4  table['성별_sum'] = table.sum(axis=1)
5  table.loc['안경_sum', :] = table.sum(axis=0)
6  print(table)
7  A = 15/38 #뽑힌 사람이 여자일 확률
8  B = 30/38 #뽑힌 사람이 안경을 쓸 확률은
9  A_B = 12/38 #뽑힌 사람이 여자이면서 안경을 쓸 확률
10 print("P(안경O|여자) = {:.2f}".format(A_B / A))
```

```
         안경O  안경X  성별_sum
남자       18.0  5.0   23.0
여자       12.0  3.0   15.0
안경_sum   30.0  8.0   38.0
P(안경O|여자) = 0.80
```

```
1  # 베이즈 정리를 통해 전확률과 사후확률 구하기
2  ## B가 일어났을 때 A1이 일어날 확률은? P(A1|B)
3  from pandas import DataFrame #P(A1) + P(A2) = 1
4  a1, a2 = 0.7, 0.3 #P(A1), P(A2)
5  b_a1, b_a2 = 0.2, 0.9 #P(B|A1), P(B|A2)
6  b = a1*b_a1 + a2*b_a2 #P(B) 전확률 정리
7  table1 = DataFrame({"사건":['A1', 'A2'],
8                      '사전확률_P(Ai)':[a1, a2],
9                      '조건부확률_P(B|Ai)':[b_a1, b_a2],
10                     '결합확률_P(Ai*B)':[a1*b_a1, a2*b_a2],
11                     '사후확률_P(Ai|B)':[ a1*b_a1/b, a2*b_a2/b]})
12 print("P(B)={:.3f}".format(b))
13 print("P(A1|B)={:.3f}".format(table1.query('사건=="A1"')['사후확률_P(Ai|B)'].values[0]))
14 print(table1.round(3))
```

```
P(B)=0.410
P(A1|B)=0.341
   사건  사전확률_P(Ai)  조건부확률_P(B|Ai)  결합확률_P(Ai*B)  사후확률_P(Ai|B)
0  A1      0.7           0.2            0.14          0.341
1  A2      0.3           0.9            0.27          0.659
```

```
1  ## B가 일어났을 때 A1이 일어날 확률은? P(A1|B)
2  #P(A1) + P(A2) + P(A3) = 1
3  a1, a2, a3 = 0.2, 0.35, 0.45 #P(A1), P(A2), P(A3)
4  b_a1, b_a2, b_a3 = 0.02, 0.04, 0.03 #P(B|A1), P(B|A2), P(B|A3)
5  b = a1*b_a1 + a2*b_a2+ a3*b_a3 #P(B) 전확률 정리
6  table2 = DataFrame({"사건":['A1', 'A2', 'A3'],
7                      '사전확률_P(Ai)':[a1, a2, a3],
8                      '조건부확률_P(B|Ai)':[b_a1, b_a2, b_a3],
9                      '결합확률_P(Ai*B)':[a1*b_a1, a2*b_a2, a3*b_a3],
10                     '사후확률_P(Ai|B)':[ a1*b_a1/b, a2*b_a2/b, a3*b_a3/b]})
11 print("P(B)={:.3f}".format(b)) # 전확률
12 print("P(A1|B)={:.3f}".format(table2.query('사건=="A1"')['사후확률_P(Ai|B)'].values[0]))
13 print(table2.round(3))
```

```
P(B)=0.032
P(A1|B)=0.127
   사건  사전확률_P(Ai)  조건부확률_P(B|Ai)  결합확률_P(Ai*B)  사후확률_P(Ai|B)
0  A1      0.20          0.02           0.004         0.127
1  A2      0.35          0.04           0.014         0.444
2  A3      0.45          0.03           0.014         0.429
```

나이브 베이즈 분류

나이브 베이즈 분류는 특성들 사이의 독립을 가정하는 베이즈 정리를 활용한 확률 분류기(Classifier)로서, 머신러닝의 지도 학습 알고리즘에 속한다.

확률변수 $X(=X_1, X_2, ..., X_n)$, Y에 대한 조건부 확률은 $P(X_1 = x_1, X_2 = x_2, ..., X_n = x_n | Y = y)$인데, 확률변수 $X_1, ..., X_n$가 서로 독립이라는 가정 하에 $P(X_1 = x_1 | Y = y) * P(X_2 = x_2 | Y = y) * ... * P(X_n = x_n | Y = y)$도 성립하므로 이를 계산함으로써 Y의 범주를 판정하는 것을 말한다. 즉, 번거로운 조건부확률을 확률변수 X가 서로 독립이라는 나이브한 가정(Naive assumption) 하에 간단하게 만들어 계산하는 것이다.

먼저, 훈련 데이터로 각 클래스에서 각 예측변수가 나타날 조건부 확률과 각 클래스의 사전 확률을 계산한다. 이를 활용하여 새로운 데이터에 대해 각 클래스에 대한 조건부 확률과 사후 확률을 계산하며, 가장 높은 사후확률을 가지는 클래스로 분류한다.

주로 텍스트 분류, 스팸 필터링 등에 사용되며, 모델의 파라미터 추정은 최대우도방법(MLE, Maximum likelihood estimation)을 사용한다.

일반적인 나이브 베이즈 분류 알고리즘에서 예측변수와 결과변수는 모두 범주형이어야 하지만, 예측변수가 수치형인 경우에도 나이브 베이즈 방법을 적용할 수 있다. 이를 위해서는 수치형 변수를 범주형으로 변환한 후 알고리즘을 적용하거나, 조건부 확률을 추정하기 위해 정규분포와 같은 확률 모형을 사용한다.

scikit-learn에서는 다음과 같은 여러가지 베이지안 분류기를 제공한다.

- GaussianNB: 예측변수가 연속형 변수일 때 사용한다. 예측변수들의 우도가 가우시안 분포를 따른다고 가정한다.
- BernoulliNB: 예측변수가 이진 데이터(Binary data)일 때 사용한다.
- MultinomialNB: 예측변수가 빈도 데이터(Multinomially distributed data)일 때 사용한다.
- CategoricalNB: 예측변수가 카테고리적 분포(Categorically distributed data)를 따르는 데이터일 때 사용한다.
- CompletementNB: MultinomialNB 알고리즘을 개선하여 불균형 데이터셋에서도 잘 동작하도록 한 것이다.

[장단점]

훈련과 예측 속도가 빠르며 훈련 과정을 이해하기 쉽다. 희소한 고차원 데이터에서 잘 작동하며 비교적 매개변수에 민감하지 않다. 각 특성을 개별로 취급해 파라미터를 학습하고 각 특성에서 클래스별 통계를 단순하게 취합하기 때문에 효과적이다.

다만, 일반화 성능이 조금 떨어질 수 있다.

다음은 scikit-learn에서 제공하는 GaussianNB, BernoulliNB, MultinomialNB 클래스로 이미지 데이터와 스팸 메일 데이터를 분류하는 예시이다.

```python
# GaussianNB
from sklearn.naive_bayes import GaussianNB
from sklearn.datasets import load_digits
from sklearn.model_selection import train_test_split
X = load_digits().data
y = load_digits().target
idx = 0
print("feature 확인: ", X[idx])
print("target 확인: ", y[idx])

X_train, X_test, y_train, y_test = train_test_split(X, y)
GNB = GaussianNB()
GNB.fit(X_train, y_train)
train_score = GNB.score(X_train, y_train)
test_score = GNB.score(X_test, y_test)
print("Train score {:.3f}, Test score {:.3f}".format(train_score, test_score))

#실제 숫자 이미지와 예측한 숫자 확인하기
pred = GNB.predict(X[idx].reshape(-1,len(X[idx])))
print("예측한 숫자: {} \n실제 숫자:".format(pred))
plt.rcParams['figure.figsize'] = (3,3)
plt.imshow(X[idx].reshape(8,8))
plt.show()
```

```
feature 확인:  [ 0.  0.  5. 13.  9.  1.  0.  0.  0.  0. 13. 15. 10. 15.  5.  0.  0.  3.
 15.  2.  0. 11.  8.  0.  0.  4. 12.  0.  0.  8.  8.  0.  0.  5.  8.  0.
  0.  9.  8.  0.  0.  4. 11.  0.  1. 12.  7.  0.  0.  2. 14.  5. 10. 12.
  0.  0.  0.  0.  6. 13. 10.  0.  0.  0.]
target 확인:  0
Train score 0.863, Test score 0.878
예측한 숫자: [0]
실제 숫자:
```

```python
1  # spam mails [출처: https://www.kaggle.com/datasets/venky73/spam-mails-dataset]
2  from pandas import read_csv
3  emails = read_csv('https://raw.githubusercontent.com/algoboni/pythoncodebook1-1/main/9-
   4_spam.csv').sample(300).reset_index(drop=True) #300개만 샘플링
4  print("원본 데이터: \n{}\n".format(emails.head(10)))
5
6  # dtm(document-term matrix)은 각 단어를 feature로, 문장 내 단어출현빈도를 값으로 가짐
7  from sklearn.feature_extraction.text import CountVectorizer
8  cv = CountVectorizer()
9  Xv = cv.fit_transform(emails['email_title'])
10 dtm =DataFrame(Xv.toarray(), columns=cv.get_feature_names())
11 print("DTM: \n{}\n".format(dtm.head(3)))
12
13 # 각 단어출현빈도를 feature로, spam 여부를 target으로 함
14 X = dtm
15 y = emails['spam']
16 X_train, X_test, y_train, y_test = train_test_split(X, y, stratify=y, random_state=0)
```

원본 데이터:
```
                                        email_title  spam
0  Subject: fw :\r\nfyi\r\n- - - - original mes...     0
1  Subject: hpl nom for april 6 , 2001\r\n( see a...   0
2  Subject: re :\r\nwhy b u y from world wide med...   1
3  Subject: cannon interest may 2000 purchase\r\n...   0
4  Subject: october deals\r\ndaren ,\r\ni have 2 ...   0
5  Subject: newsletter # 2860\r\nif you are payin...   1
6  Subject: feedback error for meter 985892\r\nda...   0
7  Subject: kingwood cove golf specials ! !\r\nwe...   0
8  Subject: labor distribution report\r\ndaren ,\... 0
9  Subject: re : noms / actual vols for 15 th & 1...   0
```

DTM:
```
   00  000  0000  000099  0004  003  00501723  01  010  012  ...  zligzgc  \
0   0    0     0       0     0    0         0   0    0    0  ...        0
1   0    0     0       0     0    0         0   0    0    0  ...        0
2   0    0     0       0     0    0         0   0    0    0  ...        0

   zodiac  zone  zoo  zpfsbecdz  zpgbk  zpwapnw  zqlzaeqau  zukin  zyban
0       0     0    0          0      0        0          0      0      0
1       0     0    0          0      0        0          0      0      0
2       0     0    0          0      0        0          0      0      0
```

```python
1  # BernoulliNB
2  from sklearn.naive_bayes import BernoulliNB
3  BNB = BernoulliNB(binarize = 0) #예측변수가 이진변수가 아닌 경우 이진화하여 학습한다
4  BNB.fit(X_train, y_train)
5  train_score = BNB.score(X_train, y_train)
6  test_score = BNB.score(X_test, y_test)
7  print("Train score {:.3f}, Test score {:.3f}".format(train_score, test_score))
8
9  #실제 spam여부와 예측한 spam여부 확인하기
10 idx = 0
11 pred = BNB.predict(X.iloc[idx, :].values.reshape(-1, X.shape[1]))
12 print("예측한 spam여부: {}, 실제 spam여부: {}\n".format(pred, y[idx]))
13
14 # 각 class의 사전확률
15 print("각 class의 사전확률 False: {:.3f}, True: {:.3f}".format(BNB.class_log_prior_[0],
   BNB.class_log_prior_[1]))
```

```
17  # 각 feature의 각 class에 대한 사후확률 (각 클래스별 단어 중요도로도 볼 수 있음)
18  result = DataFrame(BNB.feature_log_prob_, columns=cv.get_feature_names(), index=['False',
    'True'])
19  print("각 feature의 각 class에 대한 사후확률: \n", result.iloc[:, 2000:2010])
20
21  # .feature_log_prob_는 각 class일 때 해당 feature인 단어가 나올 로그 확률을 의미한다. 이 확
    률값이 높을수록, 해당 class일 때 해당 feature인 단어가 나올 확률이 높다는 의미이다. 따라서,
    False에 대한 확률값이 낮을수록, True에 대한 확률값이 높을수록 spam일 확률이 높다.
```

```
Train score 0.822, Test score 0.787
예측한 spam여부: [0], 실제 spam여부: 1

각 class의 사전확률 False: -0.360, True: -1.197
각 feature의 각 class에 대한 사후확률:
       capacious  capacity   capital    capri   caprice  captaincy  \
False  -5.068904 -3.970292 -3.970292 -4.375757 -5.068904 -5.068904
True   -3.555348 -4.248495 -3.149883 -4.248495 -4.248495 -3.555348

       captioned   capture   captured  capuring
False  -4.375757 -4.375757 -3.970292 -4.375757
True   -4.248495 -4.248495 -4.248495 -4.248495
```

```
1   # MultinomialNB
2   from sklearn.naive_bayes import MultinomialNB
3   MNB = MultinomialNB()
4   MNB.fit(X_train, y_train)
5   train_score = MNB.score(X_train, y_train)
6   test_score = MNB.score(X_test, y_test)
7   print("Train score {:.3f}, Test score {:.3f}".format(train_score, test_score))
8
9   #실제 spam여부와 예측한 spam여부 확인하기
10  idx = 0
11  pred = MNB.predict(X.iloc[idx, :].values.reshape(-1, X.shape[1]))
12  print("예측한 spam여부: {}, 실제 spam여부: {}\n".format(pred, y[idx]))
13
14  # 각 class의 사전확률
15  print("각 class의 사전확률 False: {:.3f}, True: {:.3f}".format(MNB.class_log_prior_[0],
    MNB.class_log_prior_[1]))
16
17  # 각 feature의 각 class에 대한 사후확률 (각 클래스별 단어 중요도로도 볼 수 있음)
18  result = DataFrame(MNB.feature_log_prob_, columns=cv.get_feature_names(), index=['False',
    'True'])
19  print("각 feature의 각 class에 대한 사후확률: \n", result.iloc[:, 2000:2010])
```

```
Train score 0.987, Test score 0.973
예측한 spam여부: [1], 실제 spam여부: 1

각 class의 사전확률 False: -0.360, True: -1.197
각 feature의 각 class에 대한 사후확률:
         capacious   capacity    capital     capri    caprice  captaincy  \
False  -10.483354  -9.384742  -9.384742  -9.790207 -10.483354 -10.483354
True    -9.375261 -10.068409  -8.969796 -10.068409 -10.068409  -9.375261

        captioned    capture   captured   capuring
False   -9.790207  -9.790207  -9.384742  -9.790207
True   -10.068409 -10.068409 -10.068409 -10.068409
```

9-5. 인공신경망

인공신경망(ANN, Artificial neural network)은 뇌와 같은 생물학의 신경망에서 영감을 얻은 통계학적 지도학습 알고리즘이다. 단층 퍼셉트론(Single-layer perceptron), 다층 퍼셉트론(MLP, Multi-layer perceptron), RNN(Recurrent neural network), CNN(Convolutional neural network), LSTM(Long/short term memory), AE(Auto encoder), GAN(Generative adversarial network), transformer 등 다양한 인공신경망 알고리즘이 있다.

전체 심층 신경망을 완성하기 위해서는 목적 함수(Objective function)나 손실 함수(Loss function), 최적화(Optimization), 정규화(Regularization) 방법 등을 정의해야 한다. 모델을 훈련시킬 때는 손실 함수값을 줄이는 것을 목표로 하며, 이 값을 최소화하기 위해 모델은 최적화 방법을 사용한다. 정규화는 훈련된 모델을 새로운 데이터에서 활용할 수 있도록 일반화하는 것이다.

인공신경망 구현을 위해 많이 사용되는 라이브러리는 Tensorflow와 Pytorch이다. 여기에서는 Tensorflow를 통해 MNIST 데이터를 분류하는 MLP를 구현해보고자 한다.

[Tensorflow 모델 구현 순서]

- 모델 시작: model = Sequantial()
- 모델 구축: 모델을 구성할 layer들을 쌓는 과정이다. 이전 뉴런과 완전연결된 밀집 뉴런층인 Dense를 추가할 수도 있고, CNN의 경우 Conv2D와 같은 특징맵을 만드는 층을, RNN의 경우 SimpleRNN 층을 추가할 수 있다. 각 layer에서는 unit의 개수, 활성화 함수, 정규화 방법 등을 정의할 수 있다. model.add(Dense(units= , activation= , kernel_regularizer=))
- 모델 구조 확인: 모델이 어떻게 구성되어 있는지 확인할 수 있다. model.summary()
- 모델 컴파일: 모델 구조에 이상이 없다면, 비용 함수, 최적화 방법, 평가 방법 등을 정의하여 컴파일을 진행한다. model.comiple(loss= , optimizer= , metrics=)

- 모델 학습: 훈련 데이터를 통해 학습을 진행한다. 에폭 수와 검증 데이터 등을 입력할 수 있다.

    model.fit(X_train, y_train, epochs= , validation_data= (X_valid, y_valid))
- 모델 평가: test set을 입력함으로써 test set으로 모델을 평가할 수 있다.

    model.evaluate(X_test, y_test)
- 모델 예측: 새로운 데이터에 대한 모델 예측도 가능하다. model.predict(new_X)

[Tensorflow 주요 파라미터]
- activation: 활성화 함수. relu, sigmoid, softmax 등.
- kernel_regularizer: 정규화 방법. L1, L2 등.
- loss: 손실 함수(loss function), 모델 훈련 시 각 데이터의 실제값과 예측값의 차이를 정의하는 기준. MSE, crossentropy 등.
- optimizer: 최적화 방법. Adam(Adaptive moments)과 RMSprop(Root mean squared propagation)는 적응형 학습속도를 사용하는 SGD(Stochastic gradient descent)의 변형이다. 최적화는 미분을 기반으로 하기 때문에 손실 함수의 중요한 기준은 매끄럽거나 미분 가능해야 한다.
- metrics: 비용 함수 (Cost function), 최종 모델의 성능 평가 기준. AUC, MAE 등.
- batch_size: training set을 여러 개의 작은 그룹으로 나누었을 때 한 그룹의 크기.
- epochs: training set 전체가 학습된 횟수.

다층 퍼셉트론

다층 퍼셉트론(MLP, Multi-layer perceptrons)은 딥러닝 알고리즘의 출발점이며 비교적 간단하게 분류와 회귀에 사용할 수 있다.

MLP 학습은 두 단계로 분류되는데, 주어진 입력값과 가중치 값을 통해서 출력값을 계산하는 단계와 출력 값과 목표 값의 차이에 대해서 가중치를 갱신하는 단계이다. 이 네트워크를 전향(Forward)과 후향(Backward)으로 작동시킨다. 후진 방향으로 갱신하는 부분이 알고리즘에서 어려운 부분이며 오차 역전파(Back propagation)라고 한다.

[장단점]

대량의 데이터에 내재된 정보를 잡아내고 매우 복잡한 모델을 만들 수 있다. 충분한 시간과 데이터를 주고 매개변수를 잘 조정하면 좋은 성능을 낸다.

반면, 학습이 오래 걸린다는 단점이 있다. 또한, Feature scaling 등 데이터 전처리가 필요하다.

```python
# Tensorflow에서 MNIST 데이터 불러오기
import numpy as np
from tensorflow.keras.datasets.mnist import load_data
from sklearn.model_selection import train_test_split
from matplotlib import pyplot as plt

(x_train, y_train), (x_test, y_test) = load_data(path='mnist.npz')

# 트레인셋의 unique들(타겟값들, 클래스들)과 그 개수 확인
unique, counts = np.unique(y_train, return_counts = True)
print("전체 클래스: ", unique)
print("클래스별 데이터 수: ", counts)

# 훈련 데이터세트에서 25개의 숫자 샘플 추출하기
indexes = np.random.randint(0, x_train.shape[0], size=25)
images = x_train[indexes]
labels = y_train[indexes]

# 25개의 샘플 숫자 확인하기
plt.figure(figsize=(5,5))
for i in range(len(indexes)):
    image = images[i] # image = 28*28픽셀의 숫자 매트릭스 (각 숫자는 0~255)
    plt.subplot(5,5, i+1) #subplot(가로, 세로, 순서)
    plt.imshow(image, cmap='gray')
    plt.axis('off')
plt.show()
print(labels.reshape(-1,5))
print(image.shape)
```

```
전체 클래스:  [0 1 2 3 4 5 6 7 8 9]
클래스별 데이터 수:  [5923 6742 5958 6131 5842 5421 5918 6265 5851 5949]
```

[[9 8 4 6 0]
 [7 4 6 9 2]
 [0 9 2 9 0]
 [7 0 2 6 1]
 [7 8 0 0 4]]
(28, 28)

```
1   # Tensorflow로 MLP 구축하기
2   import numpy as np
3   from tensorflow.keras.models import Sequential
4   from tensorflow.keras.layers import Dense, Activation, Dropout
5   from tensorflow.keras.utils import to_categorical, plot_model
6   from tensorflow.keras.regularizers import l2, l1
7
8   ## 모델 구축을 위한 데이터 전처리
9
10  # 타겟변수를 0~9의 희박한 스칼라로 표현하는 것은 클래스별 확률을 출력하는 신경망 예측 계층에
    # 적합하지 않기 때문에 이를 원핫벡터로 변환한다. (0~9 숫자를 각각 1x10 행렬로 변환)
11  y_train2 = to_categorical(y_train)
12  y_test2 = to_categorical(y_test)
13  print("변환 전 타겟변수: ", y_train[0])
14  print("변환 후 타겟변수: ", y_train2[0])
15
16  # 이미지 차원 (정사각형으로 가정)
17  image_size = x_train.shape[1] #데이터의 픽셀값들 (28, 28)
18  input_size = image_size * image_size
19
20  # X는 shape 변환 (28*28를 1*784) 및 변수 스케일링
21  x_train2 = x_train.reshape(-1, input_size)
22  x_test2 = x_test.reshape(-1, input_size)
23  print("X 데이터 형태 변환: ", x_test.shape," -> ", x_test2.shape)
24
25  # 각 픽셀값을 0~255 범위에서 0.0~1.0 범위의 값으로 척도를 변경한다. 원본 픽셀값을 직접 사용
    # 할 수도 있지만 그렇게 되면 편향 값이 커져서 모델 훈련이 어려워지므로 입력 데이터를 정규화하
    # 는 것이 좋다. 그에 따라 신경망의 출력도 정규화되지만, 훈련이 끝나면 출력 텐서에 255를 곱해서
    # 정수 픽셀값으로 모두 되돌릴 수 있다.
26  x_train2 = x_train2.astype('float32') / 255
27  x_test2 = x_test2.astype('float32') / 255
```

```python
30  ## 모델 구축
31  input_shape = input_size
32  batch_size = 128
33  epochs = 10
34  hidden_units = 256
35  dropout = 0.45
36
37  # 3개의 계층으로 이루어진 MLP에 정규화 요소, 일반화 요소, 활성화 함수를 적용.
38  model = Sequential()
39  model.add(Dense(hidden_units, input_dim=input_shape, kernel_regularizer=l2(0.001)))
40  model.add(Dropout(dropout))
41  model.add(Dense(hidden_units, activation='relu'))
42  model.add(Dropout(dropout))
43  model.add(Dense(y_train2.shape[1], activation='softmax'))
44  model.summary()
45
46  plot_model(model)
```

```
변환 전 타겟변수: 5
변환 후 타겟변수: [0. 0. 0. 0. 0. 1. 0. 0. 0. 0.]
X 데이터 형태 변환: (10000, 28, 28) -> (10000, 784)
Model: "sequential"
_____
Layer (type)                 Output Shape              Param #
=================================================================
dense (Dense)                (None, 256)               200960
_____
dropout (Dropout)            (None, 256)               0
_____
dense_1 (Dense)              (None, 256)               65792
_____
dropout_1 (Dropout)          (None, 256)               0
_____
dense_2 (Dense)              (None, 10)                2570
=================================================================
Total params: 269,322
Trainable params: 269,322
Non-trainable params: 0
```

```python
 1  # 모델 컴파일
 2  model.compile(loss=['categorical_crossentropy'], metrics=['accuracy'], optimizer='adam')
 3
 4  # 모델 학습
 5  fitted = model.fit(x_train2, y_train2, validation_data= (x_train2, y_train2,),
    epochs=epochs, batch_size= batch_size)
 6
 7  # 학습 히스토리 확인
 8  from pandas import DataFrame
 9  result=DataFrame(fitted.history)
10  print("\n학습 히스토리:\n", result.tail(3))
11
12  # 학습 히스토리 시각화
13  plt.rcParams["font.family"] = 'D2Coding'
14  plt.rcParams["font.size"] = 10
15  fig, (ax1, ax2) = plt.subplots(1, 2, figsize=(10, 5))
16  plt.subplots_adjust(wspace=1)
```

```
18  ax11 = ax1.twinx()
19
20  ax1.plot(result['loss'], color='red', label='loss', linewidth=1)
21  ax1.legend(loc='upper left')
22  ax1.set_ylabel("loss")
23
24  ax11.plot(result['accuracy'], color='blue', label='accuracy', linewidth=5)
25  ax11.legend(loc='upper right')
26  ax11.set_ylabel("accuracy")
27  plt.title("Train set - learning history")
28
29  ax22 = ax2.twinx()
30
31  ax2.plot(result['val_loss'], color='red', label='val_loss', linewidth=1)
32  ax2.legend(loc='upper left')
33  ax2.set_ylabel("val_loss")
34
35  ax22.plot(result['val_accuracy'], color='blue', label='val_accuracy', linewidth=5)
36  ax22.legend(loc='upper right')
37  ax22.set_ylabel("val_accuracy")
38  plt.title("Validation set - learning history")
39  plt.show()
40
41  # 모델 평가
42  loss, acc = model.evaluate(x_test2, y_test2, batch_size=batch_size, verbose=False)
43  print("\n테스트 셋의 loss {:.3f}, accuracy {:.3f}\n".format(loss, acc))
44
45  # 모델 예측
46  j = 0
47  pred = model.predict(np.reshape(x_test2[j], (-1, input_shape)))
48  pred.flatten()
49  print("예측값: ", pred.round(1))
50  print("실제값: ", y_test2[j])
51  plt.imshow(x_test2[j].reshape(-1,image_size))
52  plt.show()
```

```
Epoch 1/10
469/469 [==============================] - 3s 5ms/step - loss: 0.6373 - accuracy: 0.8638 - val_loss: 0.3382 - val_accuracy: 0.9421
Epoch 2/10
469/469 [==============================] - 2s 5ms/step - loss: 0.3820 - accuracy: 0.9203 - val_loss: 0.2495 - val_accuracy: 0.9555
Epoch 3/10
469/469 [==============================] - 2s 5ms/step - loss: 0.3194 - accuracy: 0.9299 - val_loss: 0.2112 - val_accuracy: 0.9614
Epoch 4/10
469/469 [==============================] - 2s 5ms/step - loss: 0.2864 - accuracy: 0.9364 - val_loss: 0.1940 - val_accuracy: 0.9649
Epoch 5/10
469/469 [==============================] - 2s 4ms/step - loss: 0.2706 - accuracy: 0.9403 - val_loss: 0.1759 - val_accuracy: 0.9683
Epoch 6/10
469/469 [==============================] - 2s 4ms/step - loss: 0.2585 - accuracy: 0.9424 - val_loss: 0.1710 - val_accuracy: 0.9682
Epoch 7/10
469/469 [==============================] - 2s 5ms/step - loss: 0.2530 - accuracy: 0.9440 - val_loss: 0.1643 - val_accuracy: 0.9705
Epoch 8/10
```

```
469/469 [==============================] - 2s 5ms/step - loss: 0.2534 - accuracy: 0.9446 - val_loss: 0.1559 - val_accuracy: 0.9733
Epoch 9/10
469/469 [==============================] - 2s 4ms/step - loss: 0.2440 - accuracy: 0.9456 - val_loss: 0.1568 - val_accuracy: 0.9721
Epoch 10/10
469/469 [==============================] - 2s 4ms/step - loss: 0.2386 - accuracy: 0.9478 - val_loss: 0.1541 - val_accuracy: 0.9750
```

학습 히스토리:
```
       loss    accuracy  val_loss  val_accuracy
7   0.253401  0.944600  0.155884    0.973333
8   0.244046  0.945650  0.156772    0.972083
9   0.238565  0.947833  0.154064    0.975050
```

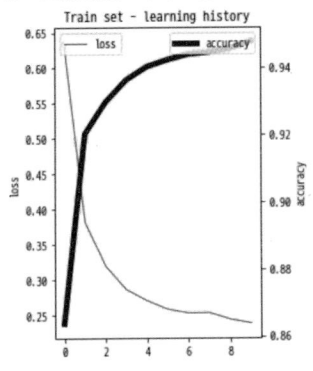
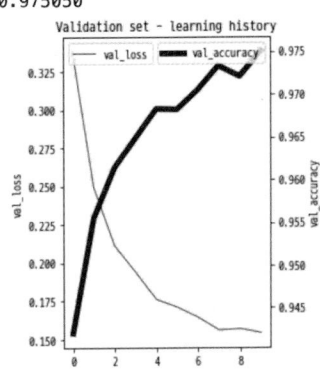

테스트 셋의 loss 0.171, accuracy 0.969

```
예측값: [[0. 0. 0. 0. 0. 0. 0. 1. 0. 0.]]
실제값:  [0. 0. 0. 0. 0. 0. 0. 1. 0. 0.]
```

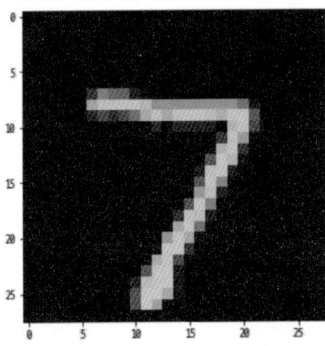

연습문제

1. 다음은 인도 벵갈루루의 집값 데이터이다. 데이터는 집의 특징을 나타내는 입력 변수들과 집값의 출력 변수로 구성되어 있다. 데이터 컬럼 정의서는 아래와 같을 때, 3개의 알고리즘을 선택하여 회귀 모델을 생성하고 알고리즘의 장단점과 성능을 비교하시오. (데이터 링크는 아래 코드 참조)

[입력 변수]
1. availability: 즉시 입주 가능 여부
2. size: 방, 거실, 주방 구성에 따른 집 크기 등급
3. bath: 화장실 개수
4. balcony: 발코니 개수
5. total_sqft: 전체 면적
6. area_type: Carpet, Plot, Super built-up, built-up의 범주로 이루어진 범주형 변수, 면적의 종류를 의미

[출력 변수]
7. price: 집 가격

[출처] Kaggle, https://www.kaggle.com/datasets/aryanfelix/bangalore-housing-prices

---

```
1  from pandas import read_csv, concat, get_dummies
2  realestate = read_csv('https://raw.githubusercontent.com/algoboni/pythoncodebook1-1/main/practice8_BHP2.csv')
3  print(realestate)
```

```
      area_type  availability  size  total_sqft  bath  balcony   price
0         Super             0     3      1056.0     2        1   39.07
1          Plot             1     6      2600.0     5        3  120.00
2         Super             1     5      1521.0     3        1   95.00
3         Super             1     3      1170.0     2        1   38.00
4          Plot             1     6      2785.0     5        3  295.00
...         ...           ...   ...         ...   ...      ...     ...
7490      Super             1     5      1345.0     2        1   57.00
7491      Super             1     5      1715.0     3        3  112.00
7492   Built-up             1     8      3453.0     4        0  231.00
7493   Built-up             1     3      1141.0     2        1   60.00
7494      Super             0     7      4689.0     4        1  488.00

[7495 rows x 7 columns]
```

2. 'price' 변수의 중앙값을 기준으로 그 이상이면 높음, 미만이면 낮음으로 이분변수 'level'을 생성하시오.

3. 앞서 생성한 이분변수 'level'을 출력 변수로 할 때, 2개의 알고리즘을 선택하여 분류 모델을 생성하고 알고리즘의 장단점과 성능을 비교하시오.

4. 앞서 만든 모형들을 통해 집 가격에 있어 중요한 변수 3개를 선택하고 그 이유를 설명하시오.

풀이

1번 문제 풀이:

```
1  # KNN, SVM, 랜덤포레스트 알고리즘으로 회귀 모델을 생성하려고 한다. 먼저, 데이터 전처리로 원
   핫인코딩과 데이터 표준화를 진행하였다.
2  from pandas import get_dummies, DataFrame
3  df = get_dummies(realestate, columns=['area_type'])
4  X = df.drop('price', axis=1)
5  y = df['price']
6
7  from sklearn.preprocessing import StandardScaler
8  ss = StandardScaler()
9  scaled_X = DataFrame(ss.fit_transform(X), columns=X.columns)
10
11 from sklearn.model_selection import train_test_split
12 X_train, X_test, y_train, y_test = train_test_split(scaled_X, y)
```

```
1  # KNN은 이해하기 쉽고, 파라미터 조정을 많이 하지 않아도 좋은 성능을 내는 장점을 가지고 있다.
   다만, 데이터 전처리가 중요하고, 특성이 너무 많으면 잘 작동하지 않는다.
2  from sklearn.neighbors import KNeighborsRegressor
3  knnr = KNeighborsRegressor(n_neighbors=4, weights='distance', p=2)
4  knnr.fit(X_train, y_train)
5  train_score = knnr.score(X_train, y_train)
6  test_score = knnr.score(X_test, y_test)
7  print("train score {:.3f}, test score {:.3f}".format(train_score, test_score))
```

train score 0.986, test score 0.744

```
1  # SVM은 데이터의 특성이 몇개 안되더라도 복잡한 결정경계를 만들 수 있고 저차원과 고차원 데이
   터에서 모두 잘 동작한다. 반면, 대용량 데이터에서는 잘 작동하지 않고 데이터 전처리와 파라미터
   조정이 중요하다.
2  from sklearn.svm import SVR
3  reg = SVR(C=50, epsilon=0.5)
4  reg.fit(X_train, y_train)
5  train_score = reg.score(X_train, y_train)
6  test_score = reg.score(X_test, y_test)
7  print("train score: {:.3f}, test score: {:.3f}".format(train_score, test_score))
```

train score: 0.571, test score: 0.533

```
1  # 랜덤포레스트는 트리들을 병렬로 학습할 수 있어 계산 비용이 효율적이고, 매개변수 조정을 많이
   하지 않아도 잘 동작하며 데이터의 스케일에서 자유롭다. 반면, 직관적인 해석은 불가능하다는 단
   점이 있다.
2  from sklearn.ensemble import RandomForestRegressor
3  rf = RandomForestRegressor(n_estimators=100, max_depth=6)
4  rf.fit(X_train, y_train)
5  train_score = rf.score(X_train, y_train)
6  test_score = rf.score(X_test, y_test)
7  print("train score: {:.3f}, test score: {:.3f}".format(train_score, test_score))
8  ## test score(결정계수) 기준으로 KNN 모델의 성능이 가장 높은 것으로 나왔다.
```

train score: 0.834, test score: 0.739

2번 문제 풀이:

```
1  MED = realestate['price'].median()
2  realestate['level'] = realestate['price'].apply(lambda x: 1 if x>=MED else 0)
3  print(realestate)

      area_type  availability  size  total_sqft  bath  balcony   price  level
0         Super             0     3      1056.0     2        1   39.07      0
1          Plot             1     6      2600.0     5        3  120.00      1
2         Super             1     5      1521.0     3        1   95.00      1
3         Super             1     3      1170.0     2        1   38.00      0
4          Plot             1     6      2785.0     5        3  295.00      1
...         ...           ...   ...         ...   ...      ...     ...    ...
7490      Super             1     5      1345.0     2        1   57.00      0
7491      Super             1     5      1715.0     3        3  112.00      1
7492   Built-up             1     8      3453.0     4        0  231.00      1
7493   Built-up             1     3      1141.0     2        1   60.00      0
7494      Super             0     7      4689.0     4        1  488.00      1
```

3번 문제 풀이:

```
1  # 로지스틱 회귀와 랜덤 포레스트로 분류 모델을 생성하려고 한다. 로지스틱 회귀는 재계산 없이
#    새로운 데이터에 대한 결과를 빠르게 계산할 수 있고, 다른 분류 방법들에 비해 모델을 해석하기가
#    쉽다는 장점이 있다. 단, 회귀계수의 왜곡을 피하기 위해 데이터 스케일에 대한 전처리가 필요하
#    다. 랜덤포레스트는 트리들을 병렬로 학습할 수 있어 계산 비용이 효율적이고, 매개변수 조정을 많
#    이 않아도 잘 동작하며 데이터의 스케일에서 자유롭다. 반면, 직관적인 해석은 불가능하다.
2  from sklearn.model_selection import train_test_split
3  bi_y = realestate['level']
4  X_train, X_test, y_train, y_test = train_test_split(scaled_X, bi_y, stratify=bi_y)
5
6  from sklearn.ensemble import RandomForestClassifier
7  rf = RandomForestClassifier(n_estimators=100, max_depth=6)
8  rf.fit(X_train, y_train)
9  train_score = rf.score(X_train, y_train)
10 test_score = rf.score(X_test, y_test)
11 print("train score: {:.3f}, test score: {:.3f}".format(train_score, test_score))
```
train score: 0.845, test score: 0.854

```
1  from sklearn.linear_model import LogisticRegression
2  LR = LogisticRegression(C=1, max_iter=1000)
3  LR.fit(X_train, y_train)
4  train_score = LR.score(X_train, y_train)
5  test_score = LR.score(X_test, y_test)
6  print("train score: {:.3f}, test score: {:.3f}".format(train_score, test_score))
7
8  # test score(accuracy) 기준으로 랜덤포레스트의 성능이 다소 앞서는 것을 확인하였다.
```
train score: 0.829, test score: 0.840

4번 문제 풀이:

```
1 # 로지스틱 회귀모델에서 회귀계수들의 절대값을 비교했을 때 total_sqft, area_type_Plot, size,
  bath 순으로 집 가격에 대한 영향력이 높은 변수로 확인이 된다.
2 lr_coef = DataFrame({'feat':X.columns, 'coef':LR.coef_.ravel()})
3 lr_coef['abs'] = lr_coef['coef'].apply(lambda x: np.abs(x))
4 print(lr_coef.sort_values(by='abs', ascending=False))

              feat      coef       abs
2        total_sqft  6.716716  6.716716
7    area_type_Plot  0.850925  0.850925
1              size -0.613241  0.613241
3              bath  0.447859  0.447859
8   area_type_Super -0.225786  0.225786
5 area_type_Built-up -0.194212  0.194212
0      availability -0.123377  0.123377
4           balcony -0.096235  0.096235
6  area_type_Carpet  0.024422  0.024422
```

```
1 # 랜덤 포레스트 모델에서 feature importance를 비교했을 때 total_sqft, bath, size, balcony 순
  으로 트리 생성에 가장 많이 기여한 변수인 것을 확인하였다.
2 fi = rf.feature_importances_
3 fn = X.columns
4 fig, ax = plt.subplots(figsize=(5,5))
5 plt.title(rf)
6 plt.barh(fn, fi)
7 plt.show()
8
9 ## 이를 미루어볼 때 total_sqft, size, bath 변수가 중요한 것으로 생각된다.
```

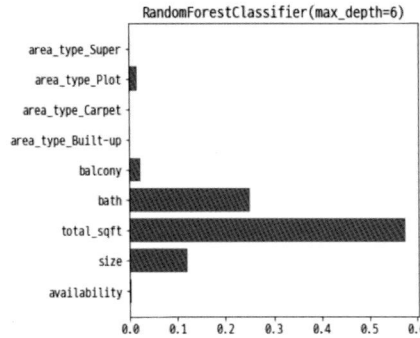

10장 비지도 학습 알고리즘

비지도 학습(Unsupervised learning)은 기계 학습의 일종으로, 데이터가 어떻게 구성되었는지를 알아내는 문제의 범주에 속한다. 이 방법은 지도 학습(Supervised learning) 혹은 강화 학습(Reinforcement learning)과는 달리 입력값(Features)에 대한 목표치(Target)가 주어지지 않는다.

비지도 학습 알고리즘으로는 차원 축소(Demension reduction), 군집화(Clustering), 연관규칙학습(Association rule learning) 등이 있다.

10-1. 차원 축소

높은 차원의 데이터, 즉 특성이 많은 데이터는 많은 알고리즘의 계산 비용을 높이기 때문에 차원 축소(Demension reduction)는 매우 중요하다. 또한 차원을 줄임으로써 데이터의 노이즈를 없애고 더 좋은 학습 결과를 얻을 수 있으며, 데이터셋을 다루기 쉬워지고, 결과를 이해하기도 쉬워진다.

차원을 축소하는 방법으로는 기존의 특징들 중 유용한 특징을 골라 선택하는 방법(Feature selection)과 기존 특징들을 사용해서 새로운 특징을 만드는 방법(Feature extraction) 그리고, 군집화(Clustering)를 통해 더 적은 수의 특징을 사용하는 방법이 있다.

그 중에서도 특징 추출(Feature extraction)하는 방법으로 주성분 분석(PCA, Principal component analysis), LSA(Latent semantic analysis = Truncated SVD), 요인 분석(FA, Factor analysis), 독립성분 분석(ICA, Independent component analysis), 음수 미포함 행렬 분해(NMF, Non-negative matrix factorization), 다차원 척도법(MDS, Multidimensional scaling), t-SNE 등이 있다.

다음에서는 주성분 분석, 요인 분석, 독립성분 분석, 음수 미포함 행렬 분해, 다차원 척도법의 방법으로 다차원의 'wine' 데이터를 차원 축소하고, 원본 데이터와 차원 축소한 데이터로 학습한 모델의 성능을 비교해보고자 한다.

주성분 분석

변수들은 공변(Covary)하는 경우가 많기 때문에 어느 한 변수에서의 일부 변화는 실제로 다른 변수에서의 변화에 의해 중복되기도 한다. 예를 들어, 강수량과 습도는 함께 변한다.

주성분 분석(PCA, Principal component analysis)은 수치형 변수가 어떤 식으로 공변하는지 알아내는 기법이다. 다차원 데이터를 분산이 큰 방향에서부터 순서대로 축을 다시 잡는 방법으로, 변수 간 종속성이 클수록 더 소수의 주성분으로 데이터를 표현할 수 있다. 다만 각 특징이 정규분포를 따르는 조건을 가정하므로 왜곡된 분포를 가진 변수를 주성분 분석에 적용하는 것은 적절하지 않다. 또한, 특징들의 척도가 상이하면 올바른 주성분 방향을 찾을 수 없기 때문에 표준화와 같은 변수변환이 필요하다.

[주요 개념]

- 주성분(Principal component): 예측변수들에 가중치를 적용한 선형결합이며, 분산이 가장 큰 방향 즉, 데이터에서 가장 많은 정보를 담고 있는 방향으로서 예측변수들의 상관관계가 가장 큰 방향을 의미한다. 첫번째 주성분은 전체 변동성을 가장 잘 설명하는 선형결합이다. 두번째 주성분은 첫번째 주성분과 서로 수직이며 나머지 변동성을 설명한다. 만약 추가적인 성분이 있다면 추가된 성분은 다른 성분들과 서로 수직이다.

- 고유 벡터(Eigenvectors): $Av=\lambda V$에서 행렬 A를 선형변환으로 봤을 때 선형변환 A에 의한 변환 결과가 자기 자신의 상수배(고유값)가 되는 0이 아닌 벡터(V)를 말한다. 예측변수들을 성분으로 변형할 때 사용되는 가중치로서 부하(Loading)라고도 한다. scikit-learn, PCA의 attribute 중, components_로 값이 반환된다.

- 고유값(Eigenvalues): 각 축들로 크기를 재설정해 주는 값, 상수배값(λ)을 뜻한다. scikit-learn, PCA의 attribute 중 explained_variance_로 값이 반환된다. 전체 차원의 고유값의 합은 특성의 개수에 근사한다.
- 특이값 분해 방식(SVD, Singular value decomposition): 주성분 분석은 SVD 방식을 사용해 주성분을 찾는다. 특이값은 scikit-learn, PCA의 attribute 중 singular_values_로 값이 반환된다.

[장단점]

고차원의 데이터를 손실을 최소화하면서 효율적으로 축소할 수 있다.

반면, 그래프의 두 축을 해석하기가 쉽지 않다. 주성분은 원본 데이터에 있는 어떤 방향에 대응하는 여러 특성이 조합된 형태이기 때문이다. 또한, 선형변환의 한계로서 데이터의 비선형 구조를 반영하지 못한다.

```
1  # 데이터 불러오기
2  from pandas import DataFrame
3  from sklearn.datasets import load_wine
4  load = load_wine()
5  X = DataFrame(load['data'], columns = load['feature_names'])
6  y = load['target']
7  print("feature {}개, data {}개".format(X.shape[1], X.shape[0]))
8
9  # 데이터 표준화
10 from sklearn.preprocessing import StandardScaler
11 ss = StandardScaler()
12 scaled_X = DataFrame(ss.fit_transform(X), columns=X.columns)
```

feature 13개, data 178개

```
1  # PCA 적합
2  from sklearn.decomposition import PCA
3  model = PCA(n_components=X.shape[1], svd_solver='auto') #전체 feature 수를 입력
4  model.fit(scaled_X)
5
6  # 고유값 요약
7  e_value = DataFrame({'고유값':model.explained_variance_, '기여
   율':model.explained_variance_ratio_}, index=['comp%s'%i for i in range(1,X.shape[1]+1)])
8  e_value['누적기여율'] = e_value['기여율'].cumsum()
9  print("고유값 요약:\n", e_value, "\n")
```

고유값 요약:
```
         고유값      기여율    누적기여율
comp1   4.732437  0.361988  0.361988
comp2   2.511081  0.192075  0.554063
comp3   1.454242  0.111236  0.665300
comp4   0.924166  0.070690  0.735990
comp5   0.858049  0.065633  0.801623
comp6   0.645282  0.049358  0.850981
comp7   0.554141  0.042387  0.893368
comp8   0.350466  0.026807  0.920175
comp9   0.290512  0.022222  0.942397
comp10  0.252320  0.019300  0.961697
comp11  0.227064  0.017368  0.979066
comp12  0.169724  0.012982  0.992048
comp13  0.103962  0.007952  1.000000
```

```python
# 고유값 scree plot: elbow 지점의 성분까지 주성분으로 하여 차원 축소할 수 있다.
## comp1~5가 전체 분산의 80%를 설명하고 있으므로 n_components를 5로 하여 fit_transform하고
차원 축소된 데이터를 얻을 수 있다.
import seaborn as sns
from matplotlib import pyplot as plt
plt.rcParams["figure.figsize"] = (5, 5)
plt.rcParams["font.family"] = 'D2Coding'
plt.rcParams["font.size"] = 12
plt.rcParams['axes.unicode_minus'] = False

fig, ax = plt.subplots(1, 1, figsize=(10, 5))
sns.lineplot(x=e_value.index, y='고유값', marker="o", data=e_value, ax=ax)
ax.grid()
ax.set_title('Scree plot', fontsize=18, pad=9)
for i, v in enumerate(e_value['누적기여율']):
    if v > 0.8:
        ax.axvline(e_value.index[i], ls='--', color='#ff6600')
        best_dim = i+1 # 누적기여율이 처음으로 0.8 이상이 되도록 하는 차원 수
        break
plt.show()
```

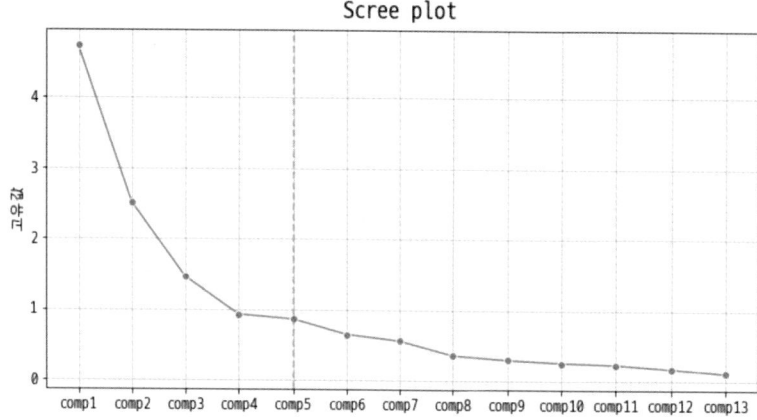

```
1  # 차원 축소하여 PCA 적합
2  model = PCA(n_components=best_dim, svd_solver='auto') # best_dim 입력
3  model.fit(scaled_X)
4  PCA_result = model.fit_transform(scaled_X) # 차원 축소 결과
5
6  # 고유벡터 요약
7  e_vector = DataFrame(model.components_, index=['comp%s'%i for i in range(1,best_dim+1)],
   columns=scaled_X.columns)
8  print("고유벡터 요약:\n", e_vector.iloc[:, :5], "\n") #5개 feature까지만 조회
```

고유벡터 요약:
```
          alcohol  malic_acid       ash  alcalinity_of_ash  magnesium
comp1    0.144329   -0.245188 -0.002051          -0.239320   0.141992
comp2   -0.483652   -0.224931 -0.316069           0.010591  -0.299634
comp3   -0.207383    0.089013  0.626224           0.612080   0.130757
comp4   -0.017856    0.536890 -0.214176           0.060859  -0.351797
comp5   -0.265664    0.035214 -0.143025           0.066103   0.727049
```

```
1   # 고유벡터 plot: feature의 고유벡터값이 클수록 해당 주성분에 영향을 많이 주는 feature임
2   fig, axes = plt.subplots(best_dim, 1, figsize=(8,10))
3   for i, ax in enumerate(axes):
4       e_vector.iloc[i, :].plot.bar(ax=ax, rot=90)
5       ax.set_xticks(list(range(len(e_vector.columns))))
6       ax.set_xticklabels([" " for i in range(len(e_vector.columns))])
7       twin_ax = ax.twinx()
8       twin_ax.set_ylabel(e_vector.index[i], fontsize=15)
9       ax.axhline(y=0, linestyle='dashed', color='red')
10  ax.set_xticks(list(range(len(e_vector.columns))))
11  ax.set_xticklabels(list(e_vector.columns))
12  axes[round(best_dim/2)].set_ylabel("Component Loading (eigen vectors)", fontsize=20)
13  plt.show()
```

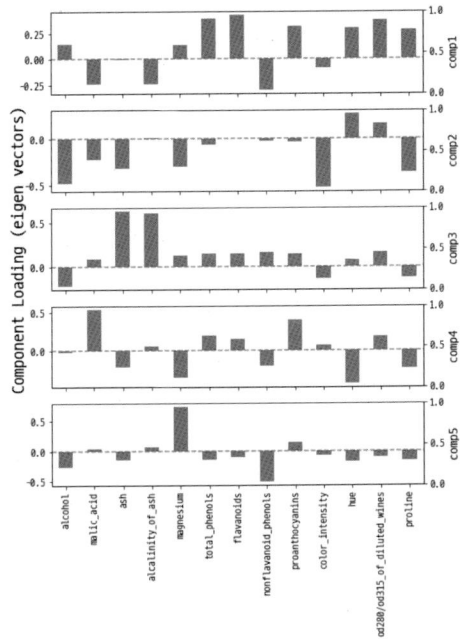

```
1  # biplot을 통한 PCA 결과 해석:
2  #1. 각 PC축에 가깝게 평행을 이루는 변수가 해당 PC에 영향을 가장 많이 주는 변수이다.
3  #2. 각 빨간선의 길이는 원변수의 분산을 표현, 길이가 길수록 분산이 크다.
4  #3. 각 빨간선이 가까울수록 서로 상관관계가 있다.
5
6  from pca import pca
7  model = pca(n_components=5)
8  model.fit_transform(scaled_X)
9  fig, ax = model.biplot(n_feat=scaled_X.shape[1], legend=False, figsize=(10, 10))
10 plt.show()
11 plt.close()
```

[pca] >Processing dataframe..
[pca] >The PCA reduction is performed on the [13] columns of the input dataframe.
[pca] >Fitting using PCA..
[pca] >Computing loadings and PCs..
[pca] >Computing explained variance..
[pca] >Outlier detection using Hotelling T2 test with alpha=[0.05] and n_components=[5]
[pca] >Outlier detection using SPE/DmodX with n_std=[2]

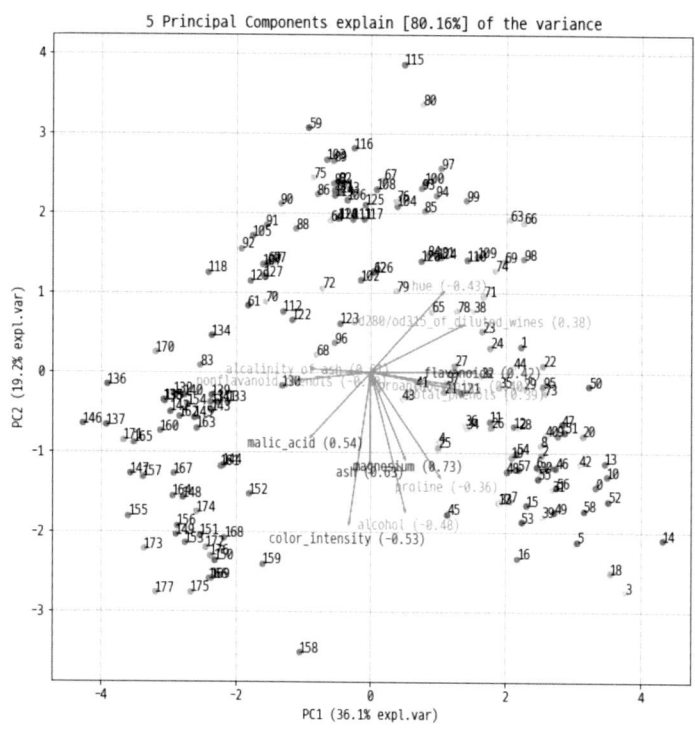

요인 분석

요인 분석(Factor analysis)은 변수들 간의 상관관계를 분석하여 공통 차원들을 통해 축약하는 통계기법으로서 다수 변수들의 정보 손실을 최소화하면서 소수의 요인으로 축약하는 것이다.

예를 들어, 13개의 관측된 변수(Variable)들의 분산(Variance)은 5개의 관측되지 않은 근본적인 변수로 설명될 수 있다. 요인 분석은 이러한 잠재 변수에 대해 연결된 분산(Joint variation)을 찾고, 여기에 오차(Error)를 추가한 인자들의 선형 결합으로 관측된 변수들을 표현한다.

PCA의 주성분은 다른 성분들보다 중요한데 반해, FA의 잠재변수들은 기본적으로 대등한 관계를 갖는다.

요인 분석은 탐색 요인 분석(EFA, Exploratory factor analysis)과 확인 요인 분석(CFA, Confirmatory factor analysis)으로 나눌 수 있다. 변수가 어느 요인에 부합될지에 대한 가설이 없으면 탐색 요인 분석을 진행하고, 변수와 요인에 대한 특정한 가설을 토대로 요인 분석모델과 자료가 부합하는지 확인하려면 확인 요인 분석을 진행한다.

요인 분석을 통해 변수 축소(여러 개의 관련 있는 변수들이 하나의 요인으로 묶임), 불필요한 변수 제거(요인에 포함되지 않거나 포함되더라도 중요도가 낮은 변수를 찾을 수 있음), 변수 특성 파악(관련된 변수들이 묶임으로써 요인들의 상호독립적인 특성을 파악), 요인점수를 이용한 변수 생성 등을 할 수 있다.

```
1  # 데이터 불러오기
2  from pandas import DataFrame
3  from sklearn.datasets import load_wine
4  load = load_wine()
5  X = DataFrame(load['data'], columns = load['feature_names'])
6  y = load['target']
7  print("feature {}개, data {}개".format(X.shape[1], X.shape[0]))
8
9  # 데이터 표준화
10 from sklearn.preprocessing import StandardScaler
11 ss = StandardScaler()
12 scaled_X = DataFrame(ss.fit_transform(X), columns=X.columns)
```

feature 13개, data 178개

```
1  # FA 적합
2  from sklearn.decomposition import FactorAnalysis
3  best_dim = 5 # 잠재변수 5개
4  model = FactorAnalysis(n_components=best_dim)
5  model.fit(scaled_X)
6  FA_result = model.transform(scaled_X)
7
8  # 각 잠재요인의 feature별 최대 분산
9  max_var = DataFrame(model.components_, index=['latent%s'%i for i in range(1,best_dim+1)],
   columns=load['feature_names'])
10 print("잠재요인 요약:\n", max_var.iloc[:, :5], "\n") #5개 feature까지만 조회
```

```
잠재요인 요약:
          alcohol  malic_acid      ash  alcalinity_of_ash  magnesium
latent1  0.299731   -0.424489  0.143386          -0.387691   0.275096
latent2 -0.423886   -0.283977 -0.866066          -0.364116  -0.409356
latent3 -0.576480   -0.039512  0.368996           0.537425  -0.228729
latent4 -0.117865   -0.148264 -0.013634          -0.073661   0.668697
latent5 -0.194167    0.157465 -0.071648           0.239827   0.209583
```

```
1  # 각 잠재요인의 feature별 최대 분산 시각화
2  fig, axes = plt.subplots(best_dim, 1, figsize=(8,10))
3  for i, ax in enumerate(axes):
4      max_var.iloc[i, :].plot.bar(ax=ax, rot=90)
5      ax.set_xticks(list(range(len(max_var.columns))))
6      ax.set_xticklabels([" " for i in range(len(max_var.columns))])
7      twin_ax = ax.twinx()
8      twin_ax.set_ylabel(max_var.index[i], fontsize=15)
9      ax.axhline(y=0, linestyle='dashed', color='red')
10 ax.set_xticks(list(range(len(max_var.columns))))
11 ax.set_xticklabels(list(max_var.columns))
12 axes[round(best_dim/2)].set_ylabel("Component Loading (maximum variance)", fontsize=20)
13 plt.show()
```

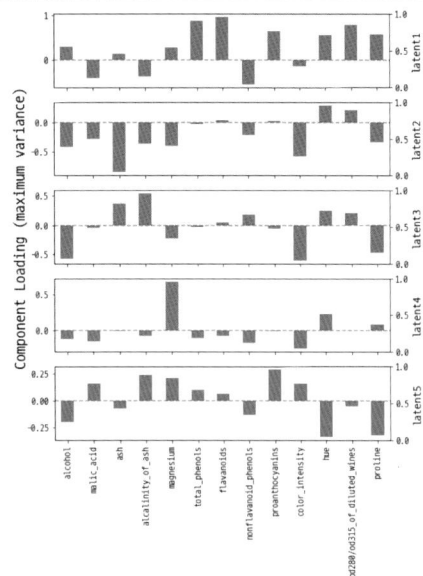

독립성분 분석

독립성분 분석(ICA, Independent component analysis)은 다변량의 신호를 최대한 독립적인 추가 하부 성분으로 분리하는 방법이다. 일반적으로 ICA는 차원을 줄이기 위해 사용하는 것이 아니라 중첩된 신호를 분리하는데 사용한다. ICA 모델에는 잡음항이 포함되어 있지 않기 때문에 모델이 정확하려면 백색화가 필요하다. scikit-learn에서는 whiten=True로 파라미터 설정함으로써 백색화 할 수 있다.

ICA의 예로, 실내에서 녹음된 여러 사람의 대화에서 특정 인물의 목소리를 빼내는 음원 분리가 있다. 이 기법은 예측되는 성분의 통계적 독립성을 최대화하도록 그 독립 성분(요소, 잠재적 변수, 소스 등)을 찾는다.

ICA의 알고리즘으로는 Infomax, FastICA, JADE 등이 있다.

```
1  # 데이터 불러오기
2  from pandas import DataFrame
3  from sklearn.datasets import load_wine
4  load = load_wine()
5  X = DataFrame(load['data'], columns = load['feature_names'])
6  y = load['target']
7  print("feature {}개, data {}개".format(X.shape[1], X.shape[0]))
8
9  # 데이터 표준화
10 from sklearn.preprocessing import StandardScaler
11 ss = StandardScaler()
12 scaled_X = DataFrame(ss.fit_transform(X), columns=X.columns)
```

feature 13개, data 178개

```
1  # ICA 적합
2  from sklearn.decomposition import FastICA
3  best_dim = 5
4  model = FastICA(n_components=best_dim, algorithm='parallel', whiten=True, fun='logcosh')
5  model.fit(scaled_X)
6  ICA_result = model.transform(scaled_X)
7
8  # 독립 소스를 얻기 위해 데이터에 적용할 선형 연산자
9  ind_comp = DataFrame(model.components_, index=['ind comp%s'%i for i in range(1,best_dim+1)],
       columns=load['feature_names'])
10 print("독립 성분 요약:\n", ind_comp.iloc[:, :5], "\n") #5개 feature까지만 조회
```

독립 성분 요약:
```
            alcohol  malic_acid       ash  alcalinity_of_ash  magnesium
ind comp1  0.026362    0.011572  0.003014          -0.010901   0.007320
ind comp2 -0.008126    0.040546 -0.019026           0.006594  -0.013351
ind comp3 -0.019025   -0.006875 -0.007675           0.002845   0.064266
ind comp4  0.006503   -0.007975 -0.041628          -0.036659  -0.012529
ind comp5 -0.004436    0.009899 -0.000725           0.007822  -0.003259
```

```python
1  # 각 잠재요인의 feature별 최대 분산 시각화
2  fig, axes = plt.subplots(best_dim, 1, figsize=(8,10))
3  for i, ax in enumerate(axes):
4      ind_comp.iloc[i, :].plot.bar(ax=ax, rot=90)
5      ax.set_xticks(list(range(len(ind_comp.columns))))
6      ax.set_xticklabels([" " for i in range(len(ind_comp.columns))])
7      twin_ax = ax.twinx()
8      twin_ax.set_ylabel(ind_comp.index[i], fontsize=15)
9      ax.axhline(y=0, linestyle='dashed', color='red')
10 ax.set_xticks(list(range(len(ind_comp.columns))))
11 ax.set_xticklabels(list(ind_comp.columns))
12 axes[round(best_dim/2)].set_ylabel("Component Loading (linear operator)", fontsize=20)
13 plt.show()
```

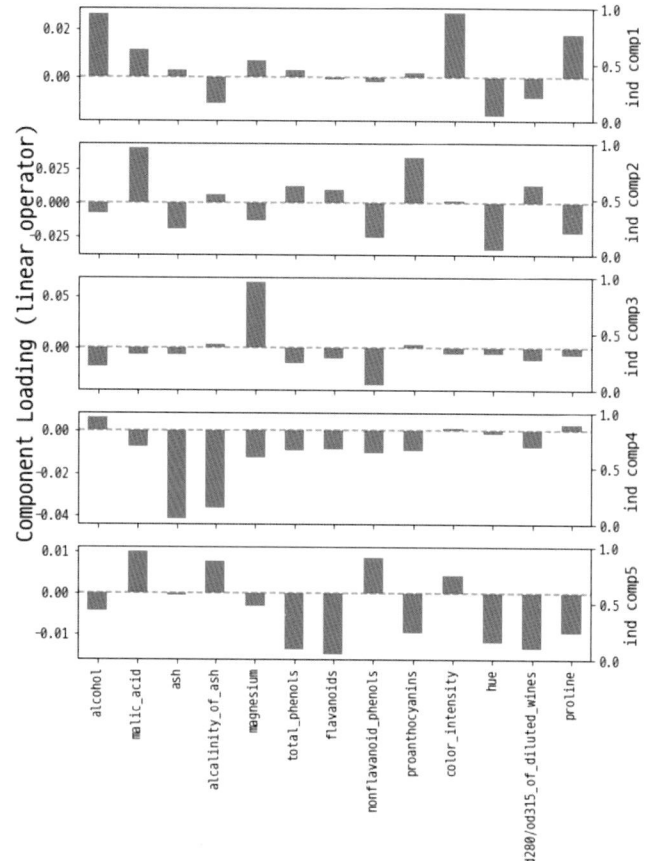

음수 미포함 행렬 분해

음수 미포함 행렬 분해(NMF, Non-negative matrix factorization)는 데이터와 구성 요소가 음수가 아니라고 가정하에 진행하는 분해 방법이다. 이 방법은 데이터 X를 음수를 포함하지 않는 두 개의 행렬 W와 H로 분해하는데, 데이터 X와 행렬 WH 사이의 거리인 d를 최적화하면서 진행한다. 거리 d는 주로 squared Frobenius norm으로 계산한다.

PCA와는 달리 벡터 표현은 구성 요소를 빼지 않고 겹쳐서 덧셈 방식으로 얻는다. 이러한 추가적인 모델은 이미지와 텍스트를 표현하는 데 효율적이다. 이 분해는 차원 축소, 소스 분리, 또는 주체 추출에 사용할 수 있다.

```
1  # 데이터 불러오기
2  from pandas import DataFrame
3  from sklearn.datasets import load_wine
4
5  load = load_wine()
6  X = DataFrame(load['data'], columns = load['feature_names'])
7  y = load['target']
8  print("feature {}개, data {}개".format(X.shape[1], X.shape[0]))
9
10 # 데이터 표준화 (0~1사이에 데이터가 오도록 MinMaxScaler를 사용)
11 from sklearn.preprocessing import MinMaxScaler
12 mm = MinMaxScaler()
13 scaled_X = DataFrame(mm.fit_transform(X), columns=X.columns)
```

feature 13개, data 178개

```
1  # NMF 적합
2  from sklearn.decomposition import NMF
3  best_dim = 5
4  model = NMF(n_components=best_dim, init='random', max_iter=2000)
5  model.fit(scaled_X)
6  NMF_result = model.transform(scaled_X) # W에 해당
7
8  # H에 해당 (Factorization matrix)
9  NMF_comp = DataFrame(model.components_, index=['NMF comp%s'%i for i in range(1,best_dim+1)],
   columns=load['feature_names'])
10 print("NMF 성분 요약:\n", NMF_comp.iloc[:, :5], "\n") #5개 feature까지만 조회
```

NMF 성분 요약:

	alcohol	malic_acid	ash	alcalinity_of_ash	magnesium
NMF comp1	0.066792	0.000000	0.072881	0.088188	0.000000
NMF comp2	0.374618	0.136223	0.219370	0.234416	0.006538
NMF comp3	0.783110	0.000000	0.400196	0.000000	0.467868
NMF comp4	0.083001	0.000000	0.561783	0.622910	0.216098
NMF comp5	0.353801	1.397176	0.741628	0.869029	0.522353

```python
1  # 각 성분의 feature별 시각화
2  fig, axes = plt.subplots(best_dim, 1, figsize=(8,10))
3  for i, ax in enumerate(axes):
4      NMF_comp.iloc[i, :].plot.bar(ax=ax, rot=90)
5      ax.set_xticks(list(range(len(NMF_comp.columns))))
6      ax.set_xticklabels([" " for i in range(len(NMF_comp.columns))])
7      twin_ax = ax.twinx()
8      twin_ax.set_ylabel(NMF_comp.index[i], fontsize=15)
9      ax.axhline(y=0, linestyle='dashed', color='red')
10 ax.set_xticks(list(range(len(NMF_comp.columns))))
11 ax.set_xticklabels(list(NMF_comp.columns))
12 axes[round(best_dim/2)].set_ylabel("Component Loading (Factorization matrix)", fontsize=20)
13 plt.show()
```

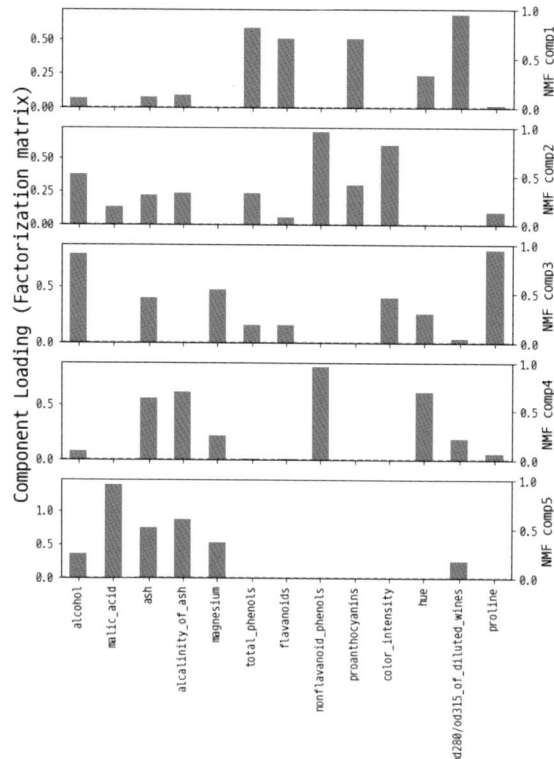

다차원 척도법

다차원 척도법(MDS, Multidimensional scaling)이란, 원래 데이터의 고차원 공간에서의 거리를 잘 반영하는 저차원 데이터를 찾는 방법이다.

관측 대상들의 상대적 거리의 정확도를 높이기 위해 적합 정도를 stress 값으로 나타내며, 반복 알고리즘을 통해 stress 값을 최소로 하는 모형을 최종 모형으로 정한다.

stress는 0에 가까울수록 적합도가 완벽하다고 보며, 0.1 이하는 적합도가 좋다고 보지만, 0.15 이상일 경우, 적합도가 나쁘다고 본다.

크루스칼(Kruskal)의 stress는 (MDS 차원 축소된 데이터 간 거리와 실제 데이터 간 거리의 차이의 제곱합)/(실제 데이터 간 거리의 제곱합)의 제곱근으로 구한다. scikit-learn의 클래스 MDS의 attribute인 .stress_를 추가적으로 계산하여 구할 수 있다.

이처럼 stress 값은 실제 데이터 간의 거리와 MDS로 추정된 거리 간의 차이, 즉 일종의 오차의 크기를 나타내는 지수이다. 스크리 플롯(Scree plot)을 통해 차원의 수를 늘려가면서 stress 값의 변화를 추적하여 엘보우 방법(elbow method)으로 최적의 차원수를 결정한다.

한편, MDS는 계량적 MDS(Metric MDS)와 비계량적 MDS(Nonmetric MDS)로 나뉘어지는데, 계량적 MDS는 데이터가 구간척도나 비율척도인 경우 활용한다. 개체들 간의 유클리드 거리 행렬을 계산하고 개체들 간의 비유사성을 공간상에 표현한다.

비계량적 MDS는 데이터가 서열척도인 경우 활용한다. 개체들 간의 거리가 순서로 주어진 경우에는 서열척도를 거리의 속성과 같도록 변환하여 거리를 생성한 후 적용한다.

scikit-learn에서는 metric의 파라미터를 True로 하면 계량적 MDS, False로 하면 비계량적 MDS 방식으로 계산한다.

scikit-learn의 MDS를 사용할 경우, 개체들 간의 거리가 이미 계산된 dissimilarity matrix가 있는 경우 파라미터 dissimilarity='precomputed'로 설정한 후 적합하면 된다. 개체들의 피처들을 통해 개체들 간 거리를 계산해야 하는 경우, 거리 지표를 지정해주면 된다.

```python
1   # 데이터 불러오기
2   from pandas import DataFrame
3   from sklearn.datasets import load_wine
4   load = load_wine()
5   X = DataFrame(load['data'], columns = load['feature_names'])
6   y = load['target']
7   print("feature {}개, data {}개".format(X.shape[1], X.shape[0]))
8   
9   # 데이터 표준화
10  from sklearn.preprocessing import StandardScaler
11  ss = StandardScaler()
12  scaled_X = DataFrame(ss.fit_transform(X), columns=X.columns)
```

feature 13개, data 178개

```python
1   # 데이터 간의 실제 거리 계산하기
2   from sklearn.metrics import pairwise_distances
3   distances = pairwise_distances(scaled_X) # metric='euclidean'
4   
5   # 최적의 차원 수 찾기
6   Slist = []
7   from sklearn.manifold import MDS
8   import numpy as np
9   for i in range(2,7):
10      mds = MDS(n_components=i, metric=True, random_state=0)
11      mds.fit(scaled_X)
12      # reduced_d = pairwise_distances(mds.embedding_) # 차원 축소된 데이터 간의 거리
13      # distances = mds.dissimilarity_matrix_ 데이터 간 실제 거리
14      sklearn_stress = mds.stress_  # ~ 0.5*np.sum((distances-reduced_d)**2)
15      kruskal_stress = np.sqrt(sklearn_stress / (0.5 * np.sum(distances**2))) #stress-1
16      Slist.append(kruskal_stress)
17      print("차원 수 {}일 때, stress {}".format(i, kruskal_stress))
18  
19  # scree plotting
20  from matplotlib import pyplot as plt
21  plt.rcParams['figure.figsize'] = (8,8)
22  plt.title("Scree plot")
23  plt.plot(list(range(2,7)), Slist, marker='o')
24  plt.xlabel("number of dimension")
25  plt.ylabel("Kruskal's stress")
26  plt.show()
```

차원 수 2일 때, stress 0.2301572646914574
차원 수 3일 때, stress 0.14421638408180104
차원 수 4일 때, stress 0.10153475198496567
차원 수 5일 때, stress 0.07167081747123694
차원 수 6일 때, stress 0.05262312447954536

```
1  # MDS 적합
2  best_dim = 5
3  model = MDS(n_components=best_dim, metric=True)
4  MDS_result = DataFrame(model.fit_transform(scaled_X)) # model.embedding_과 동일
5  reduced_d = pairwise_distances(model.embedding_)
6
7  print( "raw stress: {:.3f}(~ {:.3f})".format(model.stress_, 0.5*np.sum((distances-
   reduced_d)**2)) )
8  print("kruskal stress: {:.3f}(~ {:.3f})".format(
9      np.sqrt(model.stress_ / (0.5 * np.sum(distances**2))),
10     np.sqrt(np.sum((distances-reduced_d)**2) / np.sum(distances**2))))
```

```
raw stress: 2122.547(~ 2121.945)
kruskal stress: 0.072(~ 0.072)
```

```
1  import seaborn as sns
2  from matplotlib import pyplot as plt
3  reduced_data = DataFrame(np.c_[MDS_result.values, y], columns=['dim1', 'dim2', 'dim3',
   'dim4', 'dim5', 'class'])
4  plt.rcParams['figure.figsize'] = (12, 12)
5  sns.scatterplot(x='dim1', y='dim2', data=reduced_data, style='class', style_order=[0,1,2],
   hue='class', palette='Paired', s=200)
6  for i, name in enumerate(MDS_result.index):
7      plt.text( reduced_data.loc[i, 'dim1'], reduced_data.loc[i, 'dim2'], name)
8      plt.axhline(0, 0, ls='--', color='#ff6600')
9      plt.axvline(0, 0, ls='--', color='#ff6600')
10 plt.show()
11
12 ## MDS에 의해 축소된 feature로 그린 산점도로부터 wine 종류 간의 비유사도를 확인할 수 있다.
```

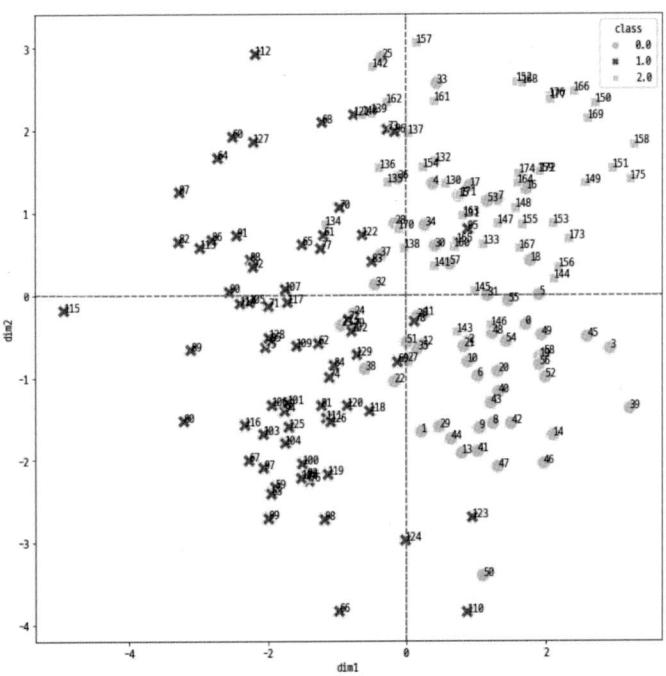

원본 데이터와 차원 축소 데이터로 적합한 모델 성능 비교

13개의 특성을 가진 원본 데이터와 5개의 특성으로 차원 축소한 데이터로 학습한 선형 회귀 모델의 성능들을 비교해 보았다. 차원 축소한 데이터의 모델들은 특성이 반 이상 줄어들었음에도 불구하고, 원본 데이터에 근사한 test score를 나타냈다.

```python
from sklearn.linear_model import LinearRegression
from sklearn.model_selection import train_test_split
data_list = [scaled_X, PCA_result, FA_result, ICA_result, NMF_result, MDS_result]
title_list = ['original', 'PCA', 'FA', 'ICA', 'NMF', 'MDS']
y = load['target']

for X, title in zip(data_list, title_list):
    X_train, X_test, y_train, y_test = train_test_split(X, y, stratify=y, random_state=0)
    lr= LinearRegression().fit(X_train, y_train)
    trainS, testS = lr.score(X_train, y_train), lr.score(X_test, y_test)
    print("{} data: ".format(title))
    print("train score: {:.3f}, test score: {:.3f}\n".format(trainS, testS))
```

```
original data:
train score: 0.890, test score: 0.915

PCA data:
train score: 0.827, test score: 0.828

FA data:
train score: 0.877, test score: 0.880

ICA data:
train score: 0.827, test score: 0.828

NMF data:
train score: 0.830, test score: 0.846

MDS data:
train score: 0.800, test score: 0.781
```

10-2. 군집 분석

레이블이 없는 데이터를 분류하는 경우, 모델을 훈련시킬 수 있는 응답변수가 없으므로 군집 분석(Clustering)을 통해 공통적인 패턴을 식별하고 분류할 수 있다. 이렇게 얻은 그룹들은 분류 용도로 사용하거나 다른 학습 모델의 변수로 사용할 수 있다.

군집 분석은 거리 기반으로 모델링을 하기 때문에 분석 전 데이터 표준화가 필요하다. 또한, 이상치에 민감하게 반응하므로 이상치의 제거나 조정이 필요하다. 모든 설명 변수를 고려하여 모델링하기 때문에 중요하지 않은 변수가 모델에 추가될 수록 정확도가 낮아진다.

[종류]

계층적 군집 분석 (Hierarchical clustering)

- 합병형(Agglomerative) = 군집간 거리 척도/연결법(Linkage method): 단일(최단)연결법(Single linkage method), 평균연결법(Average linkage method), Ward 연결법(Ward linkage method), 완전(최장)연결법 (Complete linkage method), 중심연결법(Centroid linkage method)
- 분리형(Top-down): DIANA method(Divisive analysis)

비계층적 군집 분석 = 분할적 군집(Partitional clustering)

- 프로토타입(Prototype-based): 연속형 데이터는 K-means clustering, K-median clustering, 범주형 데이터는 K-medoid clustering, K-mode clustering 등
- 분포기반(Distribution-based) 혹은 모델기반: 혼합분포군집 (Mixture distribution clustering)
- 밀도기반(Density-based): DBSCAN, OPTICS, DENCLUE 등
- 격자 기반(Grid-based clustering): STING, WaveCluster, CLIQUE 등
- 기타: 커널 기반 군집, 그래프 기반 코호넨 군집 등

10-2-1. 계층적 군집 분석

계층적 클러스터링(Hierarchical clustering)을 통해 서로 다른 수의 클러스터를 지정하는 과정을 시각화 할 수 있다. 특이점이나 비정상적인 그룹을 발견하기도 쉽고, 클러스터를 해석하기가 수월하다. 하지만 계층적 클러스터링은 대규모 데이터에는 적용할 수 없다.

합병형(Agglomerative) 알고리즘은 단일 레코드로 구성된 클러스터에서 시작하여 유사한 클러스터들을 반복적으로 병합하며 더 큰 클러스터들을 만들어간다.

[클러스터 합병 방법]

- 완전연결법(Complete linkage)은 클러스터 포인트 사이의 최대 거리가 가장 짧은 두 클러스터를 합친다. 비슷한 멤버가 있는 클러스터를 만드는 경향이 있다.
- 단일연결법(Single linkage)은 두 클러스터의 데이터 간 최소 거리를 사용하는 방식이다. 그 결과로 나온 클러스터는 서로 크게 다른 요소들을 포함하는 일도 생길 수도 있다.
- 평균연결법(Average linkage)은 클러스터 포인트 사이의 평균 거리가 가장 짧은 두 클러스터를 합친다. 모든 거리 쌍의 평균을 사용하는 방법으로 이는 단일연결과 완전연결법 사이를 절충한 방법이다.
- 최소분산법(Ward's method)은 모든 클러스터 내의 분산을 가장 작게 증가시키는 두 클러스터를 합친다. 그래서 크기가 비교적 비슷한 클러스터가 만들어진다. 클러스터 내의 제곱합을 최소화하므로 k-평균과 유사하다고 할 수 있다.

덴드로그램(Dendrogram)을 통해 계층 군집을 시각화 할 수 있다. 덴드로그램의 y축으로부터 병합 알고리즘에서 두 군집이 합쳐질 때를 확인할 수 있으며, 가지의 길이를 통해 합쳐진 클러스터가 얼마나 멀리 떨어져 있는지를 알 수 있다.

```python
1  # 합병형 군집분석
2  from pandas import DataFrame
3  import numpy as np
4  from sklearn.datasets import load_iris
5  from scipy.cluster.hierarchy import linkage, dendrogram, cut_tree
6  # 데이터 불러오기
7  X = load_iris()['data']
8  y = load_iris()['target']
9  columns = list(map(lambda x: x.replace("(cm)", "").replace(" ", "_"),
   load['feature_names']))
10
11 # 데이터 표준화
12 from sklearn.preprocessing import StandardScaler
13 ss = StandardScaler()
14 df = DataFrame(ss.fit_transform(X), columns=columns)
15
16 # 군집화 상세내역 매트릭스
17 Z = linkage(df, method='complete')
18 print(Z[:3, :].round()) # 일부만 확인
19 # linkage의 method는 single, complete, average, weighted, centroid, median, ward로 입력할 수
   있다. 위의 Z는 4열로 된 matrix인데, 0열과 1열은 인덱스, 2열은 0-1열 인덱스 쌍의 거리, 3열은
   클러스터 내 관찰값의 개수를 반환한다.
20 # 0, 1열에서 인덱스값이 관찰값 이상으로 296, 297까지 나오는 이유는 그 상위에 병합된 클러스터
   들이 관찰값에 이어서 새로운 인덱스로 생성되기 때문이다.
```

```
[[101. 142.   0.   2.]
 [  7.  39.   0.   2.]
 [ 10.  48.   0.   2.]]
```

```python
1  # 군집화 결과 시각화
2  distance_setting = 5
3  from matplotlib import pyplot as plt
4  fig, ax = plt.subplots(figsize=(15,7))
5  dendrogram(Z, labels=list(df.index), color_threshold=distance_setting)
6  # color_threshold 값을 설정하면 해당 거리값을 기준으로 색상이 다른 군집들을 나눠줌
7  plt.xticks(rotation=90)
8  ax.axhline(y=distance_setting, linestyle='dashed', color='red')
9  plt.show()
```

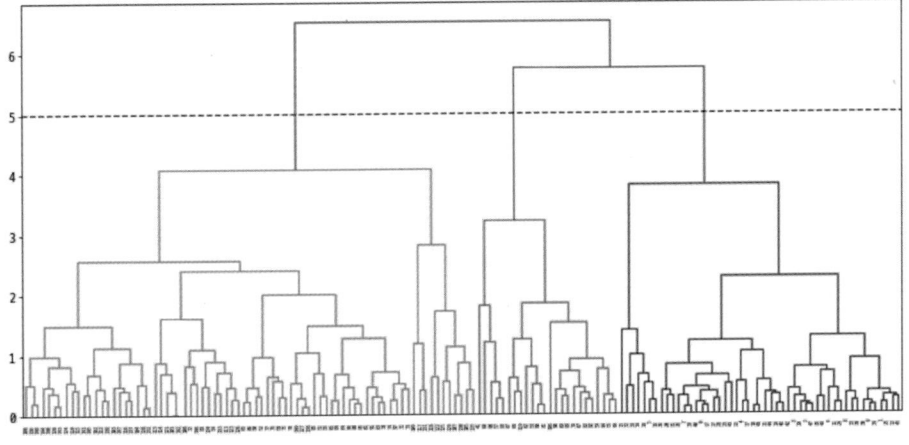

```python
1  # n_cluster로 정한 군집의 개수를 기반으로 각 데이터의 군집을 반환
2  n_cluster = 3
3  Hclustering_result = cut_tree(Z, n_cluster).flatten()
4  print(Hclustering_result)
```

```
[0 0 0 0 0 0 0 0 0 0 0 0 0 0 0 0 0 0 0 0 0 0 0 0 0 0 0 0 0 0 0 0 0 0 0 0 0
 0 0 0 1 0 0 0 0 0 0 0 0 0 2 2 2 1 2 1 2 1 2 1 1 2 1 2 2 2 2 1 1 2 2 2 2
 2 2 2 1 1 1 1 2 2 1 1 1 2 1 1 1 2 2 2 1 1 2 2 2 2 2 2 1 2 2 2 2
 2 2 2 2 2 2 2 1 2 2 2 2 2 2 2 2 2 2 2 2 2 2 2 2 2 2 2 2 2 2 2 2
 2 2]
```

```python
1  # 타당성 평가: clustering한 군집번호와 target의 군집번호가 꼭 일치할 필요는 없고, 유사한 데
   이터들끼리 군집화만 잘 되어 있으면 된다.
2  from sklearn.metrics import silhouette_score, completeness_score
3  print("실루엣 계수: %.3f" %silhouette_score(df, Hclustering_result))
4  print("completeness_score: %.3f" %completeness_score(y, Hclustering_result))
```

```
실루엣 계수: 0.450
completeness_score: 0.685
```

```python
1  # 비유사도 측정 지표 별 군집 결과 비교
2  from pandas import merge
3  from collections import Counter
4  import seaborn as sns
5  from sklearn.metrics import silhouette_score, v_measure_score
6  fig, axes = plt.subplots(2,2, figsize=(10,10))
7  plt.rcParams["font.family"] = 'D2Coding'
8  plt.rcParams["font.size"] = 12
9  plt.rcParams['axes.unicode_minus'] = False
10 plt.subplots_adjust(hspace=0.3)
11
12 methods = ['single', 'average', 'complete', 'ward']
13 for ax, method in zip(axes.ravel(), methods):
14     Z = linkage(df, method=method)
15     cluster = DataFrame({'cluster': cut_tree(Z,3).flatten()})
16     ddf = merge(df, cluster, left_index=True, right_index=True)
17     sns.scatterplot(x='petal_length_', y='petal_width_', data=ddf, hue='cluster', style='cluster', s=60, ax=ax, palette='Accent')
18     ax.text(1.8, -0.9, "silhouette index: %.3f" %silhouette_score(df, ddf['cluster']), horizontalalignment='right')
19     ax.text(1.8, -1.1, "v-measure score: %.3f" %v_measure_score(load_iris()['target'], ddf['cluster']), horizontalalignment='right')
20     cluster_size = dict(Counter(ddf['cluster']))
21     ax.text(1.8, -1.3, "cluster size: {}".format(cluster_size), horizontalalignment='right')
22     ax.set_title(method, fontsize=20)
23 plt.show()
24 ## 평가 점수 자체는 single이 가장 높게 나왔지만 시각화된 군집 고려했을 때 complete과 ward의
   군집화 결과가 타당하게 보인다.
```

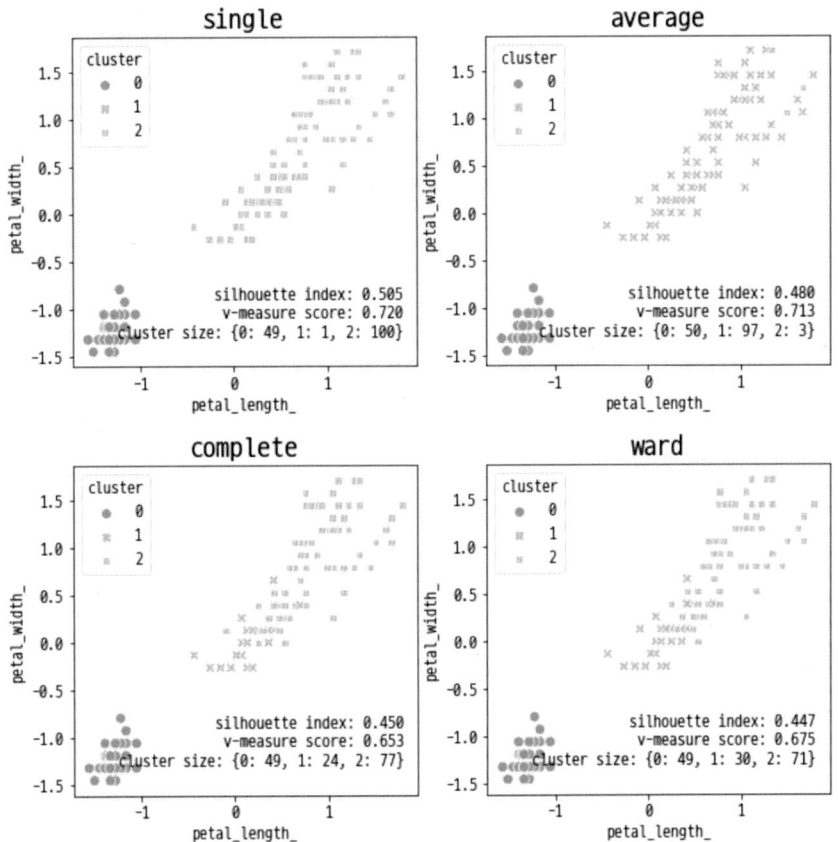

10-2-2. 비계층적 군집 분석

K-means clustering

K-means는 사용자가 미리 정한 k값과 클러스터 평균의 초기값을 가지고 알고리즘을 시작하며 다음의 과정을 반복한다.

먼저, 각 데이터를 거리가 가장 가까운 평균(Cluster center; 하나의 스칼라 값이 아닌 각 변수들의 평균으로 이루어진 벡터)을 갖는 클러스터에 할당한다. 그리고 새로 할당된 데이터들로 새로운 클러스터 평균을 계산한다. 각 데이터에 대한 클러스터 할당이 더 변하지 않으면 클러스터링이 종료된다.

K-means는 이러한 반복을 통해 클러스터 내 데이터와 클러스터 평균의 오차제곱합이 최소가 되도록 한다. 이 방법이 항상 최적의 답을 준다는 보장이 없기 때문에 클러스터 평균의 초기값을 무작위로 변화시켜가며 알고리즘을 여러 번 돌려봐야 한다.

[군집 개수 k 정하는 방법]

엘보우 방법 즉, 군집 개수 k에 따른 오차제곱합을 시각화하여 오차제곱합이 평평해지기 시작하는 지점으로 k를 정한다. 다만, 군집화가 잘 되지 않은 데이터에서는 눈에 띄는 팔꿈치 위치가 없을 수 있다. scikit-learn에서는 KMeans의 attribute인 .inertia_가 클러스터 평균과 샘플 사이의 거리 제곱합을 반환하기 때문에 이를 활용할 수 있다.

[장단점]

K-means는 비교적 이해하기 쉽고 구현도 쉬울 뿐만 아니라 비교적 빠르기 때문에 가장 인기 있는 군집 알고리즘이다. 또한, 대용량 데이터셋에서도 잘 작동한다.

반면, K-means는 클러스터 평균의 초기값에 따라 다른 결과를 얻게 된다. 이 때문에 scikit-learn에서 제공하는 KMeans 클래스는 서로 다른 난수 초기값으로 반복함으로써 클러스터 분산의 합이 작은 최선의 결과를 얻도록 한다. 또한, 클러스터의 모양을 가정하고 있기 때문에 활용 범위가 비교적 제한적이다. 또한, K-means 알고리즘의 핵심인 평균은 이상치에 민감하다. 대신 중앙값을 사용하면, 계산 비용은 더 높지만 노이즈를 효율적으로 제거할 수 있다.

```python
1  # K-means clustering
2  from pandas import DataFrame
3  import numpy as np
4  from sklearn.datasets import load_iris
5  from sklearn.cluster import KMeans
6
7  # 데이터 불러오기
8  load = load_iris()
9  X = load['data']
10 y = load['target']
11 columns = list(map(lambda x: x.replace("(cm)", "").replace(" ", "_"),
   load['feature_names']))
12
13 # 데이터 표준화
14 from sklearn.preprocessing import StandardScaler
15 ss = StandardScaler()
16 df = DataFrame(ss.fit_transform(X), columns=columns)
```

```python
1  # 적정한 군집 개수 정하기
2  print("적정한 군집 개수 정하기:")
3  I = [] # 오차제곱합
4  for k in range(1,14):
5      kmeans=KMeans(n_clusters=k).fit(df)
6      I.append(kmeans.inertia_) # 오차제곱합
7  plt.plot(list(range(1,14)), I, marker="o")
8
9  n_cluster = 3
10 plt.scatter(n_cluster, I[n_cluster-1], color='red', alpha=0.5, s=100)
11 plt.xticks(list(range(1,14)), list(range(1,14)))
12 plt.xlabel("Cluster 개수: K")
13 plt.ylabel("클러스터 중심과 데이터들의 오차제곱합: inertia_")
14 plt.show()
```

적정한 군집 개수 정하기:

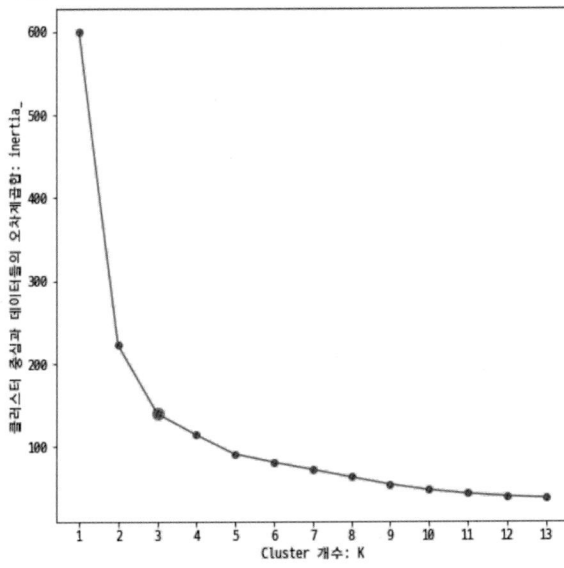

```
1  # n_cluster로 정한 군집의 개수를 기반으로 각 데이터의 군집을 반환
2  model = KMeans(n_clusters=n_cluster, random_state=0)
3  distances = model.fit_transform(df)  # 해당 열 데이터의 각 cluster center와의 거리
4  kmeans_result = model.labels_  # 각 데이터의 군집 반환
5  print(kmeans_result)
```

```
[1 1 1 1 1 1 1 1 1 1 1 1 1 1 1 1 1 1 1 1 1 1 1 1 1 1 1 1 1 1 1 1 1 1
 1 1 1 1 1 1 1 1 1 1 1 1 1 1 1 1 2 2 2 0 0 0 0 2 0 0 0 0 0 0 0 2 0 0
 0 0 2 2 0 0 0 0 0 0 2 2 0 0 0 0 0 0 0 0 0 0 0 0 2 0 0 0 0 0 0 0 2 2
 2 2 0 0 2 2 2 2 0 2 0 2 2 0 2 2 2 2 2 2 0 0 2 2 2 2 0 2 2 2 0 2 2 0
 2 0]
```

```
1  # 군집 정보 확인
2  print("클러스터 구성: ", Counter(model.labels_))
3  centers = DataFrame(model.cluster_centers_, columns=df.columns, index=["cluster%s" %i for i in range(n_cluster)])
4  print("클러스터 중심:\n{}".format(centers))
```

클러스터 구성: Counter({0: 53, 1: 50, 2: 47})
클러스터 중심:
```
          sepal_length_  sepal_width_  petal_length_  petal_width_
cluster0      -0.050220     -0.883376       0.347738      0.281527
cluster1      -1.014579      0.853263      -1.304987     -1.254893
cluster2       1.135970      0.088422       0.996155      1.017526
```

```
1  # 타당성 평가: clustering한 군집번호와 target의 군집번호가 꼭 일치할 필요는 없고, 유사한 데
   이터들끼리 군집화만 잘 되어 있으면 된다.
2  from sklearn.metrics import silhouette_score, completeness_score
3  print("실루엣 계수: %.3f" %silhouette_score(df, kmeans_result))
4  print("completeness_score: %.3f" %completeness_score(y, kmeans_result))
```

실루엣 계수: 0.460
completeness_score: 0.660

```
1  # 군집 결과 시각화
2  df['cluster'] = kmeans_result
3  fig, ax = plt.subplots(1,1)
4  sns.scatterplot(x='petal_length_', y='petal_width_', data=df, hue='cluster',
   style='cluster', s=100, ax=ax, palette='Accent')
5  plt.show()
```

DBSCAN

DBSCAN(Density-based spatial clustering of applications with noise)은 데이터의 밀집 지역(Dense region)이 한 클러스터를 구성하며 비교적 비어 있는 지역을 경계로 다른 클러스터와 구분한다. 이 때 밀집 지역에 있는 데이터를 핵심 샘플이라고 한다. DBSCAN이 구분하는 데이터의 종류는 핵심 데이터, 경계 데이터(핵심 데이터에서 eps 거리 안에 있는 데이터), 그리고 잡음 데이터이다.

DBSCAN을 한 데이터셋에 여러 번 실행하면 핵심과 잡음 데이터는 동일하게 분류 되는데 경계 데이터는 한 개 이상의 클러스터로 분류될 수 있다. 데이터 포인트를 방문하는 순서에 따라 경계 데이터가 어떤 클러스터에 속할지가 달라지는 것이다. 하지만 보통 경계 데이터 포인트는 많지 않으며 포인트 순서 때문에 받는 영향도 적기 때문에 큰 문제는 아니다.

[군집 개수 k 정하는 방법]

scikit-learn에서 제공하는 DBSCAN 클래스에는 데이터 분류와 관련한 두 개의 파라미터가 있는데 바로 eps와 min_samples이다. eps로 지정한 거리 안의 데이터들이 min_samples 개수 이상 되면 이 데이터들을 핵심 샘플로 분류하며 하나의 클러스터를 이루게 된다. DBSCAN은 eps의 값을 조정함으로써 간접적으로 클러스터의 개수를 제어하고, min_samples를 통해서 클러스터의 최소 크기를 제어한다.

eps와 min_samples를 조정하며 군집 평가 지표 값과 군집 시각화를 살핌으로써 최적의 군집 개수를 정할 수 있다.

[장단점]

DBSCAN은 비선형과 같은 복잡한 형상을 찾을 수 있으며 어떤 클래스에도 속하지 않는 노이즈 데이터를 구분할 수 있다는 장점이 있다.

반면, 밀도가 높은 곳에 집중하기 때문에 밀도가 낮은 곳의 데이터를 하나의 군집으로 인식하지 못하고 노이즈 데이터로 구분할 수 있다. 병합 군집이나 K-means보다 다소 느리며, 데이터 수가 많아질수록 모델링 시간이 증가한다.

```python
1  # DBSCAN
2  from pandas import DataFrame
3  import numpy as np
4  from sklearn.datasets import load_iris
5  from sklearn.cluster import DBSCAN
6  from sklearn.metrics import silhouette_score
7
8  # 데이터 불러오기
9  load = load_iris()
10 X = load['data']
11 y = load['target']
12 columns = list(map(lambda x: x.replace("(cm)", "").replace(" ", "_"), load['feature_names']))
13
14 # 데이터 표준화
15 from sklearn.preprocessing import StandardScaler
16 ss = StandardScaler()
17 df = DataFrame(ss.fit_transform(X), columns=columns)
```

```python
1  # 적정한 eps 정하기 (min_samples는 10으로 고정함)
2  # eps를 증가시키면 하나의 클러스터에 더 많은 포인트가 포함된다. 이는 클러스터를 커지게 하지만 여러 클러스터를 하나로 합치게도 만든다. min_samples는 클러스터의 최소 크기를 결정한다.
3  print("적정한 eps 정하기:")
4  eps_list =[0.5, 0.8, 1, 1.2] # eps 후보군
5  fig, axes = plt.subplots(1,4, figsize = (15,5))
6  plt.rcParams['font.size'] = 12
7  for ax, eps in zip(axes, eps_list):
8      db = DBSCAN(eps=eps, min_samples = 5).fit(df)
9      temp_df = df.copy()
10     temp_df['label']=db.labels_
11     sns.scatterplot(x='petal_length_', y='petal_width_', data=temp_df, hue='label', style='label', s=100, ax=ax, palette='pastel')
12     score = silhouette_score(df, db.labels_)
13     ax.set_title("eps {}, score {:.3f}".format(eps, score))
14 plt.show()
```

적정한 eps 정하기:

```
1  # 확정한 eps를 기반으로 각 데이터의 군집을 반환
2  eps = 1
3  model = DBSCAN(eps=eps, min_samples = 10).fit(df)
4  DB_result = model.labels_  # 각 데이터의 군집 반환
5  print(DB_result)
```

```
[ 0  0  0  0  0  0  0  0  0  0  0  0  0  0  0  0  0  0  0  0  0  0  0  0
  0  0  0  0  0  0  0  0  0  0  0  0  0  0  0  0  0 -1  0  0  0  0  0  0
  0  0  1  1  1  1  1  1  1  1  1  1 -1  1  1  1  1  1  1  1  1  1  1  1
  1  1  1  1  1  1  1  1  1  1  1  1  1  1  1  1  1  1  1  1  1  1  1  1
  1  1  1  1  1  1  1  1  1  1  1  1  1  1  1  1  1  1  1  1  1 -1  1  1
  1  1  1  1  1  1  1  1  1  1 -1  1  1  1  1  1  1  1  1  1  1  1  1  1
  1  1  1  1  1  1]
```

```
1  # 군집 정보 확인
2  print("클러스터 구성: ", Counter(model.labels_)) # 노이즈 샘플은 -1로 표시됨
3  print("핵심 데이터 인덱스: ", model.core_sample_indices_)
```

```
클러스터 구성:  Counter({1: 97, 0: 49, -1: 4})
핵심 데이터 인덱스:  [  0   1   2   3   4   5   6   7   8   9  10  11  12  13  14  16  17  18
  19  20  21  22  23  24  25  26  27  28  29  30  31  32  34  35  36  37
  38  39  40  42  43  44  45  46  47  48  49  50  51  52  53  54  55  56
  58  59  61  62  63  64  65  66  67  69  70  71  72  73  74  75  76  77
  78  79  80  81  82  83  84  86  88  89  90  91  92  94  95  96  97  98
  99 100 101 102 103 104 107 110 111 112 113 114 115 116 120 121 123 124
 125 126 127 128 129 130 132 133 134 136 137 138 139 140 141 142 143 144
 145 146 147 148 149]
```

```
1  # 타당성 평가
2  from sklearn.metrics import silhouette_score, completeness_score
3  print("실루엣 계수: %.3f" %silhouette_score(df, DB_result))
4  print("completeness_score: %.3f" %completeness_score(y, DB_result))
```

```
실루엣 계수: 0.582
completeness_score: 0.837
```

```
1  # 군집 결과 시각화
2  df['cluster'] = DB_result
3  fig, ax = plt.subplots(1,1)
4  sns.scatterplot(x='petal_length_', y='petal_width_', data=df, hue='cluster',
     style='cluster', s=100, ax=ax, palette='Accent')
5  plt.show()
```

혼합분포군집

계층적 클러스터링과 K-means 같은 클러스터링 방법들은 모두 경험에 기반하여 발견하는 방법인 반면, 모델 기반(Model-based) 혹은 분포 기반(Distribution-based) 클러스터링은 통계 이론에 기초하고 있으며 클러스터의 성질과 수를 결정하는 더 엄격한 방법을 제공한다. 모델 기반 클러스터링의 목적은 데이터를 가장 잘 설명하는 다변량정규분포(Multivariate normal distribution)를 찾는 것이며, 클러스터들이 각자 서로 다른 확률분포로부터 발생한 것으로 가정한다.

전반적으로는 서로 비슷하지만 모든 데이터가 반드시 서로 가까울 필요는 없는 그룹과 서로 비슷하면서 데이터들이 아주 가까이에 있는 또 다른 그룹이 함께 있는 경우에 사용할 수 있다.

[기댓값 최대화 알고리즘(EM, Expectation maximization)]
최대우도(Maximum likelihood)는 모델이 주어졌을 때 데이터의 조건부 확률이며, 모델을 변형시키면서 이 조건부 확률이 최대화되는 모델을 찾는다. 보통은 우도에 로그 값을 취한 로그우도를 최대화하는 방법으로 모델을 찾는다.

[군집 개수 k 정하는 방법]
여러 개의 분포의 개수들로 각각 클러스터링하여 BIC값이 가장 적고, 시각화 및 군집 타당성 지표 면에서 가장 유효한 모델을 판단하여 군집의 개수를 선택한다.

[장단점]
군집을 몇개의 모수로 표현할 수 있고, 서로 다른 크기나 모양의 군집을 찾을 수 있다.
반면, 데이터들이 특정 분포를 따른다는 가정이 필요하며 클러스터링 결과는 이 가정을 만족했는지에 따라 매우 다르다. 필요한 계산량이 높아 대용량 데이터에는 적용이 어렵다. 알고리즘이 다른 방법들보다 더 복잡하고 이용하기가 어렵다. 또한, 이상값에 민감하기 때문에 전처리가 필요하다.

```
1  # 혼합분포 군집
2  from pandas import DataFrame
3  import numpy as np
4  from sklearn.datasets import load_iris
5  from sklearn.mixture import GaussianMixture
6  from sklearn.metrics import silhouette_score
7
8  # 데이터 불러오기
9  load = load_iris()
10 X = load['data']
11 y = load['target']
12 columns = list(map(lambda x: x.replace("(cm)", "").replace(" ", "_"),
   load['feature_names']))
13
14 # 데이터 표준화
15 from sklearn.preprocessing import StandardScaler
16 ss = StandardScaler()
17 df = DataFrame(ss.fit_transform(X), columns=columns)
```

```
1  # 적정한 분포 개수 정하기 (=군집 개수 정하기)
2  print("적정한 분포 개수 정하기:")
3  dist_list =[2,3,4,5] # 분포 개수 후보군
4  fig, axes = plt.subplots(1,4, figsize = (15,5))
5  for ax, k in zip(axes, dist_list):
6      gm = GaussianMixture(n_components=k, covariance_type='full').fit(df)
7      # covariance_type: {'full', 'tied', 'diag', 'spherical'}
8      temp_df = df.copy()
9      temp_df['label']= gm.predict(df)
10     sns.scatterplot(x='petal_length_', y='petal_width_', data=temp_df, hue='label',
   style='label', s=70, ax=ax, palette='pastel')
11     aic, bic = gm.aic(df), gm.bic(df)
12     score = silhouette_score(df, temp_df['label'])
13     ax.set_title("k={}, score {:.2f}, BIC {:.2f}".format(k, score, bic))
14 plt.show()
```

적정한 분포 개수 정하기:

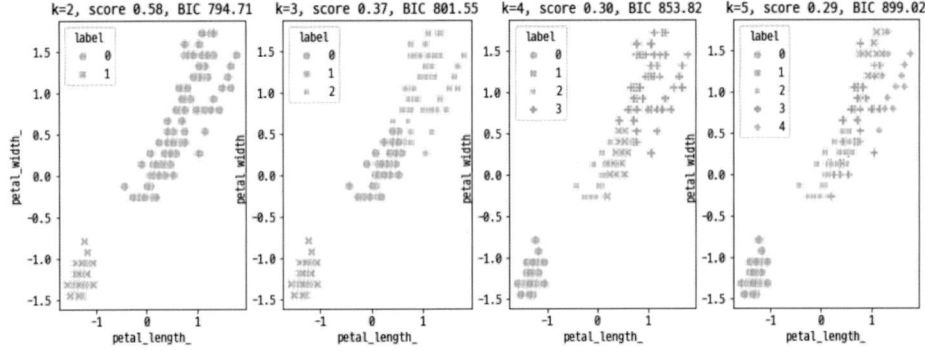

```
1  # 확정한 k를 기반으로 각 데이터의 군집을 반환
2  k = 3
3  model = GaussianMixture(n_components=k).fit(df)
4  labels = model.predict(df)
5  GM_result = labels  # 각 데이터의 군집 반환
6  print(GM_result)
```

```
[1 1 1 1 1 1 1 1 1 1 1 1 1 1 1 1 1 1 1 1 1 1 1 1 1 1 1 1 1 1 1 1 1 1 1 1
 1 1 1 1 1 1 1 1 1 1 1 1 1 1 0 0 0 0 0 0 0 0 0 0 0 0 0 0 0 0 2 0 2 0 2 0
 0 0 2 0 0 0 0 2 0 0 0 0 0 0 0 0 0 0 0 0 0 0 0 2 2 2 2 2 2 2 2 2 2 2 2 2
 2 2 2 2 2 2 2 2 2 2 2 2 2 2 2 2 2 2 2 2 2 2 2 2 2 2 2 2 2 2 2 2 2 2 2 2
 2 2]
```

```
1  # 군집 정보 확인
2  print("클러스터 구성: ", Counter(labels))
3  print("distribution 별 feature 평균: \n {}\n {}".format(model.means_[0], model.means_[1]))
4  print("distribution 별 가중치: ", model.weights_)
5  print("모델의 로그가능도: {:.3f}".format(model.score(df)))
```

```
클러스터 구성:  Counter({2: 55, 1: 50, 0: 45})
distribution 별 feature 평균:
 [ 0.08890219 -0.64297712  0.25393414  0.13018296]
 [-1.01457897  0.85326268 -1.30498732 -1.25489349]
distribution 별 가중치:  [0.30095123 0.33333333 0.36571544]
모델의 로그가능도: -1.937
```

```
1  # 타당성 평가
2  from sklearn.metrics import silhouette_score, completeness_score
3  print("실루엣 계수: %.3f" %silhouette_score(df, labels))
4  print("completeness_score: %.3f" %completeness_score(y, labels))
```

```
실루엣 계수: 0.374
completeness_score: 0.901
```

```
1  # 군집 결과 시각화
2  df['cluster'] = GM_result
3  fig, ax = plt.subplots(1,1)
4  sns.scatterplot(x='petal_length_', y='petal_width_', data=df, hue='cluster',
   style='cluster', s=100, ax=ax, palette='Accent')
5  plt.show()
```

SOM

1988년 Teuvo Kohonen에 의해 제안된 경쟁학습 알고리즘이다. SOM(Self-organized map)은 상대적 순환 보존(Relative ordering preservation) 혹은 위상 보존(Topology preservation)이라는 특징을 가진다. 이는 입력값의 상대적인 순서가 뉴런에서도 보존되는 것이며, 이 때문에 가까이 놓인 뉴런들이 비슷한 입력 값을 표현하고, 멀리 떨어진 뉴런들은 다른 입력값을 나타내게 된다. SOM이 보통 1D, 2D의 행렬 뉴런으로 사용되는 데 반해 대부분의 입력 공간은 더 고차원적이므로 위상 보존이 항상 가능하지는 않다.

[군집 개수 k 정하는 방법]
sklearn_som 라이브러리에서 제공하는 SOM은 2D 직사각형 SOM을 생성한다. 이 때 파라미터 m을 통해 SOM의 세로 크기, n을 통해 SOM의 가로 크기를 지정함으로써 네트워크의 크기를 설정할 수 있다. 이에 따라 데이터를 예측하면 m*n개의 클러스터들을 생성한다. 네트워크의 크기 후보군들을 통해 가장 잘 작동하는 모델을 찾고 이 때 생성된 군집의 개수를 확인하면 된다.

[장단점]
SOM은 입력 데이터들 사이의 위상을 잘 나타낸다. 또한, 잘 구별되지 않는 데이터 간의 상관관계를 찾아낼 수 있다. 비지도 학습으로서 클러스터링을 수행할 수 있다.
반면, 어떤 거리 지표를 선택하는지에 따라 클러스터 결과가 크게 달라질 수 있다. 수학 연산이 복잡하여 대용량 데이터 세트는 분석이 어렵다.

```python
1  # SOM
2  from pandas import DataFrame
3  import numpy as np
4  from sklearn.datasets import load_iris
5  from sklearn_som.som import SOM
6  
7  # 데이터 불러오기
8  load = load_iris()
9  X = load['data']
10 y = load['target']
11 columns = list(map(lambda x: x.replace("(cm)", "").replace(" ", "_"), load['feature_names']))
12 
13 # 데이터 표준화
14 from sklearn.preprocessing import StandardScaler
15 ss = StandardScaler()
16 df = DataFrame(ss.fit_transform(X), columns=columns)
```

```python
1  # 적정한 네트워크의 크기 정하기 (=군집 개수 정하기)
2  print("적정한 네트워크의 크기 정하기:")
3  mn_list =[(2,1), (3,1), (2,2), (5,1)] # 분포 개수 후보군
4  fig, axes = plt.subplots(1,4, figsize = (15,5))
5  for ax, (M, N) in zip(axes, mn_list):
6      som = SOM(m=M, n=N, dim=df.shape[1]) #dim은 입력 데이터의 feature의 개수
7      som.fit(df.values) #배열을 입력해야 함 (df형태는 안됨)
8      labels = som.predict(df.values)
9      clusterNo = len(Counter(labels))
10     temp_df = df.copy()
11     temp_df['label']= som.predict(df.values)
12     sns.scatterplot(x='petal_length_', y='petal_width_', data=temp_df, hue='label', style='label', s=70, ax=ax, palette='pastel')
13     score = silhouette_score(df, temp_df['label'])
14     ax.set_title("MxN={}x{}, k={}, score {:.2f}".format(M,N,clusterNo,score))
15 plt.show()
```

적정한 네트워크의 크기 정하기:

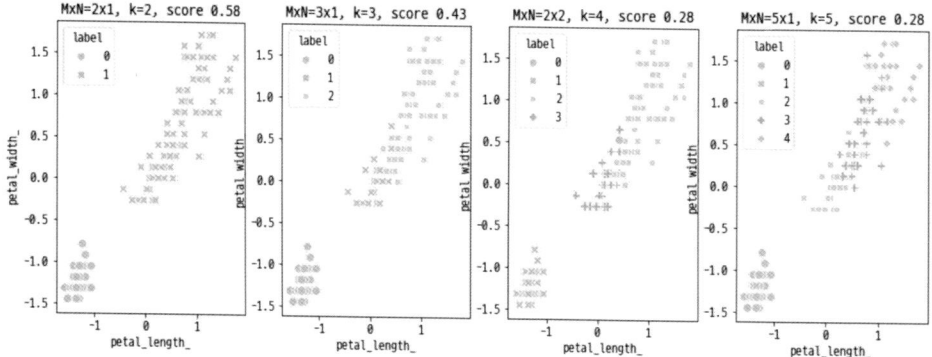

```
1  # 확정한 k를 기반으로 각 데이터의 군집을 반환
2  M, N = (3, 1)
3  model = SOM(m=M, n=N, dim=df.shape[1])
4  model.fit(df.values)
5  labels = model.predict(df.values)
6  som_result = labels # 각 데이터의 군집 반환
7  print(som_result)
```

```
[0 0 0 0 0 0 0 0 0 0 0 0 0 0 0 0 0 0 0 0 0 0 0 0 0 0 0 0 0 0 0 0 0 0 0
 0 0 0 0 0 0 0 0 0 0 0 0 0 0 0 2 2 2 1 2 1 2 1 2 1 1 1 1 1 1 2 1 1 2 1 2 1 2 1
 1 2 2 2 1 1 1 1 2 1 1 2 2 1 1 1 1 1 1 1 1 1 1 2 2 2 2 2 1 2 2 2
 2 2 2 2 2 2 2 2 2 2 2 2 2 2 2 2 2 2 2 2 2 2 2 2 2 2 2 2 2 2 2 2 2 2 2
 2 2]
```

```
1  # 군집 정보 확인
2  SOMmap = model.transform(df.values)
3  print("클러스터 구성: ", Counter(labels))
4  print("SOM map: \n", SOMmap[:5]) #앞 5개의 데이터 확인
```

```
클러스터 구성:  Counter({2: 65, 0: 50, 1: 35})
SOM map:
 [[0.6192928  2.43746934 3.72392866]
 [0.89223541 2.28982715 3.6275384 ]
 [0.77179162 2.48584231 3.83880425]
 [0.91705205 2.4653056  3.81835963]
 [0.81669944 2.59447317 3.86465878]]
```

```
1  # 타당성 평가
2  from sklearn.metrics import silhouette_score, completeness_score
3  print("실루엣 계수: %.3f" %silhouette_score(df, labels))
4  print("completeness_score: %.3f" %completeness_score(y, labels))
```

```
실루엣 계수: 0.406
completeness_score: 0.774
```

```
1  # 군집 결과 시각화
2  df['cluster'] = som_result
3  fig, ax = plt.subplots(1,1)
4  sns.scatterplot(x='petal_length_', y='petal_width_', data=df, hue='cluster',
   style='cluster', s=100, ax=ax, palette='Accent')
5  plt.show()
```

10-3. 연관규칙학습

연관규칙학습(Association rule learning)은 큰 데이터베이스에서 변수들 간의 흥미로운 관계를 발견하기 위한 규칙 기반 기계 학습 방법이다. 장바구니 분석, 웹 사용 마이닝, 침입 탐지, 생물 정보학 등 많은 응용 분야에서 사용된다.

한편, 서열 분석(Sequence analysis)은 연관규칙학습에 시간이라는 개념을 포함시켜 순차적으로 구매 가능성이 큰 상품군을 찾아내는 것이다.

[연관규칙학습의 측도]

A는 조건절(Antecedent), C는 결과절(Consequent)를 의미한다.

- 지지도(Support): (A와 C가 동시에 포함된 거래수 / 전체 거래수)로 구하며 범위는 0~1이다. $support(A{\rightarrow}C) = P(A \cup C)$
- 신뢰도(Confidence): (A와 C가 동시에 포함된 거래수 / A가 포함된 거래수)로 구하며 범위는 0~1이다. $confidence(A{\rightarrow}C) = P(C \mid A)$
- 향상도(Lift): (A와 C가 동시에 포함된 거래수 * 전체 거래수) / (A가 포함된 거래수 * C가 포함된 거래수)로 구하며, A가 구매되지 않았을 때 품목 C의 구매확률에 비해 A가 구매됐을 때 품목 C의 구매확률의 증가 비를 의미한다. A와 C의 구매가 서로 관련이 없는 경우에 향상도가 1이하가 되며, 범위는 0~∞이다.
$lift(A{\rightarrow}C) = P(C \mid A)/P(C)$
- 레버리지(Leverage): A와 C가 함께 나타나는 관찰된 빈도와 A와 C가 독립적인 경우 예상되는 빈도 간의 차이를 계산한다. 레버리지 값이 0이면 연관이 없고, -1이나 1에 가까울수록 연관이 있다. 범위는 -1에서 1이다.
$leverage(A{\rightarrow}C) = support(A{\rightarrow}C) - support(A) \times support(C)$
- 확신(Conviction): conviction값이 높다는 것은 consequent가 antecedent에 크게 의존한다는 것을 의미한다. 이 값이 1이면 A와 C는 독립이고, 1보다 크면 A가 C의 발생여부를 예측하는데 유용한 품목이 되는 것이고, 1보다 작으면 유용하지 않은 품목이 된다. 범위는 0~∞이다.
$conviction(A{\rightarrow}C) = (1 - support(C)) / (1 - confidence(A{\rightarrow}C))$

[연관규칙학습 알고리즘]

최소지지도보다 큰 지지도 값을 갖는 품목의 집합을 빈발항목집합(Frequent item set)이라고 한다. Apriori 알고리즘은 모든 품목집합에 대한 지지도를 전부 계산하는 것이 아니라 최소 지지도 이상의 빈발항목 집합을 찾은 후 그것들에 대해서만 연관규칙을 계산한다. Apriori는 1994년에 발표된 1세대 알고리즘으로 구현과 이해하기 쉽다는 장점이 있으나 지지도가 낮은 후보 집합 생성 시 아이템의 개수가 많아지면 계산 복잡도가 증가한다는 문제점을 가지고 있다.

FP-Growth 알고리즘은 후보 빈발항목 집합을 생성하지 않고 FP-Tree(Frequent pattern tree)를 만든 후 분할정복 방식을 통해 Apriori 알고리즘보다 더 빠르게 빈발항목 집합을 추출할 수 있는 방법이다. Apriori 알고리즘의 약점을 보완하기 위해 고안된 것으로 데이터베이스를 스캔하는 횟수가 작고 빠른 속도로 분석이 가능하다.

[장단점]

조건과 결과로 표현되는 연관성 분석의 내용을 쉽게 이해할 수 있다. 분석 방향이나 목적이 특별히 없는 경우 목적변수가 없으므로 유용하게 활용된다. 사용이 편리한 분석 데이터의 형태로 거래 내용에 대한 데이터를 변환 없이 그 자체로 이용할 수 있는 간단한 자료 구조를 갖는다. 분석을 위한 계산이 간단하다.

반면, 품목 수가 증가하면 분석에 필요한 계산은 기하급수적으로 늘어나며, 너무 세분화한 품목을 갖고 연관성 규칙을 찾으면 의미 없는 분석이 될 수도 있다. 이를 개선하기 위해 유사한 품목을 한 범주로 일반화할 수 있다.

거래량이 적은 품목은 포함된 거래수가 적어서 규칙 발견 시 제외되기 쉽다는 단점이 있다. 이런 경우, 그 품목이 중요한 품목이라면 유사한 품목들과 함께 범주로 구성하는 방법 등을 통해 연관성 규칙의 과정에 포함 시킬 수 있다.

```
1  # Transaction data(거래내역 데이터) 생성하기
2  from pandas import DataFrame
3  from mlxtend.preprocessing import TransactionEncoder
4
5  dataset = [['Milk', 'Onion', 'Nutmeg', 'Kidney Beans', 'Eggs', 'Yogurt'],
6             ['Dill', 'Onion', 'Nutmeg', 'Kidney Beans', 'Eggs', 'Yogurt'],
7             ['Milk', 'Apple', 'Kidney Beans', 'Eggs'],
8             ['Milk', 'Unicorn', 'Corn', 'Kidney Beans', 'Yogurt'],
9             ['Corn', 'Onion', 'Onion', 'Kidney Beans', 'Ice cream', 'Eggs']]
10
11 te = TransactionEncoder()
12 te_ary = te.fit(dataset).transform(dataset)
13 df = DataFrame(te_ary, columns=te.columns_).applymap(lambda x: 1 if x else 0)
14 print(df)
15 ## 각 거래품목에 대한 거래 여부를 표시하는 데이터로 전처리 완료
```

```
   Apple  Corn  Dill  Eggs  Ice cream  Kidney Beans  Milk  Nutmeg  Onion  \
0      0     0     0     1          0             1     1       1      1
1      0     0     1     1          0             1     0       1      1
2      1     0     0     1          0             1     1       0      0
3      0     1     0     0          0             1     1       0      0
4      0     1     0     1          1             1     0       0      1

   Unicorn  Yogurt
0        0       1
1        0       1
2        0       0
3        1       1
4        0       0
```

```
1  # APRIORI 알고리즘으로 연관규칙학습
2
3  # 빈발항목집합 생성
4  from mlxtend.frequent_patterns import apriori
5  fset = apriori(df, min_support=0.6, use_colnames=True, verbose=0)
6  print("빈발항목집합:\n", fset.sort_values(by='support', ascending=False))
```

```
빈발항목집합:
    support                    itemsets
1       1.0              (Kidney Beans)
0       0.8                      (Eggs)
5       0.8        (Kidney Beans, Eggs)
2       0.6                      (Milk)
3       0.6                     (Onion)
4       0.6                    (Yogurt)
6       0.6               (Onion, Eggs)
7       0.6        (Kidney Beans, Milk)
8       0.6       (Onion, Kidney Beans)
9       0.6      (Kidney Beans, Yogurt)
10      0.6  (Onion, Eggs, Kidney Beans)
```

```python
# 연관규칙 생성
from mlxtend.frequent_patterns import association_rules
# metric = {'support', 'confidence', 'lift', 'leverage', 'conviction'}
# min_threshold = metric 파라미터 값의 최솟값 설정
rule = association_rules(fset, metric="confidence", min_threshold=0.7)
rule['len_ant'] = rule['antecedents'].apply(lambda x: len(x))
rule['len_con'] = rule['consequents'].apply(lambda x: len(x))

# consequents 항목이 1이고, lift가 1.2이상인 rule만 확인
print("연관규칙:")
print(rule[(rule['len_con']==1) & (rule['lift']>=1.2)])
```

```
연관규칙:
              antecedents   consequents  antecedent support  consequent support  \
2                 (Onion)        (Eggs)                 0.6                 0.8
3                  (Eggs)       (Onion)                 0.8                 0.6
8   (Onion, Kidney Beans)        (Eggs)                 0.6                 0.8
9    (Kidney Beans, Eggs)       (Onion)                 0.8                 0.6

   support  confidence  lift  leverage  conviction  len_ant  len_con
2      0.6        1.00  1.25      0.12         inf        1        1
3      0.6        0.75  1.25      0.12         1.6        1        1
8      0.6        1.00  1.25      0.12         inf        2        1
9      0.6        0.75  1.25      0.12         1.6        2        1
```

```python
# FP Growth 알고리즘으로 연관규칙학습

# 빈발항목집합 생성
from mlxtend.frequent_patterns import fpgrowth
fset = fpgrowth(df, min_support=0.6, use_colnames=True, verbose=0)
print("빈발항목집합:\n", fset.sort_values(by='support', ascending=False))
```

```
빈발항목집합:
    support                    itemsets
0       1.0              (Kidney Beans)
1       0.8                      (Eggs)
5       0.8        (Kidney Beans, Eggs)
2       0.6                    (Yogurt)
3       0.6                     (Onion)
4       0.6                      (Milk)
6       0.6      (Kidney Beans, Yogurt)
7       0.6              (Onion, Eggs)
8       0.6      (Onion, Kidney Beans)
9       0.6  (Onion, Eggs, Kidney Beans)
10      0.6        (Kidney Beans, Milk)
```

```python
# 연관규칙 생성
from mlxtend.frequent_patterns import association_rules
# metric = {'support', 'confidence', 'lift', 'leverage', 'conviction'}
# min_threshold = metric 파라미터 값의 최솟값 설정
rule = association_rules(fset, metric="confidence", min_threshold=0.7)
rule['len_ant'] = rule['antecedents'].apply(lambda x: len(x))
rule['len_con'] = rule['consequents'].apply(lambda x: len(x))

# consequents 항목이 1이고, lift가 1.2이상인 rule만 확인
print("연관규칙:")
print(rule[(rule['len_con']==1) & (rule['lift']>=1.2)])

```

```
13  ## lift 1.25인 규칙들의 경우, Eggs를 사는 사람은 (Kidney Beans, Onion)를 살 확률이 다소 높다
    는 의미이다.
14  ## leverage 0.12인 규칙들의 경우, 0에 가깝기 때문에 연관이 커 보이지 않는다.
15  ## conviction 값들은 1 이상이기 때문에 어느 정도 C항목의 발생 여부를 예측하는데 유용하다고
    볼 수 있다.
```

연관규칙:
```
       antecedents     consequents  antecedent support  consequent support  \
3          (Onion)          (Eggs)                 0.6                 0.8
4           (Eggs)         (Onion)                 0.8                 0.6
7  (Onion, Kidney Beans)    (Eggs)                 0.6                 0.8
8   (Kidney Beans, Eggs)   (Onion)                 0.8                 0.6

   support  confidence  lift  leverage  conviction  len_ant  len_con
3      0.6        1.00  1.25      0.12         inf        1        1
4      0.6        0.75  1.25      0.12         1.6        1        1
7      0.6        1.00  1.25      0.12         inf        2        1
8      0.6        0.75  1.25      0.12         1.6        2        1
```

연습문제

1. 다음은 신용 카드 사용자 데이터이다. 데이터는 신용카드 사용 행태를 나타내는 입력 변수들 구성되어 있다. 데이터 컬럼 정의서는 아래와 같을 때, 2개의 군집 분석 알고리즘으로 각각 군집을 생성하고 군집 생성 과정을 설명하시오. (데이터 링크는 아래 코드 참조)

---

1. CUST_ID: 신용카드 사용자 ID
2. BALANCE: 구매 계좌 잔액
3. BALANCE_FREQUENCY: 구매 계좌 잔액이 업데이트 되는 빈도 지수,
   0(자주 업데이트되지 않음)~1(자주 업데이트 됨)
4. PURCHASES: 구매 계좌로부터의 구매액
5. PURCHASES_FREQUENCY: 구매 빈도 지수, 0(자주 구매하지 않음)~1(자주 구매함)
6. PURCHASES_TRX: 구매 거래 건수

[출처] Kaggle, https://www.kaggle.com/datasets/arjunbhasin2013/ccdata

---

```
1 from pandas import read_csv
2 df = read_csv('https://raw.githubusercontent.com/algoboni/pythoncodebook1-1/main/practice10_credit_card.csv')
3 print(df.head())
```

```
   CUST_ID      BALANCE  BALANCE_FREQUENCY  PURCHASES  PURCHASES_FREQUENCY  \
0  C10001    40.900749           0.818182      95.40             0.166667
1  C10002  3202.467416           0.909091       0.00             0.000000
2  C10003  2495.148862           1.000000     773.17             1.000000
3  C10004  1666.670542           0.636364    1499.00             0.083333
4  C10005   817.714335           1.000000      16.00             0.083333

   PURCHASES_TRX
0              2
1              0
2             12
3              1
4              1
```

2. 두 모델을 비교하고, 더 타당한 모델을 선택하시오.

3. 선택한 모델로 생성한 군집들의 고객 특성을 분석하시오.

4. 고객 특성이 다음과 같다면 어느 군집으로 분류하는 것이 타당한지 서술하시오.

> BALANCE: 3000, BALANCE_FREQUENCY: 1,
> PURCHASES: 6000, PURCHASES_FREQUENCY: 1, PURCHASES_TRX: 100

5. 각 군집들을 대상으로 마케팅 전략을 수립하시오.

풀이

1번 문제 풀이:

```
1  # 데이터 전처리: CUST_ID는 범주형 변수로서 각 고객을 식별할 뿐이기 때문에 군집 분석에서는 제
     외하였다. 그 후, 변수 간 스케일 차이로 인한 왜곡이 일어나지 않도록 표준화를 진행하였다.
2  df2 = df.drop('CUST_ID', axis=1)
3  from sklearn.preprocessing import StandardScaler
4  ss = StandardScaler()
5  scaled = DataFrame(ss.fit_transform(df2), columns=df2.columns)
6  # K-means 클러스터링과 혼합분포 군집 알고리즘으로 각각 군집을 생성하고자 한다.
```

```
1  # K-means는 후보 군집 개수에 따른 오차제곱합들을 살펴, scree plot을 통해 elbow 방법으로 오차
     제곱합이 평평해지기 시작하는 지점의 군집 개수로 데이터를 군집화하고자 한다.
2  from sklearn.cluster import KMeans
3  from collections import Counter
4  I = []  # 오차제곱합
5  for k in range(1,14):
6      kmeans=KMeans(n_clusters=k).fit(scaled)
7      I.append(kmeans.inertia_)  # 오차제곱합
8  plt.plot(list(range(1,14)), I, marker="o")
9  plt.xticks(list(range(1,14)), list(range(1,14)))
10 plt.xlabel("Cluster 개수: K")
11 plt.ylabel("클러스터 중심과 데이터들의 오차제곱합: inertia_")
12 plt.show()
13 # 팔꿈치 지점으로 보이는 4를 군집의 개수로 정하기로 한다.
```

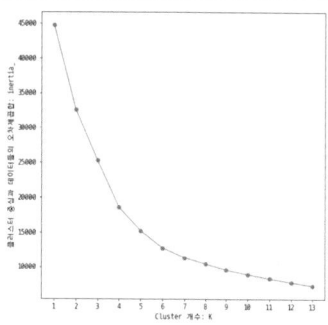

```
1  # n_cluster=4로 군집화
2  Kmodel = KMeans(n_clusters=4, random_state=0)
3  Kmodel.fit(scaled)  # 해당 열 데이터의 각 cluster center와의 거리
4  kmeans_result = Kmodel.labels_  # 각 데이터의 군집 반환
5  print(Counter(kmeans_result))
6
7  # 타당성 평가
8  from sklearn.metrics import silhouette_score
9  print("실루엣 계수: %.3f" %silhouette_score(scaled, kmeans_result))
```

```
Counter({2: 3604, 0: 3478, 1: 1485, 3: 383})
실루엣 계수: 0.422
```

```
1  # 혼합분포군집 방법으로는 분포 개수 후보군으로 적합한 각각의 결과를 실루엣 계수와 BIC로 비교
   하고 가장 타당한 분포 개수를 정하고자 한다.
2  dist_list =[2,3,4,5]
3  fig, axes = plt.subplots(1,4, figsize = (15,5))
4  for ax, k in zip(axes, dist_list):
5      gm = GaussianMixture(n_components=k, covariance_type='full').fit(scaled)
6      temp_df = scaled.copy()
7      temp_df['label']= gm.predict(scaled)
8      sns.scatterplot(x='BALANCE', y='PURCHASES', data=temp_df, hue='label', style='label',
   s=70, ax=ax, palette='pastel')
9      aic, bic = gm.aic(scaled), gm.bic(scaled)
10     score = silhouette_score(scaled, temp_df['label'])
11     ax.set_title("k={}, score {:.2f}, BIC {:.2f}".format(k, score, bic))
12 plt.show()
13 # 비교적 실루엣 스코어가 높고, BIC가 낮은 것으로 보이는 분포 개수 4개로 정하기로 한다.
```

적정한 분포 개수 정하기:

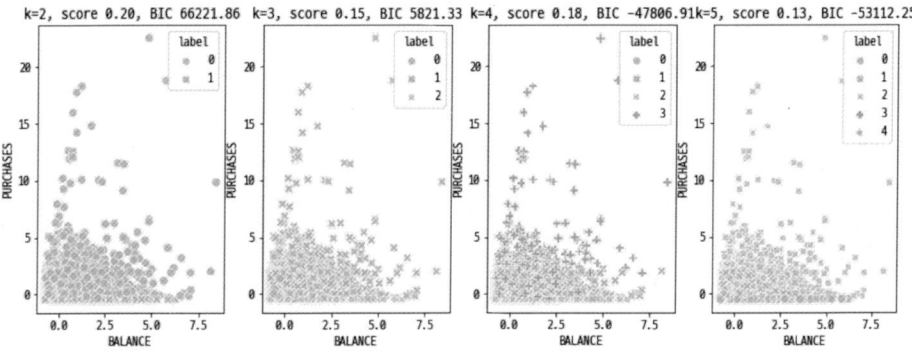

```
1  # n_components=4로 군집화
2  Gmodel = GaussianMixture(n_components=4)
3  Gmodel.fit(scaled)
4  GM_result = Gmodel.predict(scaled)
5  print(Counter(GM_result))
6
7  # 타당성 평가
8  from sklearn.metrics import silhouette_score
9  print("실루엣 계수: %.3f" %silhouette_score(scaled, GM_result))
```

Counter({0: 4496, 2: 2040, 3: 1426, 1: 988})
실루엣 계수: 0.175

2번 문제 풀이:

```
1  # 두 분포 모두 각 군집 별 데이터의 개수는 고르게 배치된 것으로 보이지만, 실루엣 계수로 미루
   어볼 때 군집 내의 응집도와 군집 간 분리도가 더 높은 K-means(0.422)의 결과가 혼합분포군집
   (0.175)의 결과보다 더 타당한 것으로 보인다. 이에 K-means 모델을 선택하고자 한다.
```

3번 문제 풀이:

```
1  df['cluster'] = kmeans_result
2  print(df[df['cluster']==0].describe().round(2).iloc[:, :-1])
3  # 군집0은 3478개의 고객이 해당되는 군집으로서 구매계좌 잔액 평균 2397에, 계좌 업데이트 빈도
   지수 평균이 0.98이며, 구매액 평균이 230.47이고, 구매 빈도지수 평균은 0.13이고, 거래 건수 평
   균은 2.38의 특성을 보인다.
4  # 해당 군집은 구매계좌 잔액과 계좌 업데이트 빈도지수는 높은 편이지만, 실제 구매는 많이 이루
   어지지 않는 군집이다. '잠재 구매력 고객'으로 정의할 수 있다.
```

	BALANCE	BALANCE_FREQUENCY	PURCHASES	PURCHASES_FREQUENCY	PURCHASES_TRX
count	3478.00	3478.00	3478.00	3478.00	3478.00
mean	2397.40	0.98	230.47	0.13	2.38
std	2281.64	0.06	465.86	0.18	3.85
min	0.49	0.55	0.00	0.00	0.00
25%	924.57	1.00	0.00	0.00	0.00
50%	1603.21	1.00	0.52	0.08	1.00
75%	3098.06	1.00	255.61	0.25	4.00
max	16304.89	1.00	4900.00	1.00	34.00

```
1  print(df[df['cluster']==1].describe().round(2).iloc[:, :-1])
2  # 군집1은 1485개의 고객이 해당되는 군집으로서 구매계좌 잔액 평균 155.46에, 계좌 업데이트 빈
   도지수 평균이 0.40이며, 구매액 평균이 353.70이고, 구매 빈도지수 평균은 0.28이고, 거래 건수
   평균은 4.45의 특성을 보인다.
3  # 해당 군집은 구매계좌 잔액과 계좌 업데이트 빈도가 낮고, 구매액과 구매빈도도 낮은 '낮은 구매
   력 고객'으로 정의할 수 있다.
```

	BALANCE	BALANCE_FREQUENCY	PURCHASES	PURCHASES_FREQUENCY	PURCHASES_TRX
count	1485.00	1485.00	1485.00	1485.00	1485.00
mean	155.46	0.40	353.70	0.28	4.45
std	333.71	0.20	529.36	0.27	5.22
min	0.00	0.00	0.00	0.00	0.00
25%	7.58	0.27	33.38	0.08	1.00
50%	29.47	0.45	161.50	0.18	3.00
75%	131.34	0.55	442.03	0.42	6.00
max	3947.75	0.75	5252.04	1.00	41.00

```
1 print(df[df['cluster']==2].describe().round(2).iloc[:, :-1])
2 # 군집2는 3604개의 고객이 해당되는 군집으로서 구매계좌 잔액 평균 1084.17에, 계좌 업데이트 빈
  도지수 평균이 0.97이며, 구매액 평균이 1316.54이고, 구매 빈도지수 평균은 0.87이고, 거래 건수
  평균은 21.97의 특성을 보인다.
3 # 전체 고객의 40%가 군집 2에 해당할 만큼 일반적인 군집 특성을 가진다. 구매계좌 잔액과 구매액
  은 일반적이지만 계좌 업데이트 빈도는 매우 높고, 구매 빈도지수도 높은 편이며, 거래 건수도 높
  은 편에 속한다. "높은 구매력 고객"으로 정의할 수 있다.
```

	BALANCE	BALANCE_FREQUENCY	PURCHASES	PURCHASES_FREQUENCY	PURCHASES_TRX
count	3604.00	3604.00	3604.00	3604.00	3604.00
mean	1084.17	0.97	1316.54	0.87	21.97
std	1450.10	0.08	1166.23	0.16	14.68
min	0.73	0.45	8.40	0.25	0.00
25%	111.73	1.00	462.96	0.75	12.00
50%	483.33	1.00	938.08	0.92	17.00
75%	1464.57	1.00	1840.17	1.00	28.00
max	11734.27	1.00	8591.31	1.00	98.00

```
1 print(df[df['cluster']==3].describe().round(2).iloc[:, :-1])
2 # 군집3은 383개의 고객이 해당되는 군집으로서 구매계좌 잔액 평균 3983.54에, 계좌 업데이트 빈
  도지수 평균이 0.99이며, 구매액 평균이 7590.20이고, 구매 빈도지수 평균은 0.96이고, 거래 건수
  평균은 98.16의 특성을 보인다.
3 # 군집3은 4개의 군집 중에서 고객수는 가장 적지만, 구매계좌 사용, 구매액, 구매빈도, 거래건수
  가 가장 높고 활발한 '슈퍼 구매력 고객'이라고 정의할 수 있다.
```

	BALANCE	BALANCE_FREQUENCY	PURCHASES	PURCHASES_FREQUENCY	\PURCHASES_TRX
count	383.00	383.00	383.00	383.00	383.00
mean	3983.54	0.99	7590.20	0.96	98.16
std	3431.34	0.05	6288.93	0.13	54.14
min	137.64	0.27	885.44	0.17	3.00
25%	1216.19	1.00	4121.02	1.00	67.50
50%	2986.42	1.00	5779.36	1.00	87.00
75%	5768.60	1.00	8731.10	1.00	114.00
max	19043.14	1.00	49039.57	1.00	358.00

```
1  # 특성 별 각 군집의 데이터 분포는 아래와 같이 시각화 할 수 있다.
2  from matplotlib import pyplot as plt
3  import seaborn as sns
4  plt.rcParams['figure.figsize'] = (8,12)
5  plt.rcParams['font.family'] = 'D2Coding'
6  fig, axes = plt.subplots(5,1)
7  for ax, col in zip(axes, ['BALANCE', 'BALANCE_FREQUENCY', 'PURCHASES',
8          'PURCHASES_FREQUENCY', 'PURCHASES_TRX']):
9      sns.boxplot(x='cluster', y=col, hue='cluster', data=df, ax=ax)
10     ax.legend().remove()
11 plt.show()
```

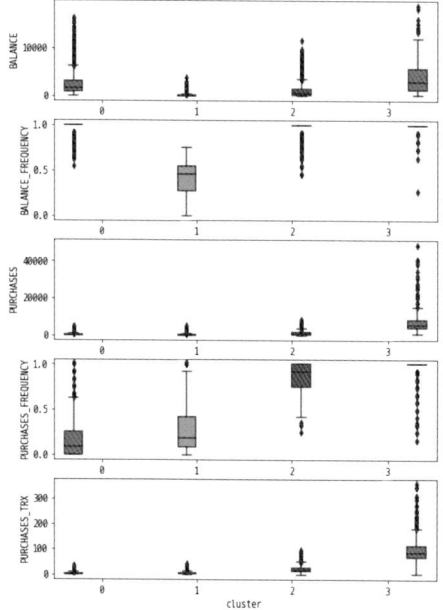

4번 문제 풀이:

```
1  # 주어진 데이터를 앞서 표준화한 기준으로 정규화하고, 적합한 군집 모델로 예측한 결과 군집 3이
   나왔다.
2  Kmodel.predict(ss.transform([[3000, 1, 6000, 1, 100]]))
```

array([3], dtype=int32)

5번 문제 풀이:

```
1  # 여러 군집들 중에서도 군집 0을 메인 타겟으로 한 마케팅 전략을 제안한다. 군집 0에 해당하는
   고객들은 전체의 39%를 차지하여 규모가 클 뿐만 아니라, 구매계좌 잔액, 계좌 업데이트 빈도 지수
   를 미루어보아 구매력이 높은 집단으로 판단되기 때문이다. 다만, 현재 해당 군집의 구매액, 구매
   빈도, 거래 건수가 낮은 이유는 해당 군집들이 필요로하는 제품의 라인업이 부족하거나 구매 과정
   상의 동선, 프로모션 부족 등의 문제가 있을 것으로 예상한다. 이러한 문제점을 파악하여 제품 라
   인업을 보충하고, 구매 과정 상의 동선을 확인하거나 해당 군집을 대상으로 한 프로모션을 기획하
   기를 제안한다.
```

11장 모델 평가 지표와 거리 지표

11-1. 회귀모델 평가 지표

ME (Mean error)
실제값과 예측값의 차이를 평균 계산한 것이다.

MAE (Mean absolute error)
실제값과 예측값의 차이를 절댓값으로 변환해 평균을 계산한 것이다. MAE는 에러에 절댓값을 취하기 때문에 에러의 크기 그대로 반영한다. 에러에 따른 손실이 선형적으로 올라가야 하거나 이상치가 많을 때 적합하다. MAE는 이상치의 영향을 상대적으로 줄여주는 평가 지표이다. 하나의 대푯값으로 예측할 때 MAE를 최소화하는 예측값은 중앙값이다.

지표가 직관적이며 예측변수와 단위가 같아 이해가 쉽다. 기온을 예측하는 모델의 MAE가 3이라면 이 모델은 평균적으로 3도 정도를 잘못 예측하는 것이다.

반면, 잔차에 절댓값을 씌우기 때문에 실제 값에 대해 과소 예측(Underestimates)인지 과대 예측(Overestimates)인지 파악하기 힘들다. 예를 들어, 삼성전자의 주가를 예측하는 모델의 MAE가 1,000이라면 이 모델이 평균적으로 주가를 1000원을 높게 예측하는지 1000원을 낮게 예측하는지 파악하기 힘들다.

또한, 스케일에 의존적이다. 이는 MAE, MSE, RMSE가 동일하게 가지는 단점이다. 예를 들어, 비트코인의 가격이 35,000,000원이고 이더리움의 가격이 1,000,000원일 때 두 암호화폐의 가격을 예측하는 모델의 MAE가 동일하게 10,000이라고 해보자. 이들은 분명 동일한 에러율이 아님에도 불구하고 MAE 숫자 자체는 동일하다.

- sklearn.metrics.mean_absolute_error(y_true, y_pred,)

MAPE (Mean absolute percentage error)

MAE를 퍼센트로 변환한 것이다. 예측값 대비 잔차의 비율을 의미하며, 주로 다른 시계열 모형의 적합치를 비교하는 데 사용한다. 값이 작을수록 적합도가 높다는 것을 의미한다.

이 지표의 장점은 이해하기 쉽다는 것이다. 예를 들어, 공연석의 규모를 예측하는 모델의 MAPE가 3인 경우 실제 공연석의 예매량과 예측 예매량 비율이 3% 정도 차이난다고 해석할 수 있다. 또한, 비율 변수이기 때문에 모델 간 성능을 비교하기 용이하다. 예를 들어, 비트코인의 가격을 예측하는 모델의 MAPE가 3이고 이더리움의 가격을 예측하는 모델의 MAPE가 5일 때 MAPE를 기반으로 판단하여 비트코인의 가격을 예측하는 모델이 더 우수하다고 평가할 수 있다.

반면, 실제 값에 대해 과대예측 혹은 과소예측 여부를 파악하기 힘들다는 단점이 있다. 또한, 비율로 해석할 때 의미가 있는 값에만 적용할 수 있다. 예를 들어, 기온을 예측하는 모델의 경우 MAPE로의 해석이 유효하지 않다.

게다가 실제 값에 0이 포함될 경우 MAPE를 계산할 수 없다. 예를 들어, 10분 간격으로 서울시의 버스 수요를 예측해본다고 해보자. 이 때 10분의 interval 동안 수요가 0인 구간이 존재한다면 MAPE는 zero-division error를 반환한다.

마지막으로, 실제 정답이 0에 가까운 매우 작은 값인 경우 MAPE 값이 매우 커질 수 있다는 단점이 있다.

- sklearn.metrics.mean_absolute_percentage_error(y_true, y_pred,)
- np.mean(np.abs((y_true - y_pred)/y_true))*100

MPE (Mean percentage error)

MAPE에서 절댓값을 제외한 지표이다. ME와 MAE가 척도 문제를 가지고 있는 반면, MPE와 MAPE는 0~100%로 표준화를 해서 척도 문제가 없다는 장점이 있다. 값이 0에 근접할수록 시계열 예측 모델이 잘 적합 되었다고 평가할 수 있고, MAE의 부호로 과대 혹은 과소 예측의 방향을 파악할 수 있다. 또한, 실제값에 대해 과소, 과대 예측 여부를 파악할 수 있다. MPE가 양수이면 과소 예측, 음수이면 과대 예측이다.

단점은 지표 자체가 직관적이지 않으며 예측변수와 단위가 다르다는 것이다.

MSE (Mean squared error)

MSE는 실제값과 예측값의 차이를 제곱해 평균을 계산한 것이다.

장점은 지표 자체가 직관적이라는 것인 반면, 예측 변수와 단위가 다르며, 스케일에 의존적이라는 단점이 있다. 또한, 잔차를 제곱하기 때문에 이상치에 민감하며, 1미만의 에러는 더 작아지고 그 이상의 에러는 더 커진다. 마지막으로 실제 값에 대해 과소, 과대 예측 여부를 알 수 없다.

- sklearn.metrics.mean_squared_error(y_true, y_pred,)

RMSE (Root mean squared error)

잔차의 제곱에 대한 평균 값에 루트를 씌운 것이다. MSE값은 오류의 제곱을 구하므로 실제 오류 평균보다 더 커지는 특성이 있어 MSE에 루트를 씌운 RMSE 값을 쓴다. RMSE 값을 최소화 했을 때의 결과가 최대가능도 방법의 결과와 같아지는 등 통계학적으로 큰 의미를 가지는 평가 지표이다.

지표 자체가 직관적이며 예측변수와 단위가 같다는 장점을 가진다. 또한, 제곱된 잔차를 다시 루트로 풀어주기 때문에 잔차를 제곱해서 생기는 값의 왜곡이 MSE에 비해 좀 덜하다.

반면, 이상치의 영향을 받기 쉬우므로 이상치를 제외한 처리 등을 미리 해두지 않으면 이상치에 과적합한 모델을 만들 가능성이 있다. 또한, 실제 값에 대해 과소, 과대 예측 여부를 파악하기 힘들다. 마지막으로 스케일에 의존적이다.

- np.sqrt(MSE)
- statsmodels.tools.eval_measures.rmse(y_true, y_pred,)

R^2 (= Explained variance score)

결정계수를 말하며, 데이터에 대한 설명력을 0~1로 나타낸다.

- sklearn.metrics.r2_score(y_true, y_pred,)
- sklearn.metrics.explained_variance_score(y_true, y_pred,)

MSLE (Mean squared log error)

MSE에 로그를 적용한 지표이다.

- sklearn.metrics.mean_squared_log_error(y_true, y_pred,)

RMSLE (Root mean square logarithmic error)

실제값과 예측값의 로그를 각각 취한 후 그 차의 제곱평균제곱근으로 계산되는 지표이다. RMSE를 최소화하면 RMSLE가 최소화 된다.

AIC (Akaike's information criterion)

서로 다른 선형 회귀 모형의 성능을 비교할 때 사용한다. 조정 결정 계수(Adjusted R^2)와 함께 최대 가능도에 독립변수의 개수에 대한 손실(Penalty)을 반영하는 방법을 정보량 규준이라고 하며 손실 가중치의 계산법에 따라 AIC, BIC 두가지를 사용한다.

AIC는 모형과 데이터의 확률 분포 사이의 kullback-Leibler 수준을 가장 크게 하기 위한 시도에서 나왔다. 값이 적을 수록 올바른 모형에 가깝다.

p는 설명변수의 개수, n은 데이터의 개수, $logL_i$는 최대로그가능도를 말한다.

$-2logL_i + 2*(p+1) - 2$로 구한다. (절편이 있는 경우 p+1, 없으면 p)

- statsmodels.tools.eval_measures.aic(llf, nobs, df_modelwc)

BIC (Bayesian information criterion)

AIC와 비슷하지만 변수 추가에 대해 더 강한 벌점을 준다.

p는 설명변수의 개수, n은 데이터의 개수, $logL_i$는 최대로그가능도를 말한다.

$-2logL_i + \log(n)*(p+1) - 2$로 구한다. (절편이 있는 경우 p+1, 없으면 p)

- statsmodels.tools.eval_measures.bic(llf, nobs, df_modelwc)

AIC, BIC, 가능도에 대한 상세한 설명은 〈8-1-2. 다중 선형 회귀〉에서 다룬다.

```python
1  from sklearn.linear_model import LinearRegression
2  from sklearn.svm import SVR
3  from sklearn.datasets import load_diabetes
4  from pandas import DataFrame
5  from sklearn.model_selection import train_test_split
6  import numpy as np
7  from sklearn.preprocessing import StandardScaler
8
9  # 데이터 불러오기
10 X, y = load_diabetes()['data'], load_diabetes()['target']
11
12 # 데이터 표준화 및 분할
13 ss = StandardScaler()
14 X = ss.fit_transform(X)
15 X_train, X_test, y_train, y_test = train_test_split(X, y)
16
17 # 선형 회귀 적합 및 예측
18 lr = LinearRegression().fit(X_train, y_train)
19 pred1 = lr.predict(X_test)
20
21 # SVM 회귀 적합 및 예측
22 svr = SVR().fit(X_train, y_train)
23 pred2 = svr.predict(X_test)
```

```python
1  # 2개의 회귀모델 평가 및 비교
2  from sklearn.metrics import mean_absolute_error, mean_squared_error, mean_squared_log_error, r2_score
3  from statsmodels.tools.eval_measures import rmse, rmspe
4  def MAPE(y_true, y_pred):
5      mape = np.mean(np.abs((y_true - y_pred)/y_true))*100
6      return mape
7  def RMSLE(y_true, y_pred):
8      rmsle = np.sqrt(mean_squared_log_error(y_true, y_pred))
9      return rmsle
10
11 titles = ['MAE', 'MAPE', 'MSE', 'RMSE', 'R2', 'MSLE', 'RMSLE']
12 functions = [mean_absolute_error, MAPE, mean_squared_error, rmse, r2_score, mean_squared_log_error, RMSLE]
13 print(">> Linear regression vs SVM")
14 for title, function in zip(titles, functions):
15     score1 = function(y_test, pred1)
16     score2 = function(y_test, pred2)
17     print(" {}: {:.2f} vs {:.2f}".format(title, score1, score2))
18 ## R2는 높고, 나머지 지표들은 더 적은 값을 얻은 Linear regression의 회귀모델 성능이 SVM보다 더 좋은 것으로 평가 된다.
```

```
>> Linear regression vs SVM
 MAE: 45.02 vs 58.54
 MAPE: 45.20 vs 57.32
 MSE: 2921.17 vs 4865.25
 RMSE: 54.05 vs 69.75
 R2: 0.52 vs 0.20
 MSLE: 0.20 vs 0.29
 RMSLE: 0.45 vs 0.54
```

11-2. 분류모델 평가 지표

분류 결과는 True Positive, False Negative(=Type 2 error), False Positive (=Type 1 error), True Negative로 구분할 수 있다. TP는 1을 1로 맞게 예측한 데이터의 개수, FN은 1을 0으로 잘못 예측한 데이터의 개수, FP는 0을 1로 잘못 예측한 데이터의 개수, TN은 0을 0으로 맞게 예측한 데이터의 개수를 의미한다. 이 분류 결과를 기반으로 분류 모델의 성능을 평가하는 아래와 같은 지표들이 있다.

Accuracy

전체 데이터 중 맞게 분류한 데이터의 비율로서 정확도를 의미한다. (TP+TN) / (TP+TN+FP+FN)로 구한다.

- sklearn.metrics.accuracy_score(y_true, y_pred, *[, ...])

Precision

예측을 1이라고 한 데이터 중 1로 맞게 예측한 데이터의 비율로서 정밀도를 의미한다. TP / (TP + FP)로 구한다.

- sklearn.metrics.precision_score(y_true, y_pred, *[, ...])

Recall (= Sensitivity)

실제로 1인 데이터들 중 1로 맞게 예측한 데이터의 비율로서 재현율 혹은 민감도를 의미한다. TP / (TP + FN)로 구한다.

- sklearn.metrics.recall_score(y_true, y_pred, *[, ...])

Specificity

실제로 0인 데이터들 중 0으로 맞게 예측한 데이터의 비율로서 특이도를 의미한다. TN / (TN + FP)로 구한다.

Negative predictive value

예측을 0이라고 한 데이터 중 0으로 맞게 예측한 데이터의 비율을 의미한다.
TN / (TN + FN)로 구한다.

F1-score 및 Fβ-score

정밀도와 재현율의 조화 평균으로 계산되는 지표이다. Fβ-score는 F1-score에서 구한 정밀도와 재현율의 균형(조화평균)에서 계수 β에 따라 재현율에 가중치를 주어 조정한 지표이다. 계수 β가 1일 때는 F1-score, 2일 때는 F2-score가 된다.

class가 3개 이상인 다중 클래스(Multi-class)의 경우, f1_score의 파라미터 average를 None으로 설정하면 각 클래스에 대한 점수가 반환되고, 'samples', 'macro', 'micro', 'weighted'의 평균 타입을 설정하여 평균 점수를 구할 수 있다.

- sklearn.metrics.f1_score(y_true, y_pred, *[, ...])
- sklearn.metrics.fbeta_score(y_true, y_pred,)

Precision-recall curve

확률 임곗값(probability thresholds 혹은 cut-off value)에 따른 precision-recall의 변화를 보여줌으로써 최적의 확률 임곗값을 찾을 수 있도록 도와주는 curve이다.

정밀도와 재현율은 어느 한 쪽의 값을 높이려 할 때 다른 쪽의 값은 낮아지는 trade-off 관계이다. 따라서 모델 목적에 따라 둘 중 어느 지표에 더 중점을 둘지 정할 수 있다. 잘못된 예측을 줄이고 싶다면 정밀도를 중시하고, 실제 양성인 데이터를 양성으로 최대한 예측하고 싶다면 재현율을 중시한다.

확률 임곗값이 커질수록 FP는 줄어들고, FN는 많아지기 때문에 정밀도(precision=TP/(TP+FP))는 커지고, 재현율(recall =TP/(TP+FN))은 작아지게 된다. 따라서 정밀도를 중시하는 경우, 확률 임곗값을 높게 잡으면 된다.

- sklearn.metrics.precision_recall_curve(y_true, probas_pred, *)

Classification report

클래스 별로 precision, recall, f1-score, accuracy 등 평가 지표를 통해 분류 성능을 파악할 수 있는 report를 제공한다.

- sklearn.metrics.classification_report(y_true, y_pred, *)

Confusion matrix

인덱스에 실제 클래스들, 컬럼에 예측 클래스들로 분류된 데이터 개수를 혼동 행렬로 반환한다.

- sklearn.metrics.confusion_matrix(y_true, y_pred, *)

Multilabel confusion matrix

앞서 언급한 Confusion matrix와 달리 각 클래스와 나머지 클래스에 대한 비교 방식(One-vs-rest way)으로 이진 분류한 confusion matrix를 각 클래스 별로 반환한다.

- sklearn.metrics.multilabel_confusion_matrix(y_true, y_pred, *)

ROC Curve (Receiver operating characteristic curve)

예측값을 양성으로 판단하는 확률 임곗값을 1에서 0으로 움직일 때의 거짓 양성 비율(False positive rate)과 참 양성 비율(True positive rate)을 그래프의 (x, y)축으로 나타낸 것이다. 모든 데이터를 정확하게 예측했을 경우 ROC 곡선은 (0, 1)을 지나며 AUC는 1이다. 랜덤 예측의 경우 ROC 곡선은 보통 대각선을 지나며 AUC는 0.5 정도이다.

FPR은 실제 거짓인 데이터를 양성으로 잘못 예측한 비율로서, (FP / (FP+TN)) 혹은 (1 - Specificity)로 구한다.

TPR은 실제 참인 데이터를 양성으로 올바르게 예측한 비율로서, (TP / (TP+FN)) 혹은, Recall로 구한다.

- sklearn.metrics.roc_curve(y_true, y_score, *[, ...])

AUC (Area under the ROC curve)

ROC Curve의 아래 면적을 가리킨다. 분류 성능이 좋을 수록 AUC는 1에 가깝고 분류가 무작위이면 0.5에 가깝다. 분류를 완전 반대로 한 경우는 0이 된다.

지니 계수(Gini coefficient)는 (2*AUC - 1)로 계산하며 AUC와 선형 관계이다. 평가 지표가 지니 계수라면 평가 지표가 AUC나 거의 마찬가지인 셈이다. 분류 성능이 좋을 수록 지니 계수는 1에 가깝고, 무작위 분류이면 0, 완전 반대로 분류된 경우 -1을 갖게 된다.

- sklearn.metrics.roc_auc_score(y_true, y_score, *[, ...])

Log loss

이진분류의 평가 지표로서 logistic loss 혹은 cross-entropy loss라 부르기도 한다. 실제값을 예측하는 확률에 로그를 취하여 부호를 반전시킨 값이다. 로그 손실이 낮을수록 좋은 지표이다. $-\frac{1}{N}\Sigma_{i=1}^{N} log p'_i$로 구한다.

- sklearn.metrics.log_loss(y_true, y_pred, *[, eps, ...])

이익도표 (Lift chart = Decile gains chart)

Lift는 모델이 다른 확률 컷오프에 대해 비교적 드문 1을 얼마나 더 효과적으로 구분하는지 나타내는 측정 지표이다. 가장 1로 분류될 가능성이 높은 것부터 매 십분위(Decile)마다 이를 계산한다. 예를 들어, 2000명의 고객 중 381명이 상품을 구매한 경우에 데이터셋의 각 관측치에 대한 예측 확률을 내림차순으로 정렬한다. 이후 데이터를 10개의 구간으로 나눈 다음 각 구간의 반응률(Response)을 산출한다. 또한, 기본 향상도(Baseline lift)에 비해 반응률이 몇배나 높은지 향상도(Lift)를 계산한다.

이익도표의 각 등급은 예측 확률에 따라 매겨진 순위이기 때문에 상위 등급에서는 더 높은 반응률을 보이는 것이 좋은 모형이라고 평가할 수 있다. 등급의 내림차순으로 향상도가 급격하게 감소할수록 좋은 모형이라고 할 수 있고, 각 등급별로 향상도가 들쭉날쭉하면 좋은 모형이라고 볼 수 없다.

MCC (매튜상관계수, Matthews correlation coefficient)

불균형한 데이터의 모델 성능을 적절히 평가하기 쉬운 지표이다. 이 지표는 −1부터 +1 사이 범위의 값을 가진다. 그 값이 +1일때는 완벽한 예측, 0일 때는 랜덤한 예측, −1일 때는 완전 반대 예측을 한 것이다. F1-score와 달리 양성과 음성을 대칭 취급하므로 실제값과 예측값의 양성과 음성을 서로 바꿔도 점수는 같다. 양성이 많을 때와 음성이 많을 때 각각의 균형이 서로 정확히 역전된 상황에서, F1-score는 TN을 사용하지 않고 계산하므로 값이 크게 달라지지만 MCC의 경우에는 값이 바뀌는 일이 없다.

- sklearn.metrics.matthews_corrcoef(y_true, y_pred, *[, ...])

QWK (Quadratic weighted kappa)

다중 클래스 분류에서 클래스 간에 순서 관계가 있을 때 사용한다. 각 행 데이터의 예측값이 어느 클래스에 속하는지 제출한다. 완전한 예측일 때는 1, 랜덤 예측일 때는 0, 랜덤보다 나쁜 예측일 때는 마이너스 값이 된다.

- sklearn.metrics.cohen_kappa_score(y_true, y_pred, weights='quadratic')

```python
from sklearn.linear_model import LogisticRegression
from sklearn.svm import SVC
from sklearn.datasets import load_breast_cancer
from pandas import DataFrame
from sklearn.model_selection import train_test_split
import numpy as np
from sklearn.preprocessing import StandardScaler
from sklearn.metrics import classification_report

# 데이터 불러오기
X, y = load_breast_cancer()['data'], load_breast_cancer()['target']

# 데이터 표준화 및 분할
ss = StandardScaler()
X = ss.fit_transform(X)
X_train, X_test, y_train, y_test = train_test_split(X, y, stratify=y, random_state=10)
```

```python
# 로지스틱 회귀 적합 및 예측
lr = LogisticRegression().fit(X_train, y_train)
pred1 = lr.predict(X_test)

# SVM 분류 적합 및 예측
svc = SVC().fit(X_train, y_train)
pred2 = svc.predict(X_test)
```

```
 9  # 2개의 분류모델 평가 및 비교
10  from sklearn.metrics import accuracy_score, precision_score, recall_score, f1_score,
    log_loss, matthews_corrcoef, cohen_kappa_score, confusion_matrix
11  titles = ['accuracy', 'precision', 'recall', 'f1_score', 'log_loss', 'MCC', 'cohen']
12  functions = [accuracy_score, precision_score, recall_score, f1_score, log_loss,
    matthews_corrcoef, cohen_kappa_score]
13  print(">> Logistic regression vs SVM")
14  for title, function in zip(titles, functions):
15      score1 = function(y_test, pred1)
16      score2 = function(y_test, pred2)
17      print(" {}: {:.2f} vs {:.2f}".format(title, score1, score2))
```

```
>> Logistic regression vs SVM
 accuracy: 0.97 vs 0.97
 precision: 0.98 vs 0.96
 recall: 0.98 vs 0.99
 f1_score: 0.98 vs 0.97
 log_loss: 0.97 vs 1.21
 MCC: 0.94 vs 0.93
 cohen: 0.94 vs 0.92
```

```
 1  # confusion matrix와 classification report 비교
 2  lr_cm = DataFrame(confusion_matrix(y_test, pred1), index=['실제값(N)', '실제값(P)'],
    columns=['예측값(N)', '예측값(P)'])
 3  svm_cm = DataFrame(confusion_matrix(y_test, pred2), index=['실제값(N)', '실제값(P)'],
    columns=['예측값(N)', '예측값(P)'])
 4  print(">> Logistic regression confusion matrix:\n", lr_cm)
 5  print("\n>> SVM confusion matrix:\n", svm_cm)
 6
 7  lr_report = classification_report(y_test, pred1)
 8  svm_report = classification_report(y_test, pred2)
 9  print("\n>> Logistic regression report:\n", lr_report)
10  print(">> SVM report:\n", svm_report)
```

```
>> Logistic regression confusion matrix:
          예측값(N)  예측값(P)
 실제값(N)     51       2
 실제값(P)      2      88

>> SVM confusion matrix:
          예측값(N)  예측값(P)
 실제값(N)     49       4
 실제값(P)      1      89

>> Logistic regression report:
               precision    recall  f1-score   support

           0       0.96      0.96      0.96        53
           1       0.98      0.98      0.98        90

    accuracy                           0.97       143
   macro avg       0.97      0.97      0.97       143
weighted avg       0.97      0.97      0.97       143

>> SVM report:
               precision    recall  f1-score   support

           0       0.98      0.92      0.95        53
           1       0.96      0.99      0.97        90

    accuracy                           0.97       143
   macro avg       0.97      0.96      0.96       143
weighted avg       0.97      0.97      0.96       143
```

```python
# 분류모델의 성능 시각화 (1)
from sklearn.metrics import precision_recall_curve, roc_curve, roc_auc_score
from matplotlib import pyplot as plt
# 앞서 적합한 로지스틱 회귀 모델로 예측값, 예측확률값 가져오기
pred = lr.predict(X_test)
prob = lr.predict_proba(X_test)[:, 1] # 1이 될 probability thresholds

## 1) precision-recall의 차이가 최소가 되는 지점 찾기
# Precision-recall trade-off
precision, recall, thresholds = precision_recall_curve(y_test, prob)
thresholds = list(thresholds)+[1]
idx = np.argmin(np.abs(precision - recall))
best_threshold = thresholds[idx]

fig, ax = plt.subplots(1,2, figsize=(12,6))
ax[0].set_title("Precision-recall trade-off")
ax[0].plot(thresholds, precision, label='precision')
ax[0].plot(thresholds, recall, label='recall', linestyle='dashed')
ax[0].plot(best_threshold, recall[idx], marker='o', color='red', label="best_threshold")
ax[0].text(0.6, 0.9, "best threshold: {:.3f}".format(best_threshold), color='red')
ax[0].legend()
ax[0].set_xlabel('probability thresholds')
ax[0].set_ylabel('precision & recall')

## 2) ROC AUC가 최대가 되는 지점 찾기
# ROC curve & best threshold
fpr, tpr, thresholds = roc_curve(y_test, prob)
auc = roc_auc_score(y_test, prob)

## best thresholds(=cut-off value) 찾기
## Youden Index (Youden's J statistic): recall - (1-specificity)의 최대 지점
import numpy as np
J = tpr - fpr
idx= np.argmax(J)
best_threshold = thresholds[idx]
best_tpr = tpr[idx]
best_fpr = fpr[idx]

ax[1].set_title("ROC curve & best threshold")
ax[1].plot(fpr, tpr, label="AUC")
ax[1].plot([0,1], [0,1], linestyle='dashed')
ax[1].plot(best_fpr, best_tpr, marker='o', color='red', label="best_threshold")
ax[1].text(0.1, 0.9, "best thresholds: {:.3f}".format(best_threshold), color='red')
ax[1].text(0.1, 0.8, "AUC: {:.3f}".format(auc), color='red')
ax[1].legend()
ax[1].set_xlabel('FPR')
ax[1].set_ylabel('TPR')
plt.show()

## Precision-recall trade-off plot을 통해 Precision과 recall의 차이가 최소가 되는 cut-off value(0.519)를 확인할 수 있다.
## ROC curve plot을 통해 AUC가 최대가 되는 cut-off value(0.426)를 확인할 수 있다.
```

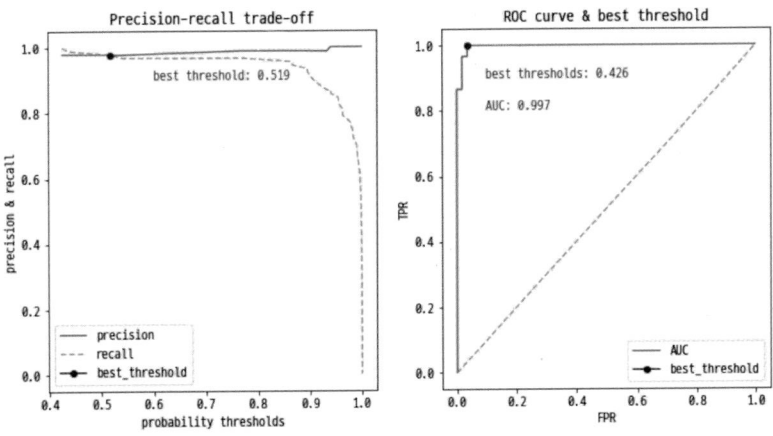

```
1  # 분류모델의 성능 시각화 (2) - Lift chart
2  # 예측된 확률과 실제 클래스를 확률 내림차순으로 정렬
3  rank = DataFrame({"pred_prob": prob, 'y_true': y_test}).sort_values(by='pred_prob',
   ascending=False).reset_index(drop=True)
4
5  # 10개 구간으로 나눔
6  rank['Decile'] = 10 #임시로 입력
7  start=0
8  end = len(rank)//10
9  end_start=end-start
10 decile = 1
11 while end < len(rank):
12     for i in range(start, end):
13         rank['Decile'][i] = decile
14     decile += 1
15     start = end
16     end += len(rank)//10
17
18 # baseline lift 계산 및 실구매자수 집계
19 total = len(y_test) #전체 데이터 수
20 count = y_test.sum() #1(True)의 개수
21 baseline_lift = count/total
22 print("baseline_lift: {:.3f}".format(baseline_lift))
23 liftchart = rank.groupby('Decile').sum()
24
25 # liftchart에 captured response, response, lift 추가
26 liftchart['captured_R'] = liftchart['y_true']/count
27 liftchart['R'] = liftchart['y_true']/(total/10) #10=등급수
28 liftchart['lift'] = liftchart['R']/baseline_lift
29 print('lift chart:\n', liftchart, "\n")
30
31 plt.rcParams['figure.figsize'] = (5,5)
32 plt.title("Lift chart")
33 plt.bar(liftchart.index, liftchart['lift'])
34 plt.ylabel("Lift")
35 plt.xlabel('Decile')
36 plt.show()
```

```
baseline_lift: 0.629
lift chart:
        pred_prob  y_true  captured_R      R         lift
Decile
1       13.999467    14    0.155556    0.979021    1.555556
2       13.996522    14    0.155556    0.979021    1.555556
3       13.988619    14    0.155556    0.979021    1.555556
4       13.966385    14    0.155556    0.979021    1.555556
5       13.812808    14    0.155556    0.979021    1.555556
6       13.112845    13    0.144444    0.909091    1.444444
7        6.829995     7    0.077778    0.489510    0.777778
8        0.269139     0    0.000000    0.000000    0.000000
9        0.004845     0    0.000000    0.000000    0.000000
10       0.000003     0    0.000000    0.000000    0.000000
```

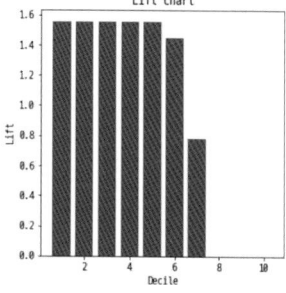

```python
1  # Multi-class 분류 모델의 평가
2  from sklearn.svm import SVC
3  from sklearn.model_selection import train_test_split
4  from sklearn.datasets import load_wine
5  # 데이터 불러오기
6  load = load_wine()
7  X = load['data'][:, :5]
8  y = load['target']
9  X_train, X_test, y_train, y_test = train_test_split(X, y, stratify=y, random_state=10)
10
11 # 모델 적합
12 svm = SVC(C=1, kernel='rbf', gamma='auto', probability=True)
13 svm.fit(X_train, y_train)
14 pred = svm.predict(X_test)
15 prob = svm.predict_proba(X_test)[:, 1]
16
17 # 모델 평가
18 titles = ['accuracy', 'precision', 'recall',  'f1_score']
19 functions = [accuracy_score, precision_score, recall_score, f1_score]
20 for title, function in zip(titles, functions):
21     if function in [precision_score, recall_score, f1_score]:
22         params = {'average':None} #각 클래스 별 점수 반환을 위한 설정
23         score = function(y_test, pred, **params)
24     else:
25         score = function(y_test, pred)
26     print(" {}: {}".format(title, score.round(2)))
27
28 print("\n>>> classification_report:\n", classification_report(y_test, pred))
29 print(">>> confusion_matrix:\n", DataFrame(confusion_matrix(y_test, pred), index=['실제값(0)', '실제값(1)', '실제값(2)'], columns=['예측값(0)', '예측값(1)', '예측값(2)']))
```

```
accuracy: 0.82
precision: [0.82 0.81 0.86]
recall: [0.93 0.94 0.5 ]
f1_score: [0.87 0.87 0.63]
```

```
>>> classification_report:
              precision    recall  f1-score   support

           0       0.82      0.93      0.87        15
           1       0.81      0.94      0.87        18
           2       0.86      0.50      0.63        12

    accuracy                           0.82        45
   macro avg       0.83      0.79      0.79        45
weighted avg       0.83      0.82      0.81        45
```

```
>>> confusion_matrix:
           예측값(0)  예측값(1)  예측값(2)
실제값(0)      14        0         1
실제값(1)       1       17         0
실제값(2)       2        4         6
```

```python
1   # Multi-class 분류모델의 성능 시각화
2   from sklearn.preprocessing import label_binarize
3   from sklearn.multiclass import OneVsRestClassifier
4   y_train2 = label_binarize(y_train, classes=np.unique(y_train))
5   y_test2 = label_binarize(y_test, classes=np.unique(y_test))
6   ovr_clf = OneVsRestClassifier(svm) # 앞서 적합한 모델 입력
7   ovr_clf.fit(X_train, y_train2)
8   prob3 = ovr_clf.predict_proba(X_test)
9
10  fprs, tprs, aucs, best_thresholds, best_idx = [], [], [], [], []
11  for i in range(len(np.unique(y_train))):
12      fpr, tpr, thresholds = roc_curve(y_test2[:,i], prob3[:, i])
13      idx = np.argmax(tpr - fpr) #최적의 threshold idx
14      best_threshold = thresholds[idx] #최적의 threshold값
15      auc = roc_auc_score(y_test2[:,i], prob3[:, i])
16      fprs.append(fpr) #해당 클래스의 최적값들을 리스트에 추가
17      tprs.append(tpr)
18      aucs.append(auc)
19      best_thresholds.append(best_threshold)
20      best_idx.append(idx)
21
22  fig, axes = plt.subplots(1,3, figsize=(12,4))
23  for i, ax in enumerate(axes):
24      ax.plot(fprs[i], tprs[i], label='ROC curve')
25      ax.set_title("class{} (AUC: {:.3f})".format(i, aucs[i]))
26      ax.plot(fprs[i][best_idx[i]], tprs[i][best_idx[i]], marker="o", color='red')
27  plt.show()
```

11-3. 군집모델 평가 지표

실제 군집값이 없는 경우의 군집모델 평가 지표는 다음과 같다.

Silhouette coefficient

군집 내의 응집도와 군집 간 분리도를 이용한 지표로 군집 내 요소 간의 거리가 짧고 서로 다른 군집 간 거리가 멀수록 값이 커진다. 완벽한 군집화는 1, 군집화가 전혀 이루어지지 않은 경우 -1을 가진다. DBSCAN과 같은 밀도 기반 클러스터링 기법에서 더 높은 점수를 내는 경향이 있다. 밀집된 클러스터가 좋긴 하지만 모양이 복잡할 때는 밀집도를 활용한 평가가 잘 들어맞지 않다.

- sklearn.metrics.silhouette_score(X, labels, *[, ...])

Calinski and Harabasz score (=Variance ratio criterion)

클러스터 내 분산과 클러스터 간 분산 간의 비율을 나타낸다. 값이 클수록 클러스터들이 조밀하고 잘 분리되었다고 판단한다. 계산이 빠르다.

- sklearn.metrics.calinski_harabasz_score(X, labels)

Davies-Bouldin score

가장 유사한 군집이 있는 각 군집의 '평균' 유사성 측정값으로, 유사성은 군집 내 거리와 군집 간 거리의 비율을 나타낸다. 이 값이 낮을수록 잘된 클러스터링으로 본다. 최소 score값은 0이다. 실루엣 스코어보다 계산이 간단하다. 이 스코어는 계산에 있어서 포인트 단위 거리만 사용하므로 데이터세트 고유의 수량과 기능만을 기반으로 한다.

- sklearn.metrics.davies_bouldin_score(X, labels)

실제 군집값이 있는 경우의 군집모델 평가 지표는 다음과 같다.

ARI (Adjusted rand index)

무작위로 할당된 군집에 대한 ARI값은 0에 가까워지며 무작위 할당보다 나쁘게 군집 되면 음수 값을 가질 수 있다. -0.5~1 사이의 값을 가지며, 잘된 군집은 1에 가깝다.

- sklearn.metrics.adjusted_rand_score(labels_true, labels_pred)

NMI (Normalized mutual information)

0~1 사이의 값을 가지며, 실제 군집값과 예측 군집값의 상호 정보를 확인하여 상호 정보가 없는 독립일 때는 0, 완벽한 상관관계를 가질 때는 1로서 1에 가까울수록 잘된 군집으로 본다. 이 측정값은 때때로 조정되지 않기 때문에 ARI가 더 선호되기도 한다.

- sklearn.metrics.normalized_mutual_info_score(labels_true, labels_pred, *, average_method='arithmetic')

Completeness score (완전성)

예측한 군집의 모든 데이터 포인트들이 실제 군집과 동일하게 한 군집을 이룰 때 완전성을 만족한다. 0~1 사이 값을 가지며 1에 가까울수록 잘 분리되었다고 본다. 측정값은 레이블의 절댓값과 상관없다. 예를 들어, 0,1,2의 군집을 4,5,6으로 예측해도 각 클러스터의 데이터 포인트들만 동일하게 포함되어 있으면 적절한 score를 반환한다.

이 metric은 대칭이 아니기 때문에 labels_true와 labels_pred의 순서가 바뀌면 다른 값을 반환하게 된다.

- sklearn.metrics.completeness_score(labels_true, labels_pred)

Homogeneity score (동질성)

예측한 모든 군집들이 실제 군집의 단일 클래스로만 이루어져 있을 때 동질성을 만족한다. 0~1 사이 값을 가지며 1에 가까울수록 잘 분리되었다고 본다.

- sklearn.metrics.homogeneity_score(labels_true, labels_pred)

V-measure

Homogeneity score와 Completeness score의 조화평균을 의미한다. 0~1 사이 값을 가지며 1에 가까울수록 잘 분리되었다고 본다.

- sklearn.metrics.v_measure_score(labels_true, labels_pred, *, beta=1.0)

Rand Index (For two clusterings)

모든 샘플 쌍을 고려하고, 예측 및 실제 군집에서 동일하거나 다른 군집에 할당된 쌍을 계산함으로써 두 군집 간의 유사성을 계산한다.

- metrics.rand_score(labels_true, labels_pred)

Mutual Information (For two clusterings)

예측 및 실제 군집 간의 상호 정보를 확인하여 두 군집 간의 유사성을 계산한다.

- metrics.mutual_info_score(labels_true, labels_pred, ...)

```python
# 데이터 불러오기
from sklearn.datasets import load_iris
X, target = load_iris()['data'], load_iris()['target']

# Kmeans clustering 적합
from sklearn.cluster import KMeans
kmeans = KMeans(n_clusters=3).fit(X)
cluster = kmeans.predict(X) # 예측 군집
```

```python
# 실제 군집값이 없는 경우
from sklearn.metrics import silhouette_score, calinski_harabasz_score, davies_bouldin_score
functions = [silhouette_score, calinski_harabasz_score, davies_bouldin_score]
titles = ['silhouette', 'calinski', 'davies']
for f, t in zip(functions, titles):
    score = f(X, cluster)
    print(" {}: {:.3f}".format(t, score))
```

```
silhouette: 0.553
calinski: 561.628
davies: 0.662
```

```python
# 실제 군집값이 있는 경우
from sklearn.metrics import adjusted_rand_score, normalized_mutual_info_score, completeness_score, homogeneity_score, v_measure_score, rand_score, mutual_info_score
functions = [adjusted_rand_score, normalized_mutual_info_score, completeness_score, homogeneity_score, v_measure_score, rand_score, mutual_info_score]
titles = ['ARI', 'NMI', 'completeness', 'homogeneity', 'v-measure', 'rand', 'MI']
for f, t in zip(functions, titles):
    score = f(target, cluster)
    print(" {}: {:.3f}".format(t, score))
```

```
ARI: 0.730
NMI: 0.758
completeness: 0.765
homogeneity: 0.751
v-measure: 0.758
rand: 0.880
MI: 0.826
```

11-4. 거리 지표

연속형 변수의 거리들은 다음과 같다.

Euclidean distance

데이터 간의 유사성을 측정할 때 많이 사용하는 대표적인 거리이다. 통계적 개념이 내포되어 있지 않아서 변수들의 산포 정도가 전혀 감안되어 있지 않다. L_2 distance라고도 한다.

- $d(x, y) = \sqrt{(x_1 - y_1)^2 + \cdots + (x_p - y_p)^2}$
- scipy.spatial.distance.euclidean

표준화거리 (Standardized Euclidean distance)

해당변수의 표준편차로 척도 변환한 후 유클리드 거리를 계산하는 방법이다. 표준화하게 되면 척도의 차이, 분산의 차이로 인한 왜곡을 피할 수 있다.

- scipy.spatial.distance.seuclidean

Manhattan distance (= Cityblock distance)

유클리디안 거리와 함께 가장 많이 사용되는 거리로 맨하탄 도시에서 건물에서 건물을 가기 위한 최단 거리를 구하기 위해 고안된 거리이다. L_1 distance라고도 한다.

- $d(x, y) = \sum_{i=1}^{p} |x_i - y_i|$
- scipy.spatial.distance.cityblock

Mahalanobis distance

통계적 개념이 포함된 거리이며 변수들의 산포를 고려하여 이를 표준화한 거리이다. 두 벡터 사이의 거리를 산포를 의미하는 표본공분산으로 나눠주어야 하며, 그룹에 대한 사전 지식 없이는 표본 공분산 S를 계산할 수 없으므로 사용하기 곤란하다.

- $d(x, y) = \sqrt{(x-y)^T S^{-1} (x-y)}$

 ** S^{-1}은 공분산 행렬의 역행렬, T는 변환행렬

- scipy.spatial.distance.mahalanobis(u, v, VI)

Minkowski distance

맨하탄 거리와 유클리드 거리를 한번에 표현한 거리이다. m차원 민코프스키 공간에서의 거리로서 m=1일 때 맨하탄 거리와 같고, m=2일 때 유클리드 거리와 같다.

- $d(x, y) = [\Sigma_{i=1}^{p} |x_i - y_i|^m]^{\frac{1}{m}}$
- scipy.spatial.distance.minkowski

Canberra distance

- $d(x, y) = \Sigma_{i=1}^{p} \frac{|x_i - y_i|}{x_i + y_i}$
- scipy.spatial.distance.Canberra

Chebychev distance

- $d(x, y) = \max |x_i - y_i|$
- scipy.spatial.distance.Chebyshev

기타

- correlation distance: scipy.spatial.distance.correlation
- jensenshannon distance: scipy.spatial.distance.jensenshannon
- Braycurtis distance: scipy.spatial.distance.braycurtis

```python
1  # 연속형 변수의 거리들
2  from scipy.spatial.distance import euclidean, seuclidean, cityblock, minkowski, mahalanobis
3  import numpy as np
4
5  NV1 = np.array([1, 5, 7, 9])
6  NV2 = np.array([2, 4, 8, 13])
7  V = np.array([0.1, 1, 10, 5]) #V = component variances (분산)
8  IV = np.array([[1, 0.5, 0.5, 0.1], [0.1, 2, 1, 0.5], [0.5, 0.5, 1, 0.2], [1,1,1,1]])
9  #IV = The inverse of the covariance matrix (역공분산)
10
11 #유클리드 거리
12 eu1 = euclidean(NV1, NV2)
13 eu2 = np.sqrt(((NV1 - NV2)**2).sum())
14 print("euclidean distance: {:.3f} = {:.3f}".format(eu1, eu2))
```

euclidean distance: 4.359 = 4.359

```python
1  #표준화 거리
2  seu1 = seuclidean(NV1, NV2, V)
3  seu2 =np.sqrt(((NV1 - NV2)**2/V).sum())
4  print("seuclidean distance: {:.3f} = {:.3f}".format(seu1, seu2))
```

seuclidean distance: 3.782 = 3.782

```python
1  #맨해튼 거리
2  man1 = cityblock(NV1, NV2)
3  man2 = np.abs(NV1 - NV2).sum()
4  print("Manhattan distance: {:.3f} = {:.3f}".format(man1, man2))
```

Manhattan distance: 7.000 = 7.000

```python
1  #민코프스키 거리
2  p = 1
3  min1 = minkowski(NV1, NV2, p=1)
4  min2 = ((np.abs(NV1 - NV2)**p).sum())**1/p
5  p = 2
6  min3 = minkowski(NV1, NV2, p=2)
7  min4 = np.sqrt(((np.abs(NV1 - NV2))**p).sum())
8  print("minkowski distance(p=1): {:.3f} = {:.3f}".format(min1, min2))
9  print("minkowski distance(p=2): {:.3f} = {:.3f}".format(min3, min4))
```

minkowski distance(p=1): 7.000 = 7.000
minkowski distance(p=2): 4.359 = 4.359

```python
1  #마할라노비스 거리
2  mah1 = mahalanobis(NV1, NV2, IV)
3
4  mn = len(NV1)
5  reshaped_mat1 = (NV1-NV2).reshape(-1,mn) #형태 변환 (1*4)
6  result1 = np.dot(reshaped_mat1, IV) # np.dot을 통해 행렬곱을 진행
7  reshaped_mat2 = (NV1-NV2).reshape(-mn, 1) #형태 변환 (4*1)
8  result2 = np.dot(result1, reshaped_mat2)
9  mah2 = float(np.sqrt(result2))
10 print("mahalanobis distance: {:.3f} = {:.3f}".format(mah1, mah2))
```

mahalanobis distance: 4.701 = 4.701

범주형 변수의 거리들은 다음과 같다.

Jaccard distance

Boolean 속성으로 이루어진 두 개체 간의 거리 측정에 사용된다. 한편, (1 −자카드 거리)를 자카드 유사도(Jaccard similarity 혹은 Jaccard coefficient)라고 하며, 두 개체 간의 유사도 측정에 사용한다. 자카드 유사도는 두 개체가 유사할 수록 1에 가깝고 다를 수록 0에 가깝다.

- 카자드 거리 = 1 − 자카드 유사도
- 자카드 유사도: $\frac{|A \cap B|}{|A \cup B|}$
- scipy.spatial.distance.jaccard

Cosine distance

코사인 거리이다. 한편, (1−코사인 거리)를 코사인 유사도(Cosine similarity)라고 하며, 문서를 유사도 기준으로 분류 혹은 그룹핑 할 때 유용하게 사용한다. 두 개체의 벡터 내적의 코사인 값을 계산하여 코사인 유사도를 측정한다. 코사인 유사도는 서로 같을수록 1, 서로 다를 수록 −1의 값을 갖는다.

- 코사인 거리 = 1 − 코사인 유사도
- 코사인 유사도: $\frac{A \cdot B}{\|A\|_2 \cdot \|B\|_2}$
  - · : 같은 인덱스(위치)에 있는 원소들끼리 곱해서 그 값들을 모두 합하라는 의미
  - $\|A\|_2$: L_2거리 즉, 유클리디안 거리
- scipy.spatial.distance.cosine

기타

- Dice dissimilarity: scipy.spatial.distance.dice
- Hamming distance: scipy.spatial.distance.hamming
- Kulsinki dissimilarity: scipy.spatial.distance.kulsinski
- the Rogers-Tanimoto: scipy.spatial.distance.rogerstanimoto

```
 1  # 범주형 변수의 거리들
 2  from scipy.spatial.distance import jaccard, cosine
 3  from sklearn.metrics import pairwise_distances
 4
 5  # Boolean data 생성
 6  print("[Boolean data]")
 7  bdf = DataFrame({'Life':[1, 1], 'Life2':[0,1], 'Life3':[0,1], 'Life4':[0,1], 'Love':[0,1],
       'Love2':[0,1], 'Love3':[0,1], 'Love4':[0,1], 'Love5':[0,1], 'Love6':[0,1], 'Love7':[0,1],
       'Learn':[1,1], 'Learn2':[1,1], 'Learn3':[1,1], 'Learn4':[1,0], 'Learn5':[1,0] }, index=
       ['doc_1', 'doc_2'])
 8  doc_1 = np.array(bdf.loc['doc_1', :])
 9  doc_2 = np.array(bdf.loc['doc_2', :])
10  print(bdf)
```

```
[Boolean data]
       Life  Life2  Life3  Life4  Love  Love2  Love3  Love4  Love5  Love6  \
doc_1     1      0      0      0     0      0      0      0      0      0
doc_2     1      1      1      1     1      1      1      1      1      1

       Love7  Learn  Learn2  Learn3  Learn4  Learn5
doc_1      0      1       1       1       1       1
doc_2      1      1       1       1       0       0
```

```
 1  # 자카드 거리와 자카드 유사도 계산
 2  jac1 = jaccard(doc_1, doc_2) # scipy
 3  jac2 = pairwise_distances(bdf.values, metric='jaccard')[0][1] #sklearn
 4
 5  check = DataFrame(bdf.sum(), columns=['check'])
 6  union = len(check[check['check'] != 0])
 7  intersec = len(check[check['check'] == 2])
 8  jac3 = 1 - intersec/union
 9  print(" - Jaccard distance: {:.3f} = {:.3f} = {:.3f}".format(jac1, jac2, jac3))
10  print(" - Jaccard similarity: {:.3f} = {:.3f} = {:.3f}".format(1-jac1, 1-jac2, 1-jac3))
```

 - Jaccard distance: 0.750 = 0.750 = 0.750
 - Jaccard similarity: 0.250 = 0.250 = 0.250

```
 1  # Frequency data 생성
 2  print("[Frequency data]")
 3  fdf = DataFrame({"Life":[1,4], 'Love':[0,7], 'Learn':[5,3]}, index=['doc1', 'doc2'])
 4  doc1 = np.array(fdf.loc['doc1', :])
 5  doc2 = np.array(fdf.loc['doc2', :])
 6  print(fdf)
```

```
[Frequency data]
      Life  Love  Learn
doc1     1     0      5
doc2     4     7      3
```

```
 1  # 코사인 거리와 코사인 유사도 계산
 2  cos1 = cosine(doc_1, doc_2) # scipy
 3  cos2 = pairwise_distances(fdf.values, metric='cosine')[0][1] #sklearn
 4
 5  cossim = np.sum(doc1*doc2) / ((np.sqrt(np.sum((doc1)**2)))*np.sqrt(np.sum((doc2)**2)))
 6  cos3 = 1 - cossim
 7  print(" - cosine distance: {:.3f} = {:.3f} = {:.3f}".format(cos1, cos2, cos3))
 8  print(" - cosine similarity: {:.3f} = {:.3f} = {:.3f}".format(1-cos1, 1-cos2, 1-cos3))
```

 - cosine distance: 0.564 = 0.567 = 0.567
 - cosine similarity: 0.436 = 0.433 = 0.433

연습문제

1. 다음과 같은 데이터로 'price'를 예측하는 모델을 생성한다면, 어떤 평가지표로 평가할 수 있는지 3개 이상의 평가지표를 예를 들어 설명하시오.

```
1  from pandas import read_csv
2  realestate = read_csv('https://raw.githubusercontent.com/algoboni/pythoncodebook1-
   1/main/practice8_BHP2.csv')
3  print(realestate.head(3))

   area_type  availability  size  total_sqft  bath  balcony   price
0      Super             0     3      1056.0     2        1   39.07
1       Plot             1     6      2600.0     5        3  120.00
2      Super             1     5      1521.0     3        1   95.00
```

2. 다음과 같은 데이터로 'CUST_ID'를 적절한 군집으로 할당하는 모델을 생성한다면, 어떤 평가지표로 평가할 수 있는지 2개 이상의 평가지표를 예를 들어 설명하시오.

```
1  from pandas import read_csv
2  df = read_csv('https://raw.githubusercontent.com/algoboni/pythoncodebook1-
   1/main/practice10_credit_card.csv')
3  print(df.head(3))

   CUST_ID      BALANCE  BALANCE_FREQUENCY  PURCHASES  PURCHASES_FREQUENCY  \
0   C10001    40.900749           0.818182      95.40             0.166667
1   C10002  3202.467416           0.909091       0.00             0.000000
2   C10003  2495.148862           1.000000     773.17             1.000000

   PURCHASES_TRX
0              2
1              0
2             12
```

3. 다음과 같은 데이터 '문서1'과 '문서2'의 유사성을 판단할 때 어떤 거리 지표를 사용해야 하는지 설명하시오.

```
1  from pandas import DataFrame
2  table = DataFrame([[0,1,0,1,0,0,0,0], [1,1,0,1,0,0,1,1]], index=['문서1', '문서2'],
   columns=['a', 'hello', 'one', 'is', 'temperature', 'you', 'I', 'banana'])
3  print(table)

       a  hello  one  is  temperature  you  I  banana
문서1    0      1    0   1            0    0  0       0
문서2    1      1    0   1            0    0  1       1
```

풀이

1번 문제 풀이:

해당 데이터로 'price'를 예측하는 회귀 모델을 생성하는 경우 사용할 수 있는 평가지표는 결정계수, MSE, MAPE 등이 있다. 결정계수는 데이터에 대한 설명력을 0~1로 표현할 수 있는데 그 값이 1에 가까울수록 해당 모델이 학습 데이터를 잘 설명한다고 볼 수 있다. 또 다른 평가 지표로 MSE, Mean squared error가 있다. 이는 실제값과 예측값의 차이를 제곱해 평균을 계산한 것이다. 지표는 직관적이지만 예측 변수와 단위가 다르고, 이상치에 민감하다는 단점이 있다.

MAPE는 MAE를 퍼센트로 변환한 것으로서 예측값 대비 잔차의 비율을 의미한다. 지표가 직관적이고 비율 변수이기 때문에 모델 간 성능을 비교하기 용이하다. 한편, 비율로 해석이 의미 있는 값에만 적용할 수 있고, 실제 값에 0이 포함될 경우 MAPE를 계산할 수 없다는 한계가 있다.

2번 문제 풀이:

해당 데이터로 군집 모델을 생성하는 경우 사용할 수 있는 평가 지표는 실제 군집값이 없는 경우이기 때문에 실루엣 계수와 Calinski and Harabasz score를 들 수 있다. 실루엣 계수는 군집 내의 응집도가 높고, 군집 간 분리도가 높을 수록 잘된 군집으로 1에 가까운 값을 나타내고, 군집이 전혀 이루어지지 않은 경우 -1에 가까운 값을 나타낸다. Calinski and Harabasz score는 클러스터 내 분산과 클러스터 간 분산 간의 비율을 나타내는데, 값이 클수록 클러스터들이 조밀하고 잘 분리되었다고 판단한다.

3번 문제 풀이:

해당 데이터와 같이 Boolean 속성으로 이루어진 두 개체 간의 거리를 측정할 때에는 자카드 거리(1-자카드 유사도)를 사용할 수 있다.

12장 시계열 분석

시계열 분석(Time series analysis)이란, 시간 순서대로 정렬된 데이터에서 의미 있는 요약과 통계 정보를 추출하는 것이다. 과거 행동을 진단할 뿐만 아니라 미래 행동을 예측하기 위해 시계열 분석을 수행한다.

시계열 데이터는 시간의 흐름에 따라 서로 연결된 형태여야 하고 되도록 규칙적인 간격으로 수집해야 한다.

시계열의 종류는 일변량 시계열과 다변량 시계열이 있다. 일변량 시계열(Univariate)은 시간에 대해 측정된 변수가 하나만 있는 경우이고, 다변량 시계열(Multivariate)은 각 타임스탬프에서 측정된 변수가 여러 개인 경우를 의미한다. 측정된 여러 변수가 서로 연관되거나 각 변수가 서로 시간 종속성을 가지는 시계열은 다채로운 분석이 가능하다.

```
1  # 일변량 시계열 데이터 불러오기
2  # 출처: 보건복지부_코로나19 시도 발생현황, 공공데이터포털
3  from pandas import read_csv
4  ts = read_csv('https://raw.githubusercontent.com/algoboni/pythoncodebook1-1/main/12_covid19.csv', encoding='euc-kr').filter(['날짜', '전일대비증감수'])
5  ts['날짜'] = ts['날짜'].astype('datetime64') #날짜 데이터로 설정
6  ts = ts.set_index('날짜') #인덱스를 날짜로 셋팅
7  ts_head = ts.head(334) # 2021년 1~11월 데이터
8  ts_tail = ts.tail(31) # 2021년 12월 데이터
9  print(ts_head)
```

```
            전일대비증감수
날짜
2021-01-01      357
2021-01-02      250
2021-01-03      198
2021-01-04      329
2021-01-05      199
...             ...
2021-11-26     1742
2021-11-27     1888
2021-11-28     1676
2021-11-29     1393
2021-11-30     1186

[334 rows x 1 columns]
```

12-1. 시계열 탐색적 분석

12-1-1. 일반적 EDA

일반적 EDA 중 하나는 히스토그램을 그리는 것이다. 실제 측정치 자체에 대한 히스토그램을 그려볼 수도 있지만, 시계열에서 더 주목하는 부분은 한 측정치가 다음 측정치로 변화한 정도이다. 따라서 차분(Differencing)함으로써 추세가 제거된 데이터를 히스토그램으로 그려 탐색적 분석을 실시할 수 있다.

산점도도 그려볼 수 있다. x축을 시간, y축을 한 측정치가 다음 측정치로 변화한 정도로 놓고 시간과 변화량의 관계를 확인하거나, x축을 시간, y축에 두 변량의 측정치로 산점도를 그려서 시간 변화에 따른 두 변량의 연관성을 확인해 볼 수도 있다.

이밖에 관찰값의 요약통계량을 확인하는 방법이 있다.

```
1  from matplotlib import pyplot as plt
2  import seaborn as sns
3  fig, axes = plt.subplots(1, 2, figsize=(13,4))
4  ## 일단, 차분 없는 원본 시계열로 EDA 진행
5  # 히스토그램
6  axes[0].set_title("히스토그램")
7  sns.histplot(x='전일대비증감수', data=ts_head, ax=axes[0])
8
9  # 산점도
10 axes[1].set_title("산점도")
11 sns.scatterplot(x='날짜', y='전일대비증감수', data=ts_head, ax=axes[1])
12 plt.show()
13
14 # 요약 통계량
15 print("\n [요약통계량]")
16 print(ts_head.describe().T)
```

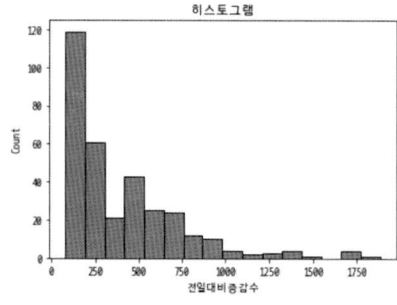
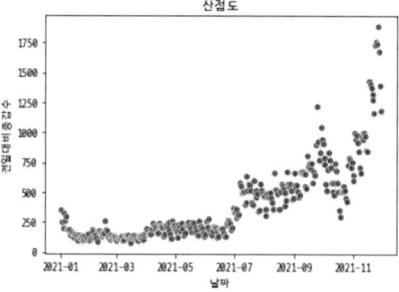

```
 [요약통계량]
              count      mean         std        min   25%    50%    75%    max
전일대비증감수   334.0  405.152695  336.013188  79.0  152.0  252.5  556.0  1888.0
```

12-1-2. 시계열에 특화된 EDA

정상성 확인

전통적인 시계열 모델은 정상 시계열 데이터를 전제로 한다. 정상 시계열은, 정상성(Stationarity)을 가지는 시계열로서 시간이 지나더라도 평균과 분산이 일정하고 추세나 계절성을 가지지 않는다.

시계열의 정상성을 확인하는 방법은 ADF(Augmented Dickey-Fuller) 검정, KPSS(Kwiatowski-Philips-Schmidt-Shin)검정, ACF 그래프 등이 있다.

ADF 검정은 '단위근(Unit root)이 있다'를 귀무가설로, '단위근이 없다'를 대립가설로 설정하고 검정을 실시한다. 검정 결과 대립가설을 채택하여 단위근이 없는 시계열을 정상 시계열로 본다. KPSS 검정은 ADF와는 반대로 '정상 시계열이다'를 귀무가설로, '비정상 시계열이다'를 대립가설로 설정하고 검정을 실시한다. 검정 결과 귀무가설을 기각하지 않을 경우 정상 시계열로 본다. 정상 데이터의 ACF 그래프는 시차(Time lag)가 증가할 수록 0으로 빠르게 떨어지고, 비정상성(Non-stationary) 데이터의 ACF 그래프는 느리게 감소한다.

[정상화 방법]

시계열을 정상화하기 위한 방법으로, 평균이 일정하지 않은 경우는 데이터를 차분(Differencing)하고, 분산이 변화하는 경우는 데이터를 변환(Transformation)한다. 변환에는 로그 변환, 제곱근 변환, Box-cox, Yeo-Johnson 변환 등이 있다. 차분과 변환 예제는 〈12-2. 시계열 데이터 전처리〉의 차분과 변환에서 다루기로 한다.

```
1  # 정상성 검정1 - ADF
2  # H0: 단위근을 포함한다 (비정상)
3  # H1: 단위근을 포함하지 않는다 (정상)
4  from statsmodels.tsa.stattools import adfuller
5  result = adfuller(ts_head, regression='c', autolag='AIC')
6  print("ADF Statistics: {:.3f}, p-value: {:.3f}".format(result[0], result[1]))
7  ## ts_head가 비정상 시계열이라는 결론을 얻었다.
```

ADF Statistics: 0.762, p-value: 0.991

```
1 # 정상성 검정2 - KPSS
2 # H0: 정상시계열과 차이가 없다 (정상), # H1: 정상시계열과 차이가 있다 (비정상)
3 from statsmodels.tsa.stattools import kpss
4 result = kpss(ts_head, regression='c', nlags='auto')
5 print("KPSS Statistics: {:.3f}, p-value: {:.3f}".format(result[0], result[1]))
6 ## 비정상 시계열이라는 결론
```

KPSS Statistics: 2.210, p-value: 0.010

```
1 # 정상성 검정3 - ACF 그래프
2 from statsmodels.graphics.tsaplots import plot_acf
3 plot_acf(ts_head)
4 plt.show() ## 시차에 따라 값이 빠르게 떨어지지 않기 때문에 비정상 시계열이라는 결론
```

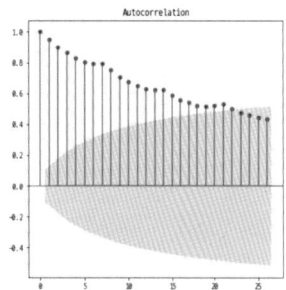

자기상관 확인

자기상관(Autocorrelation)이란 서로 다른 시점의 데이터 간의 선형적 상관관계를 의미하며, 이를 확인하기 위해 자기상관함수(ACF, Autocorrelation function)와 편자기상관함수(PACF, Partial autocorrelation function) 그래프를 그리거나 융박스 검정(Ljung-box test), 더빈왓슨(Durbin-watson) 검정을 진행한다.

ACF는 lag에 따른 관측치들 사이의 관련성을 측정하는 함수이고, x축에 시차, y축에 자기상관계수를 놓은 ACF 그래프에서 y값이 임계영역(Critical region)에서 벗어나는 경우가 있으면 자기상관이 있다고 본다.

PACF는 k 이외의 모든 다른 시점 관측치의 영향력을 배제하고 y_t와 y_{t-k}의 관련성을 측정하는 함수이다. PACF 그래프를 통해 어느 시차의 데이터와 자기상관을 가지는지 확인할 수 있다.

융박스 검정의 귀무가설은 '자기상관이 없다'이고, 대립가설은 '자기상관이 있다'이다.

더빈왓슨 검정은 더빈왓슨 통계량이 2에 가까울수록 자기상관이 없고, 0에 가까울수록 양의 상관관계, 4에 가까울수록 음의 상관관계를 갖는다.

```
1  from statsmodels.graphics.tsaplots import plot_acf, plot_pacf
2  from statsmodels.tsa.stattools import acf, pacf
3
4  # 자기상관 검정1 - ACF/PACF 그래프
5  from statsmodels.graphics.tsaplots import plot_acf, plot_pacf
6  fig, ax = plt.subplots(1,2, figsize=(10,5))
7  plot_acf(ts_head, ax=ax[0])
8  plot_pacf(ts_head, ax=ax[1])
9  plt.show()
10 ## ACF 그래프의 임계영역을 벗어나는 값들을 볼 때, 자기 상관이 있음을 알 수 있다.
11 ## PACF 그래프의 임계영역을 벗어나는 시차 1, 3, 6, 8 등이 자기 상관이 있음을 알 수 있다.
12
13 # 시차별 자기상관계수와 자기상관계수가 0이라는 95% 신뢰구간(아래 음영)도 구할 수 있다.
14 ACs, confs = acf(ts_head, fft=False, nlags = 3, alpha=0.05, adjusted=True)
15 for lag, ac, conf in zip(range(3+1), ACs, confs):
16     print(f"{lag}시차: 자기상관계수 {ac:.3f}, 신뢰구간 {conf[0]:.3f}~{conf[1]:.3f}")
```

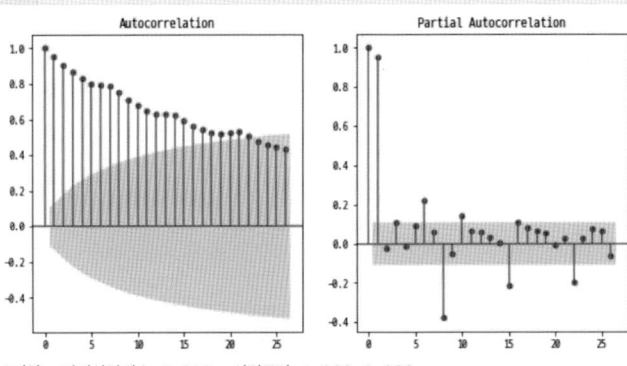

```
0시차: 자기상관계수 1.000, 신뢰구간 1.000~1.000
1시차: 자기상관계수 0.954, 신뢰구간 0.846~1.061
2시차: 자기상관계수 0.907, 신뢰구간 0.727~1.087
3시차: 자기상관계수 0.873, 신뢰구간 0.646~1.100
```

```
1  # 자기상관 검정2 - Ljung-box test
2  # H0: 데이터가 일련의 상관관계를 나타내지 않는다.
3  # H1: 데이터가 일련의 상관관계를 나타낸다.
4  from statsmodels.stats.diagnostic import acorr_ljungbox
5  print("융박스 테스트:")
6  result = acorr_ljungbox(ts_head, return_df=True, auto_lag=True).head(3)
7  print(result) ## ts_head가 자기상관이 있다는 결론을 얻었다.
```

```
융박스 테스트:
      lb_stat      lb_pvalue
1  304.691106   3.131578e-68
2  579.605498   1.381228e-126
3  833.394832   2.474556e-180
```

```
1  # 자기상관 검정3 - Durbin-watson test
2  # 통계량이 2에 가까우면 자기 상관이 없다.
3  # 통계량이 0 혹은 4에 가까우면 자기 상관이 있다.
4  from statsmodels.stats.stattools import durbin_watson
5  result = durbin_watson(ts_head)
6  print(result) ## ts_head가 자기상관이 있다는 결론을 얻었다.
```

```
[0.03337102]
```

시계열 분해

시계열 분해(Time-series decomposition)를 통해 시계열 데이터를 추세(Trend variation), 계절성(Seasonal variation), 순환(=주기, Cycle variation), 불규칙 변동(Irregular variation)으로 분해하고 각각을 살펴봄으로써 데이터를 쉽게 파악하고, 예측에도 활용할 수 있다. 시계열 분해 방법으로는 이동평균법, 지수평활법, STL 분해 등이 있다.

이동평균법(Moving average)을 통해서 시계열 데이터를 일정 기간 별 이동평균을 계산함으로써 계절 변동과 불규칙 변동을 제거하고 추세 변동과 순환 변동만 가진 시계열로 분해할 수 있다. Pandas의 DataFrame으로 생성한 데이터에 rolling window와 expanding window를 통해 이동평균법을 적용할 수 있다. 주요 파라미터로 window(평균할 데이터의 개수)와 min_periods(이동평균을 계산하기 위한 window 내 데이터의 최소 개수)가 있다. 한편, 평균 외에도 max, min, sum, var, corr 등을 통해 다양한 방식으로 집계가 가능하다.

지수평활법(Exponential smoothing)을 통해 시계열 데이터의 불규칙 변동을 제거할 수 있다. 이동평균법과 달리 모든 시계열 자료를 사용하여 평균을 구하며 시간의 흐름에 따라 최근 시계열에 더 많은 가중치를 부여한다.

Pandas의 DataFrame으로 생성한 데이터에 exponential weighted moving window를 통해 지수평활법을 적용할 수 있다. 주요 파라미터로 alpha(지수평활계수)가 있다. 한편, 평균 외에도 max, min, sum, var, corr 등을 통해 다양한 방식으로 집계가 가능하다.

STL 분해(Seasonal and trend decomposition using loess)를 통해 데이터를 계절 변동, 추세 변동, 잔차로 분해하여 각각 살펴볼 수 있다.

```python
1  # 이동평균법: 계절 변동과 불규칙 변동 제거
2  fig, ax = plt.subplots(1,1, figsize=(12,3))
3
4  titles = ['original', 'rolling window=10', 'rolling window=30']
5  rw10 = ts_head.rolling(window=10).mean().dropna()
6  rw30 = ts_head.rolling(window=30).mean().dropna()
7  data_list = [ts_head, rw10, rw30]
8  ls_list = ['dashed', 'dotted', 'solid']
9
10 for title, data, ls in zip(titles, data_list, ls_list):
11     ax.plot(data, label=title, linestyle=ls)
12 plt.legend()
13 plt.show()
```

```python
1  # 지수평활법: 불규칙변동 제거
2  fig, ax = plt.subplots(1,1, figsize=(12,3))
3
4  titles = ['original', 'alpha=0.3', 'rolling window=0.5']
5  ewm03 = ts_head.ewm(alpha=0.3).mean()
6  ewm05 = ts_head.ewm(alpha=0.5).mean()
7  data_list = [ts_head, ewm03, ewm05]
8  ls_list = ['dashed', 'dotted', 'solid']
9
10 for title, data, ls in zip(titles, data_list, ls_list):
11     ax.plot(data, label=title, linestyle=ls)
12 plt.legend()
13 plt.show()
```

```python
# STL 분해
from statsmodels.tsa.seasonal import STL
# seasonal = Length of the seasonal smoother
# trend = Length of the trend smoother
fitted = STL(ts_head, seasonal=7, trend=9).fit()
resid = fitted.resid # 잔차
seasonal = fitted.seasonal # 추정된 계절 요소
trend = fitted.trend # 추정된 트렌드 요소

titles = ['original', 'trend', 'seasonal', 'resid' ]
data_list = [ts_head, trend, seasonal, resid]
fig, axes = plt.subplots(4,1, figsize=(12,8))
for title, data, ax in zip(titles, data_list, axes):
    ax.set_ylabel(title)
    if title != 'resid':
        ax.plot(data)
    else:
        ax.scatter(x=data.index, y=data.values)
plt.show()
## plotting은 fitted.plot()로 한번에 할 수도 있다.
```

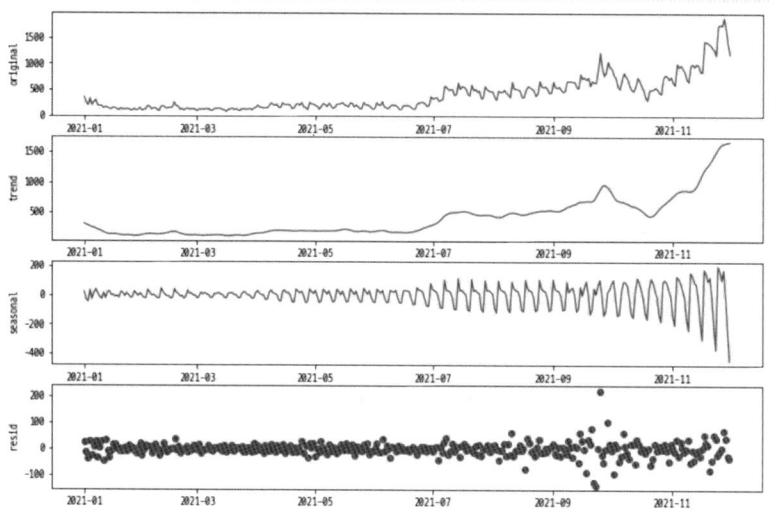

12-2. 시계열 데이터 전처리

시계열 데이터 다루기

처음 시계열 데이터를 불러오면 데이터 타입이 날짜(datetime)가 아닌 경우(object, string 등)가 많다. 날짜 데이터 형태를 변환하거나 신규 날짜를 생성하거나 날짜들 간에 연산을 하기 위해서는 시계열 데이터의 날짜가 반드시 날짜(datetime) 타입으로 되어 있어야 한다. 이를 위해 datetime, Pandas, time 라이브러리를 사용하게 된다.

- 날짜 데이터로 타입 변경하기: object, string, timestamp 타입의 데이터를 datetime 타입의 데이터로 상호 변경할 수 있다.
- 날짜 데이터 생성하기: 연월일 등 시간 정보를 지정해서 개별 날짜 데이터를 만들거나, 일정 기간의 날짜 데이터 리스트를 생성할 수 있다.
- 날짜 데이터의 형태, 값 변경하기: 시간 정보의 형태와 그 값을 변경할 수 있다.
- 날짜 데이터 간 연산하기
- 년, 월, 일, 요일 명, 요일 인덱스 추출하기

```
1  import datetime as dt
2  import pandas as pd
3  import time
4  from pandas import read_csv
5  ts = read_csv('https://raw.githubusercontent.com/algoboni/pythoncodebook1-1/main/12_covid19.csv', encoding='euc-kr')
6
7  # 날짜 데이터로 타입 변경하기 - (1) object - datetime
8  print("object: ", ts['날짜'].dtypes)
9  ts['날짜'] = ts['날짜'].astype('datetime64')
10 print("object to datetime: ", ts['날짜'].dtypes)
```

```
object:  object
object to datetime:  datetime64[ns]
```

```
1  # 날짜 데이터로 타입 변경하기 - (2) string - datetime
2  string = "2018-09-13 22:39:04"
3  print("string: ", type(string))
4  # string에서 나타내는 년월일 정보와 대응하도록 format을 적어줘야 해당 날짜로 인식 가능
5  datetime = dt.datetime.strptime(string, '%Y-%m-%d %H:%M:%S')
6  print("string to datetime: ", type(datetime))
7  string2 = datetime.strftime('%Y-%m-%d %H:%M:%S')
8  print("datetime to string: ", type(string2))
```

```
string:  <class 'str'>
string to datetime:  <class 'datetime.datetime'>
datetime to string:  <class 'str'>
```

```python
# 날짜 데이터로 타입 변경하기 - (3) timestamp - datetime
timestamp = 2551780740 #timestamp
datetime = dt.datetime.fromtimestamp(timestamp) # 로컬 기준
utcdatetime = dt.datetime.utcfromtimestamp(timestamp) # UTC 기준
timestamp2 = time.mktime(datetime.timetuple())
print(f"timestamp to local datetime (utc datetime): {datetime} ({utcdatetime})")
print("datetime to timestamp: ", timestamp2)
```

```
timestamp to local datetime (utc datetime): 2050-11-11 20:59:00 (2050-11-11 11:59:00)
datetime to timestamp:  2551780740.0
```

```python
# 날짜 데이터 생성하기 - (1) dt.datetime
date1 = dt.datetime(2023, 3, 20, 16, 0, 0)
#year, month, day, hour, minute, second, ...
date2 = dt.datetime.now()
date_only = dt.date(2019,1,1)
time_only = dt.time(10, 0, 5)
print("직접 지정해서 만든 날짜 데이터: ", date1)
print("현재 시간을 반환하는 날짜 데이터: ", date2)
print("date_only: ", date_only)
print('time_only: ', time_only)
```

```
직접 지정해서 만든 날짜 데이터:  2023-03-20 16:00:00
현재 시간을 반환하는 날짜 데이터:  2023-09-19 11:04:33.181938
date_only:  2019-01-01
time_only:  10:00:05
```

```python
# 날짜 데이터 생성하기 - (2) pd.date_range, pd.period_range
## 시작날짜, 종료날짜, 날짜 개수(periods), 날짜의 간격 단위(freq)를 입력
## freq={'A(년)', 'M(월)', 'D(일)', 'T(분)'='min(분)' 'S(초)', 'Q(분기)', 'W(주)'}
date_list1 = pd.date_range('2016-01-01', periods=3, freq='D')
date_list2 = pd.date_range('2016-01-01', periods=4, freq='W')
date_list3 = pd.date_range('2016-01-01', '2016-01-02', freq='30T') #시간은 '60T'
print('일 단위 날짜들 3개:\n', date_list1, "\n")
print('주 단위 날짜들 4개:\n', date_list2, "\n")
print('시작-종료날짜 사이 30분 단위 날짜들:\n', date_list3[:2]) #앞의 2개만 print
```

```
일 단위 날짜들 3개:
 DatetimeIndex(['2016-01-01', '2016-01-02', '2016-01-03'], dtype='datetime64[ns]', freq='D')

주 단위 날짜들 4개:
 DatetimeIndex(['2016-01-03', '2016-01-10', '2016-01-17', '2016-01-24'], dtype='datetime64[ns]', freq='W-SUN')

시작-종료날짜 사이 30분 단위 날짜들:
 DatetimeIndex(['2016-01-01 00:00:00', '2016-01-01 00:30:00'], dtype='datetime64[ns]', freq='30T')
```

```python
date_list4 = pd.period_range('2012-01-01', freq='A', periods=2)
date_list5 = pd.period_range('2012-01-01', freq='Q', periods=3)
print('년 단위 날짜들 2개:\n', date_list4, "\n")
print('분기 단위 날짜들 3개:\n', date_list5)
```

```
년 단위 날짜들 2개:
 PeriodIndex(['2012', '2013'], dtype='period[A-DEC]', freq='A-DEC')

분기 단위 날짜들 3개:
 PeriodIndex(['2012Q1', '2012Q2', '2012Q3'], dtype='period[Q-DEC]', freq='Q-DEC')
```

```python
# 날짜 데이터의 형태, 값 변경하기
date3 = dt.datetime(2023, 3, 20, 0, 1, 10)
date3_c1 = date3.strftime("%Y-%m-%d") #네자리 년도, 월, 일
date3_c2 = date3.strftime("%y년 %m-%d %H:%M") #두자리 년도, 월, 일, 시간, 분
print("형태 변경 전: ", date3)
print("형태 변경 후 1: ", date3_c1)
print("형태 변경 후 2: ", date3_c2)
```

```
형태 변경 전:  2023-03-20 00:01:10
형태 변경 후 1:  2023-03-20
형태 변경 후 2:  23년 03-20 00:01
```

```python
date4 = date3.replace(year = 2022, minute=2)
# year, month, day, hour, minute, second, ...
print("값 변경 전: ", date3)
print("값 변경 후: ", date4)
```

```
값 변경 전:  2023-03-20 00:01:10
값 변경 후:  2022-03-20 00:02:10
```

```python
date_only = dt.date(2019,1,1)
time_only = dt.time(10, 0, 5)
datetime = dt.datetime.combine(date_only, time_only)
print("값 병합 전: ", date_only, time_only)
print("값 병합 후: ", datetime)
```

```
값 병합 전:  2019-01-01 10:00:05
값 병합 후:  2019-01-01 10:00:05
```

```python
# 날짜 데이터 간 연산하기
## weeks, days, hours, minutes, ...
weeks1 = dt.timedelta(weeks = 1)
today = dt.date(2023,2,10)
print("오늘: ", today)
print("오늘로부터 1주 전: ", today - weeks1)
print("오늘로부터 1주 후: ", today + weeks1)
```

```
오늘:  2023-02-10
오늘로부터 1주 전:  2023-02-03
오늘로부터 1주 후:  2023-02-17
```

```python
# 년, 월, 일, 요일명, 요일인덱스 추출하기
print("\n 년, 월, 일, 요일명, 요일인덱스 추출하기: \n")
ts['날짜'] = ts['날짜'].astype('datetime64') #날짜의 데이터 타입 변경
ts['년'] = ts['날짜'].dt.year #날짜 feature에서 년 정보를 추출
ts['월'] = ts['날짜'].dt.month
ts['일'] = ts['날짜'].dt.day
ts['요일1'] = ts['날짜'].dt.weekday #0~6(월요일~일요일)
ts['요일2'] = ts['날짜'].dt.day_name() #영어 요일명
print(ts.filter(['날짜', '년', '월', '일', '요일1', '요일2']).head(5))
```

```
 년, 월, 일, 요일명, 요일인덱스 추출하기: 

         날짜    년  월  일  요일1      요일2
0  2021-01-01  2021  1  1    4   Friday
1  2021-01-02  2021  1  2    5   Saturday
2  2021-01-03  2021  1  3    6   Sunday
3  2021-01-04  2021  1  4    0   Monday
4  2021-01-05  2021  1  5    1   Tuesday
```

시계열 빈도 변경 (업샘플링, 다운샘플링)

시계열 데이터들의 날짜 빈도를 늘리는 것을 업샘플링(Upsampling), 줄이는 것을 다운샘플링(Downsampling)이라고 한다. 불규칙적으로 샘플링된 시계열 데이터를 규칙적인 형태로 변환하거나, 현재 샘플링된 것보다 더 높은 빈도로 변환할 필요가 있을 때 업샘플링을 하고, 원본 데이터의 시간 단위가 너무 작아서 실용적이지 않거나 현재 샘플링된 것보다 더 낮은 빈도로 변환할 필요가 있을 때 다운샘플링을 한다. 이러한 리샘플링(Resampling)은 Pandas로 간편하게 진행할 수 있다.

```
1  from pandas import read_csv
2  ts = read_csv('https://raw.githubusercontent.com/algoboni/pythoncodebook1-1/main/12_covid19.csv', encoding='euc-kr')
3  # 날짜 column의 데이터 타입을 변경하고 인덱스로 셋팅한다.
4  ts['날짜'] = ts['날짜'].astype('datetime64')
5  ts = ts.set_index('날짜')
```

```
[원본 데이터]
누적확진자수      32029
전일대비증감수     158
Name: 2021-03-31 00:00:00, dtype: int64
```

```
1  # rule = 'A(년)', 'M(월)', 'D(일)', 'T(분)'='min(분)' 'S(초)', 'Q(분기)', 'W(주)'
2  # aggregating = .asfreq(), .sum(), .mean()
3  print("[freq='Q', asfreq]") # 해당 기간의 대표 날짜의 데이터를 반환
4  print(ts.resample(rule='Q').asfreq())
```

```
[freq='Q', asfreq]
            누적확진자수   전일대비증감수
날짜
2021-03-31   32029      158
2021-06-30   49986      375
2021-09-30   100492     945
2021-12-31   225235     1670
```

```
1  print("[freq='Q', sum] ") # 해당 기간의 데이터 합을 반환
2  print(ts.resample(rule='Q').sum())
```

```
[freq='Q', sum]
            누적확진자수    전일대비증감수
날짜
2021-03-31   2357075    13034
2021-06-30   3726692    17957
2021-09-30   6672971    50508
2021-12-31   13440595   124799
```

```
1  print("[freq='Q', mean] ") # 해당 기간의 데이터 평균을 반환
2  print(ts.resample(rule='Q').mean())
```

```
[freq='Q', mean]
            누적확진자수          전일대비증감수
날짜
2021-03-31   26189.722222    144.822222
2021-06-30   40952.659341    197.329670
2021-09-30   72532.293478    549.000000
2021-12-31   146093.423913   1356.510870
```

결측치 처리

시계열 데이터의 결측치를 채우는 방법으로 forward fill, backward fill, 이동 평균(Moving average), 보간법(Interpolation) 등이 있다.

forward fill은 누락된 값이 나타나기 직전의 값으로 누락된 값을 채우는 가장 간단한 방법이다. 계산이 복잡하지 않고 실시간 데이터에 쉽게 적용할 수 있다.

backward fill은 누락된 값이 나타난 직후의 값으로 누락된 값을 채우는 방법이다. 하지만 이는 사전관찰이기 때문에 데이터를 사용하여 미래를 예측하지 않거나 특정 분야의 지식에 기반하여 데이터의 미래보다 과거를 채우는 게 더 의미가 있는 경우에만 사용해야 한다.

이동 평균으로도 데이터를 대치할 수 있다. 롤링(Rolling) 평균으로도 알려진 이 값은 과거의 값으로 미래의 값을 예측한다는 관점에서 보면 forward fill과 유사하다. 하지만 이동 평균은 최근 과거의 여러 시간대를 입력한 내용을 사용한다는 점에서 다르다. 평균을 내는 방법은 모든 데이터의 가중치를 동일하게 두는 산술평균 방법과 최근 데이터에 더 높은 가중치를 두는 지수가중이동평균(Exponentially weighted moving average)이 있다.

보간법은 인접한 데이터를 사용하여 누락된 데이터를 추정하는 방법이다. Pandas의 interpolate은 선형 보간법(Linear), 2차 스플라인 보간법(Quadratic spline), 3차 스플라인 보간법(Cubic spline), 다항식 보간법(Polynomial) 등이 있다. polynomial과 spline의 경우, method와 함께 차수(Order)도 지정해야 한다.

- 형태: df.interpolate(method= , order= , ...)
- method: 'linear', 'nearest', 'zero', 'slinear', 'quadratic', 'cubic', 'spline', 'polynomial' ...

```python
1  # 데이터 불러오기
2  from pandas import read_csv
3  ts = read_csv('https://raw.githubusercontent.com/algoboni/pythoncodebook1-
   1/main/12_covid19.csv', encoding='euc-kr').filter(['날짜', '전일대비증감수'])
4  ts['날짜'] = ts['날짜'].astype('datetime64')
5  ts = ts.set_index('날짜')
6  print("결측치 확인: ", ts.isna().sum())
```

```
결측치 확인:  전일대비증감수    0
dtype: int64
```

```python
1  # 결측치 있는 데이터로 만들기
2  ts_na = ts.copy()
3  import numpy as np
4  random_numbers = np.random.randint(0,len(ts)-1, 50)
5  for num in random_numbers:
6      ts_na.iloc[num, :] = np.nan
7  print("결측치 확인: ", ts_na.isna().sum())
```

```
결측치 확인:  전일대비증감수    44
dtype: int64
```

```python
1  # 각종 보간 후, 실제 데이터와의 비교
2  linear = ts_na.interpolate(method='linear')
3  nearest = ts_na.interpolate(method='nearest')
4  zero = ts_na.interpolate(method='zero')
5  quadratic = ts_na.interpolate(method='quadratic') # polynomial order=2와 동일
6  cubic = ts_na.interpolate(method='cubic') # polynomial order=3과 동일
7  spline = ts_na.interpolate(method='spline', order=2)
8  polynomial = ts_na.interpolate(method='polynomial', order=3)
9
10 titles = ['linear', 'nearest', 'zero', 'quadratic', 'cubic', 'spline', 'polynomial']
11 data_list = [linear, nearest, zero, quadratic, cubic, spline, polynomial]
12 sqrd_error = []
13 for title, data in zip(titles, data_list):
14     sqrd_e = sum((ts - data)['전일대비증감수']**2)
15     sqrd_error.append(int(sqrd_e))
16 result = DataFrame({'title':titles, 'error': sqrd_error}).sort_values(by='error',
   ascending=False)
17
18 # 보간법 별 에러 비교
19 result.plot.bar(x='title', y='error', label="squared error")
20 plt.show()
```

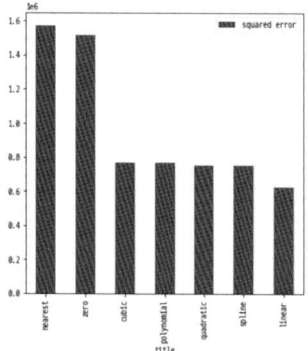

차분과 변환

탐색적 분석 단계에서 시계열 데이터가 정상성을 가지지 않는 것으로 확인된 경우, 차분과 변환을 통한 데이터 전처리가 필요하다. 전통적인 시계열 모델은 정상 시계열 데이터를 전제로 하기 때문이다.

```python
# 데이터 불러오기
ts = read_csv('https://raw.githubusercontent.com/algoboni/pythoncodebook1-1/main/12_covid19.csv', encoding='euc-kr').filter(['날짜', '전일대비증감수'])
ts['날짜'] = ts['날짜'].astype('datetime64') #날짜 데이터로 설정
ts = ts.set_index('날짜') #인덱스를 날짜로 셋팅
ts_head = ts.head(334) # 2021년 1~11월 데이터
ts_tail = ts.tail(31) # 2022년 12월 데이터
```

```python
# 차분 전후 비교
from statsmodels.tsa.stattools import adfuller, kpss
fig, ax = plt.subplots(1,1, figsize=(12,3))

titles = ['original', 'diff(1)', 'diff(2)']
diff1 = ts_head.diff(periods=1).dropna()
diff2 = ts_head.diff(periods=2).dropna()
data_list = [ts_head, diff1, diff2]
ls_list = ['dashed', 'dotted', 'solid']

for title, data, ls in zip(titles, data_list, ls_list):
    ax.plot(data, label=title, linestyle=ls)
    ap = adfuller(data)[1]
    kp = kpss(data)[1]
    print("{}: ADF p-value {:.3f}, KPSS p-value {:.3f}".format(title, ap, kp))
plt.legend()
plt.show()
## 1번의 차분으로 정상시계열이 되었다.
```

```
original: ADF p-value 0.002, KPSS p-value 0.010
diff(1): ADF p-value 0.266, KPSS p-value 0.100
diff(2): ADF p-value 0.253, KPSS p-value 0.100
```

```
1  # 변환과 차분 전후 비교
2  from statsmodels.tsa.stattools import adfuller, kpss
3  from sklearn.preprocessing import PowerTransformer
4  import numpy as np
5  # 로그변환
6  log = np.log(ts_head)
7  # 박스콕스 변환
8  pt = PowerTransformer(method='box-cox')
9  rescaled = pt.fit_transform(ts_head)
10 boxcox = DataFrame(rescaled, index=ts_head.index, columns=ts_head.columns)
11 # 차분 1회
12 log = log.diff(1).dropna()
13 boxcox = boxcox.diff(1).dropna()
14
15 # 시각화
16 titles = ['original', 'log', 'box-cox']
17 data_list = [ts_head, log, boxcox]
18 ls_list = ['dashed', 'dotted', 'solid']
19 fig, ax = plt.subplots(1,1, figsize=(12,3))
20 for title, data, ls in zip(titles, data_list, ls_list):
21     ax.plot(data, label=title, linestyle=ls)
22     ap = adfuller(data)[1]
23     kp = kpss(data)[1]
24     print("{}: ADF p-value {:.3f}, KPSS p-value {:.3f}".format(title, ap, kp))
25 plt.legend()
26 plt.show()
```

```
original: ADF p-value 0.991, KPSS p-value 0.010
log: ADF p-value 0.001, KPSS p-value 0.100
box-cox: ADF p-value 0.000, KPSS p-value 0.100
```

```
1  fig, ax = plt.subplots(1,1, figsize=(12,3))
2  titles, data_list = ['log', 'box-cox'], [log, boxcox]
3  ls_list, c_list = ['dotted', 'solid'], ['orange', 'green']
4  for title, data, ls, c in zip(titles, data_list, ls_list, c_list):
5      ax.plot(data, label=title, linestyle=ls, color=c)
6      ap = adfuller(data)[1]
7      kp = kpss(data)[1]
8  plt.legend()
9  plt.show()  ## log/box-cox 변환과 차분 1회로 정상시계열이 되었다.
```

12-3. 시계열 모델링 및 평가

시계열 데이터를 모델링하는 방법은 통계적 접근방식과 머신러닝 접근방식이 있다. 아래에서는 통계 모델인 ARIMA의 예제를 살펴보기로 한다.

시계열 모델의 평가는 회귀 모델의 평가 지표와 동일하다. 회귀 모델의 평가 지표는 〈11-1. 회귀모델 평가 지표〉에서 자세하게 확인할 수 있다. 아래에는 R^2와 MAPE로 시계열 모델들을 평가하고 비교하고자 한다.

시계열 통계 모델에는 자기회귀 모델(AR, Auto-regressive), 이동평균 모델(MA, Moving average), 자기회귀누적이동평균 모델(ARIMA, Auto-regressive integrated moving average), 계절성 ARIMA(SARIMA, Seasonal ARIMA) 등이 있다.

그 중에서도 ARIMA 모델은, 자기회귀 및 이동평균 모델을 모두 포괄하는 모델이다. 이 특성은 ARMA 모델만으로도 달성될 수 있지만 추가로 추세의 제거 및 차분까지 고려한 모델이다.

계절성 ARIMA는 승법(Multiplicative) 계절성을 가정한다. 따라서 SARIMA 모델은 ARIMA(p,d,q) * (P,D,Q)m과 같이 표현된다. SARIMA 모델은 계절 주기당 시간 단계의 수를 정하는 m을 가진 ARIMA과정이라고도 볼 수 있다. 이 인수의 중요한 점은 모델이 시간상 인접한 데이터가 동일한 계절 또는 서로 다른 계절에 있어도 시간적으로 근접한 일반적인 방법으로 서로의 영향을 인식한다는 것이다.

박스-젠킨스(Box-Jenkins) 방법과 ARIMA

- 정상성 및 계절성: 시계열의 정상성 여부와 모델링해야 할 중요한 계절성이 있는지 확인한다.
- 정상성을 위한 작업: 차분과 변환을 진행한다.
- 적절한 차수 p와 q 찾기: ACF/PACF 그래프를 통해 자기회귀(AR) 및 이동평균(MA) 항의 차수 즉, p와 q를 찾는다. AR(p)는 ACF 값이 천천히 감소하고 PACF 값은 p 이후에 빠르게 감소한다. MA(q)는 ACF 값이 q 이후에 빠르게 감소하고, PACF에서 천천히 감소한다. ARMA는 둘 다 가파른 절단이 없다.

앞선 p, q는 비계절성 부분에 대한 차수이고, P, Q, m이라는 계절성 차수도 염두에 둘 수 있다. ACF 그래프의 시차 m에서 뾰족한 막대는 있지만 다른 유의미한 뾰족한 막대가 없고, PACF 그래프의 계절성 시차가 지수적으로 감소하면 Q=1로 둘 수 있다. 한편, ACF 그래프의 계절성 시차가 지수적으로 감소하고, PACF그래프의 시차 m에서 뾰족한 막대는 있지만 다른 유의미한 뾰족한 막대가 없는 경우, P=1로 둘 수 있다.

- 예측한 모델의 잔차가 자기상관이 없고, 정상성을 갖는다면, 해당 모델을 최종 ARIMA 모델로 선택할 수 있다.

```
1  # 박스-젠킨스 방법
2  ## boxcox 변환 및 차분을 통해 정상화한 시계열 데이터 'boxcox'로 적절한 차수를 찾기
3  from statsmodels.graphics.tsaplots import plot_acf, plot_pacf
4  fig, ax = plt.subplots(1,2, figsize=(10,5))
5  plot_acf(boxcox, ax=ax[0])
6  plot_pacf(boxcox, ax=ax[1])
7  plt.show()
8  ## 차수는 plot 상의 절단점을 참고하여 p=9, q=2로 정하고 모델을 적합하기로 한다. 계절성이 있
   는 것으로 보인다.
9
10 # 모델의 비계절성 부분
11 p = 9 #AR 차수
12 d = 1 #차분 횟수
13 q = 2 #MA 차수
14
15 # 모델의 계절성 부분 (계절성이 없으면 생략 가능)
16 P = 0
17 D = 0
18 Q = 1 #ACF lag7에서 뾰족한 막대를 가지고, PACF는 지수적으로 감소
19 s = 7 #ACF lag7에서 뾰족한 막대를 가짐, 계절성 단위 (seasonal period)
```

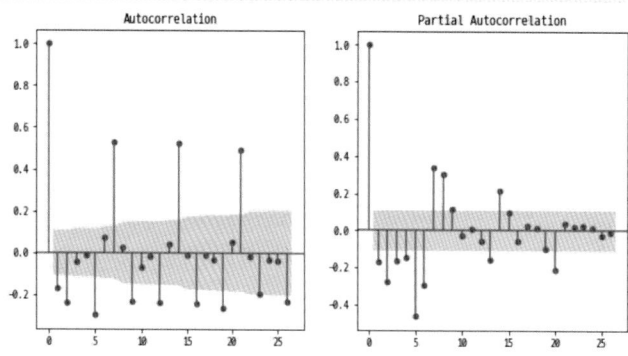

```python
## 모델 예측 및 잔차 분석
from statsmodels.tsa.arima.model import ARIMA
from statsmodels.tsa.statespace.sarimax import SARIMAX
# ARIMA에서 seasonal_order를 입력하면 SARIMAX와 동일한 결과를 얻음
model = ARIMA(ts_head, order=(p, d, q), seasonal_order=(P, D, Q, s)) #원본 데이터 입력
fitted = model.fit()
resid = fitted.resid

# pred1과 pred2는 동일한 값임
pred1 = fitted.forecast(31) #이후 31개 날짜의 값을 예측
pred2 = fitted.predict(start=ts_tail.index[0], end=ts_tail.index[-1]) #시작/종료날짜로 예측
# 잔차의 정규성 확인: Jarque-Bera 검정을 통해 귀무가설을 채택하면, 정규성을 갖는다.
# 잔차의 자기상관 확인: Ljung-Box 검정을 통해 귀무가설을 채택하면, 자기상관이 없다.

print(fitted.summary())
## ACF/PACF plot 관찰을 통해 SARIMA 모델을 적합하였으나, 잔차가 정규성을 만족하지 않기 때문
에 추가적인 모델 개선이 필요하다.
```

```
                                   SARIMAX Results
==========================================================================================
Dep. Variable:                         전일대비증감수   No. Observations:                  334
Model:             ARIMA(9, 1, 2)x(0, 0, [1], 7)   Log Likelihood               -1854.018
Date:                            Tue, 19 Sep 2023   AIC                           3734.037
Time:                                    12:01:33   BIC                           3783.543
Sample:                                01-01-2021   HQIC                          3753.778
                                     - 11-30-2021
Covariance Type:                              opg
==========================================================================================
                 coef    std err          z      P>|z|      [0.025      0.975]
------------------------------------------------------------------------------------------
ar.L1         -0.0282      0.999     -0.028      0.977      -1.986       1.930
ar.L2         -0.1719      0.495     -0.347      0.728      -1.142       0.798
ar.L3         -0.0260      0.029     -0.913      0.361      -0.082       0.030
ar.L4         -0.0402      0.038     -1.070      0.284      -0.114       0.033
ar.L5         -0.0381      0.033     -1.154      0.248      -0.103       0.027
ar.L6         -0.0319      0.031     -1.023      0.306      -0.093       0.029
ar.L7          0.9457      0.040     23.475      0.000       0.867       1.025
ar.L8          0.0046      0.972      0.005      0.996      -1.900       1.909
ar.L9          0.1374      0.474      0.290      0.772      -0.793       1.067
ma.L1         -0.2067      0.992     -0.208      0.835      -2.151       1.738
ma.L2          0.0490      0.704      0.070      0.944      -1.331       1.429
ma.S.L7       -0.6528      0.059    -11.156      0.000      -0.768      -0.538
sigma2      4656.8949    268.164     17.366      0.000    4131.303    5182.487
==========================================================================================
Ljung-Box (L1) (Q):                   0.00   Jarque-Bera (JB):              1186.89
Prob(Q):                              0.96   Prob(JB):                         0.00
Heteroskedasticity (H):               8.50   Skew:                             1.22
Prob(H) (two-sided):                  0.00   Kurtosis:                        11.92
==========================================================================================

Warnings:
[1] Covariance matrix calculated using the outer product of gradients (complex-step).
```

자동 차수 선택 방법과 ARIMA

여러 조합의 차수들을 적용하여 적합한 모델의 가능도와 AIC 값을 비교한 후, 가능도 (Likelihood)가 가장 높고, AIC가 가장 낮은 모델을 선택한다.

pmdarima 모듈의 auto_arima를 사용하거나, 후보 차수 조합들을 생성한 후 반복문을 사용하여 적합한 모델의 가능도와 AIC 값을 비교할 수 있다.

```
1  # 자동 차수 선택1 - pmdarima의 auto_arima
2  from pmdarima import auto_arima
3  auto_arima(ts_head, start_p=1, start_q=1, max_p=5, max_q=5, start_P=0, start_Q=0, max_P=5,
   max_Q=5, m=7, seasonal=True, trace=False, error_action='warn', suppress_warnings=True)
```

ARIMA(order=(3, 1, 0), scoring_args={}, seasonal_order=(1, 0, 1, 7),
      suppress_warnings=True, with_intercept=False)

```
1  from statsmodels.tsa.arima.model import ARIMA
2  model = ARIMA(ts_head, order=(3, 1, 0), seasonal_order=(1, 0, 1, 7))
3  fitted = model.fit()
4  resid = fitted.resid
5  pred3 = fitted.forecast(31) # 이후 31개 날짜의 값을 예측
6  pred4 = fitted.predict(start=ts_tail.index[0], end=ts_tail.index[-1]) # 날짜 데이터로 예측
7  # 잔차의 정규성 확인: Jarque-Bera 검정을 통해 귀무가설을 채택하면, 정규성을 갖는다.
8  # 잔차의 자기상관 확인: Ljung-Box 검정을 통해 귀무가설을 채택하면, 자기상관이 없다.
9
10 print(fitted.summary())
11 ## auto_arima를 통해 SARIMA 모델을 적합하였으나, 잔차가 정규성을 만족하지 않기 때문에 추가
   적인 모델 개선이 필요하다.
```

```
                                SARIMAX Results
==========================================================================================
Dep. Variable:                    전일대비증감수   No. Observations:                  334
Model:             ARIMA(3, 1, 0)x(1, 0, [1], 7)   Log Likelihood               -1852.753
Date:                          Tue, 19 Sep 2023   AIC                           3717.507
Time:                                  11:39:33   BIC                           3740.355
Sample:                              01-01-2021   HQIC                          3726.618
                                   - 11-30-2021
Covariance Type:                            opg
==========================================================================================
                 coef    std err          z      P>|z|      [0.025      0.975]
------------------------------------------------------------------------------------------
ar.L1         -0.2260      0.036     -6.293      0.000      -0.296      -0.156
ar.L2         -0.1731      0.039     -4.395      0.000      -0.250      -0.096
ar.L3         -0.1134      0.042     -2.691      0.007      -0.196      -0.031
ar.S.L7        0.9825      0.015     66.323      0.000       0.953       1.012
ma.S.L7       -0.6567      0.040    -16.420      0.000      -0.735      -0.578
sigma2      3830.1507    168.179     22.774      0.000    3500.526    4159.775
==========================================================================================
Ljung-Box (L1) (Q):                   0.01   Jarque-Bera (JB):               918.23
Prob(Q):                              0.93   Prob(JB):                         0.00
Heteroskedasticity (H):               8.14   Skew:                             0.93
Prob(H) (two-sided):                  0.00   Kurtosis:                        10.92
==========================================================================================
```

```python
# 자동 차수 선택2 - 반복문 사용
import itertools
p = range(0,4)
d = range(1,2)
q = range(0,3)
Q = D = P = range(0,2)
m = [4, 7, 12]
combis = list(itertools.product(p,d,q, P,D,Q,m))

dict_model ={}
for i, combi in enumerate(combis):
    try:
        no_seasonal = combi[:3]
        seasonal = combi[3:]
        model = ARIMA(ts_head, order=(no_seasonal), seasonal_order=(seasonal))
        fitted = model.fit()
        dict_model[combi]=[fitted.llf, fitted.aic]
        # llf(likelihood)는 높을 수록 좋음
        # AIC는 낮을 수록 좋음
    except:
        print("except: ", i, combi) # LU decomposition error 발생하는 경우 pass
        continue

result = DataFrame.from_dict(dict_model, orient ="index", columns =["llf", "AIC"]).sort_values(by='AIC', ascending=True)
print(result)
```

```
except:  88 (1, 1, 0, 1, 0, 1, 7)
                            llf          AIC
(3, 1, 1, 0, 1, 1, 7)  -1807.948928  3627.897856
(3, 1, 2, 0, 1, 1, 7)  -1807.943718  3629.887435
(3, 1, 0, 0, 1, 1, 7)  -1810.092109  3630.184218
(0, 1, 2, 0, 1, 1, 7)  -1811.281482  3630.562964
(3, 1, 0, 1, 1, 1, 7)  -1809.527579  3631.055158
...                         ...          ...
```

```python
from statsmodels.tsa.arima.model import ARIMA
model = ARIMA(ts_head, order=(3, 1, 1), seasonal_order=(0, 1, 1, 7))
fitted = model.fit()
resid = fitted.resid
pred5 = fitted.forecast(31)
pred6 = fitted.predict(start=ts_tail.index[0], end=ts_tail.index[-1])
# 잔차의 정규성 확인: Jarque-Bera 검정을 통해 귀무가설을 채택하면, 정규성을 갖는다.
# 잔차의 자기상관 확인: Ljung-Box 검정을 통해 귀무가설을 채택하면, 자기상관이 없다.

print(fitted.summary())
## 반복문을 통해 SARIMA 모델을 적합하였으나, 잔차가 정규성을 만족하지 않기 때문에 추가적인
   모델 개선이 필요하다.
```

```
                               SARIMAX Results
==========================================================================================
Dep. Variable:                      전일대비증감수   No. Observations:                  334
Model:             ARIMA(3, 1, 1)x(0, 1, 1, 7)   Log Likelihood               -1807.949
Date:                        Tue, 19 Sep 2023   AIC                           3627.898
Time:                                11:42:34   BIC                           3650.619
Sample:                            01-01-2021   HQIC                          3636.965
                                 - 11-30-2021
Covariance Type:                          opg
```

```
==============================================================================
                 coef    std err          z      P>|z|      [0.025      0.975]
------------------------------------------------------------------------------
ar.L1         -0.9659      0.108     -8.966      0.000      -1.177      -0.755
ar.L2         -0.3312      0.046     -7.160      0.000      -0.422      -0.241
ar.L3         -0.2202      0.040     -5.547      0.000      -0.298      -0.142
ma.L1          0.7541      0.113      6.684      0.000       0.533       0.975
ma.S.L7       -0.6317      0.028    -22.208      0.000      -0.687      -0.576
sigma2      3796.8303    176.202     21.548      0.000    3451.481    4142.180
===================================================================================
Ljung-Box (L1) (Q):                   0.00   Jarque-Bera (JB):               693.40
Prob(Q):                              0.99   Prob(JB):                         0.00
Heteroskedasticity (H):               7.24   Skew:                             0.74
Prob(H) (two-sided):                  0.00   Kurtosis:                         9.99
===================================================================================

Warnings:
[1] Covariance matrix calculated using the outer product of gradients (complex-step).
```

```python
# 예측 성능 비교
from sklearn.metrics import r2_score
import numpy as np
def MAPE(y_true, y_pred):
    mape = np.mean(np.abs((y_true - y_pred)/y_true))*100
    return mape

titles = ["box-jenkins", "auto_arima", "for loop"]
ts_tail1d = ts_tail.values.ravel()
preds = [pred1.values, pred3.values, pred5.values]
for title, pred in zip(titles, preds):
    r2 = r2_score(ts_tail1d, pred)
    mape = MAPE(ts_tail1d, pred)
    print("{}:  R2 {:.3f}, MAPE {:.3f}".format(title, r2, mape))

## 'for loop' 모델이 가장 낮은 오차율 MAPE, 비교적 높은 설명력 R2를 가진 것으로 나타났다.
```

```
box-jenkins:  R2 -1.519, MAPE 26.662
auto_arima:   R2 -0.740, MAPE 24.503
for loop:     R2 -0.667, MAPE 24.447
```

연습문제

1. 다음은 Microsoft의 주식 가격 데이터이다. 데이터는 날짜와 주식 종가로 구성되어 있다. 다음 데이터를 주 단위 평균 가격으로 다운샘플링 하고, 앞의 데이터 300개를 down_head, 뒤의 데이터 14개를 down_tail로 분할하시오. (데이터 링크는 아래 코드 참조)

```python
# 출처: Kaggle, https://www.kaggle.com/datasets/vijayvvenkitesh/microsoft-stock-time-series-analysis?select=Microsoft_Stock.csv

from pandas import read_csv
ms = read_csv('https://raw.githubusercontent.com/algoboni/pythoncodebook1-1/main/practice12_ms_stock.csv', encoding='euc-kr')
ms['Date'] = ms['Date'].astype('datetime64')
ms = ms.set_index('Date')
print(ms.head(3))
```

```
                     Close
Date
2015-04-01 16:00:00  40.72
2015-04-02 16:00:00  40.29
2015-04-06 16:00:00  41.55
```

2. down_head 데이터로 탐색적 분석을 진행하시오.

3. down_head 데이터로 시계열 모델을 적합하시오.

4. 해당 모델로 down_tail의 기간의 값을 예측하고, 적절한 평가 지표를 선택하여 해당 모델을 평가하시오.

풀이

1번 문제 풀이:

```
1  down = ms.resample('W').mean()
2  print(down)
3
4  down_head = down.head(300)
5  down_tail = down.tail(14)
```

```
                Close
Date
2015-04-05    40.505000
2015-04-12    41.540000
2015-04-19    41.890000
2015-04-26    43.950000
2015-05-03    48.710000
    ...          ...
```

2번 문제 풀이:

```
1  # 일반적 EDA
2  from matplotlib import pyplot as plt
3  import seaborn as sns
4  fig, axes = plt.subplots(1, 2, figsize=(13,4))
5  axes[0].set_title("히스토그램")
6  sns.histplot(x='Close', data=down_head, ax=axes[0])
7  axes[1].set_title("산점도")
8  sns.scatterplot(x='Date', y='Close', data=down_head, ax=axes[1])
9  plt.show()
10
11 # 요약 통계량
12 print("\n [요약통계량]")
13 print(down_head.describe().round(2).T)
```

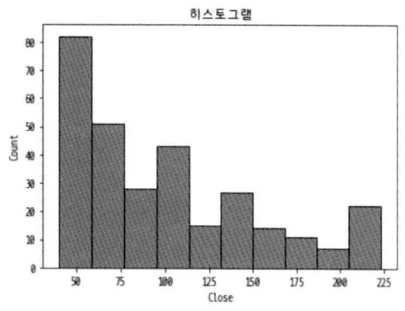
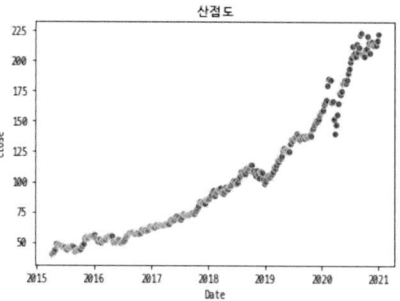

```
[요약통계량]
        count    mean    std    min     25%    50%     75%     max
Close   300.0   101.73  51.32  40.5   57.51  90.93  136.58  223.2
```

```
1  # 시계열에 특화된 EDA
2  from statsmodels.tsa.stattools import adfuller, kpss
3  result = adfuller(down_head, regression='c', autolag='AIC')
4  print("ADF Statistics: {:.3f}, p-value: {:.3f}".format(result[0], result[1]))
5
6  result = kpss(down_head, regression='c', nlags='auto')
7  print("KPSS Statistics: {:.3f}, p-value: {:.3f}".format(result[0], result[1]))
8  # ADF, KPSS 검정을 통해 시계열이 비정상임을 알 수 있다.
9
10 from statsmodels.graphics.tsaplots import plot_acf, plot_pacf
11 fig, ax = plt.subplots(1,2, figsize=(10,5))
12 plot_acf(down_head, ax=ax[0])
13 plot_pacf(down_head, ax=ax[1])
14 plt.show()
15 # ACF 그래프를 통해 시계열이 비정상임을 알 수 있으며, 자기 상관이 있는 것을 알 수 있다.
```

ADF Statistics: 2.240, p-value: 0.999
KPSS Statistics: 2.593, p-value: 0.010

```
1  from statsmodels.stats.diagnostic import acorr_ljungbox
2  result = acorr_ljungbox(down_head, return_df=True, auto_lag=True).head(3)
3  print(result)
4
5  from statsmodels.stats.stattools import durbin_watson
6  result = durbin_watson(down_head)
7  print(result)
8  # 융박스 테스트와 더빈왓슨 통계량을 통해 시계열이 자기 상관이 있는 것을 알 수 있다.
```

```
     lb_stat       lb_pvalue
1  294.753777    4.579097e-66
2  582.583051    3.116721e-127
3  863.943057    5.859132e-187
[0.00083511]
```

3번 문제 풀이:

```python
# 적절한 차수 모색을 위해 auto_arima를 사용하였다.
from pmdarima import auto_arima
auto_arima(down_head, start_p=1, start_q=1, max_p=5, max_q=5, start_P=0, start_Q=0,
    max_P=5, max_Q=5, m=7, seasonal=True, trace=False, error_action='warn',
    suppress_warnings=True)
```

ARIMA(order=(3, 1, 2), scoring_args={}, seasonal_order=(1, 0, 1, 7),
      suppress_warnings=True)

```python
from statsmodels.tsa.arima.model import ARIMA
p, d, q = 3, 1, 2
P, D, Q, m = 1, 0, 1, 7
model = ARIMA(down_head, order=(p, d, q), seasonal_order=(P, D, Q, m))
fitted = model.fit()
print(fitted.summary())
```

```
                               SARIMAX Results
==============================================================================
Dep. Variable:                  Close   No. Observations:              300
Model:          ARIMA(3, 1, 2)x(1, 0, [1], 7)   Log Likelihood      -770.519
Date:                 Tue, 19 Sep 2023   AIC                       1557.039
Time:                         14:05:37   BIC                       1586.642
Sample:                       04-05-2015   HQIC                    1568.888
                            - 12-27-2020
Covariance Type:                  opg
==============================================================================
                 coef    std err          z      P>|z|      [0.025      0.975]
------------------------------------------------------------------------------
ar.L1          0.1259      0.085      1.474      0.140      -0.041       0.293
ar.L2          0.9912      0.051     19.575      0.000       0.892       1.090
ar.L3         -0.1175      0.043     -2.702      0.007      -0.203      -0.032
ma.L1         -0.0267      0.110     -0.243      0.808      -0.243       0.189
ma.L2         -0.9706      0.099     -9.832      0.000      -1.164      -0.777
ar.S.L7        0.9428      0.162      5.834      0.000       0.626       1.259
ma.S.L7       -0.8734      0.188     -4.646      0.000      -1.242      -0.505
sigma2        10.0714      0.675     14.918      0.000       8.748      11.395
===================================================================================
Ljung-Box (L1) (Q):                   0.00   Jarque-Bera (JB):          998.77
Prob(Q):                              0.95   Prob(JB):                    0.00
Heteroskedasticity (H):              14.76   Skew:                       -1.19
Prob(H) (two-sided):                  0.00   Kurtosis:                   11.63
===================================================================================
```

4번 문제 풀이:

```
1  def MAPE(y_true, y_pred):
2      mape = np.mean(np.abs((y_true - y_pred)/y_true))*100
3      return mape
4
5  pred = fitted.predict(start=down_tail.index[0], end=down_tail.index[-1])
6  print(MAPE(down_tail.values, pred.values).round(2))
7  # 해당 모델로 down_tail 데이터의 기간을 예측한 결과, MAPE 3.5%를 얻었다. 이는 실제값과 예
   측값이 평균적으로 3.5% 차이난다는 의미이다.
8
9  fig, ax = plt.subplots(1,1, figsize=(12,4))
10 ax.plot(down_tail, label='true')
11 ax.plot(pred, label='pred')
12 plt.legend()
13 plt.show()
```

3.5

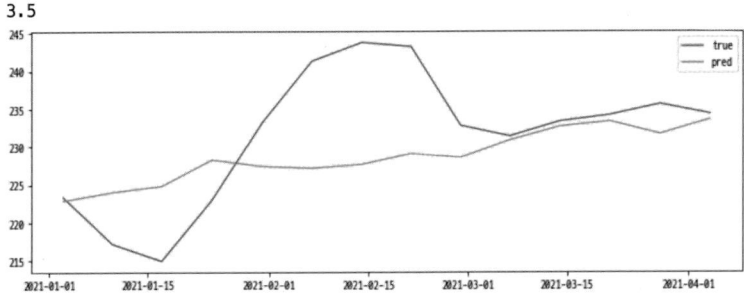

Index

Accuracy	370	Davies-Bouldin score	380
ACF	393	DBSCAN	335, 343
ACF 그래프	393	DFBETAS	235
AdaBoost	286	DFFITS	235
ADASYN	64	Dummy coding	82, 84
ADF 검정	393		
AIC	238, 368	EDA	21, 392, 393
Anderson-Darling 검정	158	Elastic net regression	248
ANOVA	162	EM	346
Apriori	353	ESS	229
ARI	380	Euclidean distance	383
ARIMA	407	Extra-Trees	291
AUC	373		
		F Beta score	371
Bartlett 검정	158, 162	F1-score	371
BIC	238, 368	F분포	129
Binning	80	Feature hashing	87
Bootstrap	284	Feature scaling	66
Borderline SMOTE	61	FP-Growth	353
Box-Jenkins	407	Frequency encoding	88
Calinski and Harabasz score	380	GLM	249
Canberra distance	384	Gradient boosting	286
Chebychev distance	384	Group K-fold 분할	106
Clipping	56		
Completeness score	381	ICA	327
Confusion matrix	372		
Constant imputation	47	Jaccard distance	386
Continuous probability distribution	113	Jarque-Bera 검정	158
Cook's distance	235		
Cosine distance	386		

K-fold 분할	104	One-hot-encoding	83
K-means clustering	340	OOB	284
K-means SMOTE	57, 62	Outlier	53
KNN	295		
Kolmogorov-Smirnov 검정	158	PACF	394
KPSS 검정	393	Precision	370
		Precision-recall curve	371
Label encoding	86	Probability mass function	113
Lasso regression	244, 246		
Levene 검정	158, 160	QQ plot	158
Leverage H	235	Quantile regression	265
Lift chart	373	Quantile scaling	71
LightGBM	286, 288	QWK	374
likelihood	239		
Log loss	373	Rand Index	382
LSA	319	Random forest	291
		Recall	370
MAE	365	Ridge regression	245
Mahalanobis distance	383	RMSE	367
Mallows Cp	238	RMSLE	368
Manhattan distance	383	Robust regression	263
MAPE	366	Robust scaling	70
MCC	374	ROC curve	372
MDS	331	RSS	229
ME	365	Run 검정	192
Minkowski distance	384		
MPE	366	SARIMA	407
MSE	367	Sensitivity	370
MSLE	368	Shapiro 검정	158
		Shuffle Split	103
NMF	329		
NMI	381		
Norm	244, 245		

Index

Silhouette coefficient	380
SMOTE	60
SOM	349
Specificity	370
SSE	229
SSR	229
SST	229
Stacking	294
STL 분해	396, 398
Stochastic gradient boosting	287
Stratified K-fold 분할	105
Stress	331
SVM	298
SVM SMOTE	63
t-SNE	319
t분포	128
Target scaling	78
Tensorflow	307
Trim	54
TSS	229
Tukey HSD	162
V-measure	381
VIF	229, 237
Winsorizing	55
XGBoost	287
Youden Index	376
Youden's J statistic	376

Zero imputation	47
가능도	239
감마분포	127
거듭제곱변환	77
검정력	136
결정계수	367
계층적 군집 분석	336
계통추출법	99
고유 벡터	320
고유값	321
공분산	217
교차 검증	107
구간 분할	80
구간추정	135
군집 분석	335
규제 선형 회귀	244
균일분포	123
기대값 최대화 알고리즘	346
기술 통계	24
기하분포	118
기하평균	28
나이브 베이즈 분류	301
난괴법	169
노름	244
놈	244
다중 선형 회귀	234
다중공선성	229
다차원 척도법	331
다층 퍼셉트론	309

다항 회귀	266	박스-젠킨스 방법	407
단순램덤추출법	97	배깅	284
단순확률대치법	50	백분위수	29
단위근	393	범위	30
단일연결법	333, 336	베르누이 분포	114
단측검정	135	베이즈 정리	301
대응표본 t검정	150	베이즈 추론	301
더미코딩	84	베이즈 통계	301
더빈왓슨 통계량	394	변동계수	31
덴드로그램	336	변수변환	66
도수분포표	25, 27	변환	405
독립성 검정	189	보간법	51
독립성분 분석	327	부스팅	286
독립표본 t검정	145	부호 검정	199
동질성 검정	191	분산	30
		분산분석	162
라쏘 회귀	246	분산팽창요인	229, 237
랜덤오버샘플링	58	불순도	278
랜덤 포레스트	291	비계층적 군집 분석	340
레버리지	228, 352	비모수 검정	187
레이블 인코딩	86	비선형 회귀	266
로그 변환	75	빈도 인코딩	88
로지스틱 회귀	250		
릿지 회귀	245	사분위범위	30
		사분위수	29
만 위트니 U검정	206	사분위편차계수	31
매튜상관계수	374	사분편차	30
맥니머 검정	196	사후검정	162
모수	135	산술평균	28
무기억성	118, 126	산점도	35
민감도	370	상대도수분포표	25, 27
		상자그림	35

Index

선형 회귀	227	음이항분포	116
선형 회귀의 가정	228	의사결정나무	277
수정 결정계수	238	이동평균법	396
스태킹	294	이산형 확률분포	113
스플라인 회귀	268	이상치	53
스피어만 상관계수	25, 220	이익도표	373
시계열 분해	396	이항분포	114
실루엣 계수	380	인공신경망	307
		일반화 선형 회귀	249
앙상블	284	임곗값	135
양측검정	135		
언더샘플링	57	자기상관	394
엔트로피	278	자기상관계수	394
엘라스틱 넷 회귀	248	자기상관함수	394
연관규칙학습	352	자유도	30, 128, 129
연속형 확률분포	113	재현율	370
영향치	235	적합성 검정	188
오버샘플링	57	전확률 정리	301
오자이브	34	절단	54
오차의 한계	137, 138	절사평균	28
완전연결법	335, 336	점추정	135
완전확률화계획법	163	정규분포	124
왜도	31	정밀도	370
요인 분석	325	정상성	393
우도	239	정확도	370
원핫인코딩	83	제1종의 오류	136
윌콕슨 부호순위 검정	203, 204	제2종의 오류	136
윌콕슨 순위합 검정	206	조건부 확률	301
유의수준	135, 136	조정	55
융 박스 검정	394, 395	조화평균	28
음수 미포함 행렬 분해	329	주성분 분석	320
		줄기잎그림	33

중심극한정리	137	평균편차	30
중위수	29	평균편차계수	31
지니 불순도	278	평방평균	28
지수분포	126	포아송 회귀	257
지수평활법	396	포아송 분포	121
지지도	352	표준정규분포	124
집락추출법	100	표준편차	30
		표준화	67
차분	405	표준화거리	383
차원 축소	319	프리드먼 검정	210
첨도	31	피어슨 적률상관계수	32, 218
초기하분포	120	피처 스케일링	66
최빈값	29		
최소분산법	336	합동표본분산	144
최소최대 스케일링	68	합동표본비율	154
층화추출법	100	향상도	352
		허용오차	137
카이제곱분포	128, 142, 188	혼동 행렬	372
켄달 타우	25, 222	혼합분포군집	346
코크란Q 검정	197	홀드아웃	102
크라메르의 연관계수	224	확률밀도함수	113
크러스컬 월리스 검정	208	확률변수	113
큰 수의 법칙	137	확률질량함수	113
클리핑	56	확률화블럭계획법	169
		확신	352
통계량	135	히스토그램	33
특성 중요도	280		
특이값 분해 방식	321		
특징 해싱	87		
편자기상관함수	394		
평균연결법	336		

Reference

가도와키 다이스케, 사카타 류지, 호사카 게이스케, 히라마쓰 유지. 데이터가 뛰어노는 AI 놀이터, 캐글. 서울: 한빛미디어, 2021.

소정현. 2022 통계직 공무원을 위한 통계학. 서울: (주)시대고시기획, 2022.

스티븐 마슬랜드. 알고리즘 중심의 머신러닝 가이드 제2판. 경기: 제이펍, 2017.

안드레아스 뮐러, 세라 가이도. 파이썬 라이브러리를 활용한 머신러닝 번역개정판. 서울: 한빛미디어, 2019.

앨리스 젱, 아만다 카사리. 피처 엔지니어링 제대로 시작하기. 서울: 에이콘, 2019.

에일린 닐슨. 실전 시계열 분석. 서울: 한빛미디어, 2021.

웨스 맥키니. 파이썬 라이브러리를 활용한 데이터 분석. 서울: 한빛미디어, 2016.

윌 커트. 흥미로운 베이지안 통계: 스타워즈, 레고, 러버 덕으로 이해하는 통계와 확률. 서울: 에이콘출판주식회사, 2021.

윤종식. ADP 데이터 분석 전문가. 부산: (주)데이터에듀, 2021.

윤종식. ADsP 데이터 분석 준전문가. 부산: (주)데이터에듀, 2021.

이시이 도시아키. 시험, 생활, 교양 상식으로 나눠서 배우는 통계학대백과사전. 서울: (주)동양북스, 2022.

이정진, 이태림, 강근석, 김성수, 박헌진, 심송용, 이윤동, 유현조. eStat 통계 데이터과학, 2021.

피터 브루스, 앤드루 브루스, 피터게데크. 데이터 과학을 위한 통계 2판. 서울: 한빛미디어(주), 2021.

"NumPy". https://NumPy.org/doc/stable/

"Pandas". https://Pandas.pydata.org/.

Rob J Hyndman, George Athanasopoulos. Forecasting: principles and practice. OTexts, 2018.

"scikit-learn". https://scikit-learn.org/stable/.

"SciPy". https://SciPy.org/.

"Statsmodels". https://www.Statsmodels.org/stable/index.html.